諮商技術

陳金定 著

作者簡介 ————————————

陳金定

學歷：國立台灣師範大學教育心理學系學士
　　　國立台灣師範大學輔導研究所碩士
　　　國立台灣師範大學教育心理與輔導研究所博士（輔導學組）
　　　美國 University of Kentucky 哲學博士（教育心理學組）
現任：國立體育大學師資培育中心教授
　　　諮商心理師

作者序 ────────────────

本書之目的

　　撰寫本書的目的有二，第一，目前市面上有關諮商技術的書籍其實不多，對學習者而言，無異增添學習上的困難。本書的出版，可以提供給學習者更多的選擇。

　　第二，目前市面上諮商技術的書籍，大都偏向對不同諮商技術的個別介紹與演練，讀者雖能熟練個別技術的運用，可是，如何配合各種不同技術以達到諮商目的，就顯得有點欠缺，這也是作者在學習與教學過程中所遇到的困難。本書的內容除了對個別技術有詳盡的介紹外，還在不同的案例中，示範各種不同技術的配合運用，讓學習者除了不斷有機會複習之前學過的個別技術外，還能熟練不同技術的配合運用。

本書之特色

　　本書的特色如下：

　　第一，在每一章的案例中，不斷重複前面學過的技術，讓學習者有更多複習的機會。

　　第二，在每一個案例中，讀者有機會學習如何將不同的技術配合運用。

　　第三，每一章的練習部份分為兩小部份。第一部份練習是採用Evans、Hearn、Uhlemann與Ivey（1989）的練習架構，目的在引導學習者了解不同諮商員回應之恰當與不恰當的原因，以協助學習者正確地運用各種諮商

技術。第二部份為實務練習，目的在協助學習者將學過的技術不斷地實地操練。

　　第四，對每個諮商技術的相關理論或內容有詳盡的說明，協助學習者對不同諮商技術有進一步的了解。

　　第五，空椅法為諮商常用的技術，本書對空椅法的理論與運用有詳盡的說明。

建議

　　在諮商中，諮商員回應當事人敘述時所選用的諮商技術，必須配合他所依據的理論架構，以及他過去的諮商經驗。在每一章所示範的案例，作者所選用的諮商技術並不是標準答案，這只是作者個人的學理與經驗之反映，這一點讀者必須切記。讀者在研讀本書的過程中，可以試著練習依據自己的學理與經驗作回應，看看是否在不同的理論架構與個人經驗的引導下，會有不同的結果。

　　「空椅法」是常用的諮商技術，可惜，在國內沒有見過有完整的介紹文獻。本書對於「空椅法」的理論背景與使用過程有詳盡的說明。不過，由於實例取得上的困難，以及篇幅的限制，無法對於過程經驗性治療模式的空椅法有完整的介紹。作者除了建議有興趣的讀者閱讀 Greenberg 等人的專書外，希望在未來的修正版中，能夠補足以上的缺憾。

致謝

　　作者從大學、碩士班到博士班，整整十六年的時間在師大心輔系所學習與受教，在老師的薰陶與啟發下，才知道知識的奧妙與浩瀚，也在老師的照顧與提攜下，才能夠步履穩健勇往直前。作者對全體老師的感激無法言喻。

　　每一本書的內容，除了是作者專業知識的呈現外，更是作者生命經驗的反映。沒有經驗的震撼與啟發，就沒有衝動與反思，也沒有掙扎與成

長。感謝給我挫折助我成長的人,也感謝給我鼓勵增添我力量的人。

　　本書的完成,最應該歸功於給我靈感的當事人與願意公開個人經驗的當事人,沒有他們的慷慨,就沒有精彩、有意義的內容。

　　最後謝謝心理出版社的鼎力支持,讓本書能夠早日付梓。

陳金定

二〇〇一年九月

目　錄

諮商的過程
與要件

本章摘要

第一節　諮商目標

雖然不同的學派各有不同的諮商目標，基本上還是大同小異，包括有：

一、願意為自己的行為負責。

二、接納自己與他人（跟自我與環境和平共處）。

三、發揮潛能（自我實現）。

第二節　諮商的過程

諮商過程分為三個階段：

一、建立良好的諮商關係、蒐集資料探討當事人求助的問題。

二、深入探討當事人問題，發掘問題的根源。

三、採取行動解決問題與終止諮商。

第三節　諮商各階段使用的技術

可使用於所有諮商階段的技術包括有：專注與傾聽技術、情感反映技術、簡述語意技術、初層次同理心技術、具體化技術、覆述技術、探問技術、結構化技術、沈默技術、摘要技術、訊息提供技術、立即性技術、角色扮演技術、空椅法、結束技術。

可使用於諮商第二、第三階段的技術包括有：高層次同理心技術、自我表露技術、面質技術。

第四節　有效諮商員的特質

有效諮商員的特質如下：

一、同理心、真誠、一致。

二、對不同次文化的了解。

三、對當事人積極的看法。

四、對人的興趣與關懷。

五、敏銳的傾聽與觀察能力。

六、善於語言上的交談。

七、善於面對當事人不同的情緒反應。

八、能將個人需求放下，視照顧當事人的需要為優先。

九、能面對人生事件悲苦的一面，並以幽默態度處之。

十、積極的自我概念。

十一、接納自我。

十二、敏銳的覺察力。

十三、不斷自我成長。

十四、開放自己的情感與經驗。

十五、能夠投入當事人的經驗中，也能夠保持距離。

十六、精力充沛。

十七、忍受含糊情境的能力。

十八、了解自己的長處與限制。

十九、追求自我實現。

二十、具有專業背景與素養。

二十一、恪遵諮商倫理。

第一節　諮商目標

雖然不同的諮商學派各有不同的諮商目標，基本上還是大同小異，歸納如下：

一、願意為自己的行為負責

大部份的諮商學派相信，當事人原本能作選擇，願意負責。可是，因為受到內在或外在因素的阻礙，不自覺地放棄擁有的選擇，扮演被迫的角色，當然就沒有意願為行為負責。例如，抱怨自己是環境的受害者，行為的結果非自己所願。或是怨恨自己能力不夠，行為結果非自己所能左右。

在諮商過程，諮商員協助當事人覺察與處理阻礙因素，找回選擇的可能性。例如，不管當事人抱怨自己為環境的受害者，或是能力不夠無法按照自己的意願行事，其實都是一種適應行為。諮商員協助當事人看到自己的適應模式，覺察其他選擇的可能性，協助當事人重作選擇，並且樂於負責。

二、接納自己與他人（跟自我與環境和平共處）

當事人的問題大致分為兩類，分別為個人內與個人間的問題。個人內的問題是指當事人內在不同力量的衝突，個人間的問題是指當事人與外在環境的關係。這兩類問題其實是一體的兩面，因為當事人內在的衝突會反映在他與外在環境的關係上，而當事人與外在環境的衝突，會反映在他的內在狀況上。

人不能離群索居，需要藉助外在資源幫助自己生存、滿足需求與達成願望。例如人在小的時候需要父母照顧，心情不好時需要朋友聆聽，有困難時需要他人幫忙。失掉環境的資源與支持，就如失去雙臂的軀體，荊棘

叢生寸步難行；所以人必須與環境維持和諧的關係。

　　諮商協助當事人了解自己無法與環境和睦相處的原因，並且去除阻礙因素，讓當事人能夠隨心所欲藉助外在資源幫助自己生存成長。

　　就個人內在而言，在今日複雜多變的社會，情境、人物的交替常在剎那間，要流暢地周旋在多變的情境、多面的人性中，不具備多樣的人格特質，就會窒礙難行。

　　善良與邪惡、內向與外向、慈悲與殘忍、聰慧與愚笨，本來就是人性中並存的兩極。不管是所謂的正面特質或負面特質都有其潛在的價值，是適應某種情境、面對某類人物的必備能力。只要運用得當，都是一種資源、一種力量。可惜的是，在不適當的教育下，許多可以幫助生存適應的人格特質因為被硬生生地冠上邪惡、不道德的標籤，而被壓抑、被丟棄。好笑的是，當人正自覺「人格高尚」而興高采烈的當下，殊不知自己的潛力也因此減了一半。當「以不變應萬變」的高尚人格特質讓人陷入萬劫不復的深淵時，人不反身自省，檢討自己人格特質上的貧乏，卻將責任推卸給外在環境。

　　在另一方面，這些被壓抑、被丟棄的特質，並不會因為不被承認就銷聲匿跡不復存在。相反地，這些被欺壓而形成反抗力量的負面特質，雖然暫時棲息在黑暗角落，看似灰飛煙滅毫無反擊力量，讓人以為除惡已盡可以高枕無憂。其實，只要機緣一到，獲得力量，必將傾巢而出，成為對抗所謂高尚品格的反動力量。於是，人不斷掙扎在內在不同力量的抗衡中，讓原本剩下一半的潛力在不同的戰鬥中消耗殆盡。

　　諮商協助當事人將被否認的自我納入人格中。當當事人不同的自我能夠和諧相處，當事人就有更多的潛力可用。換句話說，諮商可以協助當事人接納自己，將各種不同的自我統整，讓當事人與自己和平相處。

三、發揮潛能（自我實現）

　　當事人能夠接納各個不同的自我，就是承認各個不同自我的特殊價值，因此各部份的自我能夠適得其位，各展所長。這種過程不但擴展了當

事人的潛力，而且達到潛力的物盡其用，也就是自我實現。換句話說，諮商的最後目標，就是協助當事人自我實現。

第二節　諮商的過程

諮商過程分為三個階段：

一、建立良好的諮商關係、蒐集資料探討當事人求助的問題

㈠建立良好的諮商關係

有效諮商的基本條件，就是諮商員必須與當事人有良好的諮商關係。所謂良好的諮商關係，是指諮商員以同理、一致、真誠、關愛與支持的態度，讓當事人覺得被了解、重視、關心，因而信任諮商員，願意開放經驗，與諮商員一起探索問題。目前大多數的諮商學派認為諮商關係會影響諮商效果，因為沒有良好的諮商關係，諮商只能停留在表面訊息的交換而已。

目前一些非專業人士對諮商的一些誤解，是因為不知道諮商效果需要依賴諮商關係。他們認為：

1. 諮商可以立即讓當事人產生改變。
2. 只要諮商員與當事人談過，就必須產生效果，否則就是諮商員無能。
3. 諮商是一問一答的過程，所以諮商員可以很快地了解當事人的問題，並且分析原因協助當事人了解。

產生這種誤解的原因，是他們誤以為諮商一開始，就必須立即解決當事人的問題。他們不知道，不管諮商員有多大能耐，除非當事人願意，否則諮商員無法進入當事人的內心世界，更無法引領當事人覺察未知的感覺與想法。所以，諮商第一階段的目的不是立即協助當事人解決問題，而是

建立良好的諮商關係。

　　建立良好的諮商關係需要多少時間，這個問題因當事人的特質而不同。不過可以肯定的是，沒有良好的諮商關係，一定無法產生長久的諮商效果。

㈡蒐集資料探討當事人求助的問題

　　在諮商開始，當事人會敘述他的問題，此時，諮商員必須全神貫注聆聽當事人的描述，在必要的情況回應當事人，傳遞他對當事人的了解。為了蒐集當事人的問題資料，在必要的情況下，可以使用問題，藉以蒐集當事人的進一步相關資料。

　　在這一階段蒐集到的資料，通常只是當事人外顯問題的訊息，不是當事人深層的個人經驗資料。原因有二，第一，因為諮商第一階段是以建立良好的諮商關係為重點，在沒有建立良好關係之前，如果諮商員企圖帶領當事人探索深層經驗，必會引起當事人的防衛，造成欲速則不達的徒勞無功。第二，諮商速度的快慢，必須由當事人的狀況決定，絕不容許諮商員一廂情願地揠苗助長。因此，在一般的情況下，諮商員通常由當事人表面的問題著手，再慢慢導引到當事人的深層經驗。

二、深入探討當事人問題，發掘問題的根源

　　當諮商進入第二階段時，諮商員與當事人已有良好的諮商關係，所以諮商員可以引導當事人進入深層的內心世界，探索當事人未覺察的經驗。

　　在這個階段，諮商員可以從第一階段蒐集到的資料，引導當事人深入探索有關的主題，從表面的外顯行為追溯到問題的根源。因為不同的諮商員有不同的理論架構，所以探索的方向各不相同。例如，家族理論、完形治療、認知治療與行為治療對異常行為的產生各有不同的詮釋，探討的方向自然不同。

　　Brown 與 Srebalus（1988）認為在諮商第二階段，諮商員還應探索當

事人的人格、適應與不適應行為的經驗史、問題解決模式、邏輯上的錯誤、錯誤的習慣、環境的壓力等。這些問題都與探索當事人問題的根源有關。

三、採取行動解決問題與終止諮商

諮商第三階段的目的有二：第一，當事人了解問題根源後，必須擬定計畫採取行動解決問題。第二，結束兩人的諮商關係。

就第一個目標而言，在第二階段的探討中，當事人已經明瞭問題的根源。有些當事人可以從第二階段探索的頓悟中，直接產生行為上的變化，可是有更多的當事人必須藉由諮商員協助，擬定改變行為的計畫，才能從「頓悟」跨越到「行動」，讓改變的成果具體呈現在當事人的行為上。

就第二個目標而言，當事人的問題獲得改善後，諮商員必須適時終止兩人關係，但是諮商關係的結束，必須經過諮商員與當事人的同意。

完整的諮商過程包括以上三個階段。有些時候，因為某些因素，諮商員無法繼續處理當事人的問題，必須中斷諮商或將當事人轉介給其他的諮商員，這時諮商關係的結束就可能發生在任何一個階段。

第三節　諮商各階段使用的技術

各諮商階段可以使用的技術表列如下：

階段 技術	階段一	階段二	階段三
專注與傾聽技術	V	V	V
情感反映技術	V	V	V
簡述語意技術	V	V	V
初層次同理心技術	V	V	V
高層次同理心技術		V	V
具體化技術	V	V	V
覆述技術	V	V	V
探問技術	V	V	V
結構化技術	V	V	V
沈默技術	V	V	V
摘要技術	V	V	V
訊息提供技術	V	V	V
自我表露技術		V	V
立即性技術	V	V	V
面質技術		V	V
角色扮演技術	V	V	V
空椅法	V	V	V
結束技術	V	V	V

註：打「V」代表可以使用的階段

　　有些技術雖然可以使用在各階段，但是仍舊必須視狀況而異，詳細情形請看各章說明。

第四節　有效諮商員的特質

　　諮商員的工作在助人，因此須具有一些異於一般人的特質。除了一般熟悉的同理心、一致、真誠等特質外，綜合 Brown 與 Srebalus（1998）、

Doyle（1998）、Gladding（2000）及 Terry、Burden 與 Pedersen（1991）
之看法，並配合諮商過程諮商員的責任，有效諮商員的特質如下：

一、同理心、真誠、一致

所謂諮商員的同理心、真誠、一致的行為，特徵有：
㈠對當事人福祉的關心。
㈡能進入當事人的內心世界，了解當事人的感覺、想法與行為，並將這份
　　了解傳遞給當事人。
㈢無條件地接納當事人。
㈣尊重當事人的獨特性。
㈤內在與外在、語言行為與非語言行為，以及情感、想法與行為的一致。
㈥開放自己，接納外在回饋。
㈦行為沒有防衛。

二、對不同次文化的了解

雖然台灣的社會，不像民族大熔爐的美國那樣種族眾多，可是台灣諮
商員面對的當事人，具有不同的次文化背景及特殊的價值觀。當事人的問
題常常與其特殊的次文化背景有關，而諮商員對當事人問題的處理也必須
考慮當事人文化上的特點。例如都市與鄉村的人際關係問題各有其特色，
諮商員處理來自不同城市、不同地區的當事人，必須考慮當事人所處環境
的特殊性。所以，有效的諮商員必須對不同文化有所了解。

三、對當事人積極的看法

基本上，諮商員對當事人懷著正面的看法，諮商的進行才有意義。諮
商員對當事人正面的看法如下：
㈠相信當事人是個有價值的人。

㈡相信當事人有意願改變。

㈢相信當事人有能力改變。

㈣相信當事人是可以信任的人。

㈤相信當事人願意為自己負責任。

四、對人的興趣與關懷

諮商員進入這個行業，是因為對人的興趣。他深入了解正常與異常行為的內在運作，熟練行為改變的方式。對於當事人之幫助，是因為他對於當事人的關懷，而非其他目的。

五、敏銳的傾聽與觀察能力

諮商員需要有敏銳的傾聽與觀察能力，因為諮商員不但須注意當事人的外顯行為，還要深入當事人的內隱世界。諮商員除了傾聽當事人的敘述，還要傾聽當事人敘述時聲調的抑揚頓挫，觀察當事人非語言行為之變化。因此，諮商員如果沒有敏銳的傾聽與觀察能力，就無法產生諮商效果。

六、善於語言上的交談

諮商員與當事人互動時，雖然非語言行為的重要性有時候甚於語言行為；可是，基本上，諮商員對當事人的回應，還是以語言為主。諮商員要精確地反映當事人的內心世界，要傳遞他對當事人的了解，要適當地回應當事人的敘述，都得仰賴語言。因此，諮商員需要善於語言上的交談，並且在語言交談中感覺自在。

七、善於面對當事人不同的情緒反應

　　協助當事人探索情緒、表達情緒是必然的諮商過程。不管是令人喪膽的爆裂情緒，或是使人消沈的悲哀情緒，都是極平常的諮商情景。所以，諮商員須有能力面對與處理當事人的不同情緒，雖暴露在當事人不同的情緒下，依然能夠自在、自信。

八、能將個人需求放下，視照顧當事人的需要為優先

　　諮商員之所以願意幫助當事人，是基於他對人類福祉的關懷。諮商員對當事人的協助，不是為了滿足自己的成就感、優越感，或炫耀自己的能力，而是對當事人的關懷。所以，諮商進行中，當事人是主角，諮商員須以照顧當事人的福祉為優先。

九、能面對人生事件悲苦的一面，並以幽默態度處之

　　諮商的目的之一，便是協助當事人以積極的態度看待生命中的重大事件，即使表面上看似悲苦的經驗，也有正面的意義。
　　諮商員要協助當事人從悲苦的經驗中找到力量，首先必須以身作則，以積極的態度看待自己不如意的事，更重要的是，以幽默的態度轉化自己的負面感覺與想法。

十、積極的自我概念

　　培養當事人的自信與自我肯定為諮商的目的之一，如果諮商員沒有積極的自我概念，就沒有辦法協助當事人看到問題的盲點。換句話說，如果諮商員本身在某個地方有盲點，就無法協助當事人處理類似的問題。
　　此外，諮商員須面對形形色色的當事人，諮商中當事人的狀況千奇百

怪，如果諮商員沒有積極的自我概念，就容易被當事人的狀況所左右，自然無法客觀地看待當事人的問題。

十一、接納自我

諮商的目的之一，在協助當事人自我接納，將被否認的自我，透過自我接納，統整到人格中，成為自我的力量。同樣地，如果諮商員無法自我接納，當然就不知道如何協助當事人接納自己，甚至看不到當事人問題的盲點。

十二、敏銳的覺察力

諮商員必須具有敏銳的覺察力，其原因有二，第一，如果諮商員能夠隨時隨地覺察自己主觀的感覺與想法，就可以避免對當事人產生偏頗的看法。第二，諮商員協助當事人探討與了解問題時，必須敏銳地覺察當事人的語言與非語言行為的變化，才能協助當事人覺察未覺察的感覺與想法。

總而言之，諮商員敏銳的覺察力，不但可以協助自己，也可以協助當事人。

十三、不斷自我成長

諮商員的成熟度往往與諮商效果有關。諮商員的未完成事件愈少，盲點就愈少，就愈能協助當事人看清自己，解決問題。因此，諮商員必須不斷自我成長。

十四、開放自己的情感與經驗

在必要的情況下，諮商員開放自己的感覺與經驗，對當事人的問題可以產生助益。

此外，開放自己的另一意思指的是，諮商員能夠不防衛地接納當事人的任何經驗，不加以批評或價值判斷。

十五、能夠投入當事人的經驗中，也能夠保持距離

諮商員在諮商的過程中，必須投入當事人的主觀世界，感同身受地了解當事人的感覺與想法。如果諮商員不能進入當事人的主觀世界，就無法真正了解當事人。

另一方面，諮商員不能因為感同身受，而失去客觀性，讓自己任由當事人的主觀經驗所擺弄。所以，必須與當事人的經驗保持距離。

十六、精力充沛

諮商過程中，諮商員必須聚精會神，鉅細靡遺地聆聽與觀察當事人語言與非語言行為訊息。諮商過程中，諮商員必須將心思投入當事人的主觀世界，可是又必須隨時隨地跳出當事人的主觀世界，以自己對當事人的了解，配合著理論、經驗、諮商目標，給予當事人適當的回應。在同時，諮商員必須以敏銳的自我覺察力，覺察自己在此時此刻的感覺與想法，避免自己主觀的個人經驗影響了諮商的客觀性。簡而言之，諮商是非常耗神的工作，諮商員如果沒有充沛的精力，就無法勝任此項工作。

另一方面，諮商員是當事人的典範，精力充沛的諮商員可以帶給當事人生氣、蓬勃的感覺，無形中，也鼓勵當事人提起精神，勇往直前。

十七、忍受含糊情境的能力

諮商員協助當事人探討與解決問題的過程中，常會陷入混亂含糊的情境中。即使諮商員具有抽絲剝繭的傲人能力，也會有江郎才盡的卑微自嘆。在這種情況下，如果諮商員沒有忍受含糊情境的能力，就容易亂了方寸或是沮喪洩氣。

在人生許許多多的經驗中，最折磨人的部份，莫過於過程的曖昧不明。這種曖昧不明的狀況，讓人無所適從，無法掌握，因而焦慮無助。更有甚者，人生有更多的經驗，從來就沒有最後的答案，曖昧不明的狀態永遠無法結束。如果挫折忍受力是適應能力的指標，那麼忍受含糊情境的能力，更是適應能力的標準。因此，諮商員須具有忍受含糊情境的能力。

十八、了解自己的長處與限制

諮商員並非完人，自然有其長處與短處。重要的是，諮商員必須了解自己的長處對那些當事人有益，自己的短處對那些當事人有害，以免誤人誤己。

十九、追求自我實現

所謂自我實現是指將潛能充分發揮。諮商的最終目的在幫助當事人自我實現，因此諮商員必須是一個不斷追求自我實現的人。黃堅厚（民 88，pp.184-185）引自 A. H. Maslow 的看法，認為自我實現者具有以下的特徵：

㈠對於現實有正確、完全的知覺。

㈡比較能愉悅自己、他人和一般自然界現象。

㈢行為自發、單純而自然。

㈣注意問題，不太注意自己。

㈤具有脫俗的品質和獨處的需要。

㈥具自主性，不依賴環境和文化。

㈦對生活中的事物能保持歷久彌新的欣賞態度。

㈧不時有顛峰經驗。

㈨向整個人類認同。

㈩接受民主的價值。

(十一)只和少數人建立深厚的人際關係。

(十二)有強烈的倫理觀念。

(十三)有完美不傷人的幽默感。
(十四)具有創造性。
(十五)能抵擋文化潮流的感染。

二十、具有專業背景與素養

諮商是專業的助人工作，諮商員必須受過專業訓練與素養（至於諮商員必須受過那些訓練，講參閱相關的書籍）。基本上，諮商員進行諮商時，必須有理論依據，並且配合良好的諮商關係與適當的諮商技術，才能對當事人的問題有所助益。

二十一、恪遵諮商倫理

諮商是專業的助人工作，必然有其倫理的規範。諮商員遵守諮商倫理，才能保障當事人的權益，盡自己的責任。相關的諮商倫理守則請參閱相關的書籍。

第二章

專注與傾聽
技術

本章摘要

第一節　專注（attending）與傾聽（listening）技術的定義

專注與傾聽技術是指諮商過程中，諮商員的語言與非語言行為反映出，諮商員正全神貫注聆聽當事人的語言表達，細讀當事人的非語言行為，關切、疼惜與重視當事人的遭遇，願意伴隨當事人上天下海窺視問題的始末。

第二節　專注與傾聽技術的內容說明

諮商員的專注與傾聽可分為兩個層面，第一個層面是指諮商員身體的專注與傾聽，另一個層面是指諮商員心理的專注與傾聽。

諮商員身體的專注與傾聽包括五個基本要素：面對當事人、身體姿勢開放、身體稍微傾向當事人、良好的目光接觸、身體放鬆。五個基本要素簡稱為 SOLER（Egan, 1994）。

諮商員心理的專注是指諮商員不只傾聽當事人的語言內容，而且也注意當事人語言敘述中語調的抑揚頓挫、聲音的高低強弱，以及伴隨當事人語言行為而變動不居的非語言行為。

第三節　專注與傾聽技術的適用時機與注意事項

在諮商過程中，不管在那種情況下，諮商員都須要表現身體與心理的專注與傾聽。所以，專注與傾聽技術適用於整個諮商過程。

諮商員使用專注與傾聽技術時，必須隨著當事人語言與非語言行為的變化，隨時調整自己的語言與非語言行為，以同樣的腳步跟隨著當事人，才能反映出諮商員的專注與傾聽。

第四節　專注與傾聽技術的功能

一、建立良好的諮商關係。

二、鼓勵當事人開放自己、坦誠表白。

三、聆聽與觀察當事人語言與非語言行為，深入其內心世界。

第一節　專注與傾聽技術的定義

專注與傾聽技術是指諮商過程中,諮商員的語言與非語言行為反映出,諮商員正全神貫注聆聽當事人的語言表達,細讀當事人的非語言行為,關切、疼惜與重視當事人的遭遇,願意伴隨當事人上天下海窺視問題的始末。

第二節　專注與傾聽技術的內容說明

諮商員的專注與傾聽可分為兩個層面,第一個層面是指諮商員身體的專注與傾聽,另一個層面是指諮商員心理的專注與傾聽。

一、諮商員身體的專注與傾聽

所謂諮商員身體的專注與傾聽是指在諮商過程中,諮商員的全身姿勢,傳遞出他對當事人的關切,願意聆聽與陪伴。

Egan(1994)認為,諮商員身體的專注與傾聽包括五個基本要素,簡稱為 SOLER(由每個字的第一個英文字母所合成):(1)面對當事人(Squarely),(2)身體姿勢開放(Open),(3)身體稍微傾向當事人(Lean),(4)良好的目光接觸(Eye),(5)身體放鬆(Relaxed)。

㈠面對當事人

所謂面對當事人,並非指諮商員與當事人座位的安排為正面對正面、相互對峙的格局。這種鼻息相通、聲息相傳的對峙安排,讓當事人赤裸裸、毫無遮掩地呈現在諮商員面前。在諮商員眼光的逼視下,當事人將窒

息喘氣，倍感壓力。

正確的擺設應是諮商員與當事人中間隔著一張茶几，諮商員與當事人坐在茶几兩旁，間隔九十度角。藉著茶几的緩衝，給了當事人安全的人際空間。當事人有了前攻後退的足夠空間，才會願意打開心胸，直訴情衷。

茶几的作用除了提供人際的緩衝空間外，也可充當當事人脆弱無力時的支柱依靠。當事人藉著茶几的支撐，搖搖欲墜的身心得以獲得暫時的棲息，支持他繼續走下去。

茶几的大小是個必須考慮的因素，茶几太小與太大，對諮商效果會有負面的影響。茶几太大，拉長了當事人與諮商員的距離，當事人游刃有餘，沒有任何壓力，自然難以進入主題。再者，過大的距離除了平添當事人對諮商員的生疏與冷漠外，兩人還得提高聲音，扯著喉嚨賣力演出。

若茶几太小，當事人與諮商員必須短兵相接，在壓迫的人際距離下，當事人不得不再度穿起防衛的盔甲，避免被諮商員快速地看透，諮商的進行自然窒礙難行。

(二)身體姿勢開放

諮商員開放的姿勢，代表無條件的包容與接納。這種能夠藏污納垢的姿態，足以安頓當事人的焦慮、不安。當事人放心之餘，當然願意敞開心胸，開放自己。此外，諮商員開放的身體姿勢，會帶動當事人身體與心理的開放。當事人的身體與心理開放後，深鎖的秘密就會侃侃而出。

諮商員的身體若萎縮封閉，讓當事人慌亂、退縮而無力。於是，當事人若不是支吾以對，就是心思渙散。

(三)身體稍微傾向當事人

諮商員身體微微傾向當事人的姿勢，傳遞出他對當事人的關心，讓當事人感動之餘，願意開放自己、剖析內在。

如果諮商員身體後仰，緊貼椅背，冰冷的距離，散發出諮商員的冷漠

與傲氣。這種姿態將扼殺當事人的勇氣,讓當事人因氣餒心生畏懼而無力再談。

㈣保持良好的目光接觸

諮商員與當事人的眼神接觸,傳達出他對當事人的重視。在眼神的交會中,當事人感受到諮商員散發的溫暖與支持。於是,當事人頓生勇氣,願意勇敢地面對任何問題。

如果諮商員的眼波閃爍不定,飛東又飄西,讓當事人的眼神無法凝聚。當事人在昏頭轉向之餘,不但心思渙散注意力無法集中,而且還傷心地知道,諮商員雖身與自己同在,心卻另有所屬。

㈤放鬆的身體姿勢

諮商員放鬆的身體姿勢,傳遞出諮商員身心安頓,波平如鏡。當事人受到諮商員這種姿態的軟化,自然能夠鬆軟不安的緊張。

如果諮商員雙拳緊握、雙眉緊鎖、雙肩緊扣,這種大敵壓境的姿態,將讓當事人嚇得膽顫心驚,恨不得飛天遁地逃之夭夭。

二、諮商員心理的專注與傾聽

所謂諮商員心理的專注與傾聽,是指諮商員不只傾聽當事人的語言內容,而且也注意當事人語言敘述中語調的抑揚頓挫、聲音的高低強弱,以及伴隨當事人語言行為而變動不居的非語言行為。

非語言行為蘊藏的訊息,往往比語言行為來得豐富、真實。語言行為是當事人覺察之內的習慣模式,非語言行為則是當事人覺察之外的習慣模式。覺察之內的習慣模式是一種任由當事人操控的適應性反應,這些反應亮閃著社會期待的色彩,讓人舒服卻又虛偽失真。覺察之外的習慣模式無法由當事人操控,雖毫無修飾令人難堪,卻又真實自然,那是當事人內在

的真實聲音，是當事人問題的真實告白。

　　有些當事人，心口不一，敘述時輕聲細語、溫柔委婉，可是，全身動作的揮灑，卻有如千軍萬馬的撞擊拉扯。有些當事人言語鏗鏘有力，身體卻萎靡退縮。有些當事人強調自己識大體明道理，不過，音調的高亢卻令人顫抖。

　　諮商員聆聽當事人的敘述，細觀當事人的身體動作，在雙管齊用之下，才能穿透當事人的防衛盔甲，直入當事人的內在世界，融入當事人的喜怒哀樂。這種雖非親身經歷，卻似曾經走過的體驗，也足以讓諮商員感受到當事人剪不斷理還亂的百迴千折。當事人雖哀痛自己的遭遇，卻也感動諮商員的理解與陪伴，自然願意褪下面具，還以本來面目，盡吐過往情事。

第三節　專注與傾聽技術的適用時機與注意事項

一、專注與傾聽技術的適用時機

　　專注與傾聽技術適用於整個諮商過程。在諮商過程中，不管在那種情況下，諮商員都須要表現身體與心理的專注與傾聽。

二、注意事項

　　諮商員表現身體的專注與傾聽時，雖然須面對當事人、身體姿勢開放、身體稍微傾向當事人、良好的目光接觸、身體放鬆，但是諮商員的身體動作不能固定不變，必須隨著當事人語言與非語言行為的變化，隨時調整自己，以同樣的腳步跟隨著當事人，才能反映出諮商員的專注與傾聽。

　　如果諮商員不管當事人語言與非語言行為的變化如何，都以蠟人石像的不變姿態應對，將使得當事人因得不到共鳴而心生悵然，或覺得索然無味而決定閉口不談。

第四節　專注與傾聽技術的功能

專注與傾聽的技術具有功能有：
1. 建立良好的諮商關係。
2. 鼓勵當事人開放自己、坦誠表白。
3. 專心聆聽與觀察當事人語言與非語言行為，深入其內心世界。

各項功能詳述如下：

一、建立良好的諮商關係

　　諮商員身體與心理的專注與傾聽，傳遞出對當事人的關切與重視，讓當事人因為被了解、被重視、被關心而願意與諮商員建立良好的諮商關係。

❦案例一

　　當事人二十多歲，保險業者，女性，因為男友車禍去世，悲痛難挨，有意尋短追隨男友而去。

當事人1：我知道很多人認為我這種想法很傻，而且對不起我的家人，可是他們卻沒有想過，我所受的苦痛。他們永遠無法了解這種椎心刺骨的難過。

諮商員1：（面對當事人、開放的身體姿勢、身體稍微傾向當事人、目光與當事人接觸、面帶悲傷，偶而點頭表示對當事人的了解）

當事人2：（眼神空洞）我的男朋友去世到現在已經二十天了，我天天失眠，我服過安眠藥，希望自己入睡，可是這些藥物對我沒有效果。即使已經失眠二十天，不知怎麼搞地，精神仍然很亢奮，沒有一點睡意，我好痛苦。我的腦海中無時無刻浮現的就是男朋友的面

孔、他的動作，以及他以前對我說過的話。這些記憶一直在我的腦海中縈繞，就好像錄放影機不斷重播一樣，讓我的情緒隨著畫面的影像一次又一次地陷入沈重的悲哀。我感覺自己整個人已經虛脫，像個幽靈似地飄浮。有時候覺得自己像個行屍走肉的僵屍，感覺不到身體的脈動。我的男朋友走了，我的生命也跟著他去了。我活在這個世界已經沒有任何意義。勉強要我活著，讓我好痛苦。

當事人2：（目光與當事人接觸，身體微微向前傾，表情凝重，語氣沈重）男朋友去世後，妳傷心欲絕，覺得生命已隨男友而去，活著已任何無意義，所以，妳想結束自己的生命，結束自己所有的痛苦。（簡述語意技術）

　　諮商員語言與非語言行為的專注與傾聽，傳遞出對當事人的關心、傾聽、了解與關切。因此，能夠鼓勵當事人與諮商員建立良好的諮商關係。

案例二

　　當事人三十五歲，雇員，男性，因複雜的人際關係而痛苦不已。

當事人1：我現在已經不知道可以相信誰。一開始每個人似乎都很坦誠，我也掏心掏肺，將自己的遭遇告訴他們，他們對我的同情與鼓勵，讓我感動。沒想到，他們竟然一個個出賣我，加油添醋地將我的話傳給當事人知道，害我被這些人排擠、陷害。即使他們獲知我已了解他們的小人行為，見了面，他們還可以好像沒事一樣地跟我打哈哈。他們的虛偽、奸詐讓他們左右逢源，我的真誠、坦白卻把自己弄得裏外不是人。

諮商員1：（面對當事人、開放的身體姿勢、身體稍微傾向當事人、目光與當事人接觸、表情沈重、關切，偶而點頭表示對當事人的了解）你的坦誠，讓自己受到傷害，而這些傷害你的人，帶著虛偽面具卻能夠佔盡好處，你覺得好委屈。（初層次同理心技術）

當事人2：他們竟然為了一點小利就不惜傷害我。現在整個公司的同事都在

說我的不是，好像我是個挑撥是非的小人，可是真正挑撥是非的人卻被當成好人。為什麼老天爺這麼不公平，盡讓這些小人得志（右手用力敲打自己的右腿）。

諮商員2：你怨恨老天爺不公平，沒讓那些小人得到報應，卻讓你的善良落得如此的下場（面對當事人、開放的身體姿勢、身體稍微傾向當事人、目光與當事人接觸、表情難過，右手敲打著右腿。）（初層次同理心技術）

　　諮商員語言與非語言行為的專注與傾聽，傳遞出對當事人的關心與了解。因此，能夠鼓勵當事人與諮商員建立良好的諮商關係。

二、鼓勵當事人開放自己、坦誠表白

　　當事人被問題所擾，不但心智混亂，而且對自己失去信心。諮商員的專注與傾聽，代表他對當事人的尊重、重視與關心，有如一股新生力量，注入當事人的身心，當事人頓時信心大增，而願意開放自己，重新振作。

🍎 案例

　　當事人三十多歲，國中代課教師，男性，因為最近一直無法完成既定的工作，而煩躁不安。

當事人1：最近不知道怎麼搞地，手上一些事老是拖著，無法按照既定的時間完成，所以愈積愈多，心裏很著急。可是心裏越是著急，就愈無法按部就班做事（兩隻手不停地搓著）。

諮商員1：（面對當事人、身體開放、稍微傾向當事人、身體放鬆、與當事人保持良好的目光接觸、關切的眼神、配合當事人的語言與非語言行為而調整動作與聲調）最近你老是無法按時完成該做的事，因而堆積了很多工作，你心急如焚不知道如何是好。（初層次同理心技術）

當事人2：有那麼多的工作沒做，我心裏很著急，我很想知道我到底發生什

麼事。如果不先解決這個問題的話，恐怕我會無心工作，內心的
焦慮不但無法減輕，而且可能會脾氣失控。

諮商員₂：（面對當事人、身體姿態開放、稍微傾向當事人、姿勢放鬆、與
　　　　當事人保持良好的目光接觸、關切的眼神、配合當事人的語言與
　　　　非語言行為而調整動作與聲調）你想知道你到底發生什麼事，才
　　　　能讓自己平穩下來，完成工作，否則你無心工作，最後會脾氣失
　　　　控。（簡述語意技術）

當事人₃：是這樣。我………我………唉！（欲言又止，沈默約三十秒）。

諮商員₃：（面對當事人、身體姿態開放、稍微傾向當事人、身體放鬆、與
　　　　當事人保持良好的目光接觸、關切與疑惑的眼神）剛剛似乎你想
　　　　到一些事情，可是又很難啟口地沈默下來，不知沈默的時候你想
　　　　些什麼？（沈默技術）

當事人₄：其實，我的問題與我的家人有關。

諮商員₄：（面對當事人、身體姿態開放、稍微傾向當事人、身體放鬆、與
　　　　當事人保持良好的目光接觸、關切的眼神）你與你的家人之間發
　　　　生了什麼事？（具體化技術）

當事人₅：（沈重、難過地），如果不是因為他們的干涉，我就不會陷入茶
　　　　飯不思，做事無心的狀況，也不會讓工作的進度一直落後（頭垂
　　　　下來，雙嘴緊咬）。

諮商員₅：（面對當事人、身體姿態開放、稍微傾向當事人、姿勢放鬆、與
　　　　當事人保持良好的目光接觸、關切的眼神）你的問題似乎與你家
　　　　人的干涉有關。你家人干涉了什麼事，再說清楚些。（具體化技
　　　　術）

當事人₆：他們……。

　　諮商員透過語言與非語言行為的回應，來表達身體與心理的專注及傾
聽，因此能夠鼓勵當事人開放自己。

三、聆聽與觀察當事人語言與非語言行為，深入其內心世界

　　諮商員身體與心理的專注，除了傾聽當事人的語言內容外，還注意當事人語調的抑揚頓挫，聲音的高低強弱，以了解當事人非語言行為的背後意義，所以能夠穿透當事人的表面訊息，直入當事人的內在世界。

🍎案例一 _____

　　當事人十五歲，學生，女性，因為知心同學要移民美國而難過不已。

當事人 1：我要好的同學昨天告訴我，她全家將移民到美國。我聽到她這麼
　　　　　說，雖然有些難過，不過一想到天下無不散的宴席，心情就愉快
　　　　　多了（當事人雙手用力互搓）。

　　〔雖然當事人口頭上表明，當她想到天下無不散宴席時，好朋友即將離開的心情就不再低落。但是，她的非語言行為（雙手用力互搓）卻暗示，當事人可能隱藏一些重要訊息。因此，諮商員須探討當事人非語言動作的意義。〕

諮商員 1：雖然「天下無不散的宴席」這句話可以讓妳的心情轉好。可是，
　　　　　我似乎感覺到即使妳用這些話來安慰自己，仍然無法讓自己平靜
　　　　　下來。不知我這樣想，對不對？（高層次同理心技術）

當事人 2：（哭泣）這件事讓我覺得無能為力。看著自己的好朋友要離開，
　　　　　雖然心裏十分不願意，可是我又能怎樣。我知道人生本來就是這
　　　　　樣來來去去，可是也不知怎麼搞地，就是有一種感覺，一種無可
　　　　　奈何的感覺。

　　由於諮商員能專注與傾聽當事人的語言與非語言行為，以至於能夠看穿當事人內在的感覺，讓談話的內容，深入當事人的內心世界。

🍑案例二

當事人三十多歲，教師兼研究生，男性。在學業、工作、家庭壓力下，不知如何是好。

當事人₁：我最近的壓力很大。我就讀的學校快要期中考、教育局要來評鑑我任教的學校、我爸爸最近身體不好，我需要常回南部看他。真不知道自己那有那麼多的時間可以用？（當事人眼睛往下看，頭垂下來，不停地搖動）。

諮商員₁：學校要期中考，任教學校的教育局要來評鑑，加上父親身體狀況不好，你找不到足夠的時間做這些事，內心好著急。（初層次同理心技術）

（諮商員從當事人的動作，看出當事人內在的著急與無奈。）

當事人₂：是呀！學校有些老師不知道我們這些在職生的苦處，老是要求那麼多。不但要報告，還要期中考（聲音高亢）。我已經一個禮拜睡眠不足了（當事人雙眉深鎖）。

諮商員₁：你認為老師無法體諒在職生的狀況，要求過多，讓你覺得很憤慨。為了應付工作、學校、家庭的壓力，你不得不硬撐下去，這種苦，實在無法形容。（初層次同理心技術）

諮商員藉由觀察當事人的語言與非語言行為，而看出當事人內心的憤怒、難過與著急。

第五節　專注與傾聽技術練習

技術練習分為兩部份，第一部份用來複習前幾節所提的重點，並且熟練專注與傾聽技術。第二部份為實務練習，由學習者扮演諮商員對當事人

進行諮商。

一、複習與練習：選出諮商員最適當的回應

　　在第一部份的練習中，學習者須先閱讀當事人的敘述，然後從三個諮商員的回應中選出適當的一個。學習者選出答案後，請閱讀後面的說明，了解每一個回應之適當或不適當的原因。

5.1.1　諮商員的專注與傾聽技術，分為身體與心理的專注與傾聽。諮商員身體的專注與傾聽是指諮商員(1)面對當事人，(2)身體姿勢開放，(3)身體稍微傾向當事人，(4)良好的目光接觸，(5)身體放鬆。以下請使用身體的專注與傾聽來回應當事人的敘述：

當事人：我先生的外遇對象竟然是我的好朋友（雙手緊握）。如果她不是我的好朋友，對我的傷害可能還不會那麼大。我真是不敢相信，她竟然是那種人（嘆氣，頭垂下來，搖頭）。我們從大學開始就是好朋友。我先生是她哥哥的同班同學，是她介紹我們兩人認識的。相戀五年，我們才結婚。我先生很愛我，我覺得自己很幸福。只是我這位朋友的感情很不順，前後交過好幾位男朋友，甚至有些已論及婚嫁，最後還是不了了之。我一直努力幫她介紹對象，沒想到，她竟然勾引我先生，還厚顏地告訴我，她忌妒我的幸福，後悔將我先生介紹給我（雙手緊握）。我的幸福是我自己努力得來的（語氣加重、聲音高亢）。我守得住寂寞，我男朋友當兵時，我耐心地等待。可是，她不是這樣，她男朋友當兵時，她就勾引其他男人，還懷了別人的的孩子。她墮胎時我陪她去，我照顧她。這件事我還替她保守秘密。她這種腳踏兩條船的事重複好幾次，每次都是我替她收拾殘局。她今天恩將仇報，竟然破壞我的幸福（雙手緊握）。這種女人真是天殺的，該受報應（聲音高亢、呼吸急促）！

5.1.2　諮商員 1：（面對當事人、身體微微往前傾、眼神與當事人接觸、
　　　　　表情凝重、雙手隨著當事人的動作而變化、偶而點頭表
　　　　　示了解當事人的感覺）

　　正確。諮商員面對當事人、身體微往前傾、眼神與當事人接觸、身體
動作隨著當事人的敘述而變化，這種神態能夠傳遞出對當事人的專注、傾
聽與了解。

5.1.3　諮商員 2：（面對當事人、身體往後仰、眼睛直視地下、面部毫無
　　　　　表情。）

　　諮商員身體往後仰、眼睛直視地下，面部毫無表情的動作，表明諮商
員並未投入當事人的問題中。

5.1.4　諮商員 3：（面對當事人、身體往後仰、眼睛望向遠方、沈思。）

　　諮商員雖面對當事人，可是身體往後仰、眼睛望向遠方，表明諮商並
未專注與傾聽當事人的問題，只是專注在自己的思考上。

5.2.1　諮商員心理的專注與傾聽是指諮商員傾聽當事人敘述的內容、語調
　　　的抑揚頓挫與音量的高低強弱，同時仔細觀察當事人的非語言行
　　　為。從傾聽與觀察中，穿透當事人的防衛，直入當事人的內心世
　　　界。以下請使用心理的專注與傾聽來回應當事人的敘述：

當事人：我不知自己是否很花心（音量降低，頭低下），還是男人都是這
　　　　個樣子（音量提高，頭抬高）。我有一個交往了好幾年的女朋
　　　　友，我是她的第一個男人，我以為跟她會有結果。沒想到，不知
　　　　道為什麼我對她愈來愈沒有感覺，其實心早已不在她身邊。最近

> 我喜歡上另一個女孩。一開始,我罵自己沒良心,以為這只是感
> 情的過渡時期。可是,日子愈久,我愈癡迷,愈無法自拔(音量
> 降低,頭低下)。這種感覺,就像當初跟我女朋友戀愛時一樣,
> 沒有她是不行的。我掙扎了好久,不知要怎麼辦。如果我的女朋
> 友知道,反應一定很激烈,她會恨死我(音量降低,頭低下)。
> 可是,沒有感覺的感情很痛苦,我不知道要怎麼辦。

5.2.2　諮商員 1:你愛上另一個女人,無法控制地被她的吸引,已經到了
　　　　　　　非她不行的地步。可是,你的女朋友在中間作梗,讓你
　　　　　　　無法全心全意追求她。

　　當事人敘述的重點有三,第一是當事人愛上另一個女人,第二是當事
人對女朋友已經沒有感覺,第三是當事人覺得對女朋友有責任,他無法提
出分手。諮商員的回答,只偏向重點一,扭曲與忽略重點二與重點三。這
顯示出,諮商員沒有專注與傾聽當事人語言與非語言行為,因此無法正確
反映當事人的想法與感覺。

5.2.3　諮商員 2:你對女朋友已沒有感覺,而且喜歡上別的女人,卻因為
　　　　　　　覺得愧對女朋友,而不敢提出分手。因為無法放心追求
　　　　　　　你愛的人,而痛苦不堪。

　　正確。諮商員的回應,能夠正確反映當事人語言與非語言行為的重
點,表示諮商員專注與傾聽當事人的表達。

5.2.4　諮商員 3:你跟女朋友,情同夫妻,你以為你們會終老一生。沒想
　　　　　　　到,另一個女人的出現,破壞了你們兩人的關係。你覺
　　　　　　　得愧對女朋友。

　　諮商員的回應,完全扭曲當事人敘述的重點,表示諮商員沒有專注與

傾聽當事人語言與非語言行為。

5.3.1　以下請使用心理的專注與傾聽技術回應當事人的敘述：

當事人：好不容易熬出頭今年可以拿到合格教師證（嘆了一口氣）。已經
　　　　五年了（音量升高），總算可以擺脫那種沒有自尊的身份（音量
　　　　降低，身體往後靠）。我原本打算拿到合格教師證後，離開現在
　　　　代課的私立學校，找所可以發揮專長的公立學校安定下來。一個
　　　　星期前有所不錯的公立學校校長要我到他的學校任教（音量降
　　　　低），回家後，我告訴我太太這件事，我太太聽了很高興，因為
　　　　這樣她就可以放心懷孕、生孩子（頭低下）。

　　　　　　不過，那所公立學校沒有體操隊，恐怕我的專長不能發揮
　　　　（音量降低、頭下垂）。我現在的隊員，都很聽話，他們叫我不
　　　　要走（聲音發抖），我實在很捨不得（聲音發抖）。昨天校長告
　　　　訴我，從今年起，他要撥更多的經費在體操隊，要我好好表現
　　　　（聲音發抖）。數十年來我與體操休戚與共，如果到那所公立學
　　　　校去，不知道沒有了體操，我的生活會怎樣（頭低下）。我不知
　　　　道應該替家人想（頭低下來），還是按照自己的期望走（頭抬起
　　　　來）。

5.3.2　諮商員 1：雖然你期待待在可以發揮專長的公立學校，可是目前找
　　　　　　　　　到的公立學校無法發揮你的專長。你太太期望你先待在
　　　　　　　　　這所公立學校，可是你捨不得目前任教學校的學生，以
　　　　　　　　　及這所學校提供的機會，因此你左右為難，不知如何是
　　　　　　　　　好。

　　　　正確。諮商員的回應，反映出諮商員專注與傾聽當事人語言與非語言
行為的變化，所以能覺察到當事人真正的想法與感覺。

5.3.3　諮商員 2：辛苦了五年，終於成為合格老師。你希望找所公立學校
　　　　　　　　待下來，太太也鼓勵你到公立學校去，你們夫妻兩人的
　　　　　　　　想法不謀而合，不過你對目前服務學校的學生跟校長有
　　　　　　　　些依依不捨。

　　諮商員沒有專注與傾聽當事人的語言與非語言行為，所以完全誤解的
當事人的意思。

5.3.4　諮商員 3：你可以將理想延緩幾年，先到公立學校佔個名額，以後
　　　　　　　　找到可以發揮你專長的公立學校時，再跳槽。這樣既可
　　　　　　　　以滿足你太太的期望，也可以符合你的理想。

　　諮商員沒有針對當事人的語言與非語言行為作回應，卻給當事人建
議。這種作法違反諮商倫理。

5.4.1　以下請配合當事人的語言與非語言行為，使用（身體與心理）專注
　　　與傾聽技術回應當事人的敘述：

當事人：結婚前夕，我才知道我先生曾離過婚。我是明理的人，夫妻離
　　　　婚，雙方都有責任，不可能只是一方的錯，所以並沒有責怪他
　　　　（皺眉、雙拳緊握、頭低下、眼睛往下望）。因為愛他，我還是
　　　　決定嫁給他。這件事我沒有告訴我父母，以免他們對他有偏見。
　　　　第二天婚禮照常舉行。雖然我想永遠隱瞞這件事，可是不知為什
　　　　麼，好像心裏有個疙瘩在，讓我很不舒服。從日本度完蜜月回來
　　　　的前一天晚上，我實在忍不住，但是仍然心平氣和的問他這件事
　　　　（右手緊握左手）。沒想到，他抵死否認，而且還罵我那根筋不
　　　　對。我堅持要他說實話，並且保證不生氣（皺眉、撇嘴）。結
　　　　果，他受不了我的質問，就衝了出去，直到天快亮時才回來。我
　　　　實在忍無可忍，就破口大罵。他到現在還不肯跟我說實話，你說

氣不氣人。早知道他這麼不老實，當時就不該嫁給他（咬牙切齒）。

5.4.2　諮商員 1：因為妳深愛妳先生，明知道他已經離過婚，卻仍舊要嫁給他。可是他卻不知好歹，不肯承認自己的錯誤，即使妳想要袒護他，都沒有辦法。

　　　諮商員的回應反映出他只注意當事人敘述中的表面訊息，忽略當事人非語言行為隱含的感覺與想法。

5.4.3　諮商員 2：妳先生婚前既然騙妳，婚後一定不會老實說。不過，真正要負責的是妳自己。既然知道他離過婚，為何當時不質問他。到現在，你們已經結婚，妳才要他承認。妳被愛情蒙蔽雙眼，受傷是必然的結果。

　　　諮商員並沒有專注與傾聽當事人語言與非語言行為，只是責備當事人的不對，這種行為違反諮商倫理。

5.4.4　諮商員 3：當妳知道妳先生曾離過婚時，有些失望，但是因為愛他，而沒有責怪他，甚至仍然嫁給他。可是，妳畢竟在乎他欺騙的行為，所以忍不住問了妳先生。沒想到，妳的寬容與委屈並未得到應有的回報。他不但不願意承認這件事，而且還責備妳無事生非。妳覺得很難過，很生氣，也後悔嫁給他。

　　　正確。諮商員聆聽與觀察當事人語言與非語言行為，所以能夠覺察當事人內心的真正想法與感覺。

5.5.1　以下請配合當事人的語言與非語言行為，使用（身體與心理）專注與傾聽技術回應當事人的敘述：

當事人：我爸爸因為生意失敗，把家裏所有值錢的東西都賣掉，還欠人家一大筆債。債主常常到我家來要債，不是破口大罵，就是惡言詛咒（雙拳緊握）。爸爸整天藉酒消愁，每天喝得醉醺醺的，什麼事都不管（搖頭、低頭、嘆氣）。我曾試著跟他溝通，希望他振作，大家一起來努力。可是，他就是不聽（皺眉），只是流著淚告訴我，他這一生已經完了（哽咽）。媽媽整天以淚洗臉，不是唉聲嘆氣，就是發呆出神（音量降低、無力）。妹妹告訴我她沒辦法待在這個家，所以天天往外跑，甚至在外過夜（皺眉、垂頭）。這個家大家都不管，只有我一個人扛（雙眉緊鎖、語氣加重、左手重重拍打左腿）。

5.5.2　諮商員 1：你爸爸生意失敗，一天到晚就藉酒消愁，意志消沈。你媽媽整天哭哭啼啼，唉聲嘆氣，你妹妹不願意待在這個家，所以天天逃到外面。全家就只靠你扛起責任。

　　　　諮商員的回應只有統整當事人敘述的表面訊息，沒有配合當事人的非語言行為，所以無法反映當事人內在的感覺與想法。

5.5.3　諮商員 2：這個家完全靠你在支持。若不是須面對債權人的討債，就是要努力讓失意的爸爸振作、讓媽媽停止哭泣、或是規勸逃避的妹妹回頭。

　　　　諮商員之回應，反映出諮商員誤解當事人語言與非語言行為的意義，表示諮商員沒有專注與傾聽當事人語言與非語言行為的訊息。

5.5.4　諮商員 3：爸爸生意失敗，債權人討債方式令你憤怒異常，卻又束

手無策。但是，最讓你傷痛的是整個家支離破碎，爸爸心灰意冷、無法振作，媽媽唉聲嘆氣、悲泣不已，妹妹置之度外。似乎大家都不願承擔責任，只是將責任丟棄給你，你欲振乏力，覺得很憤怒，卻又無可奈何。

正確。諮商員的回應內容，反映了當事人語言與非語言行為蘊含的意義，表示諮商員專注與傾聽當事人語言與非語言的訊息。

二、實務演練

(一)練習一

1. 兩人一組，一人扮演諮商員，另一人扮演當事人。當事人敘述問題，諮商員表現心理與身體非專注、非傾聽的態度。約十分鐘後，當事人與諮商員討論，諮商員的態度帶給當事人的感覺。
2. 當事人再繼續敘述問題，這一次，諮商員表現心理與身體的專注與傾聽。十分鐘後，兩人一起討論，諮商員專注與傾聽的態度，帶給當事人的感覺。
3. 角色對調，重複以上的步驟。

(二)練習二

1. 三人一組，一人扮演諮商員，一人扮演當事人，另一人扮演觀察員。當事人敘述問題，諮商員表現心理與身體的專注與傾聽。每三分鐘後，當事人就停止敘述，然後三人討論諮商員的回應是否正確。
2. 十分鐘之後，角色對調，重複以上的步驟。

第三章

情感反映技術

本章摘要

第一節　情感反映（reflection of feeling）技術的定義

情感反映技術是指諮商員辨認當事人語言與非語言行為中明顯或隱含的情感，並且反映給當事人，協助當事人覺察、接納自己的感覺。

第二節　情感反映技術內容說明

在諮商過程中，情感常被視為諮商的重要因素。以情感為取向的諮商治療學派認為，協助當事人覺察情感、表達與接納情感是促使當事人產生頓悟，解決問題的關鍵因素。

情感反映技術可以協助當事人覺察情感，進而表達、接納情感，對問題產生頓悟。

第三節　情感反映技術的適用時機與注意事項

情感反映技術適用於諮商的任何階段。

諮商員使用情感反映技術時，首先要辨識當事人的情感，然後再將該情感反映給當事人。如果當事人的敘述包含一種以上的情感，諮商員必須將不同的情感反映給當事人。此外，諮商員必須具備豐富的情感詞彙，才能得心應手。

第四節　情感反映技術的功能

一、促使當事人覺察情感。
二、協助當事人重新擁有自己的感覺。
三、讓諮商員正確了解當事人，或當事人了解自己。
四、建立良好的諮商關係。

第一節 情感反映技術的定義

　　情感反映技術是指諮商員辨認當事人語言與非語言行為中明顯或隱含的情感，並且反映給當事人，協助當事人覺察、接納自己的感覺。舉例如下：

🍎案例一

當事人：我不知道該怎麼說，這件事實在複雜！我的繼母跟我年紀差不多，我們兩人的思想也接近。因為住在一起，常常有機會談天說地，她跟我相處的時間比跟我父親還多。最近我發現我對她的感覺變了，她對我的態度也明顯不同，她比以前溫柔，有時候甚至對我撒嬌。我感覺我們兩人好像在談戀愛，我真不知道該如何面對我父親（頭低下）。

諮商員：你跟繼母關係的轉變，讓你覺得愧對父親。（情感反映技術）

🍎案例二

當事人：教育局最近到我的學校評鑑，學年主任將整個工作推給我跟一位同事。我將該作的事擬好後，準備跟那位同事一起分工合作。沒想到這位同事竟然找了好多理由推託，例如岳母生病、小姨子結婚、太太回娘家，所以我們約定的工作時間他都沒到，我只好找幾個工讀生一起做。當他出現時，我們已經完成所有的工作，那是工作期限最後一天的下午。評鑑那天，評鑑資料的擺設、佈置，都是我一個人負責。教育局評鑑的結果，我們學校竟然排名在全國的前十名，校長非常高興。沒想到那位同事竟然寡廉鮮恥，跑去告訴校長說這都是他的功勞。有幾位同事看不過，跑來告訴我，我才知道。

諮商員：你的同事推諉搶功的行為，讓你憤怒異常。（情感反映技術）

案例三

當事人：我結婚當天晚上，我先生喝的酩酊大醉，我們雖然睡在一起，可是並沒有圓房。接連幾天晚上，他似乎對我沒有任何興趣，我們仍然只是掛名夫妻。幾天後，有一位陌生男子來找我，請我成全他跟我先生。那時候，我才知道，我先生竟然是同性戀者，那位陌生男子是他的愛人。當時，我幾乎昏厥。他怎麼可以這樣對待我，既然他有同性戀的癖好，就不應該娶我，我可不願意一輩子當個掛名的妻子。我將那位陌生男子找我的事告訴我先生，然後要求離婚，可是他不肯。他說這事絕不能讓他父母知道，免得他們傷心，希望我幫助他。這種男人真自私。我想讓他父母知道真相，可是又怕讓事情爆發害他見不得人。真不知道該怎麼辦？

諮商員：妳左右為難，不知道該幫自己或妳先生。（情感反映技術）

第二節　情感反映技術內容說明

一、情感經驗與心理治療

　　綜合 Kleinginna 與 Kleinginna（1981，參考自游恆山譯，民 82），以及 Greenbert 與 Safran（1990）的看法，情感產生的歷程如下：(1)情感經驗的引發；(2)產生與情感有關的認知歷程，如知覺作用、評價和分類；(3)將一般生理適應轉化為警覺狀態；(4)反應行為的產生，這些行為通常是（但不一定總是）表達性、目標導向及適應行為；(5)個人與他人接觸，或尋求安撫。情感產生的過程如下圖 3-1 所示。

　　由於情感（情緒）可以促使個人採取行動解決問題，情感一直被視為諮商的關鍵因素。一些以情感為取向的心理治療學派認為，當事人的問題在於對情感的覺察受阻礙，因而無法表現健康的適應行為。這些學派將協助當事人覺察與表達情感視為促進當事人頓悟，產生行為改變的諮商重

點。

二、情感的訊息處理過程

　　情感產生於多層的運作過程，每一層次對情感經驗的產生提供不同方式的影響。最低層次是「感覺／表達」的動作層面，此層的運作過程是在非意志的控制下進行。中間層次屬於語意記憶層面，也是基模運作層面；此層面是過去情感經驗的具體表徵，內容包括有感覺動作經驗的編碼、引發情感反應的情境、有關的信念與期望。最後一層是知覺系統，這一層次對情感事件進行意識的、意志的統合。運作方式以基模記憶為依據（Greenberg, Rice, & Elliott, 1993）。情感的訊息處理過程如圖 3-1 所示。

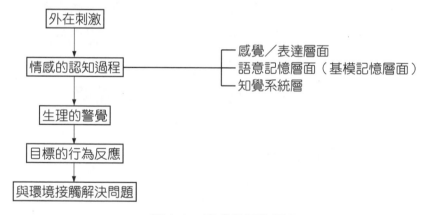

圖 3-1　情感的運作歷程

三、異常的情感運作過程

　　情感反應的異常，至少是因為兩個重要的訊息處理過程出現問題（Greenberg & Safran, 1990）：

(一)符號化過程的失敗

符號化過程是使情感產生意義的過程，符號化過程的失敗，使當事人無法覺察到情感。Greenberg與Safran（1990）將當事人對情感的覺察分為幾個層次：

1. 情感出現，但是未被覺察到。
2. 情感出現，但是只有部份被覺察到。
3. 情感出現，但是沒被轉化為語言。
4. 情感出現，並且被轉化為語言。
5. 情感出現，被轉化為語言，知道引發情感者為何人，也知道處理情感的可能行動、需求與期望。

當事人在情感訊息處理的過程中，因為對情感訊息的覺察與處理狀況之不同，而對情感的覺察有不同的層次。情感反映技術可以幫助當事人重新檢視自己的經驗，進入自己的感覺，覺察與表達自己的情感。

(二)基模本身的過程

情感基模是一組預期與反應的組織，基模內包含有產生情感的情境、對情境的評量、由情境引發的信念或歸因、對評量結果產生的情感反應（Greenberg et al., 1993）。情感基模的形成始於個人出生後，因類似的情感經驗一再重複發生後，最後被表徵出來作為預測、解釋、反應與控制未來類似情境的情感反應（Greenberg et al., 1993）。

當基模出現異常現象，基模運作結果所產生的情感反應不是原始情感，而是次級情感。原始情感是真實的情感，又稱為深層情感（underlying feeling），有助於個人適應環境（Greenberg et al.,1993; Greenberg & Safran, 1990）。次級情感的產生，是因為原始情感被個人否認或隔離，並且暫時以次級情感來取代。最後，當個人再也無法覺察到原始情感時，次級情感便取代原始情感。由於次級情感不是針對情境產生的真實感覺，所以對個

人的適應不但沒有幫助，而且有害。

諮商時，諮商員的情感反映技術雖然未必能夠協助當事人重整情感基模，不過可以協助當事人覺察與表達真實情感，對自己有進一步的認識，甚至對問題產生頓悟。

第三節　情感反映技術的適用時機與注意事項

一、情感反映技術的適用時機

情感反映技術可以使用在諮商的任何階段。

二、注意事項

使用情感反映技術時，需要注意以下幾個要項：

㈠辨認當事人情感

1. 注意當事人敘述中的情感部份。
2. 注意當事人的行為（姿勢、語調、說話速度、其他的態度）。
3. 適當地、廣泛地標示情感。
4. 辨認當事人情感的整體範圍（亦即辨認語言或非語言行為所傳達的不同情感）。

㈡反映當事人情感

1. 適當地運用前置詞（introductory phrase），然後清楚、正確地摘要當事人經驗到的情感。
2. 反映混合的情感（亦即一種以上的情緒）。

3.所用的語言，不要重複當事人所用的語詞。

4.焦點放在此刻情感上。

5.廣泛地運用前置詞，不要一再運用相同的語詞。

（Evans, Hearn, Uhlemann & Ivey, 1989）

㈢常用的情感語句

正確的情感反映，除了有賴諮商員聆聽與觀察當事人的語言與非語言訊息，辨認當事人情緒外，還有賴諮商員豐富的情感詞彙。

第四節　情感反映技術的功能

情感反映技術的功能有：

1.促使當事人覺察情感。

2.協助當事人重新擁有自己的情感。

3.讓諮商員正確了解當事人，或當事人了解自己。

4.建立良好的諮商關係。

各項功能的詳細說明如下：

一、促使當事人覺察情感

在當事人語言與非語言行為的牽引下，諮商員流暢地躍入當事人的感情世界，融入當事人肝腸寸斷、悲憤扼腕的經驗，迴旋在當事人愛恨交織的嗚咽與掙扎。在當事人的主觀世界體驗、逗留，感同身受地與當事人的感覺亦步亦趨。

諮商員跳出當事人的內心世界後，用自己的語言，將自己的體會傳達給當事人。諮商員走過當事人的經驗後，反映的情感，自然能引起當事人

的共鳴，催促著當事人覺察自己的情感。

🍎案例一

　　當事人二十五歲，售貨員，男性。從小生活在單親家庭中，因為無法跟母親、哥哥相處而求助。

當事人1：我對媽媽很孝順，哥哥棄她於不顧，都是我在照顧她。可是，只要我有一點不順她意，她就罵我不孝，或威脅要離家出走。我實在受不了她，很想搬到外面住。哥哥就是因為受不了她的脾氣，故意找個外地的工作，讓我媽管不到他。他現在倒清靜多了，可是卻苦了我。我跟哥哥提過，希望他分擔照顧媽媽的責任，但是，哥哥不肯。他說，就是因為受不了媽媽才離開，那有自投羅網的道理。我真的不懂，他怎麼可以那麼自私。我現在有一個很要好的女朋友，我們想訂婚。她一直想認識我的家人，可是，我媽媽這個樣子，我怎麼敢帶她回家。我擔心女朋友如果知道我媽媽的個性，恐怕不敢跟我結婚。其實，即使我們兩人將來結婚，媽媽這種個性，叫我們如何跟她相處。我不知道該怎麼辦？

諮商員1：媽媽挑剔的個性，讓你覺得好辛苦。哥哥自私的想法，你覺得很無奈。除此之外，你擔心媽媽的個性會壞了你的婚事。這麼多的問題困擾著你，真是感到好無助。（情感反映技術，諮商員對當事人不同情感的反映，協助當事人覺察不同的感覺。）

🍎案例二

　　當事人四十多歲，家庭主婦，女性，因無法跟前妻的女兒相處而求助。

當事人1：人家說繼母難當，我當時就是不相信。我認為只要有愛心，把她當成是自己親生的孩子，我們兩人應該不難相處。沒想到果真被別人料到。不管我怎麼做，就是無法討好她。即使她生病時，我衣不解帶地照顧她，仍然得不到她的歡心。

諮商員1：妳得不到前妻女兒的歡心，覺得好洩氣，有點後悔當初的決定。

（情感反映技術）

諮商員對當事人的情感反映，可以協助當事人覺察自己的感覺。

二、協助當事人重新擁有自己的感覺

當事人透過否認或隔離情感，可以忽略經驗中關鍵性、傷害性的訊息，再重大的傷害，也只剩下浮光掠影、微不足道的細節，激不起當事人內心的傷痛。例如，一些童年被虐待的小孩，靠著否認感覺、否認經驗，讓自己存活下來。

這種方式雖然可以幫助當事人逃避經驗帶來的痛苦，可是受傷的傷口不會因當事人的自我欺騙而自動痊癒。在當事人毫無覺察的情況下，這些傷口仍然繼續發炎潰爛，操控著當事人的生命，影響著當事人的行為。影響所及，任何能夠觸動當事人過往情事的新經驗，當事人將視之為洪水猛獸，避之唯恐不及，於是，生命因缺乏新經驗的激盪而一成不變，呈現毫無生氣的呆滯、無趣。

要協助當事人跳脫原有的窠臼，改寫創傷經驗對當事人的意義，就必須協助當事人覺察自己的情感，重新擁有過去否認、隔離的情緒。當這些被隔離的情感重新被接受，成為生命的一部份後，人格會因為重新被統整、擴大而生機盎然。

情感反映技術可以帶領當事人面對自己的情感，覺察自己的情感，進而接納自己的情感，讓被否認的情感成為生命的潛力。

🍀 案例一

當事人二十多歲，僱員，女性，因跟家人不合而求助。

當事人1：我父母親在我很小的時候就離異，我對我爸爸沒有什麼記憶。小時候家裏很窮，媽媽早出晚歸賺錢，只有外婆在家陪我跟哥哥。因為外婆年紀大，我跟哥哥整天不敢出去。哥哥六歲、我四歲時，媽媽才送我們上幼稚園。哥哥很頑皮，老是鬧事，讓同學跟

老師都很頭痛。我從小學開始，就一直幫媽媽做家事，哥哥很懶惰。什麼事都不做，所以家中大部份的家事都由我負責。媽媽一直在別人面前讚美我，說我懂事。哥哥高中畢業後，就搬出去住。每個月只拿一點錢給媽媽，而且偶而才回家。我常告訴哥哥，媽媽這麼辛苦扶養我們，不可以這樣不孝。可是哥哥就是不聽，說媽媽這種人眼中只有錢，他已經長大了，需要有自己的天地，不能不替自己著想。哥哥有時候會跟媽媽吵架，因為媽媽嫌哥哥給她的錢太少。每次媽媽跟哥哥吵架後，媽媽氣未消，就將氣發洩在我身上，媽媽這種行為讓我覺得很討厭，很想離家。如果我有屬於自己的家，或許我的情況會好些，可是不知為什麼，我就是找不到好男人結婚。

諮商員1：媽媽、哥哥的自私，讓妳覺得失望。妳想擁有自己的家，可是卻找不到結婚對象，感到好無奈。（情感反映技術）

當事人2：沒錯，我對我的家人覺得失望。我想離開這個家，卻找不到人嫁，怎麼不感到無奈。

　　諮商員對當事人的情感反映，讓當事人覺察並接納自己的感覺。

🍎案例二

　　當事人為男性，約三十歲，因為女朋友有意跟前一任男友復合，當事人非常難過。

當事人1：她從沒想過，她以前的男朋友只是個學生，有很多時間陪她。我不一樣，我是個上班族，正需要為事業衝刺。我這樣努力，還不是為了我們兩個人的將來打算。我不希望她嫁給我後，還得陪我吃苦。這些話我告訴她很多次，可是她就是不能接受。她說她畢業後也會有工作，到時候兩個人再一起努力。她的看法我不能認同。機會是不等人的。目前我這一行正景氣，如果不好好把握這幾年的機會，好好賺一筆，誰知道幾年後會怎樣。就這樣，我為我們兩個人的將來努力時，她竟然投入她前任男朋友的懷抱。最

近，她提出分手，說她覺得跟前任男友在一起才有快樂。我聽了
很生氣，沒想到她這麼短視。愛情重要，難道現實就不重要？

諮商員1：她的短視讓你震驚，也傷透你的心。（情感反映技術）

當事人2：我的確不敢相信，她竟然會這樣短視，只顧目前的玩樂，不顧未
　　　　　來的前途。我一直以為她是個可以陪自己走一輩子的人，沒想到
　　　　　她竟是這樣不成熟的人。

諮商員2：你羞愧自己看錯人，才會嚐到今天這種後果。（情感反映技術）

當事人3：我的確覺得很丟臉，說她無知，其實我也很無知，才會看錯人。

　　諮商員對當事人的情感反映，讓當事人進一步覺察與接納自己的感
覺。

三、讓諮商員正確了解當事人，或當事人了解自己

　　有時候諮商員的敏感度不夠，誤解了當事人的感覺，以至於反映的情
感，並非當事人真正的感覺。透過當事人的修正，諮商員得以正確地了解
當事人。

　　當諮商員反映當事人情感時，提醒了當事人回頭去統整自己的經驗，
覺察自己的感覺，核對諮商員反映的情感是否正確。這個過程，讓當事人
有機會進一步了解自己、表達自己。

案例一

　　當事人二十五歲，女性，雇員，因為母親過度重視金錢的價值，要求
當事人將每個月的薪水交給她，致使當事人常跟母親起衝突。

當事人1：我覺得很疑惑，金錢難道比親情重要嗎？我現在已經長大，而且
　　　　　在上班，需要一些像樣的衣服、化妝品，需要跟朋友、同事交
　　　　　際，還想學一些其他的技能，這些都需要錢。我媽總是看不清，
　　　　　我現在是上班族，不是學生，不能穿著 T-shirt、牛仔褲上班，也
　　　　　不能老是穿那幾套老掉牙的古董。我可以給媽媽一半的薪水，可

是沒有辦法將大部份的薪水給她。每次領薪水，都是因為這個原因而鬧得不開心，真是好煩啊。

諮商員1：媽媽過分的要求讓妳感到生氣。（情感反映技術）

當事人2：我不是生氣，我是感到無可奈何，很無助。我知道小時候媽媽很辛苦，爸爸長年生病，沒有能力照顧我們一家人。若不是媽媽吃苦耐勞，這個家可能不存在了。媽媽現在年紀大了，也無法工作，只能靠我跟我妹妹。我只恨自己無法賺更多的錢，讓媽媽放心。如果我能賺很多錢，或許這個問題就不會存在。

　　由於當事人的澄清，讓諮商員正確地掌握了當事人的感覺，也由於當事人的自我澄清，讓自己更清楚內在的感覺。

❦ 案例二

　　當事人四十歲，女性，因為先生有外遇而求助。

當事人1：我的先生是個生意人。當初我嫁給他的時候，家人都反對，嫌他家世不好。他的家人雖不像我的家人態度強硬，可是卻處處刁難我。嫁他時，家人因為不同意，沒給我什麼嫁妝，結婚的用品，大部份是我花錢買的。那時候，我先生的生意才起步，請不起別人，我的公婆都不肯出手幫忙，所以我除了忙自己的工作外，還得幫我先生打理一切。孩子出生後，我更忙。有了第二個孩子後，家境漸好。我先生的工廠請了人，我才能夠喘一口氣。可是沒想到，他竟然跟工廠的會計有了私情。工廠所有的人都知道，只有我被蒙在鼓裡，我發現時，他們暗渡陳倉已多時。我質問我先生為何對我如此殘酷，沒想到他竟然說，他對我已沒有感覺。我聽了好生氣，沒想到他這麼沒良心（哭泣）。我先生這樣對不起我，我的公婆不替我說話，我也不敢讓娘家知道。我真不知道該怎麼辦才好？

諮商員1：妳先生殘酷的背叛，讓妳傷痛欲絕。婆家袖手旁觀，妳又沒有臉求救娘家，妳內心好難過、好著急，卻求助無門。（情感反映技

術）

當事人₂：沒錯，我真想死了算了。自己辛苦這麼多年，到頭來卻一場空。
當時我嫁給他時，我的家人就沒看好，現在果然如他們所料。這
種事情如果讓他們知道，他們一定罵我，說我自食惡果，所以，
我也不敢回娘家求救。我的婆家知道後，只是看笑話，也不替我
說話。我為他們做牛做馬，沒想到他們不但不幫我，還罵我不能
體諒男人在外打拚的苦處，一天到晚吵吵鬧鬧。他們怎麼可以這
樣對待我，都是我在照顧他們，怎麼可以恩將仇報。

諮商員₂：妳怨恨婆家的狠心，怨恨先生的無情，後悔自己的無知。（情感
反映技術）

當事人₃：豈止怨恨，我真不甘心，我一定要給那隻狐狸精好看。正如你所
知的，我好後悔當初不聽家人的話（哭泣約十分鐘）。我絕對要
讓那隻狐狸精好看。

諮商員₃：妳對第三者恨之入骨，不報復不痛快。（情感反映技術）

當事人₄：對！不……不……我應該恨的……是自己（大聲痛哭）。如果不
是我自己太傻，瞎了眼睛，以為我先生可以託付終身，以為我先
生會知恩圖報，今天就不會落到一無所有的地步。我真痛恨自
己，我真痛恨我自己。

　　當事人對諮商員反映的修正，促使對當事人對自己有進一步了解，也
讓諮商員進一步了解當事人的狀況。

四、建立良好的諮商關係

　　當事人來找諮商員協助之時，已在問題中載沈載浮多時，內心的焦慮
與無助，無法言喻。諮商員對當事人的情感反映，除了協助當事人覺察自
己的感覺，更清楚知道自己的狀態外，還傳達出諮商員對當事人的關心與
用心。這種設身處地的體貼，足以讓當事人因為被了解、被重視、被支持
而被感動，進而願意打開心胸，讓諮商員進入他的內心世界。換句話說，

情感反映技術可以幫助諮商員與當事人建立良好的諮商關係。

第五節　情感反映技術練習

　　技術練習分為兩部份，第一部份用來複習前幾節所提的重點，並且熟練情感反映技術。第二部份為實務練習，由學習者扮演諮商員對當事人進行諮商。

一、複習與練習：選出諮商員適當的回應

　　在第一部份的練習中，學習者須先閱讀當事人的敘述，然後從三個諮商員的回應中選出適當的一個。學習者選出答案後，請閱讀後面的說明，了解每一個回應之適當或不適當的原因。

5.1.1　諮商員使用情感反映技術時，首先須覺察與辨識當事人的情感。在正確覺察與辨識當事人情感後，所反映的情感，才能一針見血，協助當事人了解自己。以下請辨識當事人的情感（感覺）：

當事人：我不知道人活著到底要幹什麼？每天所做的事幾乎一樣，睡覺、吃飯、擠公車、工作、看電視。每天都做同樣的事，這種日子有什麼意義，人活著難道就只為這些？生命的意義到底在那裏？

5.1.2　諮商員 1：困惑。

　　正確。當事人因為生活的一成不變而對生命的意義產生困惑。

5.1.3　諮商員 2：生氣。
　　當事人並不是對生活的一成不變感到生氣，而是不知為何生命只是重

複相同的事，這是對生命意義的困惑。

5.1.4 諮商員₃：悲傷。

當事人不明白為何生活只是不斷重複相同的事，不是對生命感到悲傷，而是感到困惑。

5.2.1 請辨識以下當事人的情感：

當事人：每一次跟男朋友做愛，都不是因為我要，而是因為要配合他的需要。因為他不喜歡戴保險套，害我懷孕兩次，墮胎兩次。兩次墮胎都是我一個人到醫院，他從沒想過要陪我去。他這麼狠心，我想過要跟他分手，可是不知道為什麼，偏偏離不開他。

5.2.2 諮商員₁：憂鬱。

當事人想脫離男朋友，但是卻無能為力，這是一種無奈的感覺，不是憂鬱。

5.2.3 諮商員₂：無奈。

正確。無奈反映出當事人知與行上的掙扎。當事人想離開男朋友，可是意志力不堅，無法辦到。

5.2.4 諮商員₃：驚訝。

驚訝是一種超出預期之外的感覺，當事人的內在感覺並非如此。

5.3.1 請辨識以下當事人的情感：

當事人：答應這門親事，說實在，我的意願並不高。當初相親時，對她的感覺滿不錯。只是，我們交往才三個月，對彼此還不清楚的情況下就要結婚，這實在有點說不過去。如果不是我父親突然去世，母親希望我在短期內結婚，以免像父親一樣看不到自己的兒子成家，我對自己的婚事是不會這樣草率。我不斷地問自己，這樣的婚姻會幸福嗎？

5.3.2 諮商員 1：難過。

當事人還不了解對方的情況下，因為母親的期望而成婚，他沒有把握這樣的婚姻會幸福。因此，當事人的感覺是擔心，不是難過。

5.3.3 諮商員 2：無助。

當事人在不了解對方的情況下結婚，因此疑惑這樣的婚姻會幸福。所以當事人的感覺是擔心，而非無助。

5.3.4 諮商員 3：擔心。

正確。當事人跟對方結婚時，仍然不了解對方，因此，擔心婚姻會不幸福。

5.4.1 請辨識以下當事人的情感：

當事人：我沒想到我的主管竟然會答應讓我到國外進修。我一直覺得主管對我的印象不好，因為他常批評我，甚至會有一些挑剔的要求。當時申請到國外進修時，我並不抱任何希望。一方面我覺得主管不喜歡我，另一方面我的資歷最淺。後來考慮之後還是決定試試

看，算是給自己一個交代。沒想到，我的運氣這麼好，主管肯給我這個機會。

5.4.2　諮商員₁：受寵若驚。

正確。當事人認為主管對她印象不佳，自己的資歷又淺，主管應該不會同意自己的申請。出乎意料之外，主管竟然同意，讓他受寵若驚。

5.4.3　諮商員₂：心悅誠服。

當事人的感覺，是對自己意外獲得主管青睞而雀躍不已，與心悅誠服的感覺無關。

5.4.4　諮商員₃：猜忌懷疑。

當事人的敘述中並沒有猜忌懷疑的反應。

5.5.1　請辨識以下當事人的情感：

當事人：我的英文老師一個星期前回美國了。他說因為他要開始上研究所的課，而且要在事業上打拚，恐怕將來再也沒有機會到台灣來。一想到這輩子可能沒有機會再見到他，心裏總覺得怪怪的。尤其每次一到以前補英文的時間，就覺得很不安、很煩躁。我希望將來能有機會到美國找老師，只是不知道這個願望能不能實現。

5.5.2　諮商員₁：憂鬱。

當事人並沒有因為英文老師的離開，或是因為無法與老師再見而出現憂鬱的症狀，當事人出現的煩躁、不安，是想念老師的反應。

5.5.3　諮商員 2：思念。

正確。當事人一想到這輩子可能沒有機會再見到老師，心裏就覺得怪怪的。每次一到以前補英文的時間，就覺得很不安、很煩躁，這是思念老師的反應。

5.5.4　諮商員 3：生氣。

當事人煩躁不安的行為，不是生氣的反應，而是對老師的思念。

5.6.1　諮商員使用情感反映技術時，須覺察當事人語言與非語言行為蘊含的情感訊息，辨識當事人的感覺後，用自己的語言，將他對當事人的了解回應給當事人。以下請使用情感反映技術，回應當事人的敘述：

當事人：我們上英文課時，老師將全班分組，每一週有一些作業，要同組的同學共同完成。我們這一組有四個人，除了我之外，其他三位同學對作業都漠不關心。每一次的作業，他們都推給我做。禮拜天，我整天待在電腦室，將作業做完，而他們卻在外面玩一整天。我跟他們說過好幾次，這樣對我不公平，他們卻說他們英文不好，如果要他們寫，他們也不知道如何寫。我很想將這件事告訴老師，乾脆我自己一個人一組好了。可是，如果這樣做，他們一定恨死我，搞不好會聯合起來對付我，因為這三位同學都不好惹。這樣也不行，那樣也不行，真不知道該怎麼做？

5.6.2　諮商員 1：妳不確定是否該讓老師知道這件事，因此左右為難，不知如何是好。

正確。當事人在不甘心與害怕兩種情感的衝突下，不知道該怎麼做。

5.6.3　諮商員 2：妳覺得自己很可憐，因為妳的英文比較好，所以必須承擔所有的作業。

　　　諮商員的回應無法反映當事人內在的衝突、矛盾。當事人不甘心承擔整組的作業，但是若讓老師知道這件事，她害怕同組同學報復。所以當事人內在感覺是不甘心與害怕兩種感覺的衝突，不是可憐自己。

5.6.4　諮商員 3：妳覺得好苦惱，因為不知道如何才能讓同組的三位同學願意一起完成英文作業。

　　　諮商員沒有正確掌握當事人的意思，所以無法正確反映當事人的內在感覺。

5.7.1　以下請使用情感反映技術回應當事人的敘述：

當事人：我們學校向來重視學長制度，學弟、學妹都要聽學長的話，尊重他們就像是以前徒弟尊重師父那樣。我的運氣不佳，碰到一位很糟糕的學姐。她動不動就罵我，甚至對我進行心理虐待。有時候，我真恨死這種制度，這種制度好像給學長們特權，讓他們將許多生活上的不滿發洩在我們身上。

5.7.2　諮商員 1：學校制度讓妳覺得很無奈。

　　　正確。當事人因為受限於學校制度，而受到學姐的欺凌，因此感到無奈。

5.7.3　諮商員 2：妳運氣不佳，碰到霸道的學姐。

諮商員沒有反映當事人的感覺，因此不是使用情感反映技術。

5.7.4　諮商員₃：學校不好好管教這些學長仗勢凌人行為，讓妳很氣憤。

諮商員沒有掌握到當事人敘述的重點，因此無法正確反映當事人的感覺。當事人是對學校所定的制度感到無可奈何，而非生氣學校不好好管教學長姐。

5.8.1　以下請使用情感反映技術回應當事人的敘述：

當事人：我太太是個很有企圖心的人，結婚八年，她由業務員晉升到經理的職務。這八年來她為了事業不肯生孩子，我因為愛她，所以就順著她。我們兩人都已經三十多了，我是獨子，需要有孩子延續香火。我的父母為這件事著急得不得了，不願意再容忍她這樣任性下去。前天我跟她談這件事，沒想到，她不但不檢討自己的自私，還罵我不長進，八年來都沒有升官，她瞧不起我心無大志，如果我再不努力的話，她不打算繼續跟我在一起。人各有志，我喜歡我現在的工作，我以興趣為主，她以升官、發財為目標，兩人都沒錯。我不反對女人有事業，但是，她需要先扮演好自己的角色才行。

5.8.2　諮商員₁：太太一再升官，你卻一事無成，覺得臉上無光，羞愧異常。

諮商員誤解當事人的意思，所以無法反映當事人的真正感覺。

5.8.3　諮商員₂：你一味溺愛自己的太太，造成她變本加厲，無法無天，再也無法約束她。

諮商員沒有專注與傾聽當事人的敘述，因此不但誤解當事人的意思，也沒有反映當事人的情感。

5.8.4　諮商員 3：太太忽略自己的責任，讓你覺得不高興。因為無法完成延續香火的重任，你覺得愧對父母。

正確。當事人的情感有二，一是對太太生氣，因為太太熱中事業，忽略家庭責任，二是愧對父母，因為至今未有孩子延續香火。

5.9.1　諮商員專注與傾聽當事人語言與非語言訊息時，除了注意當事人的情感訊息外，還得注意當事人的情感是否一種以上。諮商員反映當事人的情感時，須將當事人的不同情感一一反映出來。

當事人：那一天我跟美美兩人都喝醉了，因為酒精的作用，我竟誤將美美當成我的女朋友，兩人親熱了一個晚上。醒來後，我才發現酒醉誤事。因為美美還在睡覺，我就趕緊離開，不知道以後該如何向美美解釋。這件事如果讓我的女朋友，以及美美的男朋友知道的話，恐怕會大禍臨頭。

5.9.2　諮商員 1：你擔心女朋友跟美美的男朋友，找你算帳。

當事人內在有兩種感覺，但是諮商員只反映一種情感，遺漏了當事人的另外一種感覺。

5.9.3　諮商員 2：你覺得愧對美美。

諮商員只有反映當事人其中的一種情感，忽略了另一種，所以無法反映當事人感覺的全貌。

5.9.4 諮商員 ₃：你覺得愧對美美，也擔心女朋友跟美美的男朋友不會放
　　　　　 過你。

　　正確。當事人內在有兩種情緒，一種是對美美的愧疚，另一種是擔心
女朋友跟美美的男朋友不肯原諒他。

5.10.1 請使用情感反映技術，反映當事人不同的情感：

當事人：我視公婆如父母，也希望他們待我如女兒，可是，事與願違。我
　　　　公公是大而化之的人，不拘泥於小節，能夠包容我的粗心與笨
　　　　拙。我婆婆卻為了公公對我的寬容，吵鬧不已。她說，以前她婆
　　　　婆苛求她時，公公從未保護過她，現在卻對我如此厚愛，她不甘
　　　　心。為此，她討厭我，不管我做任何事，她都想辦法挑剔。我先
　　　　生只是一味地要求我忍耐，從未替我想過。我很痛苦，我想離
　　　　婚。

5.10.2 諮商員 ₁：婆婆嫉妒公公疼愛你，讓妳苦不堪言。更讓妳難過的是，
　　　　　　 妳得不到先生的認同與幫助，因此想放棄這段婚姻。

　　正確。諮商員反映當事人內在不同的感覺，一者是對婆婆挑剔的無可
奈何，另一者是對先生漠視的難過。

5.10.3 諮商員 ₂：婆婆嫉妒公公對你的疼愛，故意為難妳，讓妳無法繼續
　　　　　　 待在這個家。

　　一方面，諮商員誤解當事人敘述的重點，另一方面，諮商員並未反映
當事人的情感。

5.10.4　諮商員 3：婆婆的無理挑剔，先生對妳處境的忽視，讓妳不想待在
　　　　　　　　　這個家。

　　諮商員雖然反映當事人敘述的重點，可是卻沒有反映當事人的情感。

5.11.1　諮商員使用情感反映技術時，除了聆聽當事人的敘述外，還得配合
　　　　當事人的非語言行為。有時候，諮商員無法從當事人的語言行為窺
　　　　見當事人的感覺。但是，如果仔細觀察當事人的非語言行為，就可
　　　　以發現蛛絲馬跡。
　　　　　　　即使有些當事人在敘述中主動提到自己的情感，如果諮商員能
　　　　夠同時配合當事人的非語言行為，就更容易辨識當事人的感覺。以
　　　　下請配合當事人的語言與非語言行為，使用情感反映技術回應當事
　　　　人的敘述：

當事人：我生長於非常保守的家庭，我的家人認為離過婚的女人，別人會
　　　　瞧不起，所以堅決反對我跟我先生離婚（哽咽、聲音發抖、音量
　　　　提高）。當然我已經這麼大了，可以不管他們的意見，只是，如
　　　　果我堅持離婚的話，他們會因為害怕被別人譏笑，就會跟我斷絕
　　　　關係。我實在不知道是他們的面子重要，還是我這個女兒重要
　　　　（哽咽、尾音發抖、右手緊緊握拳）。

5.11.2　諮商員 1：家人重面子，不重視妳的幸福，讓妳覺得好委屈，也好
　　　　　　　　　生氣。

　　正確。當事人的敘述中，並沒有提到自己的感覺，但是在她的非語言
行為中，表露出對家人的不諒解與難過。

5.11.3　諮商員 2：你的家人只重視面子，不重視妳的幸福，堅持不讓妳離
　　　　　　　　　婚。

　　諮商員只反映當事人敘述的內容，並未反映當事人語言與非語言所隱含的感覺。

5.11.4　諮商員₃：妳擔心家人跟妳斷絕關係，所以一直不敢離婚。

　　諮商員反映的內容只限於當事人的語言內涵，忽略當事人非語言行為所蘊含的內在感覺。

5.12.1　以下請配合當事人的語言與非語言行為，使用情感反映技術：

當事人：我接連幾胎都生女孩，我兩個姒娌第一胎卻都是男孩，我婆婆因此瞧不起我，罵我的肚皮不爭氣，沒有兒子命（聲音升高、音調加強）。當我先生有外遇時，她不幫我也就算了，竟然說這是我的報應（哽咽）。我活到現在，孝順父母、尊敬公婆、友愛弟妹，我沒有做過任何虧心事，老天爺竟然這樣子對待我，我不甘心啊！（右拳捶胸）。

5.12.2　諮商員₁：妳不甘心老天爺讓你先生有了外遇。

　　諮商員回應的內容，除了忽略了當事人的內在感覺外，還誤解當事人表達的內容。

5.12.3　諮商員₂：婆婆的羞辱與落井下石，讓妳憤恨不平。妳怨恨老天爺對妳不公，妳的委屈與善良得不到公平的對待。

　　正確。諮商員反應的內容，包括當事人的兩種內在感覺，顯示諮商員對當事人語言與非語言行為的專注與傾聽。

5.12.4　諮商員 3：生育是兩個人的事，生不出男孩又不是妳的錯。現在的科技發達，總會有辦法的。

　　諮商員只是支持與安慰當事人，並沒有使用情感反映技術回應當事人的敘述。

5.13.1　情感反映技術可以讓當事人體驗被了解、被支持的感動，所以可以幫助諮商員與當事人建立良好的諮商關係。以下請使用情感反映技術回應當事人的敘述：

當事人：人家都説戀愛會帶給人一種浪漫、飄飄欲仙的感覺，可是，為什麼我談了戀愛後，卻如酒後方甦的頭痛欲裂。原本我單戀一位別單位的男同事。那時候，我覺得他各方面都很迷人，令我如痴如醉。一天見不到他，我就寢食難安。透過朋友的安排，好不容易有機會成為他的女朋友。一開始，我欣喜若狂，感謝老天爺賜我如意郎君。可是沒多久我卻發現，他一點也不幽默，不但小氣，身體也差，我得常常陪他看醫生。生活中還有一些習性我不喜歡。不知為什麼，現在只要一接到他的電話，我就有一肚子的氣，沒有耐性跟他説話。如果戀愛是這樣的話，我寧願不要。

5.13.2　諮商員 1：妳之所以迷戀於對方，是因為妳一點也不了解他，因而將他美化。當妳進一步了解他，發現了他的缺點後，這種迷戀自然消失。

　　諮商員只是對當事人的問題進行分析，沒有反映當事人的內在感覺，因此對當事人的問題沒有幫助，對兩人關係的建立也沒有助益。

5.13.3　諮商員 2：你們之間的問題，妳應該明白向他説明，看看有沒有什麼方法可以解決。當然，沒結婚之前，任誰都有選擇的

權利，妳有權利重新考慮自己的選擇。

諮商員回應的內容只是給當事人建議與安慰，沒有反映當事人的內在感覺，因此對當事人的問題沒有幫助，對兩人關係的建立也沒有助益。

5.13.4 諮商員₃：沒談戀愛之前，妳對對方有無比渴望與思念，可是，跟對方談戀愛後，妳卻對他有無比的失望與厭惡。

正確。諮商員反映當事人內在的感覺，讓當事人覺得被了解，而願意與諮商員建立坦誠的關係。

二、實務演練

(一)練習一

請使用情感反映技術，回應以下當事人的敘述：

1. 當事人：我的男朋友一別二年，音訊全無。離別時口頭上承諾天長地久，此情不變，我不嫁他人，他不娶別人。兩年來，我婉拒一些人的追求，為的就是遵守當時的諾言。可是，他至今消息渺茫，我不知道是否該繼續等下去。

諮商員：

2. 當事人：老天爺似乎故意跟我作對，讓我長得如此標緻，每天被一大堆的男人糾纏。可是，天曉得，我只喜歡女人。為什麼女人的愛人不能是女人，非得要男人才算正常。我愛上我的好朋友，偏偏她有男朋友，看到他們兩人成雙入對卿卿我我，真叫我心碎。

諮商員：

3. 當事人：我從小對自己沒有信心，總認為別人比自己行，遇到什麼
事就找別人商量，讓別人告訴我如何做（頭低下，眼睛看
別的地方）。最近我覺得再這樣下去是不行的，因為有時
候別人忙著自己的事，根本無暇理我，讓我覺得自己是多
餘的（頭依然低下、聲音降低、微弱）。

諮商員：

4. 當事人：課堂上老師一直讚美他，好像他有多了不起。我相信這件
事如果由我來做，說不定會比他好。若不是老師將這項工
作分派給他，今天被讚美的人可能是我。

諮商員：

5. 當事人：（手掩住口、微笑）其實我也不知道該怎麼說。（手放
下，歎了一口氣）唉！我是個道德心很高的人，我常常告
誡自己不能做錯事，可是，偏偏過不了這一關，害我自責
不已。我跟一個有夫之婦來往，我們甚至租了一間小套
房，作為幽會的地方。從一開始，我就一直告訴自己不要
陷下去，可是，就是控制不了自己。

諮商員：

㈡練習二

1. 兩人一組，一人扮演諮商員，另一人扮演當事人，準備一台錄音
機，諮商員對當事人諮商時，請使用情感反映技術，並且全程錄
音。十分鐘後，兩人聽錄音過程，討論諮商員的情感反映技術是否
正確。
2. 角色互換，重複以上步驟。

第四章

簡述語意技術

本章摘要

第一節　簡述語意（paraphrase）技術的定義

　　簡述語意技術是指諮商員用自己的話，提綱挈領、簡單扼要地將當事人所表達的內容回應給當事人。

第二節　簡述語意技術內容說明

　　諮商員為了確定他是否正確了解當事人，是否抓住了當事人關切的重點，以及引導談話至重要的方向，就可以使用簡述語意技術，以免諮商員與當事人各說各話。

第三節　簡述語意技術的適用時機與注意事項

　　簡述語意技術可以使用在諮商的任何階段，任何時機。

　　諮商員所簡述的語意，不能超越或減少當事人敘述的內容。同時，盡量使用自己的語言，不要重複當事人的話。

第四節　簡述語意技術的功能

一、協助建立良好的諮商關係，提高當事人諮商的動機。
二、當事人的澄清，可以協助諮商員正確了解當事人。
三、協助當事人了解自己。
四、將談話轉移到重要的方向去。

第一節　簡述語意技術的定義

　　簡述語意技術是指諮商員用自己的話，提綱挈領、簡單扼要地將當事人所表達的內容回應給當事人。諮商員所簡述的語意，沒有超越或減少當事人敘述的內容。簡述語意技術可以使用在當事人單一的描述上，也可以使用在好幾個描述上（Evans, Hearn, Uhlemann, & Ivey, 1989）。舉例如下：

🍎案例一 _____

當事人：一說到我單位那位組長，我的火氣就上來。天底下那有這種事，
　　　　好事盡往身上攬，責任卻往別人身上推。他平常吊兒郎噹，什麼
　　　　事情都不做，卻要我們拚死拚活替他扛責任。上個月，我們單位
　　　　的業績第一，這是我們的功勞，他根本未盡責任，不過被獎勵
　　　　的、領獎金的人卻是他。我們一致認為，他應該將那筆獎金平分
　　　　給大家。沒想到他絕口不提那筆錢的事，擺明了要獨吞。後來，
　　　　我們都意興闌珊，業績一直下滑。這一來他生氣了，就開始亂罵
　　　　人、亂挑剔，我們忍無可忍，就告到上級去。

諮商員：你的組長怠忽職守，卻硬搶你跟同事的功勞，獨吞獎金。因為你
　　　　跟同事不願意為他拚命，他就找你們的麻煩，你們只好告到上級
　　　　去。（簡述語意技術）

🍎案例二 _____

當事人：我向來不喜歡跟別人計較，結果，吃虧的人一直是自己。日子一
　　　　久，別人都認為我不會反抗，而不把我放在眼裏，說起話來也頤
　　　　指氣使。

諮商員：因為你不喜歡跟別人計較，所以別人便不在乎你、佔你便宜。
　　　　（簡述語意技術）

🍎**案例三**_____

當事人₁：我的公司有一些害群之馬，浮報加班費，巧立名目四處揩油，每個月的薪水竟是原來的兩倍。這也就罷了，我辛苦應得的一些小利，他們竟眼紅容不下我，處處給我難堪。

諮商員₁：你公司有些人明目張膽地貪污，卻計較你的努力所得，處處找你麻煩。（簡述語意技術）

當事人₂：只恨我太善良了，太怕事了。要不然他們貪贓枉法的證據隨處都是，早就可以將他們繩之以法。

諮商員₂：可惜你太懦弱，太善良，否則早就可以制裁他們。（簡述語意技術）

第二節　簡述語意技術內容說明

當當事人的敘述冗長，內容繁多，諮商員必須確定他對當事人的了解，是否就是當事人想要表達的內容。此時諮商員可以使用簡述語意技術，提綱挈領，將他所了解的重點傳遞給當事人知道，以確定兩人的互動是在有共鳴的基準線上進行。

在諮商的任何時候，諮商員想要確定自己所理解的，正是當事人所關切的，此時諮商員可以使用簡述語意技術加以檢驗，以免你走陽關道，我過獨木橋；兩身雖同在，兩心卻相離。

有時候當事人敘述的內容五花八門，足以讓諮商員眼花撩亂。簡述語意技術可以協助諮商員將當事人的敘述分門別類，歸納、比較，從中理出重要的諮商方向。

第三節　簡述語意技術的適用時機與注意事項

一、簡述語意技術的適用時機

簡述語意技術可以使用在諮商的任何階段，任何時機，尤其是當諮商員想要核對他對當事人的了解是否正確時。

二、注意事項

諮商員提綱挈領簡述當事人敘述時，應注意：

㈠諮商員所反應的內容不得超越當事人敘述的內涵，避免加入個人主觀看法，也不得遺漏當事人重要的想法與感覺。

㈡盡量使用自己的語言，不要重複當事人的話。

第四節　簡述語意技術的功能

簡述語意技術的功能有：

1. 協助建立良好的諮商關係，提高當事人諮商的動機。
2. 當事人的澄清，可以協助諮商員正確了解當事人。
3. 協助當事人了解自己。
4. 將談話轉移到重要的方向去。

各項功能詳述如下：

一、協助建立良好的諮商關係，提高當事人諮商的動機

　　簡述語意技術之所以能夠協助諮商員與當事人建立良好的關係，可以從兩方面來說，第一，諮商員提綱挈領回應當事人的過程中，能夠傳遞出諮商員對當事人的用心與關心。當事人久被問題糾纏，因無人了解而更覺沈重，內心的悲鳴無法言喻。諮商員對他的了解與尊重，讓當事人豁然開朗，願意敞開心胸，接受諮商員的陪伴與協助。

　　第二，諮商員的提綱挈領，只是順著當事人的心思流轉，凸顯當事人關心、關切的重點。這種順勢與接納，不但不會觸動當事人的防衛，反而可以促使當事人滔滔不絕，盡情吐露。

❤案例一

　　當事人二十二歲，學生，女性，因第三者介入而求助。

當事人1：我覺得很混亂，我不知道是否能夠再相信別人。我最好的朋友竟然搶了我的男朋友。兩個月前，我跟男朋友有了衝突。以前我們吵架後，都是他主動找我認錯。這次吵架，我以為他會像以前一樣。沒想到，半個月過去，他都沒來找我，我開始著急。我的好朋友幫我出主意，她勸我一定要等對方主動找我，免得以後無法駕馭他。她說她會幫我勸勸他，讓他主動找我。就這樣，過了兩個月。幾天前我的男朋友來找我，我很高興，以為他來道歉。沒想到，他竟然說要分手。他罵我幼稚、無理、不知羞恥，跟男人勾三搭四。然後又罵了一些莫名其妙的話。我要他說清楚，他卻甩頭就走。我試著跟他聯絡，可是他避不見面。昨天，我看到他跟我的好朋友兩人又擁又抱又親，我突然明白一切，原來我的好朋友搶了我的男朋友，我一直被蒙在鼓裏。如果他真的不要我，也不要這樣侮辱我（哭泣）。我很難過也很生氣，為什麼我對他們兩人這樣好，而他們竟然這樣對我。我不甘心！我很不甘心！

諮商員1：你的好朋友乘機搶了妳的男朋友，而妳的男朋友不明事理地誣賴

妳，並且要跟妳分手。這兩個人都是妳信任的人，竟然這樣對妳，妳覺得很不甘心。（簡述語意技術）

當事人 2：我這麼誠心對待他們，沒想到他們竟將我當傻瓜。過去，我將她當成好姊妹，有什麼心事都對她說。以前她跟她的男朋友分手時，要死要活地，若不是我一直陪在她身旁，她早就沒命。沒想到她恩將仇報，鳩佔鵲巢，搶我的男朋友。我怎會甘心，我怎可能再相信別人？

諮商員 2：妳的好朋友罔顧妳過去對她的恩情，竟忘恩負義搶了妳的男朋友，讓妳對朋友失去了信心，妳懷疑以後還會相信朋友。（簡述語意技術）

當事人 3：不只這樣，我再也無法相信男人。他竟然背著我跟那個女人暗渡陳倉。我跟他交往了三年，這期間我不是沒有更好的機會，為了他，我放棄了更好的選擇。沒想到，到頭來最慘的是我，被拋棄的是我，被欺騙的是我。教我情何以堪（右手捶胸）？

　　諮商員提綱挈領簡述當事人的敘述，鼓勵當事人進一步描述自己的問題。

❧案例二 _____

　　當事人四十多歲，家庭主婦，女性，因為女兒跟先生不合而求助。

當事人 1：我的女兒不知怎麼搞地，她以前很聽話、很乖，可是上了高中之後，性情大變，我跟我先生說的話她都不聽，甚至做一些讓我們傷心的事。我先生比較沒有耐心，不是打就是罵，這些方法逼得我女兒變本加厲，甚至離家出走。我告訴我先生不要對她那麼兇，沒想到他竟然說，如果我這樣縱容女兒，將來女兒出了問題要我負全責。他這樣威脅我，害我什麼都不敢說。看到女兒這樣我也很難過，可是我不知道該怎麼辦？

諮商員 1：妳女兒上了高中後，不再像以前那樣乖巧，妳先生錯誤的管教方式讓女兒更加叛逆，妳想介入幫忙卻遭到先生的阻攔，妳覺得難

過，不知如何是好。（簡述語意技術）

當事人₂：說起來也真是諷刺，我女兒的個性跟我先生一模一樣，兩人都是
　　　　那麼強硬。我先生生氣女兒不聽話，可是他卻從沒想過，他像他
　　　　女兒一樣從來不接受別人的勸告。兩人都是自以為是，一拗起
　　　　來，就是水火難容。

諮商員₂：妳先生一味要求女兒聽話，可是卻沒看到女兒的個性是他的翻
　　　　版，強硬又無法接受別人的意見。因此，當兩人意見相左時，就
　　　　毫無妥協的餘地。（簡述語意技術）

當事人₃：沒錯。我先生是個自以為是的人，若不是我一直忍耐，我們早就
　　　　離婚了。他認為他是一家之主，也不相信女人有多少能耐，因此
　　　　凡事都要聽他的。結果呢？他不懂生意，卻要學人家做生意，把
　　　　家產都賠光。我是他太太，只能認命。可是我女兒不一樣，她生
　　　　長的時代跟我不同，不需要像我一樣可憐，反正她也長大了，可
　　　　以自立，更不必像我一樣凡事只能忍耐。我先生還陶醉在他的時
　　　　代中，根本不知道他的時代已經過去了，竟然還想要當霸王。

諮商員提綱挈領簡述當事人的描述，鼓勵當事人進一步描述自己的問
題。

二、當事人的澄清，協助諮商員正確了解當事人

諮商員提綱挈領回應當事人的敘述後，如果諮商員有所誤解，或是未
能切中要領，透過當事人的澄清，可以協助諮商員正確了解當事人。

❧案例一

當事人四十多歲，經理，男性，因為人際關係問題求助。

當事人₁：我一向對別人很用心，相信人性本善，所以願意為別人兩肋插
　　　　刀，我也認為別人會以同樣的心態對待我。前幾天一個好久不見
　　　　的朋友突然約我一道吃飯。飯中閒聊後才知道，他太太賦閒在

家，希望我在公司安插個工作給她。當時我毫不考慮就答應。在回家的路上，我突然覺得自己被利用。想起這一輩子的經驗，好像都是我在幫助別人，可是我有困難時，卻沒有人主動幫我。當然，能夠幫助別人總是比被別人幫助好。可是仔細一想，我突然發現，接近我的人，都是有目的的。就像這位朋友一樣，好久沒有聯絡，要不是有事找我幫忙，恐怕也不會來找我。我四周圍的人，那一個不是因為我有一些價值可以圖利他們，否則都不會理我。我覺得好感慨。

諮商員1：因為一個久未聯絡的朋友突然出現找你幫忙，讓你猛然省悟到，自己向來誠心待人，可是別人卻只是利用你，因而感慨找不到真心相待的人。（簡述語意技術）

當事人2：我感慨的不是找不到真心相待的人，而是自己以誠待人，卻一直被人利用。或許可以這麼說，我以誠待人，別人卻存心利用我，而我卻一直沒有警覺到。我真是好笨！

　　諮商員的回應沒有反映當事人敘述的要點，經過當事人的澄清，諮商員得以掌握當事人真正的感覺與想法。

❤案例二

　　當事人三十歲，女性，教師，因為感情問題求助。

當事人1：我不知道我發生什麼事，老是見一個愛一個。每次的戀愛我都玩真的，很愛對方，很想跟對方走一輩子。可是，任何一個比我男朋友條件好的男人，不管是外表、個性或物質條件，都會將我吸引過去，然後讓我覺得自己的男朋友索然無味。就這樣一個換過一個，感情這條路走得坎坎坷坷。現在已經三十歲了，還不敢結婚，害怕一次次結婚，然後一次次離婚，到時候可以媲美美國影星伊莉沙白泰勒。

諮商員1：妳的善變讓妳覺得很無奈。（情感反映技術）

當事人2：的確感到無奈。看到身旁的好友，一個個披上婚紗、兒女成群，

談的不是先生，就是孩子，我一點也插不上嘴，有時候跟她們在一起，免不了覺得被冷落。有時候她們將矛頭轉向我，勸我要趁年輕找個人依靠，否則年老色衰，就會沒人要，好像我真的嫁不出去一樣。現在跟這些朋友在一起，有一點意興闌珊，不想見到她們。

諮商員 2：妳的朋友個個婚姻有成，唯獨妳至今仍然孤家寡人。她們談的主題若不是引不起妳的興趣，就是讓妳覺得尷尬。因此妳不想跟她們在一起。（簡述語意技術）

當事人 3：她們談的話題不是引不起我的興趣，我也不覺得尷尬。或許可以這麼說，因為她們談的主題跟我現在無關，我切不進去，所以讓我不覺得是這個團體的一份子。此外，我不喜歡她們的勸告，因為她們說的道理我都懂，可是沒有人了解我真正的想法，讓我覺得好孤單，還有點委屈，這才讓我不想跟她們在一起。

　　諮商員沒有切中當事人敘述的要點，經過當事人的澄清，諮商員得以了解當事人真正的想法與感覺。

三、協助當事人了解自己

　　諮商員簡述當事人敘述的同時，當事人必要重新回顧剛剛的敘述，並且摒除瑣碎細節，抓出關鍵要點，檢驗諮商員的回應內容，是否與自己所表達的重點符合。透過這個過程，當事人有機會發現未覺察的訊息，進一步了解自己。

❤ 案例一

　　當事人二十歲，大一學生，男性，因跟家人常起衝突而來求助。

當事人 1：我為自己據理力爭，可是，我的家人卻認為我這種行為是自私，只想自己、沒顧慮到別人。常常爭論的問題是我大哥的懶惰。我跟他住同一房間，我希望房間的整潔工作兩人平分，可是他不重

視整潔，不盡責任，所有的事都讓我做，我很不高興。我的家人認為兄弟之間，不需要分得那麼清楚，所以認為我斤斤計較，小題大作。還有，我哥哥常隨便翻動我的東西，拆閱我的信件，這種不禮貌的行為我沒辦法忍受，因為這樣我發了好幾次脾氣，可是，我的家人卻罵我沒度量，我不知道該怎麼忍受。

諮商員1：你的家人縱容哥哥，讓你憤恨不平。（情感反映技術）

當事人2：沒錯，說到大哥，我真是一肚子的氣。我們的房間他不打掃也就罷了，他常常在大小便後也不沖洗馬桶。我罵過他好幾次，他卻說：「忘了」。他用過的浴室，常常髒得不像話，我要他掃乾淨，他卻逃之夭夭。以前我很愛乾淨，為了爭一口氣，也不常打掃。因為我們兩人共用一間洗手間與浴室，有時候因為自己要用，不得不去掃。他這些行為我的家人不說他自私，卻說我自私。

諮商員2：家人不明事理的責備，讓你覺得委屈。（情感反映技術）

當事人3：有時候想想，真懷疑自己是否是這個家的一份子。只要我說哥哥的不是，都要被家人數落。每次從學校回家，我的心情就慢慢沈重起來，我討厭回家看到一間髒亂的房間。我曾經想過要住學校宿舍，可是學校宿舍床位不多，更何況我家離學校不遠，根本申請不到宿舍。我好希望自己有經濟能力，能夠住到外面，不必再讓自己受盡委屈。

諮商員3：因為家人過分偏袒哥哥，讓你覺得自己不像是家中的一份子，因此想搬到外面住，可是因為現實問題而無法實現。（簡述語意技術）

當事人4：我每天回到家裏，只想把自己關在房間裏，可是一看到哥哥的床、書桌亂七八糟像垃圾堆，我就不想待在房間裏。我曾想過，乾脆每天放學後到圖書館去，可是這也不是辦法，這種生活會讓我瘋掉。真不知道該如何是好？

諮商員4：因為哥哥的關係你不想待在家裏，可是也無法每天待在圖書館裏，你找不到一個可以讓你待得安穩的地方，不知該怎麼辦。

（簡述語意技術）

當事人 5：沒錯，噢！不，不是這樣的，好像……好像……我不是不想待在
家裏，所有的是是非非都是因為哥哥的衛生習慣。我不是不想待
在家裏，只是受不了哥哥的衛生習慣，我沒有辦法在這種環境下
生活、看書。我只要一間乾淨的房間看書、做事、生活，可是我
的家人似乎都不了解我。或許，讓我難過的是，我的家人只在乎
兄弟之間應該和睦，卻從沒有注意到我的需要。他們只在乎他們
想要的，卻不在乎我需要的（哭泣）。

　　當事人澄清的過程，讓當事人進一步看清自己的問題，也協助諮商員
更清楚地了解他。

❦ 案例二

　　當事人二十多歲，女性，雇員，因為對母親的思念與愧疚而來求助。

當事人 1：我媽媽活著的時候，理性上，我知道她非常愛我。但是，不知怎
麼搞地，感覺上，我無法感受到，好像我們兩人之間有一道牆，
讓她的愛傳遞不過來。她去世後，我仔細地檢視她對待我的一
切，有好幾次，我失控地大哭。我慢慢地發現，不知在什麼時
候，我跟別人之間，有了一道牆，我接觸不到別人，別人也接觸
不到我，包括我媽媽。於是，不管媽媽如何愛我，我就是感受不
到。一想到這裏，我就好難過。為何媽媽活著的時候，我沒有這
種發現。我自責自己的不孝，另一方面感到疑惑，究竟我發生了
什麼事，怎會變成這樣。

諮商員 1：媽媽去世後，妳才發現，你跟媽媽之間似乎有一道牆，讓妳感受
不到媽媽的愛。妳後悔自己的發現太晚，自責自己對媽媽的殘
酷，也想知道是什麼原因讓妳變成這樣。（簡述語意技術）

當事人 2：我對她好殘酷（哭泣）！我不知我到底怎麼了，怎麼會變成這
樣。我妹妹、弟弟認為媽媽最疼我，可是我對她卻最兇。為什麼
我會這樣？

諮商員 2：媽媽最疼妳，可是妳對她最不孝，妳想知道自己為何這麼殘酷地
　　　　　對待她。（簡述語意技術）

當事人 3：沒錯，我想知道我到底出了什麼問題，為什麼媽媽這樣愛我，我
　　　　　也愛她，可是我卻一再傷害她。當我有事在外，不能按時回家，
　　　　　不知為什麼，就是不想打電話回家，想讓她著急。看到她著急，
　　　　　我就感到高興。我對她沒有耐心，所以語氣就兇，可是我對別人
　　　　　卻有耐心。她生病時，都是我妹妹帶她看醫生，我卻將所有的精
　　　　　力放在公事上，讓自己沒時間照顧她、陪她。等到她去世之後，
　　　　　我才感覺到我失去了這一輩子最珍貴的東西，媽媽再也無法回
　　　　　來，我們不可能從頭再來，我再也得不到她的愛（大聲哭泣）。
　　　　　我好後悔！我好後悔啊！

諮商員 3：媽媽去世後，過去的情景一再浮現，妳看到自己對媽媽的殘酷，
　　　　　包括對媽媽沒耐心，故意讓媽媽著急，媽媽生病時不願意照顧
　　　　　她。妳也突然省悟，妳失去一輩子最珍貴的人。妳們已經陰陽阻
　　　　　隔，再也無法重走一遭，內心的悔恨交加，真是無法言喻。（簡
　　　　　述語意技術）

當事人 4：我恨那道牆！我恨那道牆（咬牙切齒，右手敲打茶几）！是它害
　　　　　的，是它害的。如果不是它，我們兩人就不會變成如此。是它讓
　　　　　我後悔、讓我自責、讓我失去一輩子最親的人。

諮商員 4：所有的錯，都是那道牆的錯，是它阻隔了妳跟媽媽之間的愛，讓
　　　　　妳如此痛苦。（簡述語意技術）

當事人 5：（放聲大哭）我恨…我恨…不……，是我的錯。是……我自己築
　　　　　了那道牆，那道牆是我築的，是我作繭自縛，是我斷絕了媽媽給
　　　　　我的機會。可是，我恨她，因為她讓我對她的愛，成為我沈重的
　　　　　負擔，……。

　　諮商員簡述當事人的敘述，讓當事人重新省視自己的經驗，進一步看
清自己的問題。

四、將談話轉移到重要的方向去

　　有時候當事人敘述的內容五花八門，方向駁雜，難有頭緒。諮商員使用簡述語意技術除了可以確認是否正確了解當事人，還可以透過提綱挈領的過程中，凸顯重點，讓當事人依循重點的方向，繼續談下去。

案例一

　　當事人三十六歲，電腦從業人員，女性，因感情問題來求助。

當事人1：我比他大九歲，我二十七歲，他十八歲時，我們就在一起。最初我不願意接受他，因為我們的年齡差距太大了，大到讓我不敢接受。不過，禁不起他的體貼與追求，我還是陷下去。剛跟他在一起時，我不敢讓任何人知道，連跟他一道出去，都很小心，怕被別人看到。他很不高興我的小心，希望我向四周圍的朋友公開我們的關係。這種事我怎麼說得出口，後來是他告訴大家，大家才知道。一開始，沒有人認為我們的感情能夠持久，他的父母也不贊同。後來他當兵、退伍、工作，這九年來，我們的感情一直很穩定，大家也慢慢接受，他的父母也接受我。最近他說該結婚了，我很高興，可是也有些擔心。

諮商員1：妳的男朋友小妳九歲，一開始別人，包括男朋友的父母不能接受你們。不過，這九年來你們感情一直很穩定，所以大家也就認同了。最近男朋友提議結婚，妳雖然高興，可是也有些擔心。（簡述語意技術）

當事人2：我是有些擔心。我擔心我已經三十六歲了，婚後必須趕緊生幾個孩子，這一來，我老得更快，而我的男朋正是意氣風發時。女人的容貌非常重要，到時候我的男朋友恐怕會嫌棄我。

諮商員2：妳擔心妳的年紀已大，婚後又需要連生幾個孩子，到時候人老珠黃，紅顏不再，妳的男朋友會變心。（簡述語意技術）

當事人3：沒有一個男人會喜愛自己的太太像黃臉婆。女人的容貌與身材，

是吸引男人的最大本錢。如果我不再有容貌與身材,我的男朋友還會要我嗎?

諮商員₃:妳擔心保不住身材與容貌,讓男朋友生厭而不再愛妳。(簡述語意技術)

當事人₄:沒錯,這正是我擔心的地方。女人年紀大了,又生了孩子,再貴的保養品都不會有用的。

　　諮商員簡述當事人的敘述後,將當事人的談話內容導引到某一個方向去。

❦案例二

　　當事人五十歲,雇員,男性,因為轉業問題求助。

當事人₁:我已經五十歲了,早就失去了雄心大志。本來想安安穩穩地老死在原來的工作上,可是,禁不起我老婆的煽動,才轉業從事保險。

諮商員₁:你已過了創業的年齡,原本沒有打算轉業,可是老婆的煽動,才讓你痛下決心轉業。(簡述語意技術)

當事人₂:年輕是創業的本錢,只有年輕人才經得起大風大浪。我已經五十了,還跟人家談什麼創業。等到我把工作辭掉後,沒有了退路,才後悔不已。

諮商員₂:你把工作辭掉後,才發現作錯決定,卻不能再回頭,因而覺得後悔。(簡述語意技術)

當事人₃:我的確作錯決定。現在整個社會經濟情況這麼差,許多人找不到工作,我卻把工作辭掉,想要再回到原來的工作上已經不可能了。再說,經濟狀況差,誰會有那種閒錢投資在保險上。怪來怪去只怪我老婆貪圖賺大錢我才會變成這樣。

諮商員₃:由於社會經濟狀況的緣故,你無法在新工作上賺到錢,也無法回到原來的工作上,你責怪太太讓你作錯決定。(簡述語意技術)

當事人₄:沒錯。如果不是她羨慕我一位親戚從保險業賺到很多錢的話,也

不會一再要求我轉業。那位親戚時、運都好，才有這種機會，我時、運都差，那能賺大錢。

　　諮商員提綱挈領，凸顯當事人敘述的重點後，將當事人的談話導引到某一個方向去。

第五節　簡述語意技術練習

　　技術練習分為兩部份，第一部份用來複習前幾節所提的重點，並且熟練簡述語意技術。第二部份為實務練習，由學習者扮演諮商員對當事人進行諮商。

一、複習與練習：選出諮商員最適當的回應

　　在第一部份的練習中，學習者須先閱讀當事人的敘述，然後從三個諮商員的回應中選出適當的一個。學習者選出答案後，請閱讀後面的說明，了解每一個回應之適當或不適當的原因。

5.1.1　諮商員使用簡述語意技術時，須提綱挈領，簡單扼要地將當事人表達的內容，回應給當事人。以下請使用簡述語意技術回應當事人的敘述：

當事人：我不喜歡不聽話的人，本單位的人只要不遵從我的命令，我就對他不客氣。因為我是主管，隨便編個理由，就可以將不聽話的人調離。去年，不知為什麼，本單位所有的人都跟我唱反調。我一生氣，就想辦法將所有的人撤換，換一些我可以接受的人。我以為這樣，做起事來就順利多了。沒想到，這些新調進來的人比原先那批人懶散多了，如果沒有我在後面推動，他們就不會主動做

事。我幾乎天天發脾氣，可是他們似乎無動於衷，仍然我行我
素，害我天天累得半死。

5.1.2　諮商員 1：因為原來的屬下不聽話，你將他們全部撤換，換了一批
　　　　　　　　新人。結果這些新人非常被動，你沒有在後面催促，他
　　　　　　　　們就不肯做事，害你天天生氣，天天疲倦不堪。

　　正確。諮商員提綱挈領地反映當事人敘述的重點，並且沒有遺漏任何
重點。

5.1.3　諮商員 2：這些新來的人比上一批的人差，讓你苦不堪言。

　　諮商員採用的技術是情感反應技術，並非簡述語意技術。

5.1.4　諮商員 3：你後悔將上一批屬下撤換，換了一批被動、懶散的新屬
　　　　　　　　下，害你每天怒言相向，疲憊不堪。

　　諮商員採用的是高層次同理心技術，並非簡述語意技術。請參閱第六
章同理心技術的說明。

5.2.1　諮商員使用簡述語意技術時，簡述的內容，不可超越當事人表達的
　　　　重點。

當事人：二十多年前，我因為年幼無知，未婚懷孕，生了一個兒子。因為
　　　　不敢讓家人知道這件事，所以將生下的兒子丟在一家孤兒院門
　　　　口。嫁人後，因為我先生生理上有問題，我一直無法懷孕。這幾
　　　　年，我心裏一直有個想法，就是找回我的孩子。可是，這件事我
　　　　不敢跟我先生提，怕我先生不諒解我。

5.2.2　諮商員 1：因為妳先生一直無法生育，所以你想找回當年丟棄的孩
　　　　　　　　子。可是，妳怕先生誤會，認為妳水性楊花，四處拈花
　　　　　　　　惹草，所以一直不敢開口。

　　諮商員過度推論當事人先生可能的想法，因此回應的內容超過當事人
敘述的重點。

5.2.3　諮商員 2：因為妳先生無法生育，所以你們一直沒有孩子。妳想找
　　　　　　　　回婚前丟棄的孩子，可是擔心先生不肯原諒妳，所以一
　　　　　　　　直不敢提。

　　正確。諮商員簡述的內容，正確反映當事人的感覺與想法，沒有超越
或減少當事人敘述的重點。

5.2.4　諮商員 3：因為妳先生無法生育，所以你們一直沒有孩子，妳想讓
　　　　　　　　妳先生知道妳過去的事，將孩子找回，可是妳擔心妳先
　　　　　　　　生知道妳狠心將孩子丟棄的事而不肯原諒妳，所以遲遲
　　　　　　　　不敢開口。

　　諮商員過度推論當事人先生的可能想法。

5.3.1　以下請使用簡述語意技術回應當事人的敘述，注意不可超越當事人
　　　　敘述的範圍：

當事人：五年前，我先生因車禍成為植物人，從此後，家庭的所有負擔都
　　　　落在我一個人身上。我只有高中學歷，賺的錢不多，只能靠日夜
　　　　加班，才能維持一家人的生活。公司裏的科長，知道我的情況，
　　　　對我照顧有加。沒想到，日久生情，他對我的同情轉成愛情，希
　　　　望跟我結婚，也願意照顧我的家人，包括我先生。可是……這事

該怎麼說呢？反正我不知道該怎麼辦？

5.3.2　諮商員 1：自從妳先生成為植物人後，妳辛苦維持家計。如果妳跟科長結婚，就可以卸下重擔，可是妳擔心孩子是否能接受、別人會如何說閒話，又萬一先生醒過來，該如何是好，這些問題擾得妳心煩意亂。

　　諮商員簡述的內容有一些是諮商員的推論，所以簡述的內容，超過了當事人敘述的範圍。

5.3.3　諮商員 2：先生成為植物人後，妳吃了很多苦，妳高興有科長願意分擔妳的重任。可是，妳擔心如果跟科長結婚，就得先跟先生離婚，這種作法難免引起別人的閒話，說妳先生最需要妳的時候，竟然棄他而去另結新歡。所以，妳不知道自己該怎麼辦？

　　諮商員簡述的內容有一部份是諮商員的推論，所以簡述的內容，超過了當事人敘述的範圍。

5.3.4　諮商員 3：先生成為植物人後，你辛苦維持家計。科長對妳的憐憫轉變成愛情，有意跟妳結婚。雖然他願意扛起妳的重擔，可是，似乎妳有一些想法難以表明，所以才左右為難。

　　正確。諮商員簡述的內容，扼要地反映當事人敘述的重點，沒有超越當事人表達的範圍。

5.4.1　諮商員使用簡述語意技術時，簡述的內容除了不能超越當事人描述的範圍外，也不可遺漏任何重點。以下請使用簡述語意技術回應當

事人的敘述：

當事人：我的婚姻可以說是買賣婚姻。我所以同意娶我太太，是因為我太太的娘家有錢有勢，對我的事業有幫助。那時對我來說，事業比婚姻重要。結婚十五年，我跟我太太的感情一直平平淡淡，這種細水長流的婚姻一點也沒有負擔，其實也不錯。直到遇到她，才知道什麼叫做心動、什麼叫做青春活力、什麼叫做男歡女愛。她說她不在乎名份與地位，只要能跟我在一起就心滿意足。我很感動，可是我有些擔心，這種沒有約束力的結合，我能留她多久，我不想失去她。

5.4.2　諮商員1：十五年的買賣婚姻之後，你才在別的女人身上體驗到男女的情愛。雖然對方不在乎你已婚，可是你擔心沒有名份的約束，恐怕沒辦法長久留住她。

正確。諮商員簡述的內容，包含了當事人敘述的所有重點。

5.4.3　諮商員2：你跟你太太的結合，不是因為彼此相愛，而是為了發展你的事業。這種婚姻無法讓你認識到男女的情愛，不過你也滿意這種細水長流型的婚姻。

諮商員只是簡述當事人敘述的前半部重點，遺漏了後半部的重點。

5.4.4　諮商員3：你跟太太的結合，只是為了你的事業，這種婚姻倒也令你滿意。不過，結婚十五年之後，你才在另一女人身上找到真正的愛情，這時你才知道什麼要做男歡女愛。

諮商員簡述的內容，遺漏了當事人敘述中的重要訊息，即擔心留不住外遇的對象。

5.5.1 　以下請使用簡述語意技術回應當事人的敘述。注意諮商員簡述的內容，不可遺漏當事人敘述的重點。

當事人：我碰到任何問題就慌亂不已，注意力無法集中，沒辦法思考，真正的實力因此無法發揮出來，真是氣死人。今年的高考就是這樣。當題目卷一發下來，我的頭就開始混亂，然後腦中一片空白，即使考的題目都看過，也背過，可是，就是想不出答案。考完後，真是懊惱死了。我那幾個朋友，程度沒有我好，卻個個上榜，真是氣人，我覺得好丟臉。

5.5.2 　諮商員1：你容易緊張，所以今年考高考時因為實力無法發揮出來，而沒考上，你覺得很生氣。因為能力比你差的朋友都考上，讓你覺得很沒有面子。

　　　正確。諮商員簡述的內容，包括了當事人敘述的所有重點，所以能正確反映當事人所有的感覺與想法。

5.5.3 　諮商員2：你因為容易緊張，今年考高考時，過度慌亂而沒有考上，你為此而生氣，因為依你的實際能力你應該可以考得上。

　　　諮商員簡述的重點，只有反映當事人敘述的部份重點。

5.5.4 　諮商員3：你的實力比你的朋友高，可是你卻沒有考上，為此你覺得很丟臉。

　　　諮商員簡述的內容，只有反映當事人敘述的部份重點。

二、實務練習

㈠練習一

請使用簡述語意技術，回應以下當事人的敘述：

1. 當事人：我媽媽認為我老大不小了，一直關心我什麼時候結婚，什麼時候她才可以抱孫子。自從三年前跟女朋友分手後，我就一直想一個問題，交女朋友的目的其實是為了結婚，但是，結婚的目的在那裏？我四周圍的朋友跟同事，離婚的人一大堆。既是如此，我又何必交女朋友、結婚？我現在的日子雖然有點寂寞，但是，過得很充實。不過話說回來，將來老了，沒有妻子、孩子陪伴，不知道自己會不會後悔。

   諮商員：

2. 當事人：我有一些同事很上進，不斷地為前途打拚。有些人參加研究所考試，有一些人參加升等考試。每一年，總有幾個人有好消息。我除了羨慕他們的成就外，內心其實很著急，也想像他們一樣，努力求上進。但是，我累了這些年，整個人懶洋洋的，只想休息。每次看到別人的喜訊，我就罵自己，但是，除了罵自己外，什麼事也不想做。

   諮商員：

3. 當事人：我一向以自己的能力與努力為傲，不過說起來好笑，我的能力與努力，卻敵不過我同事的謊話與美色。不管我怎麼努力，不管我的成果如何，獲得讚美的一定是她。她遲到、早退、投機取巧、挑撥離間，搞得辦公室烏煙瘴氣，可是主管還是替她掩飾，為她撐腰，將我的功勞歸給她。

我曾向主管抗議過，結果，他卻說，我天天閒著沒事做，不是東家長，就是西家短，要我小心點。我真沒想到，是非黑白可以顛倒到如此，這世界還有天理在嗎？為什麼這些男主管個個好色，看到美色，就昏了頭腦，沒有是非善惡，我努力還有什麼用？

諮商員：

4. 當事人：我的太太脾氣暴躁，情緒不穩定，我懷疑她精神上有問題。幾年來我的事業一直不順，失敗了好幾次，也無法給太太跟小孩一個安穩的生活，覺得愧對她，所以一直忍讓她。不過，最近她變本加厲，吵著要離婚，動不動就打小孩出氣。昨天，我的小孩對我說，是不是可以不要媽媽，我聽了心裏很難過。我擔心再這樣下去，我的小孩會受到更深的傷害。所以，我目前正考慮是否該跟太太離婚。

諮商員：

5. 當事人：我跟我先生結婚十幾年，有五個孩子了。我先生在公家機關上班，職位非常小，賺的錢不多，我不得不四處打工，讓我的孩子有機會繼續讀書。最近一年來，我先生看起來跟以前大不相同，我的姊妹要我小心提防，可是我不知道該怎麼辦才好。半年前，我先生對我說，他不小心弄丟了公司裏的貴重器材，需要三十萬的賠償費，否則工作不保。我只好東借西湊，湊了三十萬給他。最近他拿了一份文件要我替他簽名當保證人，說要跟朋友合作做生意。因為這些事情我也不懂，我想先生要上進，也是好事，所以簽了名。幾天前，銀行寄了一張通知書，我問了人才知道，我先生將我的房子抵押，向銀行借了五十萬，銀行要我繳利息，而且我也沒看到他作什麼生意。我的家人懷疑，他可能外面有了女人，要我不要再那麼傻相信他的

話。我跟他吃了這麼多年的苦，沒想到他竟然騙我，我不知道該怎麼辦才好？

　　諮商員：

㈡練習二

1. 兩人一組，準備一台錄音機，一人扮演諮商員，另一人扮演當事人。諮商員對當事人諮商時，請使用簡述語意技術及前幾章所學的技術，並且全程錄音。十五分鐘後，兩人聽諮商錄音過程，討論諮商員的簡述語意技術是否正確。
2. 角色互換，重複以上步驟。

第五章

具體化技術

本章摘要

第一節　具體化（concreteness）技術之定義

具體化技術是指諮商員聆聽當事人敘述時，若發現當事人陳述的內容有含糊不清的地方，諮商員以「何人、何時、何地、有何感覺、有何想法、發生什麼事、如何發生」等問題，協助當事人更清楚、更具體描述其問題。

第二節　具體化技術內容說明

當事人描述問題時，他是從傳記知識庫裏提取相關的訊息，再組織成暫時性的心理表徵，然後再表達出來。因為當事人面對的對象、情境、個人狀態之不同，從傳記知識庫提取的訊息自然不一樣，所建構的暫時性表徵也不同。尤其當當事人受到防衛機制影響時，提取的訊息大都對自己有利而模稜兩可，說出來的話自然模糊不清。

諮商員透過具體化技術可以鼓勵當事人作更清楚的表達，也就是從傳記知識庫中，提取更多相關的訊息，因此對當事人的問題也更有助益。

第三節　具體化技術的適用時機與注意事項

具體化技術可以運用於任何時刻、任何階段，只要諮商員覺得當事人的敘述含糊不清，必須深入探討時，皆可使用具體化技術。

如果當事人敘述的地方有一個以上含糊不清的地方，諮商員可以選擇關鍵性的部份，讓當事人具體描述該部份的細節。有時候具體化技術可以搭配其他技術一起使用。

第四節　具體化技術的功用

一、協助當事人了解問題，產生頓悟，或是窺見「以偏概全」的現象。
二、決定諮商方向。

第一節　具體化技術之定義

具體化技術是指諮商員聆聽當事人敘述時，若發現當事人陳述的內容有含糊不清的地方，諮商員以「何人、何時、何地、有何感覺、有何想法、發生什麼事、如何發生」等問題，協助當事人更清楚、更具體描述其問題。舉例說明如下：

🦋 案例一

當事人：最近搬新家，事前請了一些人來幫忙。搬家的那一天，有幾個人打電話來，說他們臨時有事不能來，一時之間我不知道找誰幫忙。如果他們不能來，也應該早一點通知我，我好作安排，偏偏臨時才告訴我，真是的。

諮商員：這些放你鴿子的是哪些人？（具體化技術）

🦋 案例二

當事人：我再也不想看到他，我對他一片真誠，處處為他著想，沒想到他竟然這樣對待我。「衣要新，人要舊」，他連這個道理都不懂，有了新朋友，就忘了我這個舊朋友，甚至把我一腳踢開，真是忘恩負義。

諮商員：你們之間似乎發生了一些事，讓你很生氣（情感反映技術）。告訴我發生了什麼事（具體化技術）？

🦋 案例三

當事人：當時他說了一些話讓我覺得很驚訝。我一直以為他是個自私自利的人，所以對他沒有好印象，也盡量不跟他來往。沒想到他竟然如此有愛心。看來我以前真是誤會他了。

諮商員：他的一些話出乎你的意料之外，改變了你對他的看法（簡述語

意）。告訴我他的那些話讓你覺得驚訝（具體化技術）？

第二節　具體化技術內容說明

一、傳記記憶（autobiographical memory）

　　與個人經驗有關的記憶稱為傳記記憶。諮商過程中，當事人吐露的個人經驗，就是從傳記知識庫（autobiographical knowledge base）所提出的訊息。這些訊息是當事人依據情境與個人狀況，從傳記知識庫中取樣後，然後再建構成暫時性心理表徵（Conway, 1996； Conway & Rubin, 1993）。換句話說，暫時性心理表徵只是記憶的片段，因對象、情境、個人狀況之不同，提取的訊息就不同，組成的心理表徵也會不一樣。因此，當事人在諮商中表達的內容，只是經驗的一部份，並非全部。更重要的是，暫時性心理表徵的組合也是主觀的建構，自然卻非事實真相。

　　例如有位當事人因為與女朋友分手，心情惡劣至極。他每天藉酒澆愁，但是「酒入愁腸，愁更愁」，使得工作與生活受到嚴重的波及，因而不得不找諮商員協助。他向諮商員描述女朋友如何水性楊花、愛慕虛榮、恩斷義絕。當事人所描述的內容，就是他從傳記知識庫中提取的一部份訊息，然後建構成該經驗的暫時性心理表徵，再表達出來。當事人對不同的人敘述相同經驗時，被提取的訊息可能不同，形成的心理表徵也就有所差異。尤其是當事人受到自我防衛機制的影響，提取的訊息自然對自己利多弊少，再經過一廂情願的組合，形成的暫時性心理表徵當然對自己諸多偏袒，在關鍵處，難免模稜兩可。

二、傳記知識庫與傳記知識

　　傳記知識庫裏貯存的傳記知識有三種，這三種傳記知識在建構傳記記憶時才被提取。三種傳記知識如下（Conway, 1996; Conway & Rubin, 1993）

㈠生命時間階段（liftetime periods）

　　這是最普通、最抽象、最容易被納入的知識型態，以年為測量單位。此類知識包含有：⑴與特殊時期有關的主題知識（thematic knowledge）；⑵與某一時期之心情、目標有關之知識，而此知識跟某些重要他人有關聯。這類知識出現在「當我在台北念大學時」，「當我與 XX 住一起時」等的表達中。

㈡一般事件（general events）

　　這類知識比第一類知識範圍更小，發生在月、週、天的時間單位內。一般事件通常包含有重複事件（例如，台北的星期天）與單一事件。

㈢事件的特殊知識（event specific knowledge）

　　這類知識比以上兩類知識的範圍更小，這是高度特定的知識，發生在小時、分、秒時間單位內。

　　當事人描述自己問題時，可能會因為自尊、面子、過去痛苦經驗或其他原因，只提取某一部份對自己有利的訊息，因而描述的內容模糊不清。諮商員的具體化技術，可以觸動當事人的訊息處理過程，鼓勵當事人從傳記知識庫提取更多客觀的訊息。

第三節　具體化技術的適用時機與注意事項

一、具體化技術的適用時機

　　具體化技術可以運用於任何時刻，任何階段，只要諮商員覺得當事人的敘述含糊不清，必須深入探討時，皆可使用具體化技術。

二、注意事項

㈠諮商員須專注與傾聽當事人的敘述，才能發現當事人敘述中含糊不清的地方。

㈡有時候具體化技術搭配其他技術，更能貼近當事人的感覺，讓當事人願意進一步說明。

㈢如果當事人的敘述有一個以上含糊不清的地方，諮商員可以選擇關鍵性的部份，讓當事人具體描述該部份的細節。

第四節　具體化技術的功用

　　具體化技術的功能如下：

　1.協助當事人了解問題，產生頓悟，或是窺見「以偏概全」的現象。

　2.決定諮商方向。

　　各項功能詳述如下：

一、協助當事人了解問題，產生頓悟，或是窺見「以偏概全」的現象

依據 Conway（1996）以及 Conway 與 Rubin（1993）的傳記記憶理論，當事人表達的內容，只是傳記知識庫裏的某一部份訊息。將部份訊息視為問題的全貌，是以偏概全，有失客觀。當事人未提取的訊息，可能是當事人不願意面對的經驗，因此這些訊息常常是問題的關鍵。具體化技術能夠觸動當事人的訊息運作過程，鼓勵當事人從傳記知識庫提取尚未表達的訊息，進一步了解問題，產生頓悟，或協助自己看到以偏概全的現象。

🍎案例一

當事人三十歲，作業員，女性，因感情問題求助。

當事人1：昨天我的男朋友對我說，他想跟我分手。我要他說出個理由，他竟然說我們的個性不合。我們在一起整整六年了，他到現在才說個性不合要分手，簡直欺人太甚。我們吵了一頓，不歡而散。不過，我對自己有信心，我對他這麼好，我就不相信他會不要我。

諮商員1：妳不能接受男朋友分手的理由，而且妳不相信男朋友捨得離開妳（簡述語意技術）。清楚地告訴我，你們昨天發生的事（具體化技術）。

當事人2：我男朋友昨天對我說，我的能力很強，是個女強人，有足夠的能力照顧自己，不需要他的照顧，他要的是需要他照顧的女人。我認為那是藉口，因為我的能力雖然強，可是不及他心思細密。所以，我告訴他，我需要他。結果他還是說，我們兩個人已經不可能在一起。我要他給我真正的原因，但是他仍舊堅持說我們個性不合。後來，我罵他沒有良心，我對他這麼好，犧牲那麼多，他還說這些話。不過，我還是相信，他是捨不得我的。

諮商員2：男朋友的話讓妳有點生氣，不過妳不著急。（情感反映技術）

當事人3：我們在一起六年，如果個性不合，那可以維持到六年。我想他只

是想耍耍脾氣，獲得我的注意而已。他是個自卑的人，一直覺得
配不上我，老是對我不放心，我想他愛我勝過我愛他，所以我一
直對他很放心。再說，我跟他同甘共苦了六年，從他一無所有，
到現在事業稍有基礎。我對他好他是知道的，所以，我不相信他
會拋棄我。我拋棄他才有可能，不是他拋棄我。

諮商員₃：他不知感恩還耍手段來引起妳的注意，讓妳覺得委屈。（情感反
映技術）

當事人₄：沒錯，我真是有點委屈。為了怕傷了他的自尊心，我不惜一切矮
化自己來配合他。他事業未成，一無所有，我還得幫他想辦法。
我對他這麼好，他還用分手來威脅，真是過分。

諮商員₄：他的威脅讓妳感到生氣（情感反映技術）。妳剛剛提到為了配合
他，妳不惜一切矮化自己，我想多知道這方面的事（具體化技
術）。

當事人₅：我家很有錢，我又是獨生女，父母對我的期望很高，希望我找個
好男人嫁，以後能夠繼承家裏的事業，也照顧他們。我父母替我
找了好幾個門戶相當的對象，希望我從中挑選一個；因為我已經
有男朋友，所以就拒絕他們的安排。後來我父母知道我已經有男
朋友，就不再安排相親的事，不過他們希望我帶他回家，讓他們
看看。當時我的男朋友工作不穩定，又無家產，說實在的，人長
得也不怎麼樣，我猜想我父母不一定會喜歡他，所以一直不敢帶
他回家。至於我的朋友，我也盡量不讓他們知道，如果他們知道
我的男朋友條件跟我這麼不相配，恐怕會譏笑我。所以，為了
他，我的朋友少了很多。他老是問我，為何我幾乎沒有朋友，我
也不敢跟他說。

　　以前我常進出高級餐廳用餐，為了怕被朋友碰到，也為了配
合他的經濟能力，都跟他一起吃小攤販，那種感覺真是難過。跟
一大堆人擠在一起，衛生狀況又很差，我不知道該如何形容。為
了怕傷他的自尊，我只好忍耐。後來，我真的忍受不了，就常請
他到高級餐廳去吃飯。

他要做生意，沒有本錢，他的朋友又都是窮鬼，還是得由我出馬。我騙我父母說為了幫助一位朋友，需要一筆錢，我父母疼我，也沒多問就把錢給我。我父母是商人，我從小在生意圈中混大的，什麼樣的人、什麼樣的事我都碰過，所以做起生意來絕對比他強。沒想到，我給他的建議他都不聽，認為女人不應該過度強勢。後來，生意差點垮掉，還是我運用關係把它拉了上來。生意是被救了起來，不過我一點也不敢居功，假裝是他能力好把生意穩住。現在想起來，似乎他早就知道是我在背後幫忙，只是不說穿而已。

我的父親能力強、頭腦好、眼光準，做起生意沒有不馬到成功。因為這樣，我媽媽事事聽我父親，在家裏反而沒有地位，也很委屈，我一直很同情我母親。從小看夠了媽媽的可憐，所以我不希望自己的先生能力強，最好頭腦沒有我聰明，能夠聽我的話。

不過，現在想起來，跟這種人相處起來也真是累人。說起來，我們之間的差異的確很大。

諮商員 5：談起了妳的委屈，似乎也讓妳看到你們之間的差異……。

由於諮商員使用具體化技術，使得當事人進一步看清自己的問題。

🍎 案例二

當事人四十歲，女性，教師，因為主任不斷找她麻煩而求助。

當事人 1：政府某個單位兩年來給了本單位將近三百萬元添置設備，他竟然將這些錢當作他的公關費，用來討好某些人，為自己的將來鋪路。我的列表機已經是淘汰品，而且壞了一年。年前補助款來的時候，我申請要購買一部列表機，結果因為他的阻擾而作罷。因為教學、研究的需要沒有列表機是不行的，這一年來，我都借用別人的列表機。今年我又申請，一部才一萬兩千多，結果他說要我先調查整個機構所有辦公室列表機的配置狀況，等到上級分配

錢後才買。這種人叫做「畜生不如」。本單位每年收入約一千萬，扣掉一些費用，盈餘很多。同樣地，他將大部份的錢拿去做他的人情，支援其他單位，為他今年競選主任鋪路。他在本單位已經搞到雞飛狗跳，油水撈夠了，壞事也做絕了，擔心無法繼任，又捨不得權力，所以有意競選另一單位的主任。就這樣，他將單位的所有經費用來為他的競選鋪路，除了自肥外，大部份支援其他單位，該給我的基本配備，卻一律不給。

諮商員1：妳的主任剝奪妳的福利來圖利自己，妳覺得很委屈、也很氣憤。（情感反映技術）

當事人2：沒錯！我更生氣的是，他為了表現，常常三不五時就要開會，讓上級以為他做很多事。因為他常常竄改會議記錄，開會只是幫他背書，所以我根本不想去。但是，他就拿著這個跟上級告密，並說了一些欲加之罪來陷害我，以確保他主任的位子。

　　　　他每天閒得很，上班時間不做事，故意將公事拖到可以加班時才做，又可以拿加班費。其實他加班也沒加多少小時，可是他常以少報多，聽說都報到每個月的最高點數。他自肥也就罷了，還要拿他的自肥利益來取笑我，說我的學歷高有什麼用，賺的錢沒他多。

諮商員2：讓妳更生氣的是他沒有行政倫理，竄改記錄、顛倒是非、怠忽職守、浮報加班費，卻又以污到的利益來取笑妳。（簡述語意技術）

當事人3：他的變態行為還不只這些。

諮商員3：聽起來妳受了不少委屈（情感反映技術）。主任還有那些變態行為，多說些（具體化技術）？

當事人4：為了要分些利益給他的親朋好友，他限制本單位老師的授課鐘點，將一些課排給他的親朋好友，而且還說這是校長的要求。後來，他不小心說漏了嘴，才知道他假傳聖旨。這樣做已經很過分了，沒想到他竟然讓他的親朋好友先挑上課時間，挑剩下的時間才排我們的課。我聽了很生氣，跑去跟他理論，他竟然說，外來

的兼課老師有優先權。後來才知道，他輸送利益給那些親朋好友，也想從他們身上挖寶。可能壞事做太多了，他一天到晚擔心別人要害他，所以處處蒐集別人的把柄，作為要脅的證據。說到這裏，我突然覺得覺得好累、好累。

諮商員4：當妳提到主任的一些醜言惡行時，妳突然覺得好累好累，似乎發生了一些事，告訴我到底發生什麼事？（具體化技術）

當事人5：我覺得他的惡行真是罄竹難書，怎麼說都說不完。他連對他仁至義盡的人都吃了，怎麼可能知道什麼是仁義道德，什麼是羞恥。我的憤怒，只不過希望他對我仁慈點，可是像這樣的人，我那有能耐改變什麼。想起來自己真是個傻瓜，那能不累。

　　諮商員的具體化技術，使得當事人進一步看清自己的問題。

❤案例三

　　當事人二十五歲，男性，學生。因為班上同學年紀比自己輕，無法跟他們打成一片，覺得孤單、孤立。

當事人1：我是當完兵後，邊工作邊補習才考上大學。進到學校後，才發現班上的同學都是一些毛頭小子，跟我的年齡、經驗差別太大。上課時，我都坐在角落，下課時，也沒有人主動跟我搭訕。因為沒有擔任班上幹部，也沒有機會跟其他同學接觸，許多的活動也都不知道。就這樣獨來獨往地過了一年，內心的孤獨與淒涼真是無法言喻。

諮商員1：你的經驗、年齡跟班上一些同學有些差距，使你無法跟他們打成一片，一年來過著形單影隻的生活，內心孤獨不堪。（簡述語意技術）

當事人2：沒錯。他們自成一個團體，我好像是團體外的人。我常看到他們在班上熱烈地討論一些活動，我卻只有乾羨慕的份。

諮商員2：想到自己被冷落的狀況，真是悲從中來。（情感反映技術）

當事人3：沒錯，就是這樣。有幾次，我忍受不住，不得不趕緊跑到外面，

做做深呼吸，才能把自己的情緒穩住。

諮商員 3：看到他們的熱絡，想到自己的孤單，情緒就湧了上來，你不得不想辦法把情緒控制（簡述語意技術）。剛剛你一直提到「他們」，我想更清楚知道「他們」是指誰，是指全班同學，還是什麼人（具體化技術）？

當事人 4：其實，不是全班同學，是大部份同學。

諮商員 4：再清楚些，大部份同學是約多少人？（具體化技術）

當事人 5：約二十人，大約是班上的一半同學。這些同學我很喜歡，可是，就是打不進他們的團體。至於其他同學，因為我不是很喜歡他們，所以主動跟他們保持距離。

諮商員 5：班上大約有二十位同學你很喜歡，可是卻打不進他們的圈子（簡述語意技術）。你剛剛提到，「打不進他們的團體」，這句話我不是很清楚，你再多說些。（具體化技術）

當事人 6：其實，這些同學還分幾個團體，有些人常在一起討論功課，有一些人很會玩，點子很多。我很喜歡參加他們的每一個團體，不過我不好意思主動加入。

諮商員 6：你羨慕他們的團體，不過卻不好意思主動加入（簡述語意技術）。聽起來似乎有一些原因讓你不好意思主動加入，告訴我是什麼原因（具體化技術）？

當事人 7：說起來還是要怪我，我覺得很自卑，不敢跟他們靠近。全班就屬我年紀最大，我覺得自己像班上同學的「老哥哥」，跟他們在一起不像是同學。我擔心他們會笑我，所以一直不敢主動靠近。更糟糕的是，有幾位女同學我很喜歡，我到現在還孤家寡人，好想有個女朋友。雖然我很想接近她們，不過，我也擔心她們會因為我比其他同學年紀大而歧視我。我一直等待機會，看看這些同學會不會主動找我，可是，這一年來，他們愈靠愈緊，我卻是愈離愈遠。

諮商員 7：聽起來，你的孤獨似乎是因為你不敢主動靠近他們，而不是因為他們……。

諮商員的具體化技術，協助當事人看到自己以偏概全的想法。

二、決定諮商方向

當諮商員針對當事人某一含糊語句，使用具體化技術，邀請當事人補充細節，即將當事人之思路導引至該處。尤其是當事人口沫橫飛一瀉千里，可是卻方向駁雜路線交錯，諮商員的具體化技術能夠協助當事人跳出盤根錯節的混亂，直奔某一個核心方向。

有時候當事人的敘述中，可能有一個以上的地方含糊不清。這是個關鍵時期，諮商員必須傾聽與細察當事人語言與非語言行為的訊息，才能決定那一個是藏龍臥虎的關鍵要塞。如果諮商員選錯路線，跑錯方向，將某個無關緊要的訊息視為無價之寶，等到翻過千山、涉過萬水，才發現方向有誤，此時必得原路繞回重頭再來，這樣一來，諮商員與當事人必會氣喪力無，意興闌珊。

❦ 案例

當事人四十多歲，家庭主婦，女性，因為兒子成為學校問題青少年而苦惱不已。

當事人1：我是個全職的母親，當初為了孩子而把工作辭掉。我捨不得孩子放學後家中無人，肚子餓了得等我回家才有飯吃。我也擔心他回家時，因為家裏沒人督促而跟不良朋友成群結伴。沒想到，我的苦心還是被他糟蹋。他在學校不好好唸書，整天跟不良同學為伍，天天在學校鬧事。每一次他在學校惹事，我就得四處向別人道歉賠不是。我辭去工作後，家裏的經濟來源完全靠我先生。我先生只是個工廠工人，為了養家活口以及給孩子較好的教育，他拚命工作賺錢。孩子出了問題，我一直不敢讓他知道，免得他傷心，免得他怪我沒把孩子教好，也免得孩子被修理。為什麼我整天陪在他身旁，他還是出問題？

諮商員1：孩子的行為讓妳傷透心了。（情感反映技術）

當事人₂：沒錯！（當事人哭泣）我比別的母親更努力照顧孩子，可是，他就是不聽話？難道是我前輩子欠他的，他才會這樣折磨我？

諮商員₂：妳比別的母親辛苦，卻得到這樣的結果，妳不得不懷疑，他是來討債的。（簡述語意技術）

當事人₃：孩子每天早上上學之前，我會叮嚀他，<u>檢查一下該帶的書、用具是否帶齊₍₁₎</u>。孩子放學後，有時候我會偷偷<u>檢查他的書包，看看是否藏有不當的書籍₍₂₎</u>。有一次我發現書包裏竟然有<u>一本黃色書刊₍₃₎</u>，當時我很生氣，罵了他一頓，想將書沒收。沒想到，他竟然對我大發脾氣，不肯將書給我，說那是同學的。我查問是那個同學的，他硬是不肯說。<u>那天晚上，我們耗到很晚，互不相讓₍₄₎</u>。<u>隔天我親自到學校找老師，將發生的事告訴他，要他好好處理₍₅₎</u>。當天我兒子回家後，<u>對我發一頓脾氣，說我沒給他面子，害他在同學面前出醜₍₆₎</u>。說完之後，飯也不吃，就將自己鎖在房裏，一直不肯出來。後來，我再也沒有在他書包發現那種書，可是我不知道他到底有沒有再看。<u>我只能時時提醒他，不要再看那些書，那是會害人的₍₇₎</u>。

　　他以前很聽我的話，可是最近半年來，卻<u>常常跟我頂嘴₍₈₎</u>，甚至威脅離家出走。以前他成績還不錯，可是<u>最近幾次的月考、期考，竟然有許多科不及格₍₉₎</u>。問他原因，他說他對唸書沒興趣。我告訴他，如果不好好唸書的話，將來只能做苦工，像他父親一樣。可是，他<u>將我的話當耳邊風，一點也不理睬₍₁₀₎</u>。為他好，<u>我每天晚上都不敢出去，盯著他唸書，也不准他看電視₍₁₁₎</u>。<u>我也常常跟學校的老師聯絡₍₁₂₎</u>，大家保持聯繫，對孩子總是好的。可是，我這麼辛苦，他一點也不知好歹，<u>還是跟班上一些不學好的同學混在一起₍₁₃₎</u>，<u>放學後常常不立刻回家₍₁₄₎</u>。<u>我覺得好累、好累₍₁₅₎</u>，<u>這孩子好像離我愈來愈遠了₍₁₆₎</u>，偏偏他是我們唯一的希望。

　　以下就畫線的部份，使用具體化技術協助當事人更詳細、更具體地描述問題、同時也將談話轉至該方向去。

諮商員 3 (1)：妳剛剛提到，每天在孩子上學之前，妳會叮嚀他檢查書包，以
　　　　　　確定該帶的東西都帶了。請妳對這部份再多說一些？（具體化
　　　　　　技術）

　　　以上具體化技術的運用，使得談話方向轉至探討當事人為何需要這樣
叮嚀孩子、以及當事人相關的感覺與想法。

諮商員 3 (2)：妳剛剛提到，妳偷偷檢查孩子的書包，想知道孩子書包裏是否
　　　　　　藏有不當的書籍。告訴我，妳認為那些書籍是不當的？（具體
　　　　　　化技術）

　　　以上具體化技術的運用，將談話方向轉至探討當事人對「不當書籍」
的看法、此看法的來源，以及當事人相關的感覺與想法。

諮商員 3 (3)：當妳檢查孩子書包時，竟然發現書包裏有黃色書刊，使妳又著
　　　　　　急又擔心（初層次同理心技術）。告訴我，當時妳看到什麼樣
　　　　　　的黃色書刊（具體化技術）？

　　　以上具體化技術的運用，將談話方向轉至探討當事人對「黃色書刊」
的界定、對兒子看黃色書刊的感覺與想法等問題。

諮商員 3 (4)：因為妳想沒收孩子書包裏的黃色書刊，因此跟孩子有了爭執。
　　　　　　詳細告訴我，你們那天發生的事，讓我更清楚你們之間的爭執？
　　　　　　（具體化技術）

　　　以上具體化技術的運用，將談話方向轉至探討當事人與孩子之間的爭
執，以及當事人對此問題的感覺與想法。

諮商員 3 (5)：為了孩子看黃色書刊的事，妳到學校找老師。告訴我，妳跟老

師談了那些事，而老師又如何處理這個問題？（具體化技術）

　　以上具體化技術的運用，將談話方向轉至探討當事人與老師之間談話的內容、老師對該問題的處理、當事人的感覺與想法。

諮商員 3 ⑹：孩子從學校回來後認為妳沒給他面子，並且對妳發脾氣，甚至不願出來吃飯。我想知道，當時老師如何處理，怎麼會讓孩子覺得沒面子？（具體化技術）

　　以上具體化技術的運用，將談話方向轉至探討老師處理黃色書刊的問題、孩子的感覺，以及當事人的感覺與想法。

諮商員 3 ⑺：妳擔心孩子會被黃色書刊所害，告訴我妳認為這類書刊會如何殘害妳的孩子？（具體化技術）

　　以上具體化技術的運用，一方面探討當事人對黃色書刊的想法，另一方面探討當事人的擔心。

諮商員 3 ⑻：妳覺得孩子以前很聽話，可是最近半年來常常頂嘴，甚至威脅離家出走。似乎妳覺得孩子在這半年內有了很大的改變，告訴我妳覺得孩子有那些改變？（具體化技術）

諮商員 3 ⑼：妳認為孩子以前的成績不錯，而最近幾次考試有許多科不及格，讓妳非常擔心。告訴我孩子最近的成績有那幾科不及格？（具體化技術）

諮商員 3 ⑽：妳告訴孩子如果不努力唸書的話，將來只能靠勞力賺錢，結果孩子將妳的話當耳邊風，一點也不理睬。告訴我，孩子聽了妳的話之後有那些反應？（具體化技術）

諮商員 3 ⑾：為了孩子好，妳每天晚上不敢出去，盯著孩子唸書，並且不讓他看電視。告訴我，妳用什麼方法讓孩子不看電視，乖乖地唸

書，而孩子又有何反應？（具體化技術）

諮商員 3⑿：妳剛剛提到，妳常常跟孩子的老師聯絡，告訴我，你們都談些什麼事？（具體化技術）

諮商員 3⒀：妳認為孩子跟班上一些不學好的同學混在一起，讓妳非常擔心。告訴我，妳心目中「不學好的同學」是指那些人？（具體化技術）

諮商員 3⒁：妳剛剛提到，孩子放學後常常不立刻回家，告訴我，孩子通常幾點回到家？（或者，孩子一個星期內有幾天放學後不立刻回家？）（具體化技術）

諮商員 3⒂：妳費盡心思的照顧孩子，可是孩子卻不能體會妳的苦心，讓妳覺得好累。多告訴我那種累的感覺，讓我更清楚妳的感受。（具體化技術）

諮商員 3⒃：妳剛剛提到，孩子離妳愈來愈遠。我不太清楚妳所謂「愈來愈遠」的意思，多告訴我一些？（具體化技術）

諮商員在以上畫線的部份，使用具體化技術後，將談話轉至某個方向，也使談話內容更加深入。

第五節　具體化技術練習

技術練習分為兩部份，第一部份用來複習前幾節所提的重點，並且熟練具體化技術。第二部份為實務練習，由學習者扮演諮商員對當事人進行諮商。

一、複習與練習：選出諮商員最適當的回應

在第一部份的練習中，學習者須先閱讀當事人的敘述，然後從三個諮商員的回應中選出適當的一個。學習者選出答案後，請閱讀後面的說明，

了解每一個回應之適當或不適當的原因。

5.1.1　具體化技術是指當事人陳述的內容中，若有含糊不清的地方，諮商員以「何人、何時、何地、有何感覺、有何想法、發生什麼事、如何發生」等問題，協助當事人更清楚、更具體地描述其問題。以下請使用具體化技術，協助當事人說明有關「何人」的問題：

當事人：我聽説，雖然現在社會比以前開放很多，可是男人對女人的要求還是不變。

5.1.2　諮商員₁：這些話妳是聽誰説的？男人對女人的那些要求一直未變？

　　　　正確。當事人的敘述中有兩個地方需要澄清，第一，這些話當事人是從那裏得知的。第二，男人對女人的那些要求一直未變。

5.1.3　諮商員₂：男人對女人的要求不能隨著社會的變化而改變，讓妳覺得失望。

　　　　諮商員使用的技術是初層次同理心技術，不是具體化技術。（初層次同理心技術請看第六章說明）

5.1.4　諮商員₃：雖然時代在變，可是有些男人的觀念還是不變，他們是既得利益者，當然不肯放手。

　　　　諮商員回應的內容是對男人的批判，不是使用具體化技術協助當事人澄清含糊的地方。

5.2.1　有時候當事人敘述中，沒有將事件發生的「時間」交代清楚，而事件發生的「時間」可能是當事人問題的重要線索。以下請使用具體

化技術，協助當事人具體詳述問題發生的「時間」：

當事人：我喜歡做白日夢，這個習慣已經有好幾年了。因為常常陷入白日
　　　　夢中，使得工作無法按時完成。其實，我討厭這樣做，可是又無
　　　　法改掉。

5.2.2　諮商員 1：你無法改掉作白日夢的習慣，因此苦惱不已。

　　　　諮商員使用的技術不是具體化技術，而是情感反映技術。

5.2.3　諮商員 2：因為你喜歡做白日夢，因而延宕了一些該做的事，你想
　　　　　　　　改掉這個習慣，可是卻改不掉。

　　　　諮商員使用的技術不是具體化技術，而是簡述語意技術。

5.2.4　諮商員 3：做白日夢的習慣似乎已經干擾了你正常的工作，告訴
　　　　　　　　我，在什麼時候，你會作白日夢？

　　　　正確。諮商員使用具體化技術，以了解當事人陷入白日夢的時刻。

5.3.1　有時候當事人敘述中，沒有將事件發生的「地點」交代清楚，而事
　　　　件發生的「地點」可能是當事人問題的重要線索。以下請使用具體
　　　　化技術，協助當事人具體詳述問題發生的「地點」：

當事人：我早就懷疑她外面有男人。前天我偷偷跟在她後面，沒想到果真
　　　　如我所想的一樣，她竟然跟別的男人到那種地方去約會。當時，
　　　　我真想衝出去揍她。

5.3.2　諮商員 1：你的懷疑得到證實，讓你非常氣憤。

諮商員使用的技術不是具體化技術,而是情感反映技術。

5.3.3　諮商員 2：你太太的行為似乎應證你的猜想,告訴我當時你太太跟
　　　　　　　　別的男人在那裏約會?

正確。諮商員使用具體化技術,協助當事人具體說明當事人太太與男人約會的地方。

5.3.4　諮商員 3：你懷疑自己的太太外面有別的男人,那一天你果然看到
　　　　　　　　她跟別的男人約會,當時你很想揍她。

諮商員使用的技術是簡述語意技術,不是具體化技術。

5.4.1　當事人敘述問題時,有時候因為害怕而不提自己的感覺,而當事人
　　　　的「感覺」可能是當事人問題的重要線索。以下請採用具體化技
　　　　術,協助當事人詳述自己的感覺:

當事人：我只不過三個月沒工作,我太太就罵我「沒出息、吃軟飯」。沒
　　　　工作的那三個月,我一直在幫她做手工,不過她還是天天發脾
　　　　氣,說我那些親戚個個比我有出息多了,她後悔嫁錯人。我幫她
　　　　做手工,難道這樣不也是在幫她賺錢嗎(微笑)?

5.4.2　諮商員 1：你幫助太太做什麼樣的手工,可不可以說清楚些?

諮商員雖然使用具體化技術,可是具體化的問題與當事人的感覺無關,因此對當事人的問題沒有幫助。

5.4.3　諮商員 2：你這三個月幫太太做手工賺的錢有多少,是不是跟你原

　　　　　　　　來的薪水差不多，如果差距很大，你太太當然會生氣。

　　諮商員沒有使用具體化技術協助當事人探討他的感覺，而是替當事人太太的行為辯解，因此對當事人的問題沒有幫助。

5.4.4　諮商員₃：當太太罵你、侮辱你，你有什麼感覺？

　　正確。當事人有意逃避自己的感覺，諮商員要求當事人具體化他的感覺，因此可以協助當事人面對自己。

5.5.1　為了某些原因，有些當事人不習慣表達自己的想法，因此只是一味地談論別人，逃避談論自己。諮商員使用具體化技術，可以協助當事人覺察自己的逃避。以下請採用具體化技術，協助當事人具體表達個人的想法：

當事人：（談到他的好朋友最近幾天的行為跟以前大不相同）大家熱烈討論解決問題的方法時，他都沈思不語。後來，大家詢問他的意見，他也只是笑笑，沒有說任何話。他以前不是這樣的，以前他的意見特別多，大部份的時間都是他在說話。後來會議結束，大夥兒說要去吃宵夜，他卻急急忙忙收拾東西，然後離開，沒有向任何人打招呼。我不知道他最近到底怎麼了？

5.5.2　諮商員₁：聽起來好像你的好朋友最近的行為跟以前大不相同，你對他的改變有何想法？

　　正確。當事人描述的內容，都是好朋友最近的行為改變，卻忽略了談及個人的感覺與想法。諮商員的回應，讓當事人將注意力轉到自己身上。

5.5.3　諮商員₂：你們當時討論什麼問題，會不會跟討論的問題有關？

　　諮商員試圖幫當事人找出他朋友行為改變的原因，忽略將注意力放在當事人身上。

5.5.4　諮商員 3：他最近的行為讓你覺得疑惑。

　　諮商員使用的技術是情感反映技術，不是具體化技術。

5.6.1　有時候，當事人只描述事件的最後結果，並未說明事件發生的經過，因而遺漏了許多重要的線索。以下請採用具體化技術，協助當事人具體詳述事件發生的經過：

當事人：昨天我對爸爸發了一頓脾氣，連我媽媽也被我數落。我弟弟看情況不對，拔腿就跑，沒想到還是被我硬拉回來。

5.6.2　諮商員 1：為什麼你會對父親、母親及弟弟發脾氣？

　　諮商員雖然使用具體化技術，可是在諮商中，諮商員最好少用「為什麼」，因為「為什麼」有質問當事人的意味。

5.6.3　諮商員 2：聽起來昨天你跟家人之間發生了一些事，讓你對家人發了一頓脾氣，告訴我發生什麼事了？

　　正確。諮商員協助當事人具體化事件發生的經過。

5.6.4　諮商員 3：昨天你給了爸爸、媽媽及弟弟一頓教訓。

　　諮商員使用的技術不是具體化技術，而是簡述語意技術。

5.7.1　在諮商過程中，有時候諮商員為了解當事人問題的起因，可以使用具體化技術。以下請採用具體化技術，協助當事人具體描述事件的起因：

當事人：我很高興，不知為什麼，昨天我終於有勇氣頂撞我婆婆，並且向我先生提出離婚的要求。雖然說完後我先生沒有任何反應，不過我終於跨出了第一步，勇敢地反對我先生一家人。

5.7.2　諮商員 1：妳婆婆聽說你要求離婚，有何反應？

　　　諮商員並未使用具體化技術，並且將注意力放在別人身上，不是放在當事人身上。

5.7.3　諮商員 2：妳高興自己終於為自己做了一些事，敢於反抗你先生一家人。

　　　諮商員使用的技術不是具體化技術，而是簡述語意技術。

5.7.4　諮商員 3：聽起來妳終於敢為自己做了一些事，告訴我事情是如何發生的？

　　　正確。當事人並未說明事情的起因，諮商員使用具體化技術，協助當事人詳細說明。

5.8.1　諮商員使用具體化技術時，具體化的問題應盡量放在當事人身上（除非在必要的情況下不得不暫時將重心放在別人身上），否則容易將談話方向轉移到不重要的主題上。以下請使用具體化技術回應當事人的敘述：

當事人：我這一生已經沒有指望了，我只好將我無法完成的志願，託付給
　　　　我的孩子。偏偏他不長進，聯考考了好幾年，都考不上法學院。
　　　　我希望他繼續考，可是他卻說，他對我的責任已經盡完了，現在
　　　　要依照自己的意願來走。我一聽實在很緊張，因為這樣一來，我
　　　　一生的志願就永遠無法達成。

5.8.2　諮商員 1：你覺得自己的一生已經沒有指望，我不清楚這句話的意
　　　　　　　　　思，再說清楚些。

正確。諮商員將談話方向放在當事人身上。

5.8.3　諮商員 2：你的孩子聯考考了幾年了？

諮商員將談話方向放在當事人孩子身上，不是放在當事人身上。

5.8.4　諮商員 3：你的孩子說他以後要依他的意願來走，告訴我，他的意
　　　　　　　　　願是什麼？

諮商員將談話方向放在當事人孩子的願望上，不是放在當事人身上。

二、實務演練

㈠練習一

請使用具體化技術，回應以下當事人的敘述：

*1.*當事人：我的主管是個精神不正常者，行事霸道、思想扭曲，常常
　　　　　強迫我跟其他同事做一些莫名其妙的事，我們真有說不完
　　　　　的憤恨。糟糕的是，辦公室中有一位女同事也是精神不正

常者，除了過度自大、脾氣暴躁，漫天謊話外，還喜歡向
主任打小報告，跟主任同流合污。那一天，我在辦公室罵
主任，不知道她躲在暗處偷聽。她走出去辦公室沒幾分
鐘，主任就來找我算帳。

諮商員：

2. 當事人：這個社會上竟然有這種沒有道德良心的人。他能進本公司
都是我一手幫忙，而且從小職員晉升到公司主管，都是我
罩著他。沒想到他跟我平坐平起後，除了對我擺了一副嘴
臉外，為了排擠我，竟然四處造謠生非，存心陷害我。這
種人不被打入十八層地獄的話，這個世界那有公理存在。

諮商員：

3. 當事人：我們公司有隻小老鼠，有利可圖，搶得比誰都快。有了責
任，閃得比別人還猛。好笑的是，明明就是貪圖好處的
人，還要扭捏作態，欲迎還拒，繞了一大圈，表示自己清
高，得到好處是不得已的事。這種盜鈴掩耳的事昭然若
揭，大家心知肚明。因為他沒有自知之明，讓舊戲不斷重
演。

諮商員：

4. 當事人：對於婚姻，我是既愛又怕。一般人認為一個人孤獨久了，
就會習慣那種孤獨的感覺。事實並非如此。逢年過節，看
到人家成雙入對，嘻笑玩樂，而自己卻一個人窩在冷清的
家中，對著電視發呆，那種感受真是難挨。可是，一想到
進入婚姻，枷鎖加身，自由盡失，恐怕呼天喊地，也無人
解救。這也不是，那也不是，真不知道該怎麼做才對？

諮商員：

5.當事人：最近從鏡中看到自己白髮叢生，滿臉皺紋，連自己看了都
　　　　　討厭。雖然說要別人愛你之前必須要先愛自己，可是這副
　　　　　德行，連自己都覺得厭惡，怎麼可能讓別人喜歡。我真擔
　　　　　心別人對我的印象會有所改變。

　諮商員：

㈡練習二

1.兩人一組，準備一台錄音機，一人扮演諮商員，另一人扮演當事
　人，諮商員對當事人諮商時，請使用具體化技術與前幾章所學的技
　術，並且全程錄音。十五分鐘後，兩人聽錄音過程，討論諮商員的
　具體化技術是否正確。
2.角色互換，重複以上步驟。

第六章

同理心技術

本章摘要

第一節　同理心（empathy）技術的定義

同理心技術是指諮商員一面聆聽當事人敘述，一面進入當事人的內心世界，以感同身受的方式體驗當事人主觀的想法與情緒，然後跳出當事人的內心世界，將他對當事人的了解，傳遞給當事人知道。

第二節　同理心技術內容說明

同理心技術分為兩類，一類為初層次同理心技術，另一類為高層次同理心技術。

諮商員使用初層次同理心技術時，回應的內容，是當事人「明白表達」的感覺與想法。

諮商員使用高層次同理心技術時，回應的內容，是當事人敘述中「隱含」的感覺與想法，所以高層次同理心技術可以協助當事人了解自己未知或逃避的部份。

第三節　同理心技術的適用時機與注意事項

初層次同理心技術適用於諮商任何階段，但是，更適用於諮商初期，當諮商員與當事人未建立良好關係之時。高層次同理心技術適用於諮商中、後期，當諮商員與當事人已有良好關係時。

諮商員使用同理心技術時，回應的內容必須反映當事人語言與非語言行為蘊含的訊息。

第四節　同理心技術的功能

一、建立良好的諮商關係。

二、修正諮商員對當事人的了解。

三、協助當事人了解內在深層的想法與感受。

初層次同理心技術具有以上一、二項所述的功能，而高層次同理心技術具有以上二、三項的功能。

第一節　同理心技術的定義

　　同理心技術是指諮商員一面聆聽當事人敘述，一面進入當事人的內心世界，以感同身受的方式體驗當事人主觀的想法與情緒，然後跳出當事人的內心世界，將他對當事人的了解，傳遞給當事人知道。

　　諮商員使用同理心技術時，所表達的內容通常包括兩部份，一部份為簡述當事人敘述的內容，另一部份為當事人所經驗到的情緒。這兩部份類似簡述語意技術與情感反映技術的聯合運用。不過，高層次同理心技術能夠反映當事人深層的想法或感覺，這種層次就不是簡述語意技術與情感反映技術聯合運用可以達到的。舉例說明如下：

❦案例一

當事人：當時公司指派我們兩人共同合作一個企畫案，她蠻不在乎的樣子我一點也不敢領教。我是個比較謹慎的人，希望多花一些心思在企畫案上，加上時間緊迫，所以我建議天天加班。可是她卻持相反的意見，認為企畫案是上班時間內的工作，下班後的時間是她自己的，她不想加班。不過她說如果我願意加班，一個人努力的話，她也不反對，我聽了當然很不高興。為了工作，我只好一個人加班。偏偏這個工作需要兩人才能完成，即使我加了班，仍然做不了什麼事。此外，她對我的態度總是冷冷的，一點也不容易親近。我們兩人工作時，她從不跟我閒話家常，有時候兩人工作了一整天，除了工作上的討論外，從沒有說過任何一句題外話。不知道為什麼，我們的企畫案竟獲得上級的賞識，而且讚美有加，就在這時，我發現自己對她有了好感。但是，她像是高掛遠方的一顆星星，只能欣賞卻不容易親近，真不知道要怎麼辦才好。

諮商員：工作完成時，你發現喜歡上她。不過，她冷冷的態度讓你不知道

如何接近，你覺得好苦惱。（初層次同理心技術）

🌸案例二

當事人：我很羨慕能夠早起的人，因為早點起床的話，好像這一天的時間
　　　　多了許多。所以，每天晚上睡覺前，我總是試著催眠自己，讓自
　　　　己隔天早上八點起床。可是不知怎麼搞地，每天要到十一、二點
　　　　時，我的眼睛才睜得開。這時候起床，因為覺得希望沒有了，心
　　　　情就低落下來，也因為做事的時間少了，一整天就焦慮得不得
　　　　了。我也曾經早起過，可是因為早起，整個人昏沈沈的，無法集
　　　　中精神，反而做不了任何事。晚起也不是、早起也不是，真不知
　　　　道該怎麼做？

諮商員：晚起讓你做事的時間減少了，你焦慮不已。早起使你精神不濟，
　　　　工作效率低。不管早起或晚起，似乎都不適合你，你覺得好懊
　　　　惱，不知如何是好？（初層次同理心技術）

🌸案例三

當事人：我先生去世後，兩人世界突然只剩下我一個人，內心除了悲傷
　　　　外，更多的是孤單寂寞。因為家裏只剩下我跟小叔，我們的關係
　　　　就更靠近。小叔很體貼，盡量找時間陪我、安慰我，孤男寡女在
　　　　一起，日久總免生情。在一次克制不住的情況下，我們有了親密
　　　　關係。自從那次後，我們晚上都睡在一起，形同夫妻。一個星期
　　　　前，我的小叔表示願意娶我。我先生去世還不到半年，如果我答
　　　　應嫁給他，不知道親戚朋友是否可以接受。小叔目前有一個女朋
　　　　友，他表示他們兩人分分合合太多次了，他已經厭倦了，決定跟
　　　　她分手。如果我答應嫁給小叔，因為她的女朋友我也認識，以後
　　　　碰面該如何面對？我覺得好亂、好亂，頭好痛，不知道自己該怎
　　　　麼做才對？

諮商員：妳想嫁給小叔，可是小叔的女朋友跟親戚朋友卻讓妳心生愧疚，
　　　　因此妳左右為難。想要有個依靠，卻困難重重，妳覺得好辛苦。

（高層次同理心技術）

第二節　同理心技術內容說明

一、同理心技術的種類

諮商員使用同理心技術時，就如同使用情感反映技術一樣，必須進入當事人的內心世界，感同身受地體驗當事人的感覺與想法，然後用自己的話語，將自己的體驗傳遞給當事人，引領當事人觀照內在的感覺與想法，進一步了解自己。

同理心技術可以分為初層次同理心技術與高層次同理心技術。諮商員運用同理心技術時，必須根據諮商的階段、跟當事人的關係，來決定使用初層次同理心技術或高層次同理心技術。兩種技術說明如下：

㈠初層次同理技術

諮商員使用初層次同理心技術時，回應的內容，是當事人「明白表達」的感覺與想法。初層次同理心技術適用於諮商初期，或諮商員與當事人良好關係未建立之時。

㈡高層次同理心技術

諮商員使用高層次同理心技術時，回應的內容，是當事人敘述中「隱含」的感覺與想法。高層次同理心技術不但傳遞諮商員對當事人的了解，同時也協助當事人了解自己未知或逃避的部份。

高層次同理心技術適用於諮商的中、後期，以及諮商員與當事人已有良好關係之時。因為高層次同理心技術有助於當事人了解自己未知或逃避的感覺與想法，除非諮商員與當事人已有良好關係，否則諮商員回應的內

容容易引發當事人的防衛，使得諮商的進行窒礙難行。

二、同理心技術的層次

Karkhuff 與 Berenson （1967）將諮商員的同理心回應分為五個層次，第一與第二層次的回應，並非同理心的回應，不但無法協助當事人探討問題，甚至有礙彼此關係的建立。第三層次的同理心回應屬於初層次同理心，對諮商關係的建立多有助益。第四與第五層次屬於高層次同理心的回應，有助於當事人深入探討問題。

Gazda、Asbury、Balzer、Childers 與 Walters （1984） 曾將 Karkhuff 與 Berenson （1967）的五個層次同理心回應歸納成四個層次，並設定 4 點計分的評定量尺，最高層次為 4 點，最低層次為 1 點，各點之間的評定等級為 1.5, 2.5, 3.5 點。茲將四個層次的同理心回應說明如下：

層次一：（1.0）

諮商員沒有專注與傾聽當事人語言與非語言行為，因此回應的內容，不能反映當事人表面或隱含的訊息，對當事人問題的探討沒有幫助。

層次二：（2.0）

諮商員回應的內容，只反映當事人表面的想法與感覺，而且反映的情感並非關鍵性的感覺，因此對當事人問題的探討沒有幫助。

層次三：（3.0）

諮商員回應的內容，能夠完全反映當事人的想法與感覺，沒有縮減或過度推論當事人表達的內涵，不過，無法反映當事人深層的感覺。

層次四：（4.0）

諮商員回應內容，能夠反映當事人未表達的深層想法與感覺。這種回應，可以協助當事人覺察與體驗先前無法接受或未覺察到的感覺。

以下說明諮商員四個層次的同理心回應：

🍎案例一

當事人：我的主管是個好大喜功、逢迎拍馬的人。我的單位原本有八個
　　　　人，他為了討好董事長，保住自己的寶座，自動將員額縮減為四
　　　　人，而業務量不變。這樣一來，我跟辦公室的同仁，每天一到辦
　　　　公室就忙得天昏地暗，中午沒得休息，晚上還得加班。他將所有
　　　　責任丟給我們，每天只是來晃一下，就不見人影。這種踐踏別人
　　　　往上爬的人，簡直連禽獸都不如（音量提高，咬牙切齒）。更氣
　　　　人的是，不是加班就有加班費可以領，只要超過公司規定的加班
　　　　時數，多餘的加班時數就算義務奉獻。我每天回到家都已經三更
　　　　半夜，孩子跟老婆早已入睡。隔天一大早出門，孩子、老婆都還
　　　　未起床。昨天我的孩子託我老婆告訴我，說他已經一個多月沒見
　　　　到我，很想念我。我聽了很難過，覺得好對不起家人。

　　　諮商員的四個層次的同理心回應如下：

諮商員：其實，很多主管都很自私，這種問題不是只有你有，很多人都
　　　　有。如果你學會拒絕，或許可以減少一些工作量，這樣一來，就
　　　　有更多的時間跟家人相處。（1.0）

　　　諮商員非但沒有專注與傾聽當事人語言與非語言行為，而且回應的內
容並非同理心技術的使用。

諮商員：你的工作量很大，每天忙到三更半夜，快讓你喘不過氣來。
　　　　（2.0）

　　　諮商員只反映當事人部份的表面訊息，而且反映的感覺，並非當事人
的關鍵性感覺，因此對當事人問題的探討沒有幫助。

諮商員：你的主管很自私，為了自己利益，犧牲別人，讓你忙得連家庭都無法照顧，你對主管憤怒，也對家人愧疚。（3.0）

　　諮商員只反映當事人表面的感覺，並未觸及當事人深層的想法與感覺，因此對當事人問題的幫助有限。

諮商員：你的主管為了自己利益，不斷剝削你，害你愧對家人。雖然你有無比的憤怒，可是他是主管，你對他束手無策，只能任他宰割，你怨恨自己無能力反抗。（4.0）

　　諮商員的回應觸及當事人深層的想法與感覺，因此有助於當事人問題的探討。

❦案例二

當事人：今年九月開始，我被調到另一個部門，每天忙到連吃午飯的時間都沒有。我不知道為什麼會被調到這個部門來，我沒有申請要調部門，事先也沒有人問過我的意見，直到公文下來我才知道。有些打抱不平的同事幫我打聽，原來有些同事嫉妒我今年考上夜大，就騙董事長說我想調到這個部門來。我現在連吃午飯、休息的時間都沒有，更談不上準備功課。每天下班後，匆匆趕到學校，因為中午沒休息，上課時無法專心。放學到家都在十一點之後，那有時間唸書。這些人很沒有良心，自己不上進，不願意努力，就用這種方法整我。

　　諮商員的四個層次的同理心回應如下：

諮商員：為了唸書，你還是得忍耐下來，咬緊牙關撐下去。你遲早總會畢業，到時候就不用受這種苦。（1.0）

諮商員的回應並非同理心反應，只是對當事人的鼓勵，因此對當事人的問題沒有幫助。

諮商員：你白天的工作忙，因此上課時精神無法集中。下課後回到家已經那麼晚，連準備功課的時間都沒有，這種生活真辛苦。（2.0）

諮商員的同理心回應，忽略了當事人關鍵性的感覺，所以該回應對當事人問題的探討沒有幫助。

諮商員：你的同事嫉妒你有機會進修，就設計陷害你，將你調到最忙的部門，害你每天累到沒有時間沒有精神唸書，你對這些小人感到無比的憤怒。（3.0）

諮商員只反映當事人表面的感覺與想法，並未觸及當事人深層的感覺，因此對當事人的問題幫忙有限。

諮商員：同事因為嫉妒你，故意將你調到最忙的部門，讓你精疲力竭沒有時間唸書。你雖對他們的行為感到生氣，卻也無可奈何。目前你沒有時間唸書、沒有精力準備功課，心有餘而力不足，內心焦慮不已。（4.0）

諮商員的回應觸及當事人深層的感覺與想法，因此有助於當事人深入探討問題。

第三節　同理心技術的適用時間與注意事項

一、同理心技術的適用時機

㈠初層次同理心技術

　　初層次同理心技術適用於任何諮商階段，但是，更適用於諮商初期，當諮商員與當事人未建立良好關係之時。

　　初層次同理心技術的回應，是順著當事人的思考方向，反映當事人的感覺與想法，讓當事人感到被支持、被了解，所以能夠幫助諮商員與當事人建立良好關係。由於諮商初期，諮商重點放在建立諮商員與當事人良好關係上，所以初層次同理心技術雖然適用於諮商的任何階段，但是，更適用於諮商初期。

㈡高層次同理心技術

　　高層次同理心技術適用於諮商的中、後期，當諮商員與當事人已有良好關係時。在諮商中、後期，諮商的重點在於協助當事人探討問題的根源，這時候諮商員的回應，目的在協助當事人覺察未覺察或逃避的想法與感覺。如果諮商員與當事人沒有良好的關係，當事人在高層次同理心技術的挑戰之下，必然穿上防衛的甲冑，讓諮商陷入僵局。

二、注意事項

㈠在諮商初期，諮商員須盡量使用初層次同理心技術，以幫助他與當事人

建立良好關係。即使諮商員已先一步看到當事人問題的癥結，或是覺察
到當事人的逃避、隱瞞行為，仍然只能使用初層次同理心技術。

㈡在諮商的中、後期，諮商重點放在協助當事人探討問題的根源，通常以
高層次同理心技術為主。但是，有時候為了配合當事人的速度與狀況，
仍然可以配合使用初層次同理心技術。

㈢諮商員使用同理心技術時，回應的內容必須反映當事人語言與非語言行
為蘊含的訊息。

第四節　同理心技術的功能

同理心技術的功能有：

1. 建立良好的諮商關係。
2. 修正諮商員對當事人的了解。
3. 協助當事人了解內在深層的想法與感受。

初層次同理心技術具有以上一、二項所述的功能，而高層次同理心技
術具有以上二、三項的功能。各項功能說明如下：

一、建立良好的諮商關係

諮商員使用初層次同理心技術時，回應的內容沒有涉及對當事人的建
議、批評，或安慰，更多是讓當事人體驗被了解、被支持的溫馨與感動。
當事人久被問題困擾，正在萬念俱灰的當下，突然驚覺自己的想法與感覺
竟能得到諮商員的共鳴，在感動之餘，自然願意敞開心胸，與諮商員建立
良好關係，攜手面對問題。

二、修正諮商員對當事人的了解

當諮商員回應的內容跟當事人的感覺與想法不符時，當事人就會提出

糾正。透過當事人的糾正，諮商員能夠更正確地了解當事人。

🍀案例一 _____

　　當事人二十一歲，學生，男性，因為無法跟異性維持持久的關係而求助。

當事人 1：去年我總共交了五位女朋友，兩人關係的維持最長的是兩個月，最短的是一星期。說實在的，現在一想到還要繼續努力，我就害怕。我常常問自己，難道我的魅力不夠，無法拉住女朋友的心？我想這應該不是魅力的問題，因為我的外表絕對不比其他男同學差，但是不知道為什麼，女朋友老是跑掉。

諮商員 1：去年你交了五位女朋友，卻留不住任何一個，讓你覺得很洩氣。你感到不解的是，自己的外表不比別人差，可是卻留不住女孩子的心。（初層次同理心技術）

當事人 2：豈止洩氣，簡直是絕望。我現在對自己一點信心也沒有，偏偏又不甘寂寞。真是屋漏偏逢連夜雨。

　　由於當事人的澄清，讓諮商員得以進一步了解當事人的狀況。

🍀案例二 _____

　　當事人三十二歲，研究助理，女性，因為找不到結婚對象而著急。

當事人 1：研究所畢業時我二十七歲，我告訴自己應該可以準備結婚，所以就積極學習烹飪、室內佈置、溝通技巧等課程，也注意四周圍未婚的男性。我四周圍的男同事大部份已婚，未婚的不是學歷跟我不相稱，就是樣子我不喜歡，或是職務等級不夠高。後來，我告訴其他同事跟朋友，請他們積極為我介紹。不知為什麼，我這一等就是兩年，沒有人為我介紹任何對象。我今年已經三十二歲了，怎麼不著急。

諮商員 1：妳積極準備結婚，卻一直沒有對象，眼看年華一天天老去，心裏很著急。（初層次同理心技術）

當事人₂：我的確很著急。我妹妹快要結婚了，我到現在卻連一次戀愛都沒談過。妹妹說我太挑了，我不覺得是這樣。我碩士學歷，找的對象至少也要碩士以上，而且最好是副教授以上或經理級以上的職務。我是個有才華的人，當然對方也要有點東西。不是我挑，是因為我的條件不錯，總不能找個比自己差的人。

諮商員₂：妹妹認為妳太挑了才找不到對象，妳覺得被誤解，很無奈。其實妳是找不到相配的人。（初層次同理心技術）

當事人₃：我妹妹的學歷才大學，她男朋友的學歷卻是碩士，如果我不找個有博士學歷，或副教授以上，或經理級以上職務的人，怎麼會有面子？我各方面的能力都比我妹妹好，當然要找個比她男朋友優秀的人。

諮商員₃：妳認為自己的條件比妹妹好，找的對象應該比妹妹的男朋友優秀，否則覺得丟臉。（簡述語意技術）

當事人₄：不錯，這就是我的想法。更何況我個子小，雖然已經三十二歲，看上去也不過二十幾歲而已，我沒有必要委屈自己，降低自己的條件。

諮商員₄：我不太清楚妳說年齡與降低標準的關係，再說清楚些。（具體化技術）

當事人₅：一般人都認為女人年紀一大，就不值錢，尤其是過了三十的女人。女人一過三十，男人通常不屑，所以超過三十的女人就不得不降低標準才嫁得出去。我是新時代的女性，不需要受到這種觀念的約束，更何況我的外表看不出我的年齡。我也不在乎對方的年紀是否比我小，只要符合我的條件，又愛我的話，我是不在乎的。

諮商員₅：即使妳已經超過三十歲，仍然對自己充滿信心，所以堅持要求的條件，也不排斥年紀比妳小的男人（簡述語意技術）。妳剛剛提到「一般人」的看法，「一般人」是指誰（具體化技術）？

當事人₆：我服務機構的那些女同事，還有我妹妹。

諮商員₆：她們是怎麼跟妳說？（具體化技術）

當事人₇：我同事説我年紀不小，眼界又太高，很難找到合適對象。如果我
　　　　不放寬條件，再拖幾年，恐怕嫁不出去（音量提高）。我聽了很
　　　　生氣，不是我的眼界高，而是她們對自己挑選的對象都沒有嚴格
　　　　篩選，所以可以很快結婚，不用像我這樣拖到現在。找對象當然
　　　　需要找跟自己相配的人。如果學歷不比我高，職位不響亮，帶出
　　　　去多丟臉。朋友一問，我真是開不了口。她們不幫我介紹也就算
　　　　了，還要貶低我。

諮商員₇：妳覺得同事的見識不廣，接觸的人水準不高，找不出符合妳條件
　　　　的人，卻挑剔妳的條件太高，而要妳貶低自己，妳覺得受到羞
　　　　辱，感到生氣。（初層次同理心技術）

當事人₈：我不是感到生氣，而是替她們感到可憐。她們挑選對象時，沒有
　　　　像我一樣嚴格要求，所以她們的配偶不是條件跟她們一樣，就是
　　　　比她們差，我替她們覺得可憐。我不要像她們一樣，所以我一定
　　　　要堅持我的要求。

　　由於當事人的澄清，讓諮商員得以進一步了解當事人的狀況。

三、協助當事人了解內在深層的想法與感受

　　諮商員使用高層次同理心技術反映當事人隱含的感覺與想法，可以引
導當事人覺察未覺察或逃避的經驗，協助當事人進一步了解自己。

案例一

　　當事人二十八歲，國小老師，男性，因為擔心自己喜歡的女同事瞧不
起他而求助。

當事人₁：前幾天那位女同事對我的態度很不友善，讓我感覺很不舒服。雖
　　　　然我不斷告訴自己，我是希望她更了解我，所以才讓她知道我的
　　　　過去。可是那種不舒服的感覺依然存在。這幾天這種感覺更加強
　　　　烈，我試著不去想這件事，可是，還是沒辦法讓自己平靜下來。

諮商員₁：告訴我當天發生什麼事。（具體化技術）

當事人₂：那一天我跟那位女同事聊天聊得很高興，就不自覺地告訴她我的過去。一方面可能是因為當時的氣氛很好，兩人聊得很起勁，另一方面可能是我想讓她多了解我。我跟她說，我生長在一個破碎的家庭，從小我的父母不疼我，我哥哥才是他們的希望。因為哥哥的表現一直很優異，他們有什麼好吃、好穿、好用的東西都給他，他們不高興時，就打我出氣。我國小五年級時，他們離婚，因為他們兩人都想要哥哥，所以吵得很厲害。後來法院將哥哥判給爸爸，我跟媽媽。媽媽本來對我就沒好感，離婚後將我丟在外祖父母家，也很少回來看我。因為這樣，我從小就怨恨他們，個性變得孤僻，也很自卑。我的孤僻與自卑，讓自己失去很多機會。每次一想到這裏，就忍不住地想起父母對我的殘酷，我一輩子都不會原諒他們。因為從小得不到家庭的溫暖，讓我對家的溫暖有強烈的渴望。我現在已有暗戀的對象，只是不知道該如何讓她知道，我希望能跟她建立家庭，補償我小時候失去的溫暖。

　　我說到這裏時，我的同事突然打岔，不讓我繼續說下去。她說，人只能往前看，這樣才會有希望，過去就讓它過去。自己才有快樂。我反駁說，我忘不掉，我忘不掉沒有愛的生活是如此的可怕。然後我的同事突然態度很冷漠，似乎有點生氣，並且對我說，她有些急事要辦，然後離開。

　　我被她的舉動嚇到了，愣了一會兒。她離開後，我才慢慢清醒。我不知道發生什麼事，為什麼她會如此不高興。我只是告訴她我的故事而已。這幾天，我一直在想，是否她知道我的過去後，就瞧不起我。我覺得後悔，實在不應該告訴她這些。

諮商員₂：你急著想要拉近兩人的距離，所以告訴她你的過去，甚至莽撞地暗示你希望跟她建立家庭。沒想到這種一廂情願的作法，卻弄巧成拙，反而將對方嚇跑。你擔心她瞧不起你，不再給你機會。（高層次同理心技術）

當事人₃：沒錯，我的確過度莽撞，我也急著想跟她建立家庭。沒想到，事

情弄得更糟。現在她一直躲避我,我們兩人現在根本沒有機會單獨在一起,這該怎麼辦?

諮商員使用高層次同理心技術,協助當事人了解自己深層的感覺與想法。

🦋案例二

當事人四十四歲,女性,家庭主婦,因為跟婆家的人相處不睦而求助。

當事人1:我的小姑昨晚打電話過來,罵了我一頓,說我婆婆跟我同住十幾年,也忍受了我十幾年的虐待。我聽了很生氣。我的孩子都說以後不跟小姑來往。這十幾年來,她的大兒子跟媳婦不照顧她,甚至不讓她住他們家,我讓她頤養天年住我家。她偏愛自己女兒跟大兒子的孩子,常拿我家的東西去照顧他們,這些我都不跟她計較。我不能忍受的是,有時候她不高興就毆打我的女兒,詛咒我的女兒。我的孩子年紀小時無法反抗,只好忍受。現在她們長大了,不願意再繼續忍受這種無理的對待,所以常常頂撞她。

我先生收入少,我到處打工來養這個家。她不但不感激我辛苦持家,竟然到處說我的壞話,說我虐待她。我想我乾脆跟我先生離婚,讓她的兒子來照顧她,看她會有什麼好日子過(語氣加重、音量提高)。

諮商員1:妳婆婆不知感恩圖報,竟然虐待妳的小孩,甚至中傷妳,讓妳氣憤不平,妳氣不過,想要跟妳先生離婚來報復她。(初層次同理心技術)

當事人2:沒錯,我想報復她。我來自非常傳統的家庭,我媽媽是個嚴守三從四德的好女人。我祖母對我媽媽很不好,常虐待她,可是我媽媽一直忍受她的虐待,不敢有任何怨言。結婚前,我媽媽告訴我,要孝敬公婆,包容公婆。如果我媽媽看到我這樣報復我婆婆,她一定很不高興。可是,我已經忍無可忍了。

諮商員 2：一想到媽媽對祖母的寬大與包容，顯得妳對婆婆跟小姑的氣度狹小，讓妳覺得愧疚。可是，妳有責任保護孩子，不受婆婆的傷害，妳覺得好為難。（高層次同理心技術）

當事人 3：（哭泣）沒錯，我媽媽那種高標準的行為，我真的做不到。我不能看著自己的孩子被婆婆毆打、詛咒而袖手旁觀，所以我才迫不得已想要離婚，免得再跟婆婆有衝突，這樣也可以保護我的孩子。

諮商員使用高層次同理心技術，協助當事人看到自己深層的感覺與想法。

第五節　同理心技術技術練習

技術練習分為兩部份，第一部份用來複習前幾節所提的重點，並且熟練同理心技術。第二部份為實務練習，由學習者扮演諮商員對當事人進行諮商。

一、複習與練習：選出諮商員適當的回應

在第一部份的練習中，學習者須先閱讀當事人的敘述，然後從三個諮商員的回應中選出適當的一個。學習者選出答案後，請閱讀後面的說明，了解每一個回應之適當或不適當的原因。

5.1.1　諮商員使用同理心技術時，必須進入當事人的內心世界，感同身受地體驗當事人主觀的想法與感覺，再將他對當事人的了解，反映給當事人。同理心技術可分為兩種，一種為初層次同理心技術，另一種為高層次同理心技術。初層次同理心技術是指諮商員反映的內容，為當事人「明顯」表達的感覺與想法。以下請使用初層次同理

心技術回應當事人的敘述：

當事人：前天有一位女性朋友向我暗示，有意成為我的女朋友。我跟前一
　　　　任女友才剛分手，心情還很亂，實在需要時間調適。如果我明白
　　　　告訴她我的想法，我擔心她會誤解我的意思，以為我有意拒絕
　　　　她。另一方面，女方不惜自己的面子，坦白告訴我她對我的感
　　　　情。如果拒絕她的話，我擔心會傷到她的自尊。真不知道該如何
　　　　答覆她。

5.1.2　諮商員 1：不管你拒絕對方或是告訴對方你需要時間調適，都可能
　　　　　　　　　對她造成傷害。你覺得好苦惱，不知道如何是好。

正確。諮商員回應的內容，正確反映了當事人描述的感覺與想法。

5.1.3　諮商員 2：不管你拒絕對方或是告訴對方你需要時間調適，都可能
　　　　　　　　　對她造成傷害，所以你不知道應該怎麼辦。

諮商員使用的技術是簡述語意技術，非初層次同理心技術。

5.1.4　諮商員 3：你覺得好頭痛，不知道該如何對那位女性朋友表白。

諮商員使用的技術是情感反映技術，非初層次同理心技術。

5.2.1　以下請使用初層次同理心技術回應當事人的敘述：

當事人：我的妹妹並不是我的親妹妹，是我父母領養的。她進我家時才三
　　　　歲，我十歲。之前我沒有兄弟姊妹，一直覺得很孤單。妹妹進門
　　　　後，我有了伴，生活就快樂多了，所以我很疼她。唸研究所時，
　　　　因為學校離家遠，功課忙，我不常回家。有一年放寒假，我回家

過年，妹妹那時十七歲，出落得亭亭玉立，我驚訝她的美麗。漸漸地，我發覺對她的感情，不再像兄妹那樣單純。當我發覺愛上她時，我幾乎不願意讓自己相信。我不知道該如何向她表達，她一直視我為親哥哥，我想將親情轉為愛情，她會接受嗎？

5.2.2　諮商員₁：愛上收養的妹妹讓你苦惱不已。

諮商員使用的技術為情感反映技術，非初層次同理心技術。

5.2.3　諮商員₂：你愛上收養的妹妹。一方面你難以啟口，另一方面你擔心她無法接納你們關係的改變，所以苦惱不已。

正確。諮商員提綱挈領地反映當事人的想法與感覺。

5.2.4　諮商員₃：你對收養的妹妹產生愛情，你不知道如何表達你的感情，也不敢肯定她是否願意接受你們之間關係的改變。

諮商員使用的技術是簡述語意技術，非初層次同理心技術。

5.3.1　諮商員使用初層次同理心技術時，回應的內容除了必須反映當事人語言行為訊息外，也必須反映當事人的非語言行為訊息。以下請配合當事人語言與非語言行為訊息，使用初層次同理心技術：

當事人：我真不知道要如何跟這種屬下相處（嘆了一口氣）。要她規畫活動經費時，她私自留了一筆錢，被我查到後，說是她欠某人一些錢，想拿活動經費的錢還（音量降低下）。要她買畫佈置辦公室，一幅畫二千元，她報四千五百元，後來我的學生也買同樣的畫，我才知道被她污了不少錢（音量降低）。辦公室買了四支電扇，她每支報價一千四百五十元。有一天我路經電器行，發現相

同類型的電扇最貴不超過一千元（音量降低）。有一次學校活動
需買便當，她說要買最好的，一個便當兩百元，我想恐怕不到一
百二十元（嘆了一口氣）。她用辦公室的工讀生，幫她做私人的
事。因為工讀時數用太多，我查問時，她將責任推給我說我請的
工讀生不會做事，沒效率。後來有人告訴我，我不在辦公室時，
她也不見人，辦公室都由工讀生接電話。她用工讀生幫她買便
當、到校外買她考研究所的資料（嘆了一口氣）。有一天，會計
室打電話來，說我們請款的格式不對，要她改。沒想到她竟然
說，本單位沒空，請會計室將就點（音量提高）。後來我不讓她
介入跟錢有關的活動，她卻四處扯我的後腿，把我交代的事搞得
一塌糊塗，丟臉都丟到校外（嘆氣）。

5.3.2 諮商員 1：你的手下不斷利用機會貪污，並且公器私用，如果你不
　　　　　　　 給她機會貪污，她就扯你後腿，將該辦的事情搞得一團
　　　　　　　 糟。

諮商員使用的技術是簡述語意技術，非初層次同理心技術。

5.3.3 諮商員 2：你的屬下藉公務機會四處貪污，並且公器私用，幾乎到
　　　　　　　 了無法無天的地步。你想辦法阻止，她就故意將工作搞
　　　　　　　 砸，你拿她沒有辦法，覺得很生氣，很無力。

正確。諮商員專注與傾聽當事人語言與非語言行為，所以能夠正確地
反映當事人的想法與感覺。

5.3.4 諮商員 3：你的屬下貪污瀆職的行為，已經到喪失理性的地步，恐
　　　　　　　 怕她是人格異常者。如果你不向服務單位告發，將來她
　　　　　　　 會惹出更大的事來。

諮商員的回應是只是對當事人的建議，並沒有使用初層次同理心技術。

5.4.1　同理心技術除了以上所提的初層次同理心技外術，另一類是高層次同理心技術。諮商員使用高層次同理心技術時，需反映當事人敘述中深層或隱含的感覺與想法，以協助當事人進一步了解自己。以下請使用高層次同理心技術回應當事人的敘述：

當事人：我男朋友最近要出國唸書。這一去需要五年才能完成學位。他的父母堅持他完成學位後才能結婚，他是聽話的孩子，所以要我等他五年。五年不算短，美國又很遠，時間與距離是感情的殺手。說實在的，我漸漸對這段感情沒有信心。我已經三十歲了，年紀又比他大，本來我就不看好這段感情，果真如我所預料的一樣，沒有好結局。

5.4.2　諮商員 1：男朋友要妳等他五年，妳已經三十歲，又比他大，妳認為感情禁不起時空的隔閡，恐怕你們不會有結果。這正如當初妳所預期的一樣，妳覺得好感慨。

諮商員使用的技術是初層次同理心技術，非高層次同理心技術。

5.4.3　諮商員 2：男朋友要妳等他五年完成學業。因為時間與空間容易讓感情生變，因此妳對這段感情已沒有信心。這段感情正如當初所預料的一樣，沒有好結果。

諮商員使用的技術是簡述語意技術，非高層次同理心技術。

5.4.4　諮商員 3：男朋友沒替妳著想，竟然要妳等他五年，這種無情的要求，令妳覺得辛酸。這段感情正如妳所預期的那樣脆

弱，妳悔不當初。

　　正確。諮商員正確地反映當事人深層的想法與感覺，包括對男朋友的抱怨，以及對這段感情的悔不當初。

5.5.1　諮商員使用高層次同理心技術時，有時候無法從當事人的敘述中，感受到當事人深層的感覺與想法，但可以從當事人的非語言行為中，看出蛛絲馬跡。

當事人：從大一開始，我就喜歡上班上的一位女同學。她長得非常好看，功課又好，家中又富有（眉頭緊皺，音量變小）。我只敢從遠處遙望，不敢主動接近。其實有幾次的機會，可以增進彼此的關係，可是，當她靠近我時，我就不自主地退縮（雙手交叉放在胸前，上半身往前縮），然後藉故跑開。每當聽到她有男朋友的時候，我就難過到幾乎覺得人生沒有望。當聽到她跟男朋友分手的消息，我就興奮異常，然後告訴自己，要好好把握機會。可是，因為自己膽怯，到最後還是被別人捷足先登，就在這種情況下過了三年（右手握拳，往胸前捶打）。我現在已經大四了，轉眼機會就沒，可是不知為什麼，還是提不起勇氣對她表示（皺眉）。

5.5.2　諮商員1：三年過去了，你已經喪失了很多機會。我知道你是因為退縮才這樣。不過，第一次都是比較困難。只要你鼓起勇氣，突破第一次障礙，未來的路自然順暢多了。你的時間已經不多，如果再不鼓起勇氣的話，可能會終身遺憾。

　　諮商員回應的內容只是對當事人的鼓勵，並沒有使用高層次同理心技術。

5.5.3　諮商員 2：由於你的退縮，三年來沒有機會跟喜歡的女孩交往。眼看就要畢業，可是仍然無法鼓起勇氣採取行動，因而焦慮不已。

諮商員使用的技術是初層次同理心技術，非高層次同理心技術。

5.5.4　諮商員 3：這位女同學的家世與外表讓你自卑，所以你一直沒有勇氣追求她。眼看著就要畢業，轉眼機會就無，內心雖心急如焚，卻無能為力。你痛恨自己的膽怯，焦慮機會的將無。

正確。諮商員回應的內容，正確地反映了當事人深層的想法與感覺，所以能夠協助當事人進一步了解自己。

二、實務演練

(一)練習一

請使用初層次與高層次同理心技術，回應以下當事人的敘述：

1. 當事人：人老了就是沒有用。我的兒子、女兒都已經長大成人，有自己的事業。現代的人很忙碌，這一點我是可以諒解的（皺眉、低頭、眼睛看地下）。只是，我希望他們要常回來，不要只在逢年過節才回來。我年紀已經這麼大了，什麼時候要走沒有人可以預料得到。平時也該常打電話，否則我走的時候誰會知道（語氣低沈、嘆氣）。

諮商員：（初層次同理心技術）

諮商員：（高層次同理心技術）

2. 當事人：我是個很重視朋友的人，可以為朋友兩肋插刀，肝腦塗地。只要朋友有需要，即使在考試期間，我還是會放下功課，為朋友犧牲。可是，從國中、高中到大學，朋友一直讓我失望。當我需要幫忙時，他們個個避而不見，讓我自生自滅（聲調加重，語調高昂、激動）。我的付出根本得不到應有的回饋（緊握拳頭）。最近，這些事，讓我難過到無法入睡，必須要靠安眠藥來支撐。我知道這是慢性自殺，可是我沒有辦法。

諮商員：（初層次同理心技術）

諮商員：（高層次同理心技術）

3. 當事人：國父十次革命都失敗，到第十一次才成功。我才失敗兩次，怎麼會因此喪氣呢（音量轉小，有些顫抖）？沒錯，我今年就必須入伍，可能要兩年後才能重考。不過，在軍中還是能夠看書。或許因為有了這個目標，在軍中才會珍惜時間苦讀，否則，可能跟其他人一樣鬼混。

諮商員：（初層次同理心技術）

諮商員：（高層次同理心技術）

4. 當事人：我大學未畢業就跟我先生結婚，沒辦法，懷孕了。一開始我的父母極力反對，因為他們是地方上有名望的人，希望我功成名就。不過，最後他們還是屈服了，畢竟他們不忍心看女兒當未婚媽媽。說真的，我先生只是個凡夫俗子，他大學畢業後，就在我父親的公司上班，到現在我已經連生三個女兒了，他還是一樣是個小職員（微笑）。我父親有意栽培他，可是扶不起的阿斗，畢竟無用（嘆氣）。

諮商員：（初層次同理心技術）

諮商員：（高層次同理心技術）

5.當事人：本來以為退休後可以做很多自己想做的事，沒想到，我的退休金竟然被股票給吃光了（唉聲嘆氣）。要不是我那些朋友拖著我去玩，說是一本萬利，我現在就不用每天把自己關在家裏看電視（唉聲嘆氣）。本來靠著我那些退休金，可以歡度餘年，可是現在卻只得向兒子、媳婦伸手要錢（搖頭嘆氣）。年紀一大把，還需要這樣過活，真不如死了算了（哽咽）。

諮商員：（初層次同理心技術）

諮商員：（高層次同理心技術）

㈡練習二

1.兩人一組，準備一台錄音機，一人扮演諮商員，另一人扮演當事人，諮商員對當事人諮商時，請使用同理心技術與前幾章所學的技術，並且全程錄音。二十分鐘後，兩人聽錄音過程，討論諮商員的同理心技術是否正確。
2.角色互換，重複以上步驟。

第七章

覆述技術

本章摘要

第一節　覆述（restatement）技術的定義

諮商員就當事人描述的內容，選擇重要的部份，將該部份覆述一次，讓當事人就覆述的部份進一步說明，或是順著覆述的方向繼續會談。

第二節　覆述技術內容說明

有時候當事人敘述的內容，開闢了一個以上的談話方向，諮商員的覆述，可以將談話轉到某個關鍵的主題上，並且深入探討該主題。

覆述技術像具體化技術一樣，可以鼓勵當事人針對諮商員覆述的部份進一步說明。

第三節　覆述技術的適用時機與注意事項

覆述技術適用於諮商的任何時刻。

諮商員覆述的地方，必須是當事人敘述中的關鍵主題、當事人此時此刻的感覺與想法，而且覆述是重複當事人說的話，不是用自己的語言來覆述。一般而言，當事人敘述中最後面的訊息，通常最重要，諮商員可以選擇那部份作覆述。

第四節　覆述技術的功能

一、協助諮商員進一步了解當事人。
二、協助當事人進一步了解自己。
三、決定談話方向。

第一節　覆述技術的定義

　　諮商員就當事人描述的內容，選擇重要的部份，將該部份覆述一次，讓當事人就覆述的部份進一步說明，或是順著覆述的方向繼續會談。舉例說明如下：

❦ 案例一

當事人：當時我已經三十八歲，不敢奢望有對象結婚。不過，我哥哥、嫂嫂倒是十分熱心地幫我介紹對象。起先他們有意介紹我認識住我家附近的一位先生，當時我認為不妥當，因為萬一沒有成功，以後碰面會很尷尬，所以我就回絕了。後來他們介紹我的老公給我，他身材矮胖，其貌不揚。沒多久他就向我求婚。我年紀這麼大，還會有人要已經很不錯了，那敢挑剔，所以就答應他的求婚。婚後有一天意外碰到我家附近的那位先生，看到他後，我整個人都傻了，他的樣子才是我理想的人選。我真恨自己當初太愛面子，才會錯失良機，後悔一輩子。

諮商員：妳恨自己當初太愛面子，才錯失良機，後悔一輩子。（覆述技術）

❦ 案例二

當事人：大學畢業已經十五年了，前幾天接到同學電話，說要開同學會，我有點不想去。這十五年來，我沒有任何成就，倒是孩子生了好幾個。想當初我在班上是個活躍、積極的學生，老師跟同學都認為我將來的成就不可限量，誰知道到現在還是一事無成，那有面子跟那些同學見面。

諮商員：你到現在還是一事無成，那有面子跟同學見面。（覆述技術）

🍒案例三

當事人：我的能力與努力比我的同事強，可是我的同事比較會做人，他會
　　　　主動找其他同事聊天，送東西給他們吃，主動幫助他們。結果他
　　　　們把好機會都給他。

諮商員：他們把好機會都留給你的同事。（覆述技術）

第二節　覆述技術內容說明

　　在很多時候，當事人敘述的內容，開闢了一個以上的談話方向。這時
候，諮商員可以從當事人的敘述中，選擇重要的部份覆述，將談話的方向
轉到某個重要的主題上。當然，諮商員覆述的部份必須是值得探討的關鍵
性主題，否則會將談話導引到無關的方向去，浪費兩人的時間與精力。換
言之，覆述技術協助諮商員集中火力到重要的主題上，並且鼓勵當事人提
供該主題更多相關的訊息。例如：

當事人：我生平沒有什麼大志，不過任何的工作我都會全力以赴。本部門
　　　　的同事，將他們不喜歡的工作，通通推給我。反正多做事就能多
　　　　學習，所以我也不會去計較。就這樣，我每天的工作時數跟同事
　　　　一樣，可是做完的事，卻是他們的兩倍。昨天人事室發佈一道命
　　　　令，把我晉升為本部門的主任，成為我那些同事的主管。公司是
　　　　基於我的工作能力強，同時熟悉本部門的業務，所以決定重用
　　　　我。我知道我那些同事個個眼紅，誰叫他們那麼會計較。

　　以下諮商員覆述不同的地方：

諮商員1：公司基於你的工作能力強，熟悉部門裏的業務，所以決定重用
　　　　　你。（覆述技術）

諮商員₂：你每天的工作時數跟同事一樣，可是做完的事，卻是他們的兩
　　　　　倍。（覆述技術）

諮商員₃：你部門的同事，將他們不喜歡的工作，通通推給你。（覆述技
　　　　　術）

諮商員₄：你公司晉升你為主任，成為你那些同事的主管。（覆述技術）

　　由於諮商員覆述的地方不同，開啟的談話方向就不一定會一樣。

　　另一方面，覆述技巧具有具體化技術的某些功能。諮商員覆述當事人
某一部份敘述時，可以鼓勵當事人針對諮商員覆述的部份進一步的說明，
讓談話的主題更加深入。以以上的案例為例：

諮商員₁：公司基於你的工作能力強，熟悉部門裏的業務，所以決定重用
　　　　　你。

當事人₁：我辦公室的同事因為怕自己做得多，別人做得少，所以工作時，
　　　　　常常閒聊、打屁，拖延時間。我不一樣，所以我的工作效率是他
　　　　　們的兩倍。他們推給我的工作，都是比較困難的業務。結果，他
　　　　　們只會做某些容易的業務，而我卻熟練所有的業務。所以公司才
　　　　　會晉升我的職位。

諮商員₂：你每天的工作時數跟同事一樣，可是做完的事，卻是他們的兩
　　　　　倍。

當事人₂：他們常常在上班時間聊天、打屁，讓一小時能做完的事，拖上個
　　　　　半天。我不一樣，因為他們將困難的業務推給我，這些業務需要
　　　　　花時間請教別人、參考一些相關資料，所以，我必須把握上班的
　　　　　每一分鐘，才能多學、多做。結果，我的業務雖然困難，他們的
　　　　　業務雖然容易，不過我一天做的事，卻是他們的兩倍。

諮商員₃：你部門的同事，將他們不喜歡的工作，通通推給你。

當事人₃：沒錯。在我進入這個部門之前，他們早知道我是不會計較的人，

所以早已將他們不喜歡的業務全部清除出來，等到我進去之後，就移交給我。我當然知道他們有意欺負我，不過，像他們這種只挑容易的工作做、怕吃虧的態度，遲早會有別人取代他們的位子。所以，我一點也不在乎做困難的業務。我在這個工作上學習很多，也因為工作的需要必須跟許多人接觸，所以替自己建立了很多人脈。

諮商員4：你公司晉升你為主任，成為你那些同事的主管。

當事人4：是啊！公司對我的厚愛我很感激，我會盡自己的全力負起責任。另一方面我有些擔心，這些同事本來就不認真做事，加上他們不甘心我成為他們的主管，因此，恐怕我未來的日子不好過。

　　當事人就諮商員覆述的部份進一步說明，協助諮商員更清楚當事人的狀況，也讓談話的主題更加深入。

第三節　覆述技術的適用時機與注意事項

一、覆述技術的適用時機

　　覆述技術適用於諮商的任何時刻，當諮商員想將談話導至某一個主題，或是希望當事人就某一重要部份進一步說明時，都可以使用覆述技術。

二、注意事項

㈠諮商員覆述的部份，必須是關鍵性、值得探討的部份。
㈡諮商員覆述的部份，是重複當事人說的話，不是用自己的語言來覆述。
㈢在一般情況下，最後面的訊息，常常比其他部份的訊息來得重要。初學

者如果無法抓到關鍵性訊息時，可以覆述當事人敘述中最後面的訊息。

㈣諮商員使用覆述技術時，覆述的地方應該是當事人此時此刻的感覺與想
法，非過去的經驗。

㈤諮商員使用覆述技術時，覆述的地方應該是當事人本人的感覺與想法，
非別人的感覺與想法。

第四節　覆述技術的功能

覆述技術的功能有：

1. 協助諮商員進一步了解當事人。
2. 協助當事人進一步了解自己。
3. 決定談話方向。

各項功能說明如下：

一、協助諮商員進一步了解當事人

誠如以上所言，諮商員對關鍵性訊息的覆述，可以鼓勵當事人就該部
份進一步說明，提供給諮商員更多相關資料。

🍎 案例一

當事人十八歲，學生，女性，因為人際問題而求助。

當事人1：我不知道該如何對待別人。我的教育告訴我，要信任別人、要坦
誠待人。但是，我的經驗卻給我相反的啟示，告訴我對別人誠實
是大傻瓜。我不知道該相信那一方面？

諮商員1：你覺得很矛盾，你不知道要遵從教育的教導相信別人，還是信任
經驗的啟示不要相信別人。（初層次同理心技術）

當事人2：的確是這樣。其實，我寧願不相信別人，以免自己再次受到傷

害。

諮商員 2：你寧願不相信別人，以免自己再次受到傷害。（覆述技術）

當事人 3：事情是這樣的，王小美跟我住同一間寢室，我把她當成好朋友，信任他，將自己的心事告訴她。沒想到，她像個廣播電台一樣，四處告訴別人，害我看到其他同學時，都覺得不好意思而逃開。我找她理論，她卻說因為我心裏有鬼，才會怕別人知道。我信任她，所以才將自己的秘密告訴她，沒想到她卻出賣我，還反咬我一口。我告訴自己，以後不能相信別人。但是每當我以不信任態度對待別人時，卻有罪惡感，覺得自己很邪惡。做人真難。

　　諮商員的覆述，鼓勵當事人就該部份進一步說明，因此幫助諮商員更清楚地了解當事人的狀況。

🍎案例二

　　當事人三十五歲，高中教師，男性，因為人際問題而求助。

當事人 1：我一生中從沒有見過這麼無理的人。我不在的時候，他從我的書櫃拿書去用，還好當時有位同事看到。後來他沒將書還給我，我向他要，他卻要我在一堆垃圾中找。當我告訴他找不著時，他竟然說找不到就表示他沒拿我的書。我聽了很不高興，他看我不高興就破口大罵。這種人簡直就像是精神病院偷跑出來的病人。

諮商員 1：跟這種人相處讓你覺得很痛苦。（情感反映技術）

當事人 2：沒錯，他活像個精神病人。他要別人完全順從他，如果別人不按照他的意思做，他就會脾氣失控，驚天動地鬧個沒完。有幾次的會議，因為別人不贊同他的意見，他就破口大罵，結果，連會議都開不成。

諮商員 2：你拿他沒辦法覺得很無奈。（情感反映技術）

當事人 3：更讓我無奈的是他的狡猾。

諮商員 3：更讓你無奈的是他的狡猾。（覆述技術）

當事人 4：他的逢迎、說謊功夫是一流的。他透過送禮、幫些小忙來拉攏人

心。壞事做絕了還可以顛倒是非，口口聲聲說自己具有強烈的正
義感。結果很多人都相信他，不相信我。

　　諮商員的覆述，鼓勵當事人就該部份進一步說明，因此幫助諮商員更
清楚地了解當事人的狀況。

二、協助當事人進一步了解自己

　　當事人表達更多的細節來回應諮商員的覆述時，這種過程，可以協助
當事人進一步探討問題，了解自己。

🍎案例一

　　當事人十七歲，高中學生，女性，因為單戀問題而求助。

當事人1：我喜歡同班的一位男同學。那位男同學成績非常好，人也長得
　　　　　帥，是學校的風雲人物。每次跟他講話的時候，我總覺得不自
　　　　　在，有時候緊張到連自己說什麼都不知道，不過，我知道我喜歡
　　　　　他。這種情形被一位同學知道後，就將這件事告訴那位男同學。
　　　　　我獲知後，很難過，就盡量不跟那位男同學碰面，如果不小心碰
　　　　　到，我就將臉壓低，快速地從他身旁走過。我好擔心他會譏笑
　　　　　我。

諮商員1：妳擔心他會譏笑妳。（覆述技術）

當事人2：人家是全校第一名的優等生，家中有錢有勢。我在班上只有中間
　　　　　名次，那裏配得上人家。喜歡他的女同學比比皆是，每個人都比
　　　　　我優秀、好看。在他面前，我只有自卑的份。我是隻醜小鴨，人
　　　　　家是隻天鵝。沒錯，我只不過是個醜小鴨而已，從以前到現在，
　　　　　一直都是（哭泣），那有什麼資格跟別人比。那位女同學將我喜
　　　　　歡他的秘密告訴他，讓我更自卑，更沒有自尊，更害怕他瞧不起
　　　　　我。

諮商員2：妳一直覺得自己是醜小鴨。（覆述技術）

當事人₃：我家在山上，唸高中時我才到都市來。我發現都市的女孩個個都
　　　　　有氣質，跟她們比較起來我真是夠土氣了。從那時開始，我就有
　　　　　了自卑感。我在這所學校已經唸了兩年，從沒有接到男孩子愛慕
　　　　　的信件，也從沒有男孩子主動找我。班上其他女同學個個都有慕
　　　　　名的追求者，唯獨我例外，我的生活過得寂寞又黯淡。醜小鴨這
　　　　　個名詞是我給自己取的，如果我不是醜小鴨，怎麼會沒有男孩子
　　　　　追，怎麼會過得如此寂寞呢？因此，當我知道那位男同學發現我
　　　　　對他有意時，我羞愧得不知該怎麼辦。

諮商員₃：妳認為自己沒有都市女孩的氣質，沒有愛慕者的追求，原本已夠
　　　　　自慚形穢，竟然還喜歡上學校裏的白馬王子，讓對方更瞧不起
　　　　　妳，妳覺得好羞愧。（簡述語意技術）

當事人₄：我想不只那位男同學會瞧不起，恐怕全班都會這樣想。我原本在
　　　　　班上沒沒無聞，沒有人會注意到我，現在可好，我相信那位女同
　　　　　學已經四處廣播，恐怕我已經成為班上的新聞人物，成為人人恥
　　　　　笑的對象（苦笑）。

諮商員₄：妳已經成為人人恥笑的對象。（覆述技術）

當事人₅：沒錯，我已經成為人人恥笑的對象（大聲痛哭，約十分鐘）。不
　　　　　知道為什麼，即使在家中，我也有同樣的感覺，就是家人都譏笑
　　　　　我笨。我覺得，好像我已經習慣當個自卑的人，所以任何事我都
　　　　　覺得自己不好。

　　諮商員的覆述，協助當事人深入表達，並且透過這些陳述，讓當事人
對自己有更進一步的認識。

🍎案例二

　　當事人十八歲，高職學生，女性，因為父母過度限制她的行動而強烈
不滿。

當事人₁：我的父母太保守了，我快要忍受不了了。有時候真想離家出走，
　　　　　不想再聽到他們的囉唆。

諮商員₁：有時候妳真想離家出走，不想聽到他們的囉唆。（覆述技術）

當事人₂：他們的過度保守讓我很痛苦，有時候實在無法忍受下去。他們不准我接聽男生的電話，晚上回來後也不准我出去。每天放學時，我實在不想立刻回家，但是如果我不立刻回家的話，我父母又會查東查西，讓我煩透了。我都已經十八歲了，還管我像管小孩一樣，我真不知道他們心裏在想什麼。

諮商員₂：妳已經十八歲了，可是父母處處限制妳的行動，把妳當成小孩一樣看管，讓妳苦不堪言，妳覺得很生氣。（初層次同理心技術）

當事人₃：其實，不管他們如何嚴格，我還是有辦法走私。如果他們知道，一定會氣死。

諮商員₃：不管他們如何嚴格，妳還是有辦法走私。（覆述技術）

當事人₄：他們還不知道我有男朋友的事。不管他們多嚴，他們絕對不會想到，中午用餐時間是我跟男朋友約會的時間。有時候我會請假一天，跟男朋友海闊天空四處遨遊。我的父母是絕對想不到的。

諮商員₄：聽起來妳似乎有些得意。（情感反映技術）

當事人₅：我當然覺得得意。從小到大，我就是這麼沒有自由，我多麼羨慕別人。現在我大了，他們還是這樣管我，不過我現在會想辦法違抗他們的命令。有時候我是故意跟他們唱反調。

諮商員₅：有時候妳是故意跟他們唱反調。（覆述技術）

當事人₆：提起這件事，我倒覺得有些對不起他們。其實，我知道他們很辛苦，因為我是他們唯一的小孩，許多的期望都寄託在我的身上。我記得有一次我父母親因為受到一些親戚的欺負，紅著眼睛對我說，因為我父親不是我祖父母親生的孩子，他的兄弟姊妹都瞧不起他，分財產時，都不給他。所以，這一生，他都靠他自己打拚。因為父親受的教育不高，只能做苦工，沒有辦法功成名就給那些親戚瞧瞧，希望我能為他們洗刷恥辱。現在想起來，我父母親也真夠可憐，他們將所有的希望寄託在我的身上，而我卻這樣對待他。不過，他們對我的限制也夠多了，而且讓我負擔好重。即使我能有好的學歷，也不一定能夠功成名就，為他們爭光。或

許我反抗的是他們加諸在我身上的重擔。

諮商員的覆述，協助當事人深入表達，並且透過這些陳述，讓當事人對自己有更進一步的認識。

三、決定談話方向

諮商員覆述之後，當事人會順著諮商員覆述的方向，進一步表達，所以諮商員的覆述可以決定談話的方向。

🐛案例一

當事人二十四歲，警務人員，男性，因為感情問題求助。

當事人1：我有個青梅竹馬的紅粉知己，雖然我們未對彼此表白情意，可是我們心裏都有默契。她父母不喜歡我的工作，曾在我面前暗示，所以我也就不敢對她有公開的表示。最近我將調到北部，因為她父母有意將他匹配給朋友的兒子，我心裏很著急。

諮商員1：雖然你們兩人彼此有默契，可是因為她父母不喜歡你的工作，所以你不敢對她明示。你調到北部後，你擔心她在父母的安排下，可能會嫁給別人，所以焦慮不已。（簡述語意技術）

當事人2：沒錯。我真後悔當初沒有對她表明，否則我們之間的感情足以衝破她父母的阻礙。怪就要怪我考慮太多。

諮商員2：怪就要怪你考慮太多。（覆述技術）

當事人3：當初因為他父母暗示不喜歡我的工作，如果我硬跟她交往的話，恐怕會在她父母心中留下不良印象。我想慢慢化解，所以只得收藏對她的感情，等待機會。沒想到，這一等，讓一切都太遲。

諮商員3：你沒想到，這一等，讓一切都太遲。（覆述技術）

當事人4：沒錯。以前我有一些機會跟她單獨相處，有時候是我故意安排，有時候是她。如果那時候我把握機會，表明我對她的感情，我們現在可能已經在一起。我當時的猶豫，或許讓她認為我有意拒

絶。這一切都太遲了。

　　諮商員覆述之後，給了當事人談話的方向，讓當事人順著諮商員覆述的方向進一步說明。

🍎 案例二

　　當事人二十七歲，公司採購，女性，因感情問題求助。

當事人 $_1$：最近我常跟我男朋友起衝突。當我心情不好時，我的另一位男性朋友就會陪在我身旁安慰我。甚至當我喝醉時，他照顧我到天亮。慢慢地我發現，他的個性比較適合我。我跟我男朋友的個性都太剛烈了，又太好強，所以常起衝突。他就不一樣，他個性溫和，處處遷就我，跟他在一起，讓我覺得好溫暖。那一天，我忍不住地抱著他熱吻不已，他也同樣地回應我。後來，我冷靜下來，覺得這樣做對不起他的女朋友，所以就跟他約定這種事情不准再發生。

諮商員 $_1$：妳跟他約定，這種事不准再發生。（覆述技術）

當事人 $_2$：是啊！他女朋友也是我的好朋友。他女朋友最近出差到香港兩個星期，臨走時，還要我看好他男朋友。她那裏知道這個星期以來，她男朋友天天跟我在一起。雖然我們兩人沒有做對不起她的事，我也跟他約好不再發生那天的事，可是我怕我會守不住。

諮商員 $_2$：妳怕妳會守不住。（覆述技術）

當事人 $_3$：因為我已經到了一天不見他都不行的地步。雖然見面時，我一直克制自己的感情，可是，他女朋友還有一星期才回來，恐怕我沒有辦法支持到那個時候。

　　諮商員覆述之後，給了當事人談話的方向，讓當事人順著諮商員覆述的方向進一步說明。

第五節　覆述技術練習

技術練習分為兩部份，第一部份用來複習前幾節所提的重點，並且熟練覆述技術。第二部份為實務練習，由學習者扮演諮商員對當事人進行諮商。

一、複習與練習：選出諮商員最適當的回應

在第一部份的練習中，學習者須先閱讀當事人的敘述，然後從三個諮商員的回應中選出適當的一個。學習者選出答案後，請閱讀後面的說明，了解每一個回應之適當或不適當的原因。

5.1.1　覆述技術是指諮商員就當事人敘述的內容，選擇重要的部份，將該部份覆述一次，讓當事人就諮商員覆述部份，加以進一步說明。以下請使用覆述技術回應當事人的敘述：

當事人：佛經說，生命是一種幻象，所有的一切都是假的。原本我不相信這句話，經歷過一連串的恩恩怨怨後，我現在絕對相信這句話。

5.1.2　諮商員 1：生命的一切都是假的，讓你覺得很失望。

諮商員使用的技術是情感反映技術，非覆述技術。

5.1.3　諮商員 2：原本你不相信生命是一種幻象，經歷過一些事件後，你絕對相信這句話。

諮商員使用的技術是簡述語意技術，非覆述技術。

5.1.4　諮商員 3：你現在絕對相信這句話。

正確。諮商員覆述當事人敘述中的某部份重點。

5.2.1　以下請使用覆述技術回應當事人的敘述：

當事人：我的父母雖然愛我，可是他們的愛卻讓我窒息。有時候我覺得很
　　　　生氣，可是他們也是因為要保護我，才這麼做。

5.2.2　諮商員 1：父母的愛讓你很無奈。

諮商員使用的技術是情感反映技術，非覆述技術。

5.2.3　諮商員 2：他們也是因為要保護你，才這樣做。

正確。諮商員覆述當事人敘述中的最後一句。

5.2.4　諮商員 3：一方面父母的愛讓你感到生氣，可是另一面你知道他們
　　　　　　　　是為了保護你才這樣做，所以讓你覺得無可奈何。

諮商員使用的技術是初層次同理心技術，非覆述技術。

5.3.1　以下請使用覆述技術回應當事人的敘述：

當事人：他當主任已經兩年了，每次開會的情形都是一樣。我真懷疑他到
　　　　底有沒有自我反省的能力，為什麼老是發生類似的問題。

5.3.2　諮商員 1：開會時老是發生什麼問題？

諮商員使用的技術是具體化技術，非覆述技術。

5.3.3　諮商員₂：開會時老是發生類似的問題。

正確。諮商員覆述當事人敘述中的最後一句。

5.3.4　諮商員₃：開會時老是發生類似的問題，讓你很生氣。

諮商員使用的是情感反映技術，非覆述技術。

5.4.1　諮商員使用覆述技術時，覆述的部份應該是當事人此時此刻的感覺與想法上，而非過去的經驗。

當事人：我的女朋友時時刻刻調查我的行蹤，好像警察監視犯人一樣，不給我一點自由，我覺得整個人的活力都被壓制下來。早知道她是這種人，我就不該跟前一任女朋友分手。前一任女朋友給我許多自由，我卻認為她愛我不夠，才跟她分手。

5.4.2　諮商員₁：你的女朋友時時刻刻調查你的行蹤，好像警察監視犯人一樣。

正確。諮商員覆述的地方，是當事人此時此刻的想法與感覺。

5.4.3　諮商員₂：你覺得不該跟前一任女朋友分手。

諮商員覆述的內容，並非當事人此時此刻的經驗，而是過去經驗，因此對當事人的問題沒有幫助。

5.4.4　諮商員₃：前一任女朋友給你許多自由。

　　諮商員覆述的內容，並非當事人此時此刻的經驗，而是過去經驗，因此對當事人的問題沒有幫助。

5.5.1　以下請使用覆述技術回應當事人的敘述。請將覆述的部份，放在當事人此時此刻的感覺與想法上：

當事人：我是在孤兒院長大的孤兒，高中一畢業，就迫不及待地想要尋找家庭溫暖，所以急急忙忙跟認識才三個月的男朋友結婚。沒想到，我滿心期盼的家庭溫暖，只不過是個夢幻，結婚才一個月，他就讓我成為獨守空閨的怨婦。

5.5.2　諮商員₁：妳是在孤兒院長大的孤兒。

　　雖然當事人的問題跟她在孤兒院長大的背景可能有關，但是此時此刻當事人最關心的事，是她跟先生的問題，所以諮商員覆述的內容，對當事人目前的問題沒有幫助。

5.5.3　諮商員₂：高中一畢業，就迫不及待地想要尋找家庭溫暖。

　　諮商員覆述的內容，並非此時此刻當事人關心的問題，所以對當事人的問題沒有幫助。

5.5.4　諮商員₃：結婚才一個月，妳就成為獨守空閨的怨婦。

　　正確。諮商員覆述的內容能夠協助當事人詳細敘述她目前的問題，以及相關的想法與感覺。

5.6.1　諮商員使用覆述技術時，覆述的內容除了須放在當事人此時此刻的感覺與想法外，還須注意，覆述的內容須以當事人為主。

當事人：我是全心全意地愛她，可是因為她愛吃醋，又愛使小性子，惹了許多是非，讓我覺得很沒有面子，也覺得愧對我的一些朋友。我想了許久，決定跟她分手。

5.6.2　諮商員 1：你的女朋友愛吃醋，又愛使小性子。

　　諮商員覆述的內容以當事人的女朋友為主，非以當事人為主，因此對當事人的問題沒有幫助。

5.6.3　諮商員 2：你決定跟女朋友分手。

　　正確。諮商員覆述的內容放在當事人身上，非其他人。

5.6.4　諮商員 3：你的女朋友惹了許多是非。

　　諮商員覆述的內容以當事人的女朋友為主，非以當事人為主，因此對當事人的問題沒有幫助。

5.7.1　以下請使用覆述技術回應當事人的敘述。請將覆述的內容放在當事人身上：

當事人：我爸爸辛苦經營的公司，因為小人的陷害，不得不宣告破產，轉讓給別人。我爸爸受不了這種打擊而自殺，我媽媽因為傷心過度而病逝。為了扶養弟妹，我放棄學業、婚姻。我不甘心讓那些小人逍遙法外，所以打算用我的一生，想辦法報復他們，讓他們也嚐嚐家破人亡的滋味。

5.7.2 諮商員₁：你爸爸受不了打擊而自殺，你媽媽因傷心過度而病逝。

　　諮商員覆述的內容，不是放在當事人身上，而是放在他父母身上，因此對當事人的問題沒有幫助。

5.7.3 諮商員₂：你爸爸的公司因為小人的陷害而破產，因此不得不轉讓給別人。

　　諮商員覆述的內容，不是放在當事人身上，而是放在當事人父親的公司，因此對當事人的問題沒有幫助。

5.7.4 諮商員₃：你要讓他們也嚐嚐家破人亡的滋味。

　　正確。諮商員覆述的內容，放在當事人身上。

二、實務練習

(一)練習一

　　請使用覆述技術，回應以下當事人的敘述：

　1.當事人：我進出監獄不知已有幾次，我也不想傷父母的心，可是，戒毒那有那麼容易。我想戒，我的身體卻不允許。當毒癮發作時，簡直就如刀割一樣，我實在受不了。我想，我這一生已經完了。

　　諮商員：

　2.當事人：我先生離家出走已經半年多了，他說所有的一切都是我害

的。本來他一心想要修習道術，打算一輩子不結婚。可
是，父母的逼迫，他不得不跟我結婚。因為夫妻行房，破
了他的童身，害他之前已有的道術全部消失。他認為都是
我害的，所以決意離家修行。一走半年，全無音訊。

諮商員：

3. 當事人：我先生去世已有兩年，我有一個女兒。幾個月前，朋友介
紹了一位男士給我。這位男士有兩個孩子，太太一年前去
世。我覺得他的條件還不錯，有意跟他交往。好幾次我主
動打電話約他，他都推說有事。後來才知道，他喜歡的不
是我，而是我的朋友。我那位朋友未婚，對方當然會比較
喜歡她。

諮商員：

4. 當事人：我跟我太太結婚將近十五年，最小的孩子都讀高中了。在
工作場合，有許多機會接觸女性，各式各樣的女人我都見
過，有的女人實在令我意亂情迷，情不自禁。不過，因為
我有色無膽，太太管得夠嚴，即使有些女人自動投懷送
抱，我也只敢有性幻想，不敢有性接觸。想起來人生也真
夠沒色彩。

諮商員：

5. 當事人：當時我們兩人約好每人各負責一部份業務，我們井水不犯
河水。他要從他那一部份業務污多少錢，我要從我這一部
份業務吃多少錢，都靠個人本事。不過，如果出事的話，
各自打點，不可陷害對方。沒想到，他手腳不俐落，腦筋
不靈光，被人發現作手腳的事。上級問話時，他竟然把我
拖下水，並且將所有的責任推給我。黑吃黑也不能這麼不
講信用。

諮商員：

㈡練習二

1. 兩人一組，一人扮演諮商員，另一人扮演當事人，準備一台錄音機，諮商員對當事人諮商時，請使用覆述技術與前幾章所學的技術。二十分鐘後，兩人聽錄音的諮商過程，討論諮商員的覆述技術是否正確。

2. 角色互換，重複以上步驟。

第八章

探問技術

本章摘要

第一節　探問（asking questions）技術的定義

探問技術是指諮商員為了鼓勵當事人有更多的表達，在必要情況下，配合當事人的問題與諮商目標，提出相關問題詢問當事人。

第二節　探問技術內容說明

探問技術的問題可分為兩類，一為開放式問題（open questions），另一為封閉式問題（closed questions）。

開放式問題沒有固定答案，可以允許當事人自由地表達自己的狀況。開放式問題的優點是，由於探問的問題沒有多大限制，所以當事人可能提供較多的訊息。

封閉式問題有明確、固定的答案，當事人只能就事實狀況加以回答。這類問題最常用於得到當事人的基本資料、是與否的資料。

第三節　探問技術的適用時機與注意事項

探問技術可以使用在諮商的任何時候、任何階段，但是必須在沒有其他技術可以使用的情況下，才使用探問技術。

使用探問技術時，不可讓談話轉至不重要的主題上，而且所提的問題必須與當事人的問題、諮商目標有關。

第四節　探問技術的功能

一、開放式問題有助於當事人開放自己，放鬆自己。
二、協助當事人更具體、明確地表達。
三、有助於諮商員了解當事人，以及當事人的自我了解。

第一節　探問技術的定義

　　探問技術是指諮商員為了鼓勵當事人有更多的表達，在必要情況下，配合當事人的問題與諮商目標，提出相關問題詢問當事人。舉例說明如下：

🍎案例一

當事人：我在幼稚園當老師，每天跟那些小孩子在一起，實在累死了。我常常問自己，難道一輩子都要待在這個地方嗎？我需要有未來的規畫，否則很可能就這樣一年一年的虛度。到最後，會後悔一輩子。

諮商員：妳在幼稚園當老師已經幾年了？（探問技術，封閉式問題）

🍎案例二

當事人：我嫁給我先生時，我先生跟前妻所生的孩子都已經大了。因為有我照顧這個家，他們可以放心過自己的生活，所以對我這個後母還滿尊重的。

諮商員：妳跟孩子的相處狀況如何？（探問技術，開放式問題）

🍎案例三

當事人：轉學到這所學校後，一切都適應得不錯。

諮商員：你跟同學相處得如何？（探問技術，開放式問題）

第二節 探問技術內容說明

一、探問技術的缺點

在諮商過程中，諮商員不被鼓勵使用探問技術，其原因如下：

原因之一，諮商以當事人為主體，諮商員的任務，就是依據相關理論架構，使用適當諮商技術，協助當事人一吐胸中的鬱悶，並且鼓勵當事人覺察未覺察的感覺與想法。基本上，諮商員是在當事人吐露的內容上運作，不會另闢蹊徑，岔開當事人的思路，專談諮商員想知道而非當事人想談的訊息。

就探問技術而言，如果諮商員探問的問題非關鍵性主題，當諮商員將問題一提，便將談話拐向旁枝末節的方向去。如此一來，不但諮商員無法帶領當事人深入問題核心，亦讓當事人憋著不吐不快的心事，忐忑不安地望著諮商員興嘆。

原因之二，如果諮商員使用過多的探問技術，將使諮商成為一問一答的談話方式，蜻蜓點水似地在不同的主題上轉換，不但無法深入探討任何主題，亦為當事人製造逃避問題的機會。

從以上兩個原因來看，探問技術似乎不是一個有用的技術。其實不然，只要使用得當，探問技術仍有其不可磨滅的功能。在什麼情況下使用探問技術較為適當呢？Geldard（1989）建議，如果諮商員已經沒有其他技術可以使用，便可以使用探問技術。

二、探問技術的類別

探問技術的問題有兩類，一為開放式問題，另一為封閉式問題（Geldard, 1989）：

㈠開放式問題

開放式問題沒有固定答案，可以允許當事人自由地表達自己的狀況。例如：「你先生是怎樣虐待妳？」、「你跟主管的關係怎麼樣？」。這一類問題沒有明確答案，完全由當事人自由發揮。

開放式問題的優點是，由於探問的問題沒有多大限制，所以當事人可能提供較多的訊息。

㈡封閉式問題

封閉式問題有明確、固定的答案，當事人只能就事實狀況加以回答，例如：「你結婚了嗎？」、「你有幾個孩子？」。因為這一類問題有明確答案，當事人的回答只能提供有限的訊息，最常用於得到當事人的基本資料、是與否的資料。

三、封閉式與開放式問題的比較

封閉式與開放式問題的比較如下：

例題一

封閉式問題：你結婚了嗎？
開放式問題：告訴我，你跟你太太的關係如何？

例題二

封閉式問題：你有孩子嗎？
開放式問題：說說看，你幾個孩子在學校的學習狀況？

例題三

封閉式問題：你在唸教育學程嗎？
開放式問題：告訴我，你修習教育學程的狀況？

例題四

封閉式問題：你的導師是男的，還是女的？
開放式問題：告訴我，你跟導師相處的情形？

例題五

封閉式問題：你有異性朋友嗎？
開放式問題：告訴我，她是如何對待你？

例題六

封閉式問題：你已經服完兵役嗎？
開放式問題：告訴我，你當兵時跟同袍相處的情形？

第三節　探問技術的適用時機與注意事項

一、探問技術的適用時機

探問技術可以使用在諮商的任何時候、任何階段，只要切合以下要點：

㈠在沒有其他技術可以使用的情況下，才使用探問技術。

㈡若想得到當事人的基本資料、是與否的資料時，可以使用封閉式問題。

㈢若想得到較多的資料，可以使用開放式問題。

二、注意事項

㈠盡量少用探問技術，除非有必要。

㈡使用探問技術時，不可讓談話轉至不重要的主題上。

㈢使用探問技術時，所問的問題必須與當事人的問題、諮商目標有關。

第四節　探問技術的功能

雖然探問技術只使用在必要的情況下，但是探問技術仍然具有不可磨滅的功能：

1.開放式問題有助於當事人開放自己，放鬆自己。

2.能協助當事人更具體、明確地表達。

3.有助於諮商員了解當事人，以及當事人的自我了解。

各項功能說明如下：

一、開放式問題有助於當事人開放自己、放鬆自己

由於開放式問題沒有限制當事人的表達方向，於是當事人能夠自由揮灑，盡情吐露。對有些當事人而言，開放式問題能夠打開壓抑已久的心事，當相關的想法與情緒一洩而出，緊繃的身心就得到鬆弛。

🍎案例一

當事人五十多歲，家庭主婦，女性，因最近炒股票虧了很多錢，不敢讓先生知道，心情不好而求助。

當事人₁：林先生（諮商員）！我不知道該怎麼辦，我真該死，虧了那麼多錢，那是我們多年的積蓄，如果被我先生知道，我一定活不了。

諮商員₁：似乎發生了很嚴重的事，妳好擔心（情感反映技術）。告訴我，發生什麼事（具體化技術）？

當事人₂：兩個月前，我家隔壁的鄰居告訴我，說她玩股票只有一、兩個月就賺了二十幾萬。她說，因為我是她多年的鄰居，才老實告訴我這個賺錢的機會，如果我想玩股票賺錢的話，她願意幫我，反正有錢大家一起賺。我心想，我先生是個公務員，賺那些死錢，一分一毫都得斤斤計較。我省吃節用，存了十幾年，也才存了一百多萬。人家一、兩個月就賺了二十萬，半年賺的錢就等於我存了十幾年的錢。我愈想愈生氣，別人賺錢那麼容易，而我們卻這麼困難，永遠跟不上人家。於是，我下定決心，要好好玩股票，賺一筆，換一間大一點的房子。孩子都已經大了，需要大一點的房子。

可是，不知道為什麼，不管我買什麼樣的股票，就是跌停板，所有的錢都被套牢。前後算一算，目前所持股票的錢，還不夠五十萬。一個禮拜前，我先生跟我商量，因為現在房子便宜，孩子也大了，想要換一間大一點的房子。我聽了很緊張，馬上提議將我們的房子翻新，並且說了很多理由說服我先生不要買新房子。後來我先生同意，向我要三十萬，作為房子的翻修費。我只好賣掉大部份股票。我擔心，如果他再向我要存款的話，我不知道該怎麼辦。如果讓他知道我將他辛苦賺的錢這樣花掉，他一定會生氣，說不定會找我家鄰居算帳。我不知道該怎麼辦才好？

諮商員₂：落得如此下場，妳覺得好後悔。（情感反映技術）

當事人₃：沒錯，我恨死自己。如果不把錢輸掉，或許我們可以換一間較好的房子。

諮商員₃：你覺得愧對家人，無法原諒自己。（情感反映技術）

當事人₄：我真覺得愧對我先生跟孩子。我的孩子很乖巧，雖然有時候很頑皮，有自己的看法。我先生雖然古板，不懂情趣，但是可算是個

踏實的人。今天發生這種事，都是我的錯。如果我能事先跟我先生商量，今天就不必那麼難過。

諮商員4：孩子的乖巧、先生的踏實，讓妳有更多的自責（初層次同理心技術）。告訴我，妳跟妳先生相處的狀況（探問技術，開放式問題）。

當事人5：我先生是個公務人員，為人一板一眼，每天按時上、下班。下了班後，他就安安份份待在家裏，不是寫書法，就是跟孩子下棋。他不善言詞，又害羞，自然不會對我說些甜言蜜語的話，不過他還算體貼。他的薪水雖不多，我們的生活還算穩定。他只是個公務員，我不能要求他太多。能夠有個安穩的生活，體貼的先生，這就夠了，我還能要求什麼（頭垂下）。

諮商員5：妳先生所能給妳的只是一個安穩的生活，體貼的對待，妳對他似乎有些失望（高層次同理心技術）

當事人6：（哭泣）女人所要的不就只是這些嗎？

諮商員6：這句話是誰告訴妳的？（具體化技術）

當事人7：是我媽媽。當初我已經有自己喜歡的人，不過他事業無成，只是個公司裏的小職員

諮商員7：當初是什麼原因讓妳選擇嫁給妳先生，而放棄你喜歡的人？（探問技術，開放式問題）

當事人8：我媽媽認為我個性軟弱，不適合吃苦，而我先生是公務員，生活穩定，比較適合我。當時，我男朋友沒有任何家產，每天日夜工作想存些錢，以後要唸大學，開公司。我知道如果我跟他，至少十年內會很辛苦。再說，我也不敢違背我媽媽的意思，所以最後選擇了我先生。我不知道我的選擇對不對，只是這十幾年來，我一點也不快樂。我覺得我好像被關在籠子裏，飛不出去，跳不開，沒有一點生氣，⋯⋯。

　　諮商員使用探問技術，打開當事人深鎖的心事，讓當事人被壓抑的想法與情緒一洩而出。

🍎案例二

　　當事人三十多歲，貿易公司科長，男性。當事人第一次婚姻結束後，不再想跟異性交往。可是看到四周朋友成雙入對，見到自己形單影隻，當初的決心有些動搖。最近有一位女士主動示好，當事人左右為難，不知道如何是好。

當事人1：第一次婚姻結束後，我就不想再踏入男女關係中，因為我不想再作繭自縛，生不如死，所以，一直抱著獨身的打算。可是我才三十多歲，實在不甘心就這樣孤獨地活著，於是心裏老是起起伏伏，不知如何是好。最近，有一位女士主動向我示好，有意跟我交往，我覺得對方條件不錯，發現自己也興致勃勃。可是，我心中老是有種害怕的感覺，擔心自己重蹈覆轍，無法抽身。

諮商員1：第一次婚姻失敗後，你決定一輩子單身，可是你還年輕，因此對當初的決定猶豫不決。最近有位女士似乎適合你，不過，第一次婚姻的陰影，讓你不敢勇往直前（簡述語意技術）。告訴我，你第一次的婚姻狀況（探問技術，開放式問題）。

當事人2：我第一任太太是我大學時的學妹。我們相戀三年，畢業後，我入伍，她是大四的學生。我當兵的那段時間，她自學校畢業後，在一家私人機構上班，我們的關係一直很好。直到我退伍的前三個月，她漸漸不對勁，後來她告訴我，她公司裏的一位同事，對她有意思，她不知道如何拒絕。我一聽就知道她已另有所屬。雖然我試圖挽回，可是我人在軍中，實在無法做任何事，只好忍耐等到退伍。退伍後，我找第三者談判，第三者不肯讓步，我女朋友也告訴我，她對我已經沒有感情。眼看大勢已去，我只好退出，祝福他們。我痛苦地離開北部到南部發展。沒想到，事隔一年，我的傷痛逐漸撫平之時，我女朋友卻再度出現，對我哭訴她的無知與後悔，並且請求我的原諒。原本平靜的心，因為她的出現，再度沸騰起來。兩年後，我們結婚，生了兩個孩子。命運往往作弄人，在一次檢驗孩子血型時，我竟然發現我的第二個孩子不是

我的。我找人調查，才知道我太太跟以前的第三者藕斷絲連。這晴天霹靂，讓我痛苦異常。經過再三考慮，我決定離婚。我無法忍受自己的太太連續出軌。我帶著大兒子調回北部工廠，也下定決心不再讓自己成為感情的受害者。

諮商員₂：你太太兩次出軌，讓你身心嚴重受創。離婚後，你下定決心，不再踏入感情世界。（簡述語意技術）

當事人₃：這樣的決定，也帶給自己一些麻煩。我需要工作，還要照顧一個五歲大的孩子。尤其是孩子生病時，需要兩頭跑，這種生活真苦。

諮商員₃：你需要工作，又須父兼母職，這種生活讓你心力交瘁，苦不堪言。（初層次同理心技術）

當事人₄：所以，有時候好想找個人來分擔，也就是這個原因讓我無法堅持一輩子單身的想法。

諮商員₄：你希望能有人來分擔你的辛苦，所以無法堅持單身的想法。告訴我還有那些原因，動搖你當初的決定？（探問技術，開放式問題）

當事人₅：當然還有。有時候心裏的喜怒哀樂，找不到人可以分享，那種孤獨，真是無法形容。尤其家裏只有我跟我兒子，整個家冷清清的，兒子睡覺後，漫漫長夜我真不知如何度過。我是個正常的男人，才只有三十多歲，我有情慾的需求，真不知如何是好，……。

　　諮商員的探問技術，打開了當事人深鎖的心事，讓當事人被壓抑的想法與情緒一洩而出。

二、協助當事人具體、明確地表達

　　在開放式問題探問下，當事人可以自由表達，在廣度與深度上，對問題可以有更具體、更深入的描述。

在封閉式問題下，雖然當事人只能以「是」與「否」，或簡單的訊息回應，不過，這些簡單的表露，卻可以讓當事人的問題更具體、更明確地呈現。

案例一

當事人四十歲，公務人員，男性。因為女朋友的家人不能接受他，不知如何是好。

當事人₁：我跟我女朋友相戀三年。一開始，我並不抱任何希望，可是一路走來，我確定她真心愛我，我才向她求婚，可是我女朋友的家人不肯接受我。

諮商員₁：他們不肯接受你的原因是什麼？（具體化技術）

當事人₂：主要的原因是學歷跟年齡問題。我女朋友有大學學歷，我只有專科學歷。他們認為我的學歷，讓他們沒有面子。在年齡上，我比我女朋友大一些。他們認為我年紀太大了，老少配不好。

諮商員₂：你比你女朋友大幾歲？（具體化技術）

當事人₃：十五歲。

諮商員₃：相戀三年，好不容易才肯定對方的心意，卻因為對方父母的挑剔你，讓你婚事受阻，你覺得很洩氣。（初層次同理技術）

當事人₄：當然洩氣。學歷上，我可以申請唸空大，修習大學文憑，不過年齡的問題，不是我可以克服的。難道我年齡比她大十五歲，就無法給她幸福？

諮商員₄：你對他們的挑剔感到生氣。（情感反映技術）

當事人₅：（痛苦地）沒錯，他們挑起我內在的自卑。

諮商員₅：你內在的自卑跟年齡有何關係？（探問技術，開放式問題）

當事人₆：一開始時，我將小慧（當事人女朋友名字）當成晚輩看待，因為我比她大十五歲。可是我孤家寡人，時間一久，自然無法把持，常常存著幻想。當時，我擔心小慧在乎我們之間的年齡差距，所以一直不敢表白。直到有一天，小慧表明她對我的愛慕，這才讓我放心。於是，我們兩人成為情侶。其實，雖然小慧說不在乎，

可是，我總是擔心。我擔心她嫌我老而不愛我。因為愛她的心是如此激烈，所以我努力加強自己的外表，讓自己不再為這件事擔憂。小慧家人的挑剔，讓我的自卑感再度出現。我覺得我的確在乎，我無法再騙自己。

諮商員6：你辛苦地讓自己忘記年齡上的自卑。可是，小慧的家人揭開了你的瘡疤，你覺得再也無法欺騙自己（簡述語意技術）。你是否曾經跟小慧討論過你的感覺（探問技術，封閉式問題）。

當事人7：（哭泣）我怎麼敢讓她知道我的感覺。我擔心她知道我的感覺後，就會注意到這個問題，然後嫌棄我，覺得我配不上她。或許，這也是我欺騙自己的方法。經過她父母這樣一說，我愈來愈覺得自己不配跟小慧在一起。現在看到小慧，就好像看到我的自卑，可是，我又好愛小慧，我不知道該怎麼辦？

　　諮商員的開放式與封閉式的問題，讓當事人更清楚、更具體地描述自己的狀況。

案例二

　　當事人二十一歲，大三學生，男性，因為老師無理的要求，不知如何是好。

當事人1：雖然我們大學生已是大人，可是學校的老師仍舊將我們當成小孩看待，認為我們只能服從，不能有意見。現在已經是民主的時代了，還有老師實行霸權，虧他還是教我們大學生的老師，連現在是什麼時代都沒有知覺。

諮商員1：聽起來，你對老師有許多的抱怨與生氣（情感反映技術），告訴我發生什麼事（具體化技術）？

當事人2：這學期我修了一門叫做ＸＸＸ的課，因為是必修，所以不得不選。選課前，一些學長已經告誡過我們這些學弟妹，說這位老師非常難纏，常常對學生有過分的要求，給學生的成績全憑他的喜怒哀樂，有些認真的學長還被當掉。學長要我們上課時，不要有

意見，少問問題，多捧捧老師，才能通過。果然如學長所言，他要我們寫三篇報告，每篇報告不得少於一萬字。此外，他還要我們每個人翻譯兩章原文書。

上課時，所有的內容都由我們分組報告。每次上課，他都是坐著聽同學報告，只在下課前幾分鐘，批評兩句。我不知道這學期到底上什麼東西。從頭到尾，不但沒學到任何東西，而且還花一大堆時間，做一些不知所云的事。如果不是必修，我想，大概沒有人願意修這門課，我也不必忍氣吞聲。

諮商員2：你碰到一位不負責任的老師，他不但沒負起教學責任，而且還要求你去做一些沒有意義的作業。因為是必修，你拿他沒辦法，只好委曲求全。（簡述語意技術）

當事人3：讓我覺得不服氣的是，因為他是個老師，我們是學生，我們的成績操控在他手裏，就只能忍氣吞聲，任他宰割。每一屆的同學都忍受同樣的折磨。難道我們當學生的，就沒有一點權利來保障我們的權益嗎？給我們這麼爛的老師，要我們怎麼學呢？我是個很想學習的學生，可是上課學不到東西，每週又必須浪費兩個小時勉強自己坐在那裏，怎不叫人難過呢？

諮商員3：這麼棘手的問題讓你感到一籌莫展，心裏很著急，也很生氣。（情感反映技術）

當事人4：我真的是一籌莫展，不知道該如何是好。

諮商員4：告訴我你上這門課時通常如何應付？（探問技術，開放式問題）

當事人5：應付？那有什麼能力應付。我就坐在那裏作白日夢。然後將自己當成死人，沒有感覺、沒有思想，不會反應。反正他要的就是這種不會反抗的學生。有時候他在罵人，我就自動將耳朵封住，頭低下，讓他以為我覺得慚愧，然後讓自己沈入跟女朋友溫存的回憶裏。

諮商員5：你覺得好無奈，不得不使用這種方法來逃避自己的感覺與想法。（情感反映技術）

當事人6：（嘆了一口氣）不這樣做，還有什麼好辦法來應付呢？

諮商員₆：這就是你今天來找我的目的嗎？（探問技術，封閉式問題）

當事人₇：沒錯，我想從你這兒學到一些方法，來對付這位老師。

　　諮商員的開放式與封閉式的問題，讓當事人更清楚地表達了自己的問題。

三、有助於諮商員了解當事人，以及當事人的自我了解

　　不管諮商員採用開放式問題或封閉式問題，都可從當事人那兒獲得進一步資料。這些資料可以協助諮商員進一步了解當事人。

　　當事人回答諮商員問題時，必須敞開心胸，答覆諮商員的探問，這種過程中，當事人有機會回顧自己的經驗，看到不同訊息間的關聯，而進一步了解自己。

🍎 案例一 _____

　　當事人三十多歲，代課教師，男性，因為沒考上教育學分班而難過不已。

當事人₁：今年沒考上教育學分班，我不知道八月時能不能找到代課老師的工作。如果沒有工作，不知道如何照顧我太太跟兩個小孩。雖然我太太不斷安慰我，可是家裏只靠她上班的薪水，根本就不夠開支。想起來覺得自己真沒用。

諮商員₁：你覺得愧對家人，也自責自己的沒用。（情感反映技術）

當事人₂：（難過地）我真恨自己，我真無用。

諮商員₂：看起來你已經代課多年，幾年前就有資格考學分班，什麼原因讓你放棄這些機會，到今年才考？（探問技術，開放式問題）

當事人₃：我一些大學同學，他們比較積極，幾年前就參加考試，早就修完教育學分，現在都有正式教職工作。我比較懶惰，沒有積極爭取，一直拖到現在，所以只能當個代課教師。最近法令改了，以後沒有修教育學分的人，要代課就難，所以今年我不得不考。因

為今年競爭的人比以往多，考上的機會自然少，所以我今年才沒考上。我沒有修教育學分，不知道今年能不能有機會代課。以前，有位老師告訴我，要趁年輕時，多拿幾張證書，否則機會一失，或年紀一大，就後悔莫及。如果聽他的話，我現在就不會這樣。

諮商員₃：你沒有積極把握考試機會，覺得好後悔。（情感反映技術）

當事人₄：我這個人不知怎麼搞地，只要聽到考試，就全身無力。當時因為修教育學分需要通過考試，所以就不敢去考。雖然那時候我同學一再鼓勵我報考，可是，最後我還是放棄。沒想到，我同學當年就考上，後來的同學，也沒有人找我一起報考。就這樣蹉跎下去。一直沒修教育學分，也就沒有拿到合格教師證。

諮商員₄：由於你害怕考試，所以到現在還拿不到合格教師證（簡述語意技術）。這種害怕考試的心理，是不是以前就有？（探問技術，封閉式問題）

當事人₅：好像是這樣的，小時候，一聽到考試，就覺得整個人提不起勁來，然後開始昏睡。我記得今年考試時，也是這樣，所以無法專心唸書。這樣說起來，好像我一碰到考試，就會有這樣的反應。

　　諮商員的開放式與封閉式問題，除了協助諮商員進一步了解當事人外，也讓當事人進一步了解自己。

🍎 案例二 _____

　　當事人三十多歲，雇員，男性，因學歷問題無法晉升，並為人際問題所困惱，苦不堪言。

當事人₁：我一直以為公司會公平對待員工，可是事實不然。雖然我的學歷比別人低，可是我肯做、肯學，而且對公司貢獻不小，我以為公司會好好對待我。沒想到，他們還是只看重學歷，只晉升有學歷的人。那些人只有學歷，不肯努力，對公司會有什麼幫助呢？

諮商員₁：聽起來你對公司失望極了（情感反映技術），告訴我發生什麼事

（具體化技術）？

當事人₂：我在公司待了十五年。從公司剛起步，到現在變成企業界老大。十五年前，我一手包辦許多事，我是公司裏不可或缺的人。後來公司不斷擴展，不同的部門陸續成立，各式各樣的人才也不斷聘進。看著公司日益茁壯，心裏也替老闆高興。十五年來，因為公司部門分工愈來愈細，我能做的事愈來愈少，而且愈做愈基層。現在進來的人，因為他們的學歷比我高，個個都是我的上級。我永遠都在下層，被所有的人差遣。連比我晚進來的人，因為他們利用晚上進修，後來也成為我的主管。這些人晚上不肯加班，我愛這個公司，所以，犧牲自己幫助公司。沒想到，公司沒有體諒我的用心，還是晉升那些不是真正為公司做事、真正愛公司的人。

　　幾天前，發生了一些事，讓我覺得自己只是公司多餘的人。我的部門，來了一位新秘書，聽說是老闆的親戚。她趾高氣揚，令人作嘔。前幾天，她辦錯一件公文，卻將責任推到我頭上來，我跟她吵了起來。部門主任來調解。事後，主任責備我，說我這個位置，任何人都可以勝任，要我以後要自愛。我聽了很委屈，再怎麼說，我還是這間公司的元老。若不是我花盡所有時間幫助公司，沒有為自己打算，現在就不會屈居這樣低等的職務，處處受人欺凌。

　　我花了十五年的時間，才了解人情的冷暖，可是現在一切都太遲了。我覺得自己太傻，被人家利用了這麼久，現在人家成功了，就一腳把我踢開。

諮商員₂：你花了十五年青春歲月幫助公司，但是，公司不但不感恩你的犧牲，反而照顧那些自私的同事，你覺得被利用，很難過，很不甘心。（初層次同理心技術）

當事人₃：有誰肯甘心呢！我現在的職務，就像工友一樣，這個位置的確很多人可以做。我恨自己為什麼這麼傻，這是人吃人的世界，自己為何這樣傻，這麼相信別人。

諮商員3：你怨恨公司無情，也恨自己愚蠢，才讓公司有機會利用你。（簡述語意技術）

當事人4：我的確太笨了。可是，我是個有慈悲心的人，不忍心像那些自私的同事一樣，明知道公司需要他們，他們卻先照顧自己。或許我的心太軟，才會讓自己這樣。

諮商員4：你認為自己心太軟，先照顧別人，而忽略照顧自己，所以今天才會受這麼多委屈。（簡述語意技術）

當事人5：事情就是這樣，如果我不是這樣心軟，就不會讓別人濫用我的同情心，讓自己受苦。

諮商員5：這種情況常發生嗎？（探問技術，封閉式問題）

當事人6：其實常常發生。不知道為什麼，我只要看到別人受苦，就很難過，就想要照顧對方，而忘了自己其實也需要別人照顧。這樣聽起來，似乎我一直在當傻瓜，……。

　　由於諮商員的探問，讓當事人有機會將相關的訊息串連，進一步了解自己。

第五節　探問技術練習

　　技術練習分為兩部份，第一部份用來複習前幾節所提的重點，並且熟練探問技術。第二部份為實務練習，由學習者扮演諮商員對當事人進行諮商。

一、複習與練習：選出諮商員適當的回應

　　在第一部份的練習中，學習者須先閱讀當事人的敘述，然後從三個諮商員的回應中選出適當的一個。學習者選出答案後，請閱讀後面的說明，了解每一個回應之適當或不適當的原因。

5.1.2 探問技術是指諮商員為了鼓勵當事人有更多表達，在必要的情況下，配合當事人的問題與諮商目標，提出相關問題詢問當事人。

探問技術的問題分為兩類，一為開放式問題，另一類為封閉式問題。開放式問題沒有固定答案，允許當事人自由表達。由於這一類型問題沒有限制回答內容，所以當事人能夠提供較多相關訊息。以下請使用探問技術的開放式問題回應當事人的敘述：

當事人：（當事人跟自己不喜歡的人結婚，感到很痛苦）我跟我太太結婚五年，她不是我喜歡的人，我喜歡的人是她的好朋友，她叫小薇。我喜歡小薇，小薇也喜歡我，我們的火花才開始萌芽，我太太就介入。由於我太太曾救濟過小薇，小薇後來就退出，也離開了她的老家，從此音信渺茫，我再也沒見過她。小薇走後，我意志消沈。由於我太太的殷勤，以及雙方家長的有意安排，所以後來我才跟她結婚。其實，我到現在仍然無法接受她，畢竟小薇是因為她而離開我。

5.1.2 諮商員 1：你無法接受你太太，可是又必須跟她生活在一起，覺得好痛苦（初層次同理心技術）。告訴我，你們夫妻之間如何相處？

正確。諮商員以開放式問題，探問當事人夫妻相處的狀況，該問題可以鼓勵當事人有更多的表露。

5.1.3 諮商員 2：你內心充滿對小薇的思念，對自己的自責，對太太的討厭，你生活得好痛苦。

諮商員使用的技術是情感反映技術，不是探問技術。

5.1.4　諮商員 3：你到現在仍然無法接受你太太，畢竟小薇是因為她而離
　　　　　　　　開你。

諮商員使用的技術是覆述技術，不是探問技術。

5.2.1　以下請使用探問技術的開放式問題，回應當事人的敘述：

當事人：（擔心孩子在學校的學習比不上別人）如果說有其他的母親比我
　　　　更辛苦的話，我是不會相信的。也不知道為什麼，我就是擔心兒
　　　　子在學校的表現比別人差。所以，我兒子放學回家後，我就開始
　　　　戒備，不讓他將時間花在沒有幫助的地方。我兒子一再抗議，說
　　　　他已經是國中生了，我對待他像對待犯人一樣。他說的沒錯，但
　　　　是，如果我不這樣逼他的話，他可能會懶散下來，最後跟不上別
　　　　的同學。

5.2.2　諮商員 1：為了孩子，妳每天辛苦地督促他。可是，學校的學習本
　　　　　　　　來就是他的責任，妳這樣做無異是替他負責，妳的孩子
　　　　　　　　將會變成不負責任的人。

　　諮商員沒有使用探問技術，只是對當事人的行為進行批評。這種作法
不但無法幫助當事人，而且容易引起當事人的反感。

5.2.3　諮商員 2：妳認為如果不這樣督促孩子的話，孩子就容易懶散下
　　　　　　　　來，跟不上別人，所以妳每天辛苦地監督他，希望他的
　　　　　　　　表現不會比別人差。

諮商員使用的技術是簡述語意技術，並非探問技術。

5.2.4　諮商員 3：為了不讓孩子比其他同學落後，妳絞盡腦汁地監督他，

妳覺得好辛苦，好累（初層次同理心技術）。告訴我，
妳的兒子目前在學校的表現如何？

正確。諮商員使用探問技術的開放式問題，協助當事人有更多的表
露。

───────────────────────────────

5.3.1　諮商員使用探問技術時，探問的問題應該跟當事人的問題、諮商目
　　　　標有關，對當事人的問題才有助益。如果問題與當事人的問題、諮
　　　　商目標無關，只會將談話轉移到不重要的主題上，浪費時間與精
　　　　力。以下請使用探問技術的開放式問題，回應當事人的敘述：

當事人：我希望換了一所新學校後，可以讓我把以前的事情忘記，我也希
　　　　望新同學不要以異樣的眼光看我。怪只怪我年少無知，怪不得別
　　　　人。如果有人因為我坐過牢而不想跟我交往，我也不能責怪他
　　　　們。

───────────────────────────────

5.3.2　諮商員1：看來你比以前懂事多了，你能這麼想，就不會再發生類
　　　　　　　　似的問題。每個人有交友的自由，不能因為別人不願意
　　　　　　　　跟你交往，就採取對他們不利的舉動，這些不良的後果
　　　　　　　　都要自己承擔。告訴我你在牢裏的事。

諮商員一方面告誡當事人，一方面探問當事人。諮商員對當事人的告
誡並非諮商員應有的行為，而諮商員探問問題，與當事人此時此刻的問題
無關。因此諮商員的回應內容對當事人的問題沒有幫助。

───────────────────────────────

5.3.3　諮商員2：誰沒有懵懂無知時，既然你已經付出代價，就不要在意
　　　　　　　　那些，應該將精神放在現在跟未來才對。告訴我，你目
　　　　　　　　前有那些計畫？

　　諮商員的回應是對當事人的安慰與鼓勵，這種回應內容對當事人的問題沒有幫助。另一方面，諮商員的探問問題跟當事人此時此刻的問題無關，所以對當事人也沒有幫助。

5.3.4 諮商員 3：你期待新同學能夠包容你過去的無知，不過，如果有人在意，因為錯在自己，你也不會責怪別人（簡述語意技術）。告訴我，你目前跟新同學相處的情況如何？

　　正確。諮商員探問的問題，是此時此刻當事人最關心的問題。

5.4.1 探問技術的另一類問題為封閉式問題。這類型問題有固定答案，當事人只能就事實狀況加以回答。封閉式問題雖然不像開放式問題可以獲得較多相關訊息，不過，仍然可以幫助諮商員得到一些有用的資料。以下請使用探問技術的封閉式問題，回應當事人的敘述：

當事人：我先生懷疑我在外面有外遇，現在盯我盯得很緊，隨時打電話查我的行蹤，下班後準時回到家裏，跟以前完全不一樣。真是不該嫁個年紀像父親一樣大的丈夫。孩子都有了，離婚也不是辦法。

5.4.2 諮商員 1：妳丈夫懷疑你有外遇，所以緊迫盯人，讓妳喘不過氣來，妳後悔嫁給年紀太大的丈夫。因為已經有了孩子，離婚不太適當，所以覺得很委屈（初層次同理心技術）。告訴我，妳有幾個孩子？

　　正確。諮商員使用探問技術的封閉式問題，而且且問題與當事人此時此刻的狀況有關。

5.4.3 諮商員 2：妳丈夫懷疑你有外遇，所以緊迫盯人，讓妳喘不過氣來，妳後悔嫁給年紀太大的丈夫。因為已經有了孩子，離婚

不太適當，所以覺得很委屈（初層次同理心技術）。告
訴我，妳打算如何處理這個問題。

諮商員使用的技術是探問技術的開放式問題，並非封閉式問題。

5.4.4　諮商員₃：妳丈夫懷疑妳有外遇，所以緊迫盯人，讓妳喘不過氣
　　　　　來，妳後悔嫁給年紀太大的丈夫。因為已經有了孩子，
　　　　　離婚不太適當，所以覺得很委屈（初層次同理心技
　　　　　術）。告訴我，如果妳能夠重新來過，是否還願意選擇
　　　　　妳先生？

　　諮商員雖然使用探問技術的封閉式問題，可是問題與當事人此時此刻
的狀況無關。

5.5.1　以下請使用探問技術的封閉式問題回應當事人的的敘述：

當事人：自從我先生去世後，我覺得壓力好大。他留下很多遺產，讓我成
　　　　為富孀。我沒孩子，又年輕，因此許多男人就在我的身旁糾纏，
　　　　我不知道那一個對我是真心。有錢也真可悲，雖然身旁有很多人
　　　　圍繞著我，可是誰知道他們是為了什麼。

5.5.2　諮商員₁：妳先生去世後，妳成為富孀。雖然有許多男人追妳，可
　　　　　是妳不知道誰是真心，妳覺得這是有錢人的悲哀（簡述
　　　　　語意技術）。告訴我，妳是不是有打算再婚？

　　正確。諮商員使用探問技術的封閉式問題，而且所問的問題與當事人
目前的狀況有關。

5.5.3　諮商員₂：妳先生去世後，妳成為富孀。雖然有許多男人追妳，可

是妳不知道誰是真心，妳覺得這是有錢人的悲哀（簡述
語意技術）。告訴我，妳打算如何找出那一個人對妳是
真心的？

諮商員使用的技術是探問技術的開放式問題，不是封閉式問題。

5.5.4　諮商員₃：妳先生去世後，妳成為富孀。雖然有許多男人追妳，可
　　　　　　　　是妳不知道誰是真心，妳覺得這是有錢人的悲哀（簡述
　　　　　　　　語意技術）。告訴我，目前有多少男人糾纏妳？

諮商員使用的技術是具體化技術，不是探問技術。

5.6.1　諮商員使用探問技術時，所提的問題應該與當事人的問題、諮商目
　　　　標有關，對當事人才有助益。以下請使用探問技術中的封閉式問
　　　　題，回應當事人的敘述：

當事人：我之所以離開以前的公司，是因為我的上司太過強勢與現實，對
　　　　於我們這些部屬，他只是盡其所能地利用，從不知道愛護與尊
　　　　重。為了能控制我們，他離間我們彼此之間的感情，讓我們彼此
　　　　猜忌，互不信任，而且互相打擊，他好坐收漁翁之利。我實在無
　　　　法待下去，所以只好換工作。

5.6.2　諮商員₁：你前一家公司的老闆，使用挑撥離間的方式利用你們，
　　　　　　　　讓你們互相打擊。待在這種公司讓你寸步難行，辛苦不
　　　　　　　　堪，所以你不得不另謀出路（初層次同理心技術）。告
　　　　　　　　訴我，你以前的上司用那些方法來離間你們？

　　　諮商員使用的技術是具體化技術，不是探問技術。再者，諮商員的問
題與當事人此時此刻的狀況無關。最後，諮商員沒將問題的重心放在當事

人身上。

5.6.3　諮商員₃：你前一家公司的老闆，使用挑撥離間的方式利用你們，讓你們互相打擊。待在這種公司讓你寸步難行，辛苦不堪，所以你不得不另謀出路（初層次同理心技術）。告訴我，除了你之外，還沒有其他的同事也離開那間公司？

雖然諮商員使用的技術是探問技術的封閉式問題，可是問題重點放在別人身上，非放在當事人身上。

5.6.4　諮商員₃：你前一家公司的老闆，使用挑撥離間的方式利用你們，讓你們互相打擊。待在這種公司讓你寸步難行，辛苦不堪，所以你不得不另謀出路（初層次同理心技術）。告訴我，你現在在新的公司還碰到類似的情形嗎？

正確。諮商員使用探問技術的封閉式問題，並且問題與當事人此時此刻的狀況有關。

二、實務演練

(一)練習一

請使用探問技術的開放式問題或封閉是問題，回應以下當事人的敘述：

1.當事人：我年輕的時候就死了先生，為了專心扶養兒子，讓我先生在九泉之下能安心，我決意終身守寡。我兒子現在已經結婚生子，我也了無牽掛，本來認為這一生可能就這樣走

完。沒想到，我現在已經五十多歲了，竟然還會有人喜歡
我，要跟我廝守終身。想起來也覺得臉紅，年紀都一大把
了，怎麼還可以這樣呢！

　　諮商員：

2. 當事人：年輕的時候不知道珍惜金錢，賺多少就用多少，向來不知
　　　　　　道要投資理財。現在有妻有子，每天一張眼，就有好幾張
　　　　　　口等著吃飯。現在社會經濟狀況那麼差，真擔心那天工作
　　　　　　沒有了，那有錢度日。

　　諮商員：

3. 當事人：我真的搞不懂，那個女人有什麼好，為什麼我四周圍的男
　　　　　　人都趨之若鶩，被她迷住了。我每一項條件都比她好，卻
　　　　　　乏人問津。有幾次，本來追我的男人，見到她那種騷樣，
　　　　　　個個轉移目標，追她去了。為什麼男人都愛壞女人，而放
　　　　　　著好女人不要？

　　諮商員：

4. 當事人：我最近要結婚了，可是有一件事情發生後，讓我忐忑不
　　　　　　安。我未婚夫的一位朋友竟然曾是我一夜情的對象。那是
　　　　　　我年輕無知時的行為。自從碰到他後，我老是放心不下，
　　　　　　不知道他會不會告訴我未婚夫，或是以此來威脅我。我希
　　　　　　望他已經忘記我了，或是我記錯了。

　　諮商員：

5. 當事人：我今年已經四十多歲了，年輕時因為一次沒有成功的戀
　　　　　　愛，一直單身到現在。奮鬥了二十年，我為自己賺了一些
　　　　　　財富，也爬上了經理的職位，可是卻找不回已逝的青春。
　　　　　　幾個月前我跟公司裏一個二十幾歲的職員在一起。我知道

這一段感情不會長久，可是我要體驗愛情，我要補償曾經留白的生命。我的錢、我的地位比我的人更具有吸引力，我不是不清楚這一點，不過我還是願意用我的財富換取年輕的愛情。

諮商員：

(二)練習二

1. 兩人一組，一人扮演諮商員，另一人扮演當事人，準備一台錄音機。諮商員對當事人諮商時，請使用探問技術及前幾章所學的技術，並且全程錄音。二十分鐘後，兩人聽諮商錄音，討論諮商員的探問技術是否正確。
2. 角色互換，重複以上步驟。

第九章

結構化技術

本章摘要

第一節　結構化（structuring）技術的定義

　　結構化技術是指諮商員在諮商開始時，對當事人說明與界定從諮商開始到諮商結束之間所涉及的要素，包括有理論架構、諮商關係、諮商環境與相關程序。

第二節　結構化技術內容說明

　　從諮商開始到諮商結束之間所涉及的要素有：

一、理論架構與諮商關係

　　理論架構指諮商員用來解釋當事人行為，引導當事人產生正面改變所依據的理論。諮商關係是指諮商員與當事人在諮商中所扮演的角色，與對該角色的期待。

　　不同的諮商理論對當事人問題的形成有不同的看法，諮商關係的重要性與特性，因此各有不同。在個人中心治療法中，諮商關係是治療的核心要素。就理情治療法與行為治療法而言，諮商關係對治療雖重要，但不是關鍵要素。

二、諮商環境

　　諮商環境指可以協助當事人處理問題的環境。

　　良好的諮商環境必須讓當事人的隱私權受到保護、清靜、空氣流通、光線充足，設備不宜過雜，讓當事人感覺安全、舒服與放鬆。

三、相關程序

　　相關程序指諮商員與當事人進行諮商的依據。

　　當事人來求助時，對於諮商的進行會有一些疑問與期待，諮商機構

應該以書面資料的方式，提供給當事人相關的訊息。例如，每一次諮商間隔的時間多久、諮商內容會如何被保密、什麼時候結束諮商、諮商費用有多少、如何付費等問題。

第三節　結構化技術的適用時機與注意事項

結構化技術適用於諮商任何時期。在諮商開始時，諮商員向當事人說明從諮商開始到結束的要素。在諮商過程中，諮商員進行一項活動之前，有必要向當事人說明活動進行的方式，當事人在活動中的角色，好讓當事人決定是否參與。

第四節　結構化技術的功能

一、減少當事人的疑惑與不切實際的期望。

二、協助當事人了解諮商過程，減少當事人的焦慮。

三、協助當事人作準備，以利諮商的進行。

第一節　結構化技術的定義

　　結構化技術是指諮商員在諮商開始時，對當事人說明與界定從諮商開始到諮商結束之間所涉及的要素。

　　綜合各個不同諮商學派的意見，從諮商開始到諮商結束之間所涉及的要素包括有四：理論架構（conceptual rationale）、諮商關係（therapeutic relationship）、諮商環境（setting），與相關程序（a set of procedures）（Hutchins & Vaught, 1997）。各要素說明如下：

　　理論架構：指諮商員用來解釋當事人行為，引導當事人產生正面改變所依據的理論。

　　諮商關係：指諮商員與當事人在諮商中所扮演的角色，與對該角色的期待。

　　諮商環境：指可以協助當事人處理問題的環境。

　　相關程序：指諮商員與當事人進行諮商的依據。

　　舉例說明如下：

❧案例一

當事人：我覺得每一次諮商的時間才五十分鐘，這怎麼夠呢？我跟我朋友
　　　　談心事時，即使一談好幾個小時，問題也無法解決。可不可以延
　　　　長我們的談話時間，我想早一點把問題處理掉。

諮商員：你認為五十分鐘的談話時間不夠，無法解決你的問題，所以內心
　　　　很著急（初層次同理心技術）。（當事人點點頭）。對一般的當
　　　　事人來說，五十分鐘的談話時間是適當的，延長時間對當事人的
　　　　幫助不大。如果當事人處在危機情況下，在必要時，我會延長談
　　　　話時間，或增加每一週的談話次數。諮商跟一般的談話不一樣，
　　　　諮商通常涉及當事人內心深層的世界，當事人開放內心世界的速
　　　　度因人而異，這與每一次談話時間的長短無關。雖然你想早點解

決問題，可是這不是延長每一次的談話時間就可以辦到的（結構
化技術）。

🍎 案例二

當事人：我的人際關係很差，我覺得我四周圍的人都排斥我。這個問題是
　　　　否可以獲得解決？

諮商員：聽起來你的問題讓你很苦惱（情感反映技術）。通常在諮商一開
　　　　始，我們必須先談談你想達成的目標，好讓我們的談話有個方
　　　　向。你剛剛提到，想處理你的人際關係問題，我們可以依照這個
　　　　方向定目標。當然目標不是不可變動的，很可能隨著諮商的進
　　　　行，目標會有所調整（結構化技術）。

🍎 案例三

當事人：如果我接受諮商的話，我不知道什麼時候可以結束？

諮商員：如果你覺得你的問題已經獲得改善，你可以自己面對類似問題
　　　　時，就可以結束諮商，但是基本上還是要依據契約上的規定進
　　　　行。如果你想在中途結束諮商，只要依照契約上的規定，也可以
　　　　這樣做。（結構化技術）

第二節　結構化技術內容說明

一、理論架構與諮商關係

　　理論架構與諮商關係，兩者齒唇相依，息息相關。不同的理論架構有
不同的哲學觀與人性觀，對人性的內涵、問題行為的形成有不同的詮釋，
因此對問題的處理方式、諮商關係的態度也有所差異。

　　以下就個人中心治療法（Person-Centered Therapy）、理情治療法
（Rational-Emotive Therapy）與行為治療法（Behavior Therapy）三者來說

明。個人中心治療法以情感為取向，諮商的重點放在處理當事人的情感反應。理情治療法以認知為取向，諮商的重點放在處理當事人的認知反應。行為治療法以行為為取向，諮商的重點為直接處理當事人的問題行為。以上三種治療法因理論架構不同，對諮商關係的看法也就不同：

㈠理論架構與諮商關係

1.個人中心治療法

⑴理論架構

個人中心治療法對人性有積極的看法，認為人是善良的、積極向上，有能力做決定、負責，具有自我實現（將自己的潛能充分發揮出來）的傾向。

人天生有被關愛的需求，被關愛需求的滿足有賴於生命中的重要他人。重要他人滿足個人關愛需求的方式，對個人的成長具有關鍵性的影響。例如，小蒙喜歡畫畫，有一天他告訴父母希望長大後當個畫家，老師也認為小蒙在藝術上有極大的潛能。可是，小蒙的父母認為成名的畫家雖可以名利雙收，可是卻有如鳳毛麟角，小蒙若未能成名，則可能三餐不繼，又如何成家立業，延續香火。於是，小蒙的父母不斷地告訴小蒙，要立志當醫生、律師才能光宗耀祖，才能得到父母的歡喜。甚至在小蒙表達希望當畫家的當下，罵小蒙沒出息。小蒙為了得到父母的歡心與關愛，不得不接受的父母的看法，以父母的價值觀取代了自己的價值觀。

小蒙雖然獲得了父母的關愛，不過這種關愛是放棄自己的潛能，遠離自我實現所換來的。父母告訴小蒙要聽話父母才愛他，這是有條件的關愛。父母有條件的關愛，讓孩子不敢表露「真我（自我價值觀）」，以免被譴責或遺棄。孩子為了取悅父母，不得不盡力符合父母的期望，以父母欣賞的「假我（父母價值觀）」來取代父母貶抑的「真我」。奈何「假我」本是虛幻，非潛能所在。「真我」雖被取代，只是被壓抑，並未消失，而且隨時尋找機會左右個人的行為。當假我與真我對峙之時，個人就置身在衝突、猶豫之中。

個人中心治療法認為，協助當事人去除「假我」，接納「真我」，問題就可獲得解決。協助當事人去除「假我」，接納「真我」的關鍵，在於提供給當事人一個無條件積極關愛的環境。在無條件積極關愛的環境下，不管當事人有何優點或缺點，都能被包容接納。當事人不用擔心真實的自我表露，會引發諮商員的不悅，當事人也不用擔心自己的犯錯或不符合諮商員的期待，會帶來懲罰、恐懼，喪失關愛。

當當事人的「真我」被諮商員無條件的包容與接納，間接地也鼓勵了當事人接納包容自己的「真我」。當「真我」取代「假我」，當事人的問題便可獲得解決，讓當事人重新踏上自我實現的道路。

(2)諮商關係與諮商情境

在個人中心治療法中，諮商員必須與當事人建立無條件積極關愛的諮商關係，讓當事人在這種情境中，重新審視「假我」與「真我」的價值。建立無條件積極關愛的諮商關係與諮商情境，須具備以下幾個條件（李選，民77）：

①真誠與一致（genuineness and congruence）：諮商員的真誠是指諮商員對當事人的協助是真心誠意，是基於對人類之關懷。諮商員的一致指諮商員表裏一致，包括諮商員語言與非語言行為的一致，情感與理性上的一致等。

②無條件的積極關愛（unconditional positive regard）：諮商員不以個人的價值觀或道德觀來判斷當事人，能夠包容與尊重當事人任何的想法、行為與感覺。

③具有同理心的了解（accurate empathic understanding）：諮商員與當事人互動時，能夠進入當事人的內心世界，體驗與了解當事人內在的感覺與想法，並且將這份了解，以接納、不批判的態度，傳遞給當事人知道。

對個人中心治療法而言，沒有良好的諮商關係，就沒有治療效果。所以，個人中心治療法特別重視諮商關係的建立。

2.艾理斯的理情治療法

(1)理論架構

理情治療法重視當事人的思考歷程、情緒與行為之關係，這三者之中，最重要的因素是思考歷程。其模式如下：

理情治療法認為當事人的問題，來自於他思考歷程中的非理性想法。當事人面對外界刺激時，如果給予該刺激非理性的詮釋，就會導致不適應的行為反應，如果給予該刺激理性的詮釋，就能產生適應的行為反應，所以當事人的問題，來自於非理性的想法。諮商時，諮商員協助當事人修正非理性想法後，其問題就可以獲得解決。

(2)諮商關係與諮商情境

理情治療法對諮商關係的重視與個人中心治療法不同。對理情治療法而言，因為當事人的問題起因於當事人的非理性想法，與無條件積極關愛的環境無關，所以和諧的諮商關係雖重要，但並非首要。在理情治療法中，諮商員必須主動、冷靜、客觀，以教導的方式，協助當事人以理性的態度認識自己、找出問題的主因（李選，民77）。這種諮商員的角色與個人中心治療法的諮商員角色大異其趣。

協助當事人以理性想法取代非理性想法的方法是質詢、反問、駁斥、暗示、教導與挑戰當事人非理性想法。一些比較溫和的方式，例如，讀書心得交換、自由交談、實際狀況模擬、獨自靜思（李選，民77），也被用來協助當事人學習理性的想法。

由於諮商員協助當事人修正非理性想法的方法較具挑戰性，使得諮商關係常常面對挑戰。此外，諮商關係的建立，不是只有依靠諮商員而已，

諮商員與當事人都扮演著積極的角色，在積極互動之下，諮商關係一再面臨考驗。

3.行為治療法

(1)理論架構

行為學派主要是以古典制約學習（Classical Conditioning）與工具制約學習（Operant Conditioning）為基礎，強調行為是經由觀察、模仿、學習與增強所習得。當事人的問題來自於不良的學習過程，因此，修正行為的方法也是透過學習歷程。

依據古典制約學習與工具制約學習原則所設計的改變行為的技巧包括有系統減敏感法（Systematic Desensitization）、自我肯定訓練（Assertive Training）、嫌惡治療法（Aversion Therapy），以及行為改變技術（Behavior Modification）等。這些改變行為的技巧，直接從當事人行為著手，不涉及當事人的情感或思考過程。

(2)諮商關係

行為治療法認為當事人的問題與學習歷程有關，與諮商關係無關，所以對諮商關係的重視不像個人中心治療法那樣。但是，由於諮商員必須是當事人的模範與教師，如果他不能獲得當事人的信任，則不可能有諮商效果產生，因此諮商員與當事人也須有良好的諮商關係。

綜合以上三個諮商學派的特點，不同的學派有不同的理論架構、諮商關係與治療技巧。依據諮商倫理守則的規定，諮商的進行必須獲得當事人的同意，諮商中進行的活動也須得到當事人的允許，所以諮商員在諮商之初，就須告訴當事人諮商過程涉及的要素，讓當事人依據自己的狀況，決定是否接受諮商。

二、諮商環境

諮商環境是諮商員用來協助當事人的地方，諮商環境的狀況，對諮商效果有決定性的影響。良好的諮商環境必須能夠讓當事人覺得安全、舒服

與放鬆。

諮商的房間，必須保障當事人的隱私。有些學校將諮商室的房門改用玻璃門，或是將諮商室的上半部採玻璃建築，讓諮商員與當事人的諮商狀況一覽無遺。這種作法不但違反諮商保密倫理，而且讓諮商員與當事人顧此失彼，無法專心投入。

諮商室所處地方必須清靜，外在的聲音不會干擾諮商室內的會談。流通的空氣與充足的光線，讓當事人能夠心神穩定，集中思緒。

諮商室內，諮商員與當事人的桌椅擺設，必須讓當事人溝通容易、地位平等、感覺舒適與放鬆。室內設備不宜過多、過雜，以免干擾當事人的注意力。至於其他設備，由於諮商員個人的風格，以及不同治療學派的特殊需要，所需要的設備可能不同。

三、相關程序

諮商相關程序指的是當事人來求助時，對於諮商的進行會有一些疑問與期待，諮商機構應該以書面資料的方式，提供給當事人相關的訊息。Hutchins 與 Vaught（1997, p.53）以及 Weinrach（1989, p.299）曾列幾個當事人可能有的問題，包括有：

1. 每一次諮商間隔的時間多久？
2. 在諮商時間外，如果當事人覺得需要與諮商員會談時，要如何聯絡？
3. 如果當事人忘了來諮商，要怎麼樣？
4. 諮商內容會如何被保密？
5. 在危急的情況下，當事人該如何是好？
6. 什麼時候結束諮商？
7. 諮商費用多少？如何付費？
8. 需要多久當事人才可以獲得保險公司的償還？

在一些諮商機構，可能需要簽訂合約，以保障當事人的權益。

除了以上的問題外，一般學校內所提供的相關資料，舉例說明如下：

（××××學校）個別諮商同意書

　　凡至本單位接受個別諮商之學生與學校同仁，均需遵守下列之規定：

1. 本單位對本校學生與學校同仁之諮商服務不收取任何費用。
2. 每次諮商為五十分鐘，每週以一次為原則，有特殊情況時得加以調整。
3. 因故不能前來諮商者，請於諮商前十二小時以電話或親自來本單位取消。
4. 當事人有權接受或拒絕諮商，有權決定是否參與諮商過程中的活動。
5. 當事人有權獲知諮商員的訓練背景、學經歷，以決定是否接受諮商。
6. 由於本單位亦為訓練機構，在必要的情況下可能會錄音或錄影。但是，進行錄音或錄影之前，必會先徵求當事人同意，當事人有權拒絕或接受。
7. 當事人的諮商資料會被保密，只有在當事人的書面同意之下，才會向必要對象公開。惟下列情況除外：(1)危及當事人或他人，(2)涉及法律問題，(3)當事人放棄隱私權。
8. 當事人只能與一位諮商員諮商，若要尋求其他諮商員的諮商，必須先與目前的諮商員終結諮商，結束與目前諮商員的諮商關係。
9. 當事人在緊急的狀況下，請打本單位的專用電話，由本單位聯絡諮商員處理。
10. 若對以上內容完全了解，並且同意接受諮商，請填寫你的姓名，諮商員姓名與日期。

　當事人姓名：

　諮商員姓名：

　日期：

第三節　結構化技術的適用時機與注意事項

一、結構化技術適用時機

　　結構化技術適用於諮商任何時期。在諮商開始時，諮商員向當事人說明從諮商開始到結束的要素。有時候諮商過程中，諮商員進行一項活動之前，有必要向當事人說明活動進行的方式，當事人在活動中的角色，好讓當事人決定是否參與。因此，在諮商的任何時期，都可能使用結構化技術。

二、注意事項

　　諮商機構或學校的諮商單位應該將當事人的權利與義務列在書面資料上，以協助當事人明白自己的角色、責任與權利。

第四節　結構化技術的功能

　　結構化技術的功能有：
　　1.減少當事人的疑惑與不切實際的期望。
　　2.協助當事人了解諮商過程，減少當事人的焦慮。
　　3.協助當事人作準備，以利諮商的進行。
　　各項功能詳細說明如下：

一、減少當事人的疑惑與不切實際的期望

　　當事人求助時，往往有幾項不切實際的期望：

㈠當事人誤以為，諮商員是個萬能的人，有能力幫助他解決任何問題。

㈡當事人誤以為，自己只須等待諮商員的建議。

㈢當事人誤以為，他的問題可以很快獲得解決。

㈣當事人誤以為，諮商過程就是聽諮商員分析，找出他問題的原因。

如果諮商員未能在諮商一開始時，協助當事人了解自己與諮商員的角色與責任，當事人必會因為不了解或誤解諮商而阻礙諮商的進行。所以，結構化技術可以澄清諮商員與當事人的角色與責任，減少當事人的疑惑與不切實際的期望，使得諮商的進行順暢。

❦案例一 ────────────────────

當事人二十三歲，大四學生，男性，因為不知該先參加實習，取得合格教師資格，或先當兵。當事人神色黯然地進入諮商室。

諮商員 1：（非常親切地）請到這邊坐。（當事人坐下後）看起來好像發生了一些事情，讓你很苦惱（情感反映技術）。告訴我發生什麼事（具體化技術）。

當事人 1：我很煩，已經好幾天無法入睡了。我今年修畢教育學程課程。依照規定，可以選擇先參加教育實習，或是先當兵。為了修習教育學程，我在大學已經唸了五年，覺得非常累，所以原本想先當兵，改變一下生活方式。可是，我的同學都要先實習，他們認為先拿到合格教師證，當完兵，就可以立刻就業。經他們這樣一講，我就開始動搖原本的決定。另一方面，我真的覺得好累，好想改變生活，而且聽說實習生很可憐，不但實習費少，在實習學校也沒有地位。這幾天，被這個問題煩死了。我問我父母，我父母說讓我自己做決定，想怎樣做就去做，因為他們也不懂這個。他們這樣說，讓我更慌亂。

諮商員 2：你覺得好茫然，不知道該如何選擇。（情感反映技術）

當事人 2：我的確很茫然，我希望我能知道自己該如何做。做了決定後，就不要心神不定，坐這山望那山。這種感覺好痛苦。

諮商員 3：我曾處理過許多類似的問題，就是夾在兩個或多個決定中，不知

如何是好。依據我的經驗，在諮商過程中，有幾點要項對解決你的問題，非常重要，(1)在諮商過程中，如果你有任何的想法與情緒出現，請讓我知道，因為這些想法與情緒，可能跟你的問題有關；(2)在諮商過程中，我可能會要你做一些活動，例如跟想像中的人對話，或使用角色扮演技術，讓你扮演跟你問題有關的人物；(3)在諮商中學到的新知識或新技巧，希望你能用在實際生活上，所以，如果有必要，我會給你一些家庭作業。我想知道你對我提各點有任何的意見或疑問？（結構化技術）

當事人3：我以為諮商是我告訴你問題，然後你就給我解答或建議。

諮商員4：聽到我這樣說，你可能有些失望，諮商似乎不是你所想的那樣。不過，如果你願意的話，我很願意跟你一起探討你的問題。（立即性技術，請參閱第十四章有關立即性技術的說明）

當事人4：既然來了，那就試試看吧。

　　透過結構化技術，諮商員得以修正當事人不正確的期待與疑惑，並且讓當事人清楚自己在諮商中的角色。

🍎 案例二

　　當事人三十多歲，公務員，男性，因為女朋友變心來求助。

諮商員1：我已經看過你填的資料，你的問題似乎是跟感情有關。再多告訴我這方面的事，讓我更清楚你的問題。（具體化技術）

當事人1：我今天來是想讓你知道我的事情，好替我拿個主意。

諮商員2：聽起來，好像你認為，只要讓我知道你的問題，我就可以幫助你解決問題。（立即性技術）

當事人2：沒錯。因為你是感情方面的專家，可以幫我找出問題的原因，告訴我該怎麼做。

諮商員3：我的確受過這方面的訓練，也處理過不少感情的問題。不過，我的責任不是給你意見，而是幫助你深入探討你的問題。當你對你的問題有更清楚的了解，你就知道如何解決問題。

在諮商過程中，你不是被動地聽我分析你的問題，而是主動地讓我知道你的想法、感覺，因為這些都是解決你問題的重要線索。有時候為了深入探討你的問題，除了透過你對問題的敘述外，我可能要你做一些活動，用不同的方法探討你的問題。有時候，為了讓你將在這裏學到的東西能夠用在實際生活上，我會給你一些家庭作業。不知道你聽我這麼說，有什麼想法？（結構化技術）

當事人3：這麼說來，我可能需多花一些時間在這些問題上，可是，我希望能馬上解決我的問題。

諮商員4：聽我這麼說，你覺得好失望，而且更著急。（立即性技術）

當事人4：沒錯。我以為你可以給我答案，就這麼簡單。

諮商員5：為了真正幫助你，我還是會堅持依照諮商的方法來做。如果你願意的話，我很樂意協助你探討你的問題。（立即性技術）

當事人5：也只好如此了。

透過結構化技術，諮商員得以修正當事人不正確的期待與疑惑，並且讓當事人更清楚自己的角色。

二、協助當事人了解諮商過程，以減少當事人的焦慮

初次來諮商的當事人，通常不清楚諮商過程，所以往往帶著焦慮進入諮商。諮商員對當事人說明諮商過程，可以降低當事人的焦慮。

🦋案例一

當事二十歲，大一學生，男性，因在打工場所跟同事有一些衝突而求助。

諮商員1：你填寫的資料上說你的問題是跟同事有些衝突，問題的詳細情形是怎樣？（具體化技術）

當事人1：我在打工時出了一些問題。

諮商員₂：告訴我你在打工時出了什麼問題？（具體化技術）

當事人₂：主要的問題是我的主管不知為什麼無法接受我。在我告訴你詳細的情況之前，我想先知道，你會怎麼樣處理我的問題。

諮商員₃：我不太懂你的意思，不過我感覺你好像對我的處理方法不太放心。（立即性技術）

當事人₃：我對諮商不是很清楚，只是因為我的朋友建議我來找你，所以我就來了。但是，我有些擔心，因為我不知道該做些什麼，難道我們兩個人只要坐在這裏談，我的問題就可以解決了，還是你會幫我去找我的主管談。如果你會找我的主管談，那麼我寧願不談，因為我的主管可能會因為這樣而更討厭我。還有，我們需要談多久，才可以解決我的問題？

諮商員₄：你感覺很疑惑，也急著想知道，到底諮商過程中你需要做那些事，到底要諮商幾次才能解決你的問題。此外，你擔心我可能做一些你不喜歡的事。（立即性技術）

當事人₄：不錯，我擔心的就是這些。

諮商員₅：在諮商過程中，我需要你將出現的想法或是感覺告訴我。為了讓比較深層的經驗出現，我可能要你做一些活動，例如讓你扮演你自己跟你的主管，並且讓兩人對話。有時候，我可能會運用一些道具，讓你抒解情緒。有時候我可能會給你家庭作業，請你記錄你跟主管接觸過程的感覺跟想法，然後將記錄帶到諮商室討論。至於你的問題要幾次才能解決，我現在無法給你答案，因為我還未了解你的問題。根據我過去的經驗，通常需要十週。但是，如果你想要更深入探討你的問題的話，時間可能需要更長。看起來你的問題好像是人際上的問題，但是尚未探討，所以我不能確定是否只是單純的人際問題而已。不知道你對我的說明，有沒有任何問題？（結構化技術）

當事人₅：經你這樣解釋，我比較能了解自己在諮商過程中該做什麼事，對自己的問題有個正確的預期，也比較不緊張。……。

諮商員的結構化技術讓當事人了解諮商過程中可能發生的事，以及兩人在諮商中的角色，因此降低了當事人的焦慮。

♥案例二 _____

當事人二十三歲，大四學生，男性。當事人在安親班當老師，因為學生頑皮搗蛋，不寫作業，他不知如何處理，因而懷疑自己的能力不夠。當事人垂頭喪氣地坐下來。

諮商員1：似乎碰到很棘手的問題。（情感反映技術）

當事人1：我是大四的學生，白天在學校上課，晚上到安親班當老師。管教的學生從小學一年級到六年級都有。因為年級不一樣，管教起來也特別難。說實在的，也覺得很灰心。有些學生在安親班不寫作業，家長一直打電話來抱怨。有些學生告訴家長說安親班太吵，無法寫作業或看書，所以家長也打電話來抱怨。我發現自己連教室管理的能力都沒有。我很苦惱，決定來找你，或許你可以告訴我一些管教這群學生的方法。

諮商員2：你希望我直接告訴你管教學生的方法。（立即性技術）

當事人2：就是這樣。我希望你給我一些管教學生的方法，讓我回去試一試。如果真的不行，那我乾脆辭去這份工作算了，或許我真的不適合當老師。

諮商員3：如果你今天來找我，是要我告訴你一些管教學生的方法，我可能會讓你失望（立即性技術）。諮商的目的不是由我告訴你該如何解決你的問題，而是協助你抒解情緒，探索你自己，找出問題的原因，讓類似的問題以後不再發生（結構化技術）。

當事人3：我的確有許多情緒壓在心裏，讓我覺得很不舒服。不過，經你這麼一說，我有些緊張，我不知道為何要探索我自己。

諮商員4：人處理情緒的方式，往往跟他的生長環境有關，所以在諮商過程中，我會協助你深入探討你的家庭，以及你跟家人的互動過程。從這個過程中，你會發現，你如何詮釋這些學生的反應，這種詮釋引發你那些情緒，以及為何你會使用某種方式來處理自己的情

　　緒與問題。（結構化技術）

當事人4：沒想到，這裏面還有這些學問，原來處理問題並不是我所想得那
　　　　　樣簡單。

諮商員5：似乎有些訝異。（情感反映技術）

當事人5：是呀！我看，那就開始吧。

　　透過結構化技術，當事人了解諮商過程過程中可能發生的事，以及在諮商過程中的角色，所以對諮商的焦慮就降低。

三、協助當事人作準備，以利諮商的進行

　　諮商機構所提供的資料，說明了每一次諮商間隔的時間、諮商內容的保密、諮商的費用、緊急時的聯絡方式等相關問題，這些資料告訴當事人諮商的基本事宜，可以協助當事人做好準備，進行諮商。

第五節　結構化技術練習

　　技術練習分為兩部份，第一部份用來複習前幾節所提的重點，並且熟練結構化技術。第二部份為實務練習，由學習者扮演諮商員對當事人進行諮商。

一、複習與練習：選出諮商員適當的回應

　　在第一部份的練習中，學習者須先閱讀當事人的敘述，然後從三個諮商員的回應中選出適當的一個。學習者選出答案後，請閱讀後面的說明，了解每一個回應之適當或不適當的原因。

5.1.1　結構化技術是指諮商員在諮商一開始，對當事人說明與界定從諮商

　　開始到結束之間所涉及的要素，包括有理論架構、諮商關係、諮商
環境與諮商的相關程序。以下請使用結構化技術回應當事人的技
術：

當事人②：林先生，不知你結婚了沒有？
諮商員②：聽起來你的問題似乎跟婚姻有關？（探問技術，封閉式問題）
當事人②：你猜對了。我不知道這是不是我的偏見，我覺得結過婚的人，
　　　　　比較能了解我的問題。

5.1.2　諮商員₁：我是未婚，這或許是缺點，不過凡事總要試試看，或許
　　　　　　　　會有出乎意料的效果。雖然你可能會因此多花些時間與
　　　　　　　　金錢，不過或許不會。反正人生就是一場冒險遊戲，試
　　　　　　　　試看才知道結果。

　　諮商員不願意承認自己經驗上的不足，卻試圖用一些藉口來防衛，這
種作法只會讓當事人更加恐慌與疑惑。

5.1.3　諮商員₂：你希望我已婚，否則你擔心我無法幫助你（立即性技
　　　　　　　　術）。我的訓練與專長就是婚姻問題，我在研究所專攻
　　　　　　　　的領域是家庭與婚姻，而且曾受過兩年的婚姻治療訓
　　　　　　　　練。在我處理的個案中，大部份的問題跟婚姻有關。雖
　　　　　　　　然你還沒有仔細告訴我你的問題，不過我願意試試看。

　　正確。諮商員使用結構化技術，說明自己的專業背景以及過去的經
歷，來釋懷當事人的疑慮。

5.1.4　諮商員₃：我是未婚，可是也就是因為我未婚，沒有過去經驗的污
　　　　　　　　染，所以比較能夠客觀。我的未婚，不僅對你的問題不
　　　　　　　　會有不良的影響，而且處理你的問題時，比較能客觀。

諮商員沒有使用結構化技術。諮商員不願承認自己經驗上的不足,而且試圖防衛掩飾。

5.2.1 以下請使用結構化技術回應當事人的敘述:

當事人①:以前我有問題的時候,都自己解決。這一次的問題讓我心力交瘁,江郎才盡,所以才來向你求救。我沒有諮商的經驗,不知道會發生什麼事,說實在,有點怕怕的,不知道你會對我怎樣?

諮商員①:這一次因為問題棘手,只得找我幫忙,可是對於諮商一無所知,所以有些擔心。(簡述語意技術)

當事人②:就如你所說的,我有些擔心。

5.2.2 諮商員1:或許我把諮商的過程告訴你後,對你的擔心會有些幫助。基本上,你要先把你的問題告訴我,我會仔細聆聽,並且幫助你深入探討問題。我的專長是處理你的思考與想法,所以我會幫助你看看你的問題跟那些想法有關,也就是說因為你的想法不合理,所以才引起你的問題。接著,協助你修正你的想法,來解決你的問題。當你的想法被修正後,你的問題就可以獲得改善。為了達成以上的目標,有時候我會請你閱讀一些相關的資料,或記錄你日常生活的某些行為,或是給你家庭作業,或是實際狀況的模擬,然後在諮商時,討論你的閱讀感想、記錄結果或是家庭作業。當你的問題獲得改善時,諮商就可以結束。不知道我這麼說,你是否清楚?

正確。諮商員使用結構化技術,說明諮商的架構與過程,以減輕當事人的恐懼。

5.2.3　諮商員₂：其實諮商沒有什麼好怕的，當然，告訴陌生人你內在的
　　　　　　　　秘密的確會有些難堪，可是，為了解決你的問題，你就
　　　　　　　　必須如此做。一開始總會有些困難，一、二次後就不再
　　　　　　　　會有這種害怕的感覺。

　　諮商員沒有使用結構化技術，只是試圖安慰與鼓勵當事人。

5.2.4　諮商員₃：這種害怕的心理，其實是一種逃避，也就是不願意面對
　　　　　　　　問題的藉口。如果你能鼓起勇氣，就能突破害怕的心
　　　　　　　　理，否則一味的逃避，問題仍舊解決不了。

　　諮商員沒有使用結構化技術，只是試圖分析當事人的行為，因此對當
事人的焦慮沒有幫助。

5.3.1　以下請使用結構化技術回應當事人的敘述：

當事人①：其實要我將問題全部說出來，我會有些困難，也就這樣，我
　　　　　　可能會有所保留。
諮商員①：讓你困難的原因是什麼？（具體化技術）
當事人②：在合約書上寫著「在以下的情形下，諮商的內容會透露給相關
　　　　　　人員知道。」
諮商員②：你擔心我會洩漏你的秘密。（立即性技術）
當事人③：（點點頭）這正是我擔心的事。因為我目前有個衝動，很想跟
　　　　　　那個第三者同歸於盡。如果你會透露訊息給第三者知道的話，那
　　　　　　我豈不是前功盡棄，而且還可能吃上官司。

5.3.2　諮商員₁：聽起來你遇到了很傷痛的事情，我很高興你讓我知道你
　　　　　　　　的想法（立即性技術）。我想告訴你，自殺是最傻的行
　　　　　　　　為。如果第三者仍然存活，而你卻不幸死亡，那你就成

就對方跟你太太。如果第三者死亡，而你仍然存活，你就需要負法律責任。契約書上的確寫著我們需要告知相關人員，不過我們的用意是保護你。

諮商員並沒有使用結構化技術，只是分析當事人的問題，因此對當事人的問題沒有幫助。

5.3.3　諮商員2：聽起來你遇到了很傷痛的事情，我很高興你讓我知道你的想法（立即性技術）。契約書上之所以這樣寫，是因為法律的權力，高於任何人。在法律的要求下，我們就無法保障你的隱私權，否則我們就必須負法律責任。

諮商員沒有使用結構化技術，只是一味地解釋試圖保護自己，完全沒有顧慮到當事人的權利與感受。

5.3.4　諮商員3：聽起來你遇到了傷痛的事情，我很高興你讓我知道你的想法（立即性技術）。雖然在合約上有這項要點，而你目前的狀況似乎合乎這項要點，但是我會先評估你的狀況後，再作決定。諮商開始後，你的情況可能會有所改善，問題的傷害性降低後，或許你的想法會有所改變。即使你仍然堅持你的決定，為了保護你與相關人員的生命安全，我仍然會知會他們，不過這些被知會的人，並不會知道我們諮商的內容。

正確。諮商員使用結構化技術，說明如何處理當事人的疑惑，並且表明遵守諮商限制的必要性。

二、實務演練

㈠練習一

請使用結構化技術，回應以下當事人的敘述：

1.當事人：這間諮商室看起來很舒服，不過我不知道在這裏談話到底安不安全，外面的人會不會聽得見我們裏面的談話。還有，我很想放聲大哭，可是我不知道外面是否會聽得到。我實在很不放心。

諮商員：

2.當事人：在我接受諮商後，我不知道我們兩人到底是什麼關係。我應該視你為老師或是朋友。還有，我可不可以要你家的電話，如果我有問題，或是想到什麼，我就可以打電話給你。

諮商員：

3.當事人：我對諮商不是很清楚，似乎不是我們兩人坐在這裏談那麼簡單，不知道我的看法對不對。還有，我想知道，你到底能幫我什麼，應該不只是給我建議吧，這些我已經聽夠多了。

諮商員：

4.當事人：我們每次只談五十分鐘，我想知道我們大概要談多久，我的問題才可以解決。

諮商員：

5.當事人：我想知道你以前碰到像我這類型問題時，你都如何處理，

　　　　效果如何？

　諮商員：

㈡練習二

1. 兩人一組，一人扮演諮商員，另一人扮演當事人，準備一台錄音機，諮商員對當事人諮商時，請使用結構化技術與前幾章所學的技術，並且全程錄音。二十五分鐘後，兩人聽錄音過程，討論諮商員的結構化技術是否正確。
2. 角色互換，重複以上步驟。

第十章

沈默技術

本章摘要

第一節　沈默（silence）技術的定義

　　沈默技術是指諮商過程中，因為某些因素，當事人無法接續所談的內容而沈默下來。諮商員因為知道某些重要的訊息正在當事人的內心運轉，而允許當事人沈默，讓談話暫時停頓，並且在當事人沈默之後，詢問當事人沈默時發生的事。

第二節　沈默技術內容說明

　　當事人的沈默，可能有幾種原因造成，第一，當事人未完全信任諮商員，唯恐坦誠的表白會換來諮商員的恥笑或批評，因此猶豫不決，沈默不語。第二，當事人正在整理他的思緒，需要一段時間才能理出頭緒。第三，諮商員的問題，當事人從未思慮過，因為不知如何回答，所以不知不覺沈默下來。

　　不管是那一種情形，諮商員必須允許當事人有沈默的時刻，耐心等待當事人開口。如果一段時候之後當事人仍然沈默不語，諮商員就可使用以下的敘述：「我們剛剛有一段時間的沈默，不知道在這段沈默的時間裏，你想些什麼？」。

第三節　沈默技術的適用時機與注意事項

　　沈默技術可以使用在諮商的任何時刻、任何階段。只要當事人出現沈默反應，諮商員就可以使用沈默技術。至於需要給予當事人多少沈默時間，則因情況而異。當事人沈默時，諮商員仍須仔細觀察當事人非語言行為的變化。

第四節　沈默技術的功能

一、諮商員有機會掌握當事人未表達的重要訊息。
二、給當事人足夠的時間整理思緒。

第一節　沈默技術的定義

　　沈默技術是指諮商過程中，因為某些因素，當事人無法接續所談的內容而沈默了下來。諮商員因為知道某些重要的訊息正在當事人的內心運轉，而允許當事人沈默，讓談話暫時停頓，並且在當事人沈默之後，詢問當事人沈默時發生的事。

　　在沈默時刻，雖然諮商員與當事人的外在互動暫時停下，可是就心理層面而言，諮商的進行並未中斷，只是在沈默中進行。諮商員此時正仔細觀察當事人非語言行為的變化，並且等待當事人開口表白。當事人此時已完全沈溺在自己的內在世界中，或許正思索著是否將令人難堪的經驗坦誠說出，或是正抽絲剝繭地查閱細細瑣瑣的經驗，埋頭苦思地想要理出頭緒。由於諮商員允許當事人沈默，使得沈默後所接續的談話內容更能反映當事人問題的重點。舉例說明如下：

❦案例一

當事人₁：昨天我很生氣地罵了我媽媽一些話，她聽了我罵的話後就很傷心地離開。

諮商員₁：你罵了媽媽那些話？（具體化技術）

當事人₂：我……我……（沈默約三十秒鐘）。

諮商員₂：剛剛我問了你，你罵了媽媽那些話，你欲言又止，然後沈默不語，不知道在那段沈默的時間裏，你想些什麼？（沈默技術）

❦案例二

當事人：我想知道我到底正不正常，我是說那一方面，是……是……（支吾其詞，沈默約二十秒）。

諮商員：剛剛妳提到妳想知道自己到底正不正常時，突然沈默了下來，不知道在那段沈默的時間裏，妳想些什麼？（沈默技術）

案例三

當事人1：「威而剛」這東西真是男人的救星，如果沒有這個東西，不知道有多少男人沒有面子。

諮商員1：妳提到的「男人」，是指誰？（具體化技術）

當事人2：這……這……（右手撥弄頭髮，面帶微笑，沈默不語）

諮商員2：剛剛妳欲言又止，然後沈默不語，不知道在沈默的時間裏，妳想些什麼？（沈默技術）

第二節　沈默技術內容說明

當事人的沈默，可能有幾種原因造成，第一，當事人未完全信任諮商員，唯恐坦誠的表白會帶來諮商員的恥笑或批評，因此猶豫不決，沈默不語。

在這種情況下，如果諮商員按捺不住，催促當事人實言相告。當事人受到逼迫，厭惡感霍然而起，就會讓防衛的外殼更加嚴密。

有些諮商員忍不住沈默引起的尷尬，於是急促地丟給當事人一個問題，希望藉著當事人的回應，解除沈默的僵局。當事人正處於說與不說的猶豫，諮商員丟出的問題，正給自己有利的藉口，讓徘徊在嘴邊的話語，再次壓抑下去，並且藉著回答諮商員救急的問題，將諮商員的注意力轉移。諮商員隨意的一個問題，雖然讓彼此都能喘了口氣，但是，也丟失了解決問題的先機。

正確的作法是諮商員允許當事人沈默，在一段時間後，如果當事人仍然沈默不語，諮商員可以使用以下敘述，接續中斷的談話主題：「我們剛剛有一段時間的沈默，不知道在這段沈默的時間裏，你想些什麼？」這樣一問，當事人只好放下猶豫的心思，據實以告。

第二，當事人正在整理他的思緒，需要一段時間才能理出頭緒。這時候，諮商員必須耐心等待。如果諮商員迫不及待，當事人也就只好胡亂丟

擷零碎的訊息，滿足諮商員的急迫需要。

　　第三，諮商員的問題，當事人從未思慮過，因為不知如何回答，所以不知不覺沈默下來。就像以上兩種情況一樣，諮商員仍須耐心等待。

　　從當事人沈默的動作，實在難以判斷當事人沈默的真正原因，不過有一個基本的處理規則，就是允許當事人沈默，耐心等待當事人開口。如果一段時間之後當事人仍然沈默不語，就套用以上的話：「我們剛剛有一段時間的沈默，不知道在這段沈默的時間裏，你想些什麼？」。

　　總而言之，當事人的沈默有其背後的意義，諮商員應當沈著應戰，給予當事人充分的沈默時間，然後以適當的問題，詢問當事人沈默時候內心的所思與所感。

第三節　沈默技術的適用時機與注意事項

一、沈默技術適用時機

　　沈默技術可以使用在諮商的任何時刻、任何階段。只要當事人出現沈默反應，諮商員就可以使用沈默技術。

二、注意事項

㈠當事人在沈默多少時間後，諮商員才能介入，這個問題沒有固定的答案，必須依當時的狀況而定。

㈡當事人沈默時，諮商員須仔細觀察當事人非語言行為的變化。

㈢新手的諮商員，面對當事人的沈默常會手足無措，不知如何是好。於是在慌亂中，就會隨意丟給當事人問題，這種作法會將談話導引到無關的主題上。

第四節　沈默技術的功能

　　沈默技術具有以下的功能：
　1.讓諮商員有機會掌握當事人未表達的重要訊息。
　2.給當事人足夠的時間整理思緒。

　　各項功能詳述如下：

一、讓諮商員有機會掌握當事人未表達的重要訊息

　　誠如以上所言，當事人的沈默有其意義，如果諮商員給了當事人沈默的時間，當事人在沈默之時，雖然無言以對，可是在沈默之後，卻可能帶來重要的契機。

　　諮商顯不出效果的原因之一，就是諮商員無法深入當事人的內在世界，追溯盤根錯節的源流始末，協助當事人跳脫執迷與固著。如果當事人沈默的時間被剝奪，諮商的進行就可能在不同的主題跳躍盤旋，無法撥開旁枝末節，直入咽喉要塞，探索原委始末。

❦案例一

　　當事人二十七歲，女性，秘書。當事人跟男朋友在一起多時，可是男朋友無意跟她結婚。她雖知這段感情終究不會有結果，可是無法離開男朋友。

當事人₁：我跟他在一起已經三年了，我們算是一見鍾情，第一次見面彼此就有好感。一開始，我們的關係進展快速，認識兩個月，就決定廝守終身。當時計畫一年後結婚。可是，沒想到半年之後，他對我的熱情降低，結婚的事一拖再拖。我曾追問他，問他什麼時候娶我，他都避而不談。看他這個樣子，我懷疑有第三者介入。不

過，我不想去追查什麼。如果我這樣做，對我們的關係有害無利，而且給他藉口。

諮商員 1：他不想實現過去的誓言，妳懷疑有第三者介入，因為不想給他分手的藉口，所以不敢問清楚，妳覺得好無奈。（初層次同理心技術）

當事人 2：沒錯，我很無奈。我已經無法掌控這段感情，可是卻又離不開他。真不知道該怎麼辦？

諮商員 2：感覺一片茫然。（情感反映技術）

當事人 3：（哭泣）如果他不喜歡我，應該對我直說。他覺得愧對我，可是又不想負責任，所以才不願意主動提出分手。

諮商員 3：妳認為他覺得愧對妳，卻又不想負責任。他對妳的愧疚與責任是什麼，多告訴我一些。（具體化技術）

當事人 4：那是……（沈默，頭低下，眼睛望地下，約四十秒鐘）。

諮商員 4：剛剛妳欲言又止，似乎很難啟口，然後沈默了下來。告訴我，在沈默的時候，妳想些什麼？（沈默技術）

當事人 5：是……是……。

諮商員 5：似乎有些說不出口。（情感反映技術）

當事人 6：是……我擔心你會瞧不起我。

諮商員 6：妳擔心我會瞧不起你。（覆述技術）

當事人 7：沒錯。你……你會認為我不是好女人。

諮商員 7：雖然妳的男朋友對妳有些愧疚與責任，不過，似乎妳對自己也有些自責。（高層次同理心技術）

當事人 8：（哭泣，沈默，約兩分鐘）

諮商員 8：要把這些事情說出來似乎需要一些勇氣。告訴我，剛剛妳想說什麼？（沈默技術）

當事人 9：我明知道他對我已經沒有感情，可是每一次他有性要求時，我卻不想拒絕他，其實……其實我也想要。可是，我已經拿掉三個小孩，我不應該那樣做，我應該拒絕，我應該拒絕（大聲哭泣）。

諮商員 9：妳愧疚自己有性需要，也責備自己沒有拒絕他。（情感反映技

術）

當事人 10：雖然他對我有愧疚，可是我也痛恨自己，痛恨自己的需要。

諮商員 10：似乎⋯⋯。

　　諮商員允許當事人沈默，所以讓當事人有機會表達重要的訊息。

🍎案例二

　　當事人三十歲，科長，男性。因為夫妻關係不合而求助。

當事人 1：我是個新好男人。我工作努力，有責任感，沒有一般男人的惡習，常常分擔家事。下班後我按時回家，除非公司業務忙需要加班。或許我的薪水不能令太太滿意，可是也讓她不愁吃、不愁穿。現在經濟狀況那麼差，有多少人減薪、失業。我不但沒有受到影響，而且還升職、加薪。跟別人比起來，我的狀況好太多了，不過，我真不明白，不明白我太太為什麼還不滿意，一天到晚嫌東嫌西的。

諮商員 1：你的收入、對太太的體貼，都勝過一般男人，可是你太太還是不滿意，你覺得有點沮喪。（初層次同理心技術）

當事人 2：是啊！我真搞不懂女人。這種無憂無慮的生活，她還不滿足，真不知道該怎麼辦？

諮商員 2：你太太的不知足讓你覺得很無奈。（情感反映技術）

當事人 3：就是啊！給她這種生活她還嫌不足，她真應該看看四周圍的鄰居，那一家不是唉聲嘆氣的。

諮商員 3：她身在福中不知福，還嫌不足（簡述語意技術）。告訴我，她嫌不足的是什麼（具體化技術）？

當事人 4：她⋯⋯她認為我們夫妻的生活不夠美滿。

諮商員 4：你們夫妻生活不夠美滿。（覆述技術）

當事人 5：我⋯⋯我不認為這樣。

諮商員 5：似乎你們的看法不一樣，告訴我，她認為你們夫妻那些方面不美滿。（具體化技術）

當事人₆：這……這……（約沈默四十秒）這怎麼說呢？

諮商員₆：似乎很難開口。（情感反映技術）

當事人₇：我……我……（沈默，搖頭，眼睛往下看，約一分鐘）。

諮商員₇：剛剛我問你，你太太認為你們夫妻之間那些方面不美滿，你突然沈默下來。告訴我在那段沈默的時間裏，你想些什麼？（沈默技術）

當事人₈：這件事說起來也真丟臉，我們夫妻結婚十年，因為我沒有生育能力，至今仍然沒有孩子，我太太對這件事耿耿於懷。我曾建議收養孩子，可是她希望自己生育。因為生育能力隨著年齡增長而降低，所以，她對我就愈來愈沒有耐性。沒有生育能力又不是我的錯，誰不希望自己生小孩。

諮商員₈：聽起來……。

　　諮商員允許當事人沈默，所以讓當事人有機會表達重要的訊息。

二、給當事人足夠的時間整理思緒

　　有時候諮商員的問題，讓當事人啞口無言，因為當事人需要時間整理、歸納，才能給諮商員滿意的答案。如果諮商員耐心等待，當事人就有機會將零碎的訊息串連，為無意義的想法重新註解，讓峰迴路轉的驚人發現凸顯。

　　如果諮商員心浮氣躁，無法耐心等待，在逼迫下，當事人只得放棄原先絞盡腦汁的努力，匆忙地隨意應付。於是，諮商的內容，就會停留在斷簡殘編中，拼湊不出整體的模樣。

❦案例一

　　當事人五十六歲，男性，警衛。兒子叛逆，結交不良朋友，不聽勸誡，常跟當事人起衝突，並且離家出走。

當事人₁：如果早知他會如此對待自己的父母，我寧願不要。以前因為有了

兒子，覺得好驕傲。可是，這種忤逆兒子，不要也罷，讓我覺得
丟臉。

諮商員 1：兒子不長進，成為你的羞恥，覺得好痛心。（初層次同理心技
術）

當事人 2：（哽咽）為了這個兒子我跟老伴費盡苦心，我們一生省吃儉用，
就是希望他受好的教育，將來功成名就，做個有用的人。沒想到
我們的一片苦心，竟然被他糟蹋，他怎麼對得起我們呢？我們將
來能靠誰呢？

諮商員 2：他辜負了你的苦心，毀了你的希望，你覺得好悲傷。（初層次同
理心技術）

當事人 3：我將近六十了，我的老伴五十多，我們的心血都投資在兒子身
上，再過幾年我必須退休，真不知將來該怎麼辦。就算我跟老伴
將來不想依靠他，也希望他好好做人，不要成為社會的敗類。

諮商員 3：你擔心將來無所依靠，也擔心兒子成為社會敗類，可是卻不知道
如何改變他，覺得好無助。（初層次同理心技術）

當事人 4：對，我不知道該怎麼辦？我跟我兒子衝突的原因是我認為他現在
應該努力用功，不應該交女朋友，也不應該跟那些愛玩的朋友在
一起，這些朋友只會拖垮他的成績，對他的前途沒有幫助。我要
求的其實不多，也就只有這幾項。

諮商員 4：你要求他做到的事有三，第一，不要交女朋友。第二，不要跟愛
玩的朋友在一起。第三，努力用功讀書。（簡述語意技術）

當事人 5：沒錯就這三項。我對他說，他只要做到這三項，我會盡量滿足他
的要求。我這樣做都是為他好，而且這些要求並不過分。

諮商員 5：你覺得你對兒子的要求只是為他好，而且所要求的事情並不過
分。（簡述語意技術）

當事人 6：對，可是，我們每次的爭吵都是為了這些事。

諮商員 6：告訴我，你們是怎麼吵起來的？（具體化技術）

當事人 7：前一陣子學校寄成績單來，我發現我兒子竟然有好幾科不及格，
我非常生氣，想等他回來教訓他。結果，我從黃昏等到午夜，還

沒有看到他的人影，我猜想他可能跟那些狐群狗黨的朋友在一起。一想到這裏，我就按捺不住，於是，跑到外面等他，決定要好好教訓他。

諮商員 7：你急著要教訓兒子，可是他偏偏遲遲未歸。你認為他可能跟不良的朋友在一起，於是，決定到外面等他，打算好好教訓他。（簡述語意技術）

當事人 8：我等到午夜兩點鐘，才看到兒子跟那些朋友嘻嘻哈哈地走回來。我氣憤地跑到他面前，給了他一巴掌，還罵了一些話。他那些朋友見狀都嚇跑了。我兒子狠狠地瞪了我一眼，好像我是他仇人似地，然後衝進他的房間，重重地關了他的房門。第二天，我太太發現他已經離家出走了。我……我……（約沈默三十秒鐘）。

諮商員 8：你剛剛話沒說完就沈默了下來。不知道在沈默的時候，你想些什麼？（沈默技術）

當事人 9：我兒子那種仇恨的眼神，讓我想起以前我父親對我的管教，他動不動就揍我，記得當時我也非常痛恨他。或許我不該動手打我兒子，尤其在那麼多人面前，那該是多丟臉的事，我想我兒子也像當時我痛恨我父親一樣地痛恨我，我真不該動手打他。

諮商員 9：好像……。

諮商員給當事人足夠的時間沈默，讓當事人整理思緒，產生頓悟。

❤案例二

當事人三十五歲，商人，男性，因婚姻不和而求助。

當事人 1：我這樣拼命賺錢，還不是為了這個家，想讓家人過比較好的生活。我太太不應該這樣不諒解。我也不想孤身一人離鄉背井到大陸奮鬥，可是目前的經濟狀況這麼差，大陸那邊的機會比較多。我不替公司找出路，難道要讓公司倒閉？再說，我賺再多的錢，還不是大家一起享受。我真搞不懂她那種膚淺的見識。

諮商員 1：你認為你到大陸去，是為公司找生機，讓家人有更好的生活。可

　　　　　是，你太太似乎不同意你的看法，讓你好苦惱。（初層次同理心
　　　　　技術）

當事人2：沒錯，她一攪和，我真擔心公司會倒，到時候大家會一起餓肚
　　　　　子。

諮商員2：太太是如何攪和？多告訴我一些。（具體化技術）

當事人3：她不願我到大陸去做生意，因為她聽了一些朋友說她們的丈夫到
　　　　　大陸後就不安分跟一些大陸女孩胡搞，鬧得家庭不安寧或夫妻離
　　　　　婚，所以，她寧願我待在台灣，即使公司有危機她也不在乎。她
　　　　　這種自私的想法讓我很不高興，沒有一個男人不希望自己能飛黃
　　　　　騰達，有機會當然要試試看，這些婦人之見真會悶死英雄豪傑。

諮商員3：你太太因為一些朋友的事件而對你不信任，不同意你到大陸去，
　　　　　剝奪了你發展的機會，讓你很生氣。（初層次同理心技術）

當事人4：我的確感到生氣。我不願意一生平平凡凡，毫無成就。當然，做
　　　　　任何事一定會有風險，不只到大陸做生意有風險，即使留在台灣
　　　　　發展也有風險。她只擔心我會不會變心，只為她自己著想，根本
　　　　　不關心我的事業，不關心我的理想。

諮商員4：你不願當個凡夫俗子，可是你太太卻為了她自己的幸福，硬要埋
　　　　　沒你的事業與理想。（簡述語意技術）

當事人5：沒錯，她真是個自私的女人。我不想因為她的自私而犧牲自己的
　　　　　理想。我早就打算好，不管她怎麼反對，我一定要到大陸去。她
　　　　　是拿我沒辦法的。

諮商員5：你早就拿定主意，不管她怎麼反對，也奈何不了你。（簡述語意
　　　　　技術）

當事人6：對。不過……（頭低下，眼睛看遠方，約沈默三十秒）。

諮商員6：剛剛你話沒說完就沈默了下來，似乎有些事情發生，告訴我沈默
　　　　　的時候，你想到什麼？（沈默技術）

當事人7：剛剛你提到「不管她如何反對，她是奈何不了我」這句話讓我想
　　　　　起了很多事。

諮商員7：告訴我你想到什麼事？（具體化技術）

當事人 8：到大陸去會不會有更好的機會，其實，我不是很清楚，因為我也
看到很多失敗的例子。你剛剛說到「不管她如何反對，她是奈何
不了我」讓我想到我們的婚姻。我們的婚姻已經到了破裂的邊
緣，以前她很強勢，她的意見我只能接納，不能反對。可是自從
我們的婚姻出問題後，我就不在乎她的想法。或許到大陸去，只
是對她多年壓迫的一種反抗，或許，我真的也想到大陸做生意。
我真的有點糊塗了。

諮商員 8：聽起來……。

諮商員給當事人足夠時間的沈默，讓當事人整理思緒，產生頓悟。

第五節　沈默技術練習

技術練習分為兩部份，第一部份用來複習前幾節所提的重點，並且熟
練沈默技術。第二部份為實務練習，由學習者扮演諮商員對當事人進行諮
商。

一、複習與練習：選出諮商員適當的回應

在第一部份的練習中，學習者須先閱讀當事人的敘述，然後從三個諮
商員的回應中選出適當的一個。學習者選出答案後，請閱讀後面的說明，
了解每一個回應之適當或不適當的原因。

5.1.1　沈默技術是指諮商過程中，因為某些因素，當事人無法接續談話內
容而讓談話停頓下來。諮商員允許當事人沈默，並且在當事人沈默
之後，詢問當事人沈默時發生的事。以下請使用沈默技術回應當事
人的敘述：

當事人②：我不想當一個喜新厭舊的人，可是我就是沒有辦法控制自己的習性，我覺得對不起過去被我拋棄的女人。

諮商員②：你喜新厭舊的習性傷害了一些女人，你覺得很慚愧（初層次同理心技術）。告訴我，在什麼情況下，你會拋棄對方（探問技術，開放式問題）？

當事人②：噢……這個……這個……（當事人突然沈默下來）

諮商員②：（請從下面三個回應中，選出使用沈默技術的回應。）

當事人③：說起來也真不好意思，也不知道怎麼搞地，只要跟對方有了性關係後，我對她就索然無味，不再有興趣。我是不是有病？

5.1.2　諮商員₁：（急迫地）是不是因為別的女人比你的女朋友好看，或是溫柔體貼，所以你就情不自禁地被她吸引而拋棄你原來的女朋友？

　　諮商員不是使用沈默技術，而是迫不及待地解釋當事人的行為。這種行為並非諮商員的適當反應。

5.1.3　諮商員₂：（允許當事人沈默，並且仔細觀察當事人此時此刻的非語言行為）

　　正確。諮商員允許當事人沈默，給予當事人思索的時間，讓當事人決定是否坦誠表達。

5.1.4　諮商員₃：我剛剛提的問題似乎你從未想到過，難怪你不知如何回答。我以前跟你一樣有類似的問題……。

　　諮商員使用的技術是自我表露技術，非沈默技術。（請參考第十三章自我表露技術說明）

5.2.1　以下請使用沈默技術回應當事人的敘述：

當事人①：我男朋友去世時，我身心非常脆弱，我的老闆趁虛而入，希望
　　　　　我替他生孩子，因為他的太太無法生育。他告訴我，只要我懷
　　　　　孕，他就跟他太太離婚，跟我結婚。現在我已經懷孕好幾個月
　　　　　了，可是，他推三阻四的，似乎無意跟我結婚，我愈想愈不甘
　　　　　心。

諮商員①：老闆欺騙了妳，不履行他的承諾，妳感到憤怒，也怨自己傻（高
　　　　　層次同理心技術）。

當事人②：唉！我是真的很傻，我……（沈默約三十秒）。

諮商員②：（請從下面三個回應中，選出使用沈默技術的回應。）

當事人③：我剛剛在想，如果不是當時鬼迷心竅，迷戀老闆事業有成，可
　　　　　以給我富裕的物質生活，而且貪圖成為人人羨慕的老板娘，我也
　　　　　不會落到這種下場。

5.2.2　諮商員 1：我也覺得妳很傻，跟我以前一樣，以前我談戀愛時……。

　　　諮商員使用的技術是自我表露技術，非沈默技術。

5.2.3　諮商員 2：妳痛恨自己的無知。

　　　諮商員使用的技術是情感反映技術，不是沈默技術。

5.2.4　諮商員 3：剛剛妳說到自己很傻時，突然沈默了下來，似乎有什麼
　　　　　　　　重要的想法出現，不知道當時妳想到什麼？

　　　正確。諮商員允許當事人沈默，給予當事人足夠的時間思索。

5.3.1　以下請使用沈默技術回應當事人的敘述：

當事人①：自從我母親去世後，他每天只知道吃喝嫖賭。一天到晚帶不同的女人回來辦事，從來就不關心我跟弟弟的死活。如果不是我姑姑照顧我們，我都不知道我跟弟弟能不能活下來。

諮商員①：爸爸對妳跟弟弟的忽視，讓你覺得很生氣（情感反映技術）。

當事人②：我不只是生氣，我也不想看到他，他……他讓我害怕。

諮商員②：妳不只對他生氣，妳對他還存有恐懼，告訴我他讓妳恐懼的原因？（具體化技術）

當事人③：他……他……（沈默約一分鐘）。

諮商員③：（請從下面三個回應中，選出使用沈默技術的回應。）

當事人④：（哭泣）他……他每次喝了酒之後，就會毒打我跟弟弟。有一次，我跟弟弟逃了出來，向我姑姑求救，後來我姑姑就讓我跟弟弟住在她家。

5.3.2　諮商員1：看到妳難以啟口的樣子，我猜可能是你父親每晚帶不同女人回來辦事的緣故。妳這個年齡的孩子對這種事當然無法理解與接受。

　　諮商員雖然注意到當事人啟齒上的困難，可是並沒有給當事人表達的機會，反而替當事人的行為作詮釋。這種行為不但剝奪當事人表露的機會，而且還協助當事人逃避面對問題。

5.3.3　諮商員2：剛剛我問妳問題後，我看到妳吞吞吐吐，似乎很難啟口，然後沈默了一段時間。告訴我，在那段沈默的時間裏妳想些什麼？

　　正確。諮商員允許當事人沈默，並且以尊重的態度，協助當事人表達難以啟口的經驗。

5.3.4　諮商員₃：妳不只對父親生氣，而且還害怕看到他。

　　諮商員使用的技術是簡述語意技術，非沈默技術。

5.4.1　以下請使用沈默技術回應當事人的敘述：

當事人₁：我也不知道為什麼這部連續劇特別讓我魂牽夢縈。雖然以往我
　　　　對連續劇沒有好感，可是不知道為什麼我第一次看時，就被它深
　　　　深吸引，從此每天按時收看。雖然現在已經全劇演完，可是我的
　　　　腦海中一直浮現一些戲中的畫面，有時還會牽腸掛肚，淚水盈
　　　　眶，我覺得自己好像出了問題。
諮商員₁：妳為自己的行為感到擔心。（情感反映技術）
當事人₂：或許我的生活有些被影響，但是不擔心，是好奇。
諮商員₂：告訴我妳腦海中常常出現那些畫面？（具體化技術）
當事人₃：（微笑）這個嘛……這個……（頭低下，沈默約二十秒）
諮商員₃：（請從下面三個回應中，選出使用沈默技術的回應。）
當事人₄：那是男女主角卿卿我我親熱的鏡頭，或是難分難捨的鏡頭。我
　　　　過去的那段戀情，也是這樣（頭低下）。我已經好久好久沒有這
　　　　種經驗，好想有個伴。

5.4.2　諮商員₁：我猜妳是在想為什麼會對這些畫面感到好奇。

　　諮商員沒有探討當事人沈默行為的背後意義，反而替當事人的沈默作
詮釋。

5.4.3　諮商員₂：剛剛我問到妳腦海中常常浮現那些畫面時，妳欲言又止，
　　　　　　　似乎很難啟口，然後沈默了一些時間，不知道當時妳想
　　　　　　　到什麼？

正確。諮商員允許當事人沈默，並且在當事人沈默之後，詢問當事人那段時間所想的事情。

5.4.4　諮商員₃：好像很難再記起些畫面。

諮商員沒有使用沈默技術，而是主觀詮釋當事人的行為。

5.5.1　以下請使用沈默技術回應當事人的敘述：

當事人①：越過千山涉過萬水，才知道幸福原來就在身旁。可是，一失足成千古恨，老天爺畢竟看不過我的冥頑不靈，讓我抱恨終身。回想過去他對我的情義，真是此情可問天，奈何，唉！只恨我不知珍惜，等到我恍然大悟時，人家婚期已定。看到他挽著他的新娘步入禮堂，自己還得咽淚成歡，那種滋味有如啞巴吃黃蓮，有苦難言。真是苦呀！想到今生今世，再也難找到像他這樣人，我就痛苦難當。

諮商員①：由於妳的粗心與無知，而讓美好的姻緣錯身而過，妳悔恨不已。（初層次同理心技術）

當事人②：（哭泣）他……他結婚後，我的腦海中一直縈繞他過去種種的好，讓我工作無心，差錯不斷，吃不下，睡不好，我簡直快崩潰了，我不知道該怎麼辦？

諮商員②：失去他後，妳茫然無措，完全亂了分寸，不知如何是好。（情感反映技術）

當事人③：（哭泣）我曾經想過，是否該找他出來，讓他知道我對他的放不下，只要他願意，要怎樣都可以。

諮商員③：妳說：「只要他願意，要怎樣都可以」，我不清楚這句話的意思，說清楚些。（具體化技術）

當事人④：是……是……（頭垂下，眼睛看下面，臉紅，沈默）

諮商員④：（請從下面三個回應中，選出使用沈默技術的回應。）

當事人⑥：只要能跟他在一起，當……當情婦我也願意。

5.5.2 諮商員₁：（允許當事人沈默，仔細觀察當事人的身體語言，耐心
地等待當事人回應）。

正確。諮商員給予當事人足夠的時間沈默，同時，仔細觀察當事人的
身體語言，耐心地等待當事人開口。

5.5.3 諮商員₂：（迫不及待地）我猜想妳是想把他搶回來。

諮商員沒有給當事人思索的時間，並且主觀詮釋當事人的想法。

5.5.4 諮商員₃：不管怎樣他都已經結婚了，如果妳一廂情願地跟他在一
起，最後吃虧的將會是妳。

諮商員還未等當事人說明，就迫不及待地以個人的價值觀告誡當事
人。這樣做，除了可能誤解當事人的意思外，也違背諮商倫理。

二、實務練習

(一)練習一

請使用沈默技術回應以下當事人的敘述：

1. 當事人：每次我跟我男朋友見面，他都要先親熱一番。我不喜歡這
樣，因為……（沈默）。

諮商員：

2.當事人：當天我看到他進入老闆的辦公室，他的行動有點怪異，所以我就好奇地從玻璃窗的一角偷偷望進去，結果……（沈默）。

　　諮商員：

3.當事人：難道他沒看到我們這些人已經做得像牛馬一樣嗎？還要我們提高工作效率（音量提高）！昨天我跟一些同事談到這些事時，大家都憤恨不平，很想……（沈默）。

　　諮商員：

4.當事人：我根本沒做過這種事，可是大家都不肯相信，而且黑函滿天飛，說我接受賄賂。不管我如何辯解，就是沒有人相信。昨天我心情惡劣到極點，真想……（沈默）。

　　諮商員：

5.當事人：不知怎麼搞地，我老是作同樣的夢。每一次從夢中醒過來，就覺得遍體舒暢。不過一想起這個夢，我就……（沈默）。

　　諮商員：

㈡練習二

1.兩人一組，準備一台錄音機，一人扮演諮商員，另一人扮演當事人。諮商員對當事人諮商時，請使用沈默技術與前幾章所學的技術，並且全程錄音。二十五分鐘後，兩人聽諮商錄音過程，討論諮商員的沈默技術是否正確。

2.角色互換，重複以上步驟。

第十章

摘要技術

本章摘要

第一節　摘要（summarizing）技術的定義

　　摘要技術是指諮商進行一段時間後，諮商員將兩人談話的要點整理與歸納（包括情感與想法），然後回應給當事人。或是，諮商員請當事人將他們談話的內容，做重點式的整理，再表達出來。

第二節　摘要技術內容說明

　　摘要技術類似簡述語意技術，不過兩者有一些差別。在使用時機上，簡述語意技術是摘要當事人一、兩句的談話內容，而摘要技術是使用在諮商進行一段時間後或在不同諮商主題、不同諮商階段的轉換時。

　　在使用對象上，簡述語意技術是諮商員使用的技術，而摘要技術的使用者可以是諮商員或當事人。

第三節　摘要技術的適用時機與注意事項

　　摘要技術適用於：由一個諮商主題進入另一個諮商主題時、每一次諮商結束時、每一次諮商開始時、諮商進行一段時間之後、某一諮商階段進入另一諮商階段時。

　　諮商員摘要的內容，必須反映當事人敘述的重點。

第四節　摘要技術的功能

一、協助當事人統整有關的訊息。

二、澄清諮商員對當事人的了解。

三、協助當事人產生新的看法，以及設定處理問題的目標。

四、使不同諮商主題或不同諮商階段的轉換更順暢。

第一節　摘要技術的定義

　　摘要技術是指諮商進行一段時間後，諮商員將兩人談話的要點整理與歸納（包括情感與想法），然後回應給當事人。或是，諮商員請當事人將他們談話的內容，做重點式的整理，再表達出來。舉例說明如下：

❤ 案例一

　　當事人約七十歲，家管，女性。當事人的兒子早逝，媳婦常常向她要錢，當事人不堪其擾，不知如何是好。

當事人1：我今年快七十了，該有的都有了。雖然有時候難免會有一些不如意的事，不過，人生的不如意本來就是生命的一部份，沒有什麼可以掛心的。所以，我現在很悠閒。

諮商員1：因為妳對任何事都處之泰然，所以無牽無掛，目前的生活還算如意。（簡述語意技術）

當事人2：我也曾在痛苦邊緣掙扎，死去活來。不過看透了一切之後，生活便變得簡單多了，沒有什麼事情可以值得憂愁。

諮商員2：經過一些痛苦經驗的磨練後，妳看穿一切，生活便不再有任何罣礙（簡述語意技術）。告訴我，讓妳產生如此改變的痛苦經驗是什麼（具體化技術）？

當事人3：我父母將我嫁給一位比我矮小，又無法生育的男人。結婚十多年後，我領養了一個兒子。兒子不孝順，傷透我的心。有一天他帶回一個女人，說他們已經公證結婚。當時我有些不高興，但是也只好承認。我兒子的工作不定，沒有足夠收入，生活都由我接濟。我媳婦生了一個兒子後不久，我兒子就因病去世。媳婦將勞保局給付的錢拿到手就落跑，並且將孫子丟給我扶養。媳婦將錢用光後，又跑回來跟我們住，而且三不五時地向我要錢，我不給她，她就惡言相對。我將近七十了，還要照顧我先生、我孫子，

還要應付媳婦的騷擾，如果我不將這些痛苦放下，還能活下來嗎？我一生沒有愧對任何人，只有對別人好，這就夠了。

諮商員₃：妳對親人感到失望，只能退而求其次，要求自己不愧對別人，讓自己好過些。妳這一生的坎坷，讓妳感到委屈跟難過。（高層次同理心技術）

當事人₄：（哭泣）我都快七十了，如果不看開，又能怎樣？我先生原本身體就不好，我嫁給他後，不是他照顧我，是我照顧他。我兒子從小到大都讓我操心，連結婚、生子、去世都得由我一人包辦，我孫子跟媳婦，也都是我照顧的。我這一生，除了我父母外，沒有人照顧過我。連自己的先生，兒子、媳婦，甚至孫子都不可靠，我還能對誰有所期望。當我不再對他們存有希望，當我告訴自己我這一生沒有愧對任何人，我才覺得欣慰，才能活下來。

諮商員₄：妳這一生的命苦，讓妳覺得好心酸。（情感反映技術）

當事人₅：唉（嘆了一口氣）！別人有先生、有兒子可以依靠，我是無依無靠，還要照顧先生、孫子，又要承受媳婦的忤逆。

諮商員₅：已經快七十了，不但不能成歡膝下，還要照顧先生跟孫子，並且忍受媳婦的忤逆（簡述語意技術）。告訴我，妳的媳婦如何忤逆妳（具體化技術）？

當事人₆：我兒子的勞保費一直是我替他繳付。我兒子生病住院一個多月的醫藥費、去世後的喪葬費也都由我支付。我媳婦在我兒子去世後，從勞保局領了三十多萬。我告訴她好好保管這筆錢，留給孩子當教育費。沒想到，她拿了那筆錢後就失蹤了。一個多月後，花光了所有錢無處可去，才回到家來住。我也不知道她到底有沒有工作，反正吃的、用的、住的都由我支付。我告訴她，她願意或不願意改嫁我都可以接受。如果不願意改嫁，我也歡迎她跟我們一起住。我不知道她的決定如何，只是她的行為令我痛心，她常常趁家裏沒人時東翻西翻，找到錢就拿走。後來，我把重要的東西鎖到銀行的保險櫃，讓她找不到。結果，她開始向鄰居、朋友、親戚借錢。借了錢之後，卻告訴他們以後這些錢由我償還。

我實在氣急敗壞,所以通知所有的人,如果他們願意借錢給她,我不負責。她四處借不到錢後,就回頭要我借錢給她。我不借給她,她就口出穢言,並且揚言威脅。唉(嘆了一口氣)!我跟我先生年紀這麼大,靠著微薄的退休金度日,那有什麼錢可以借給她。我老實告訴她家裏的狀況,沒想到她卻要我向別人借錢給她花用。真是得寸進尺,不知羞恥。

諮商員6:妳媳婦荒唐的行為,讓妳覺得無可奈何(情感反映技術)。我將我們剛剛的談話作個歸納,看看我的了解是否正確。妳一生非常悲苦,妳先生體弱多病無法生育,妳只好領養一個兒子。可惜兒子不成才,從小到大、結婚、生子、生病、逝世,都由妳照料。妳的媳婦也不賢良,她在妳兒子逝世後,花光勞保局給付的錢,也不負起扶養孩子的責任,並且搜刮家中財物、四處借貸,甚至要妳替她還錢。妳年紀這麼大了,還得照顧先生、孫子,還要忍受媳婦的騷擾。妳心裏很苦,卻不知道該怎麼辦。(摘要技術)。

🍎案例二

當事人二十三歲,研究生一年級,女性。因為不願意接受父母安排的婚姻而求助。

當事人1:我將來修完碩士後,還要唸博士,可是,我父母最近逼我嫁給一位我不熟悉的人。

諮商員1:父母的逼迫讓妳很氣憤。(情感反映技術)

當事人2:一般人以為企業家的女兒必定好命,其實不然。我的物質享受或許比一般人好,可是這些是犧牲個人自由換取的。本來大學畢業後我想出國留學,藉著留學的機會,逃離父母的約束。可是,父母不肯,我只得留在國內唸研究所。沒想到,我碩士班還沒畢業,他們就逼我嫁人。我才跟對方見過幾次面,連單獨出去過的機會都沒有,就要成為他的太太。說起來,有些人可能不相信。

諮商員2:妳雖擁有富裕的物質享受,可是卻失去就學、婚姻的自由,覺得

很無奈。（初層次同理心技術）

當事人₃：這種無奈的感覺從小就有。從小我就被要求要有名門閨秀的典範，所以說話、走路、吃飯，舉手投足都有種種約束。因為怕被綁架，上下學時，有司機監督，回到家後，有父母看管，我根本沒有機會跟同學相處，平時還得參加一些什麼聚會。為什麼我對自己的生命、生活都沒有掌控權。

諮商員₃：為什麼妳對自己的生命、生活都沒有掌控權。（覆述技術）

當事人₄：沒錯。從小到大一直都是這樣，現在我連結婚的掌控權都沒有。我曾想反抗，爭取自己的自由。可是我怕影響到我父母的聲譽。為什麼我會替他們想，而他們卻從未替我想過？

諮商員₄：妳能替父母著想，而他們卻只顧自己，妳感到好難過。（初層次同理心技術）

當事人₅：（嗚咽）其實，我早就有自己喜歡的人，我們兩人交往已經兩年了，他是我的學長，現在是我碩士班同學。他還不知我父母要我結婚的事，我不知道該如何開口告訴他。

諮商員₅：妳已經有男朋友了，可是父母卻要將妳嫁給別人，妳不知道該如何讓男朋友知道這件事。（簡述語意技術）

當事人₆：他知道後一定會離開我，因為他的父母只是公務人員，當初他曾經因為我們兩家家境的差距而不想跟我交往。我曾答應過他，無論在什麼樣情況下，我一定遵守我們的誓言。可是，我現在才發現，很多事情不是我當初所想的那麼簡單。我不想讓我男朋友離開我，我也必須考慮我父母的聲譽，我真不知道該怎麼辦？

諮商員₆：妳想遵守承諾，可是也不想傷害父母，左右為難，不知如何是好。（初層次同理心技術）

當事人₇：我曾……曾……（沈默，眼睛看下面，約三十秒）。

諮商員₇：剛剛妳似乎想說些什麼，可是又難以啟口地沈默下來，不知道當時妳想到什麼？（沈默技術）

當事人₈：我……我曾想過自殺，因為我實在太痛苦了。應該可以這麼說，我從小就覺得痛苦，有時候痛苦到真想結束自己的生命。這一次

的事情，讓我更想這麼做。

諮商員 8：我將我們剛剛談話的內容作個歸納，看看我的了解是否正確。一般人羨慕妳擁有富裕的物質生活，可是卻看不到妳的悲哀。從小到大，妳沒有機會像其他的人一樣自由自在地成長，甚至連出國留學、挑選結婚對象的機會都沒有。最近父母逼妳嫁給一位妳不了解的人，一方面因為妳已有心愛的人，並且承諾一輩子廝守，所以妳想抗拒父母的決定，另一方面，妳擔心傷害父母的聲譽而不敢採取行動，妳左右為難覺得好痛苦，很想結束自己的生命。這種想法妳以前就有，這一次的事件加強了這個念頭。（摘要技術）

🍎 案例三

當事人十九歲，大一學生，男性，因為導師的無理要求苦不堪言。

當事人 1：我非常討厭我的導師，為了作秀不斷要我們作一些無聊的事。

諮商員 1：他要你們作那些無聊的事？（具體化技術）

當事人 2：學校舉辦的比賽活動，有些是每一班都須參加，有些不是，我們導師逼我們參加每一項比賽活動，而且還要得名次。學校每個月都有比賽活動，因為我們每個月都必須參加比賽，所以幾乎天天留下來練習，許多同學因為無法約會或參加其他活動而叫苦連天。

諮商員 2：老師命令班上同學參加學校舉辦的每項比賽，讓同學們疲於應付，你覺得很生氣。（初層次同理心技術）

當事人 3：當然生氣。還不只這樣。為了配合導師，每一次的班會時間都排在大家精疲力竭、飢腸轆轆的時刻，那時大家都已經神智不清了。更氣人的是，他講的都是一些言不及義的內容，而且還長篇大論。

諮商員 3：你的導師安排班會的時間，只依照他自己的需要，完全沒有考慮大家的狀況，而且班會的內容無任何建設性的意見。（簡述語意技術）

當事人4：我曾經自告奮勇向導師反應全班的意見，希望導師考慮。沒想到，導師惱羞成怒，把我痛罵一頓，並且威脅不讓我們順利畢業。所以，後來我也不敢反應任何意見。

諮商員4：導師以「不能畢業」作威脅，不准同學有任何意見。因為這樣，你不再替同學傳達任何意見。（簡述語意技術）

當事人5：不只是我，全班都這樣。大家都氣在心裏，為了怕對自己不利，所以都不願意把自己的看法說出來，只會在私底下叫囂。

諮商員5：同學們擔心禍從口出，所以保持沈默，只在私底下抱怨，你覺得很無奈。（初層次同理心技術）

當事人6：沒錯，我這個班長當得很無奈。我很想替同學做一些事，也想讓班級氣氛好一點。可是，大家都不提意見，只在我面前抱怨，這樣對班上沒有什麼建設性。不過，同學們之所以如此，我也了解。所以最苦的是我。

諮商員6：你雖有一番抱負，可是導師的霸道，同學的沈默，讓你無從做起，覺得很無力（初層次同理心技術）。我將我們剛剛談話的內容作個歸納，看看我的了解是否正確。你的導師自以為是，好大喜功，一意孤行，完全不顧慮同學的需要，讓同學們個個疲累不堪，抱怨連連。你身為班長，很想有一番作為，為了幫助同學，曾向導師反應。可是，導師無法自省，而且還霸道威脅。於是，同學們人人自危，不再公開提出意見，只敢私底下向你抱怨。你雖然想解決問題，可是同學不願意挺身而出，你無從著手，所以也愛莫能助。（摘要技術）

第二節　摘要技術內容說明

摘要技術類似簡述語意技術，不過兩者有一些差別：

一、使用時機的差別

㈠簡述語意技術是針對當事人敘述的一、兩句話作整理,而摘要技術是整理與歸納當事人在一段時間內的談話內容,它可以是在一個主題結束之後跳到另一個主題之前,諮商員將上一個主題的談話內容摘要,讓當事人順利進入另一個主題。

㈡在一次的諮商結束之前,諮商員將該次的談話內容摘要,協助當事人清楚該次諮商的重點。

㈢在諮商一開始,諮商員摘要上一次的諮商內容,協助當事人順利進入諮商。

㈣諮商進行一段時間後,諮商員摘要談過的內容,協助當事人串連相關的訊息。

㈤諮商從某一階段進入另一階段時,諮商員摘要前一階段的談話內容,協助當事人澄清與界定問題,形成新的看法,以及設定處理問題的目標（Egan, 1985）。

二、使用者的差別

簡述語意技術屬於諮商員使用的技術,但是,摘要技術可以由諮商員使用,也可以由當事人使用。由當事人整理與摘要談話內容,可以協助當事人串連重要的訊息,形成新的看法,以及負起處理問題的責任。

第三節　摘要技術的適用時機與注意事項

一、摘要技術的適用時機

　　誠如以上所述，摘要技術適用於：由一個諮商主題進入另一個諮商主題時、每一次諮商結束時、每一次諮商開始時、諮商進行一段時間之後、從某一諮商階段進入另一諮商階段時。

二、注意事項

　　諮商員摘要的內容，必須反映當事人敘述的重點。

第四節　摘要技術的功能

　　摘要技術的功能有：
　1.協助當事人統整有關的訊息。
　2.澄清諮商員對當事人的了解。
　3.協助當事人產生新的看法，以及設定處理問題的目標。
　4.使不同諮商主題或不同諮商階段的轉換更順暢。

　　各項功能說明如下：

一、協助當事人統整與歸納有關的訊息

　　諮商時，當事人因為受到問題的困擾，有時候在問題的表達上，凌亂

不堪，無法理出頭緒。或是看不出不同訊息間的關聯，無法產生頓悟。

　　諮商員使用摘要技術，將當事人敘述的內容統整、歸納，讓不同的訊息產生串連，協助當事人進一步看清問題。

❤案例一

　　當事人十九歲，學生，因為大學聯考將近，急躁萬分。當事人已經談了十五分鐘有關他對聯考的擔心。

諮商員1：你剛剛談到這次大學聯考讓你擔心不已的原因，第一，因為父母並不富有，如果考不上公立大學，你的學費將是一大負擔，你擔心父母的負擔過重；第二，去年你沒考上，今年重考。如果再沒考上的話，就須入伍。當兵後，離書本更遠，即使退役後再考，也不容易考上；第三，你是家中獨子，父母年紀已大，身體又不好，他們希望你快點結婚生子，如果你今年沒考上而入伍，他們希望你退伍後立刻結婚，讓他們寬心。但是，你因為事業無成，而且不希望年紀輕輕就被婚姻鎖住，所以不想早婚。第四，你希望對異性有更多的認識及磨練後，才知道那一類型的對象適合自己。現在離婚率那麼高，都是因為對彼此認識不清所致，所以你不希望早婚。如果考上大學的話，你就有更多的機會跟異性交往，如果沒考上，你就必須結婚，你擔心在這種情形下，結婚的對象未必適合自己。是不是這些原因，讓你無法專心準備考試，並且焦慮不已？（摘要技術）

當事人1：沒錯，這些都是原因。不過，聽你這麼一整理，我對我的問題比較清楚。第一跟第二個原因比較容易克服，我不擔心。至於第三跟第四個原因可能不容易處理。只要我沒考上大學，就必須面對婚姻，不但結婚的對象自己認識不清，而且有了家庭負擔後，就更難有機會繼續唸書。我想第三與第四個原因才是造成我焦慮的主要原因。

　　諮商員對當事人問題的摘要，使得當事人更清楚造成問題的真正原

因。

🍑案例二 _____

　　當事人二十多歲，作業員，女性，因為感情問題求助。當事人已談了二十分鐘有關被送入孤兒院的原因，以及在孤兒院內成長的經歷與感情生活。

當事人₁：談起我的感情問題，真讓我百感交集。我想每個聽了我的故事的
　　　　　人，都會為我悲哀。

諮商員₁：談起妳的感情問題，讓妳心酸不已。（情感反應技術）

當事人₂：自從五歲時被送到孤兒院後，我就不知道什麼叫快樂。在孤兒院
　　　　　裏衣食雖溫飽，可是一大堆孩子只有一、二個老師照顧，所以我
　　　　　總覺得好像少了什麼似地，總是有一種渴望，渴望有自己的家
　　　　　庭，渴望有人全心全意愛我、照顧我。

諮商員₂：孤兒院的孩子多，照顧的人少，妳得到的愛與照顧不夠，因此妳
　　　　　渴望擁有自己的家庭，來彌補愛與照顧上的不足。（簡述語意技
　　　　　術）

當事人₃：高中一畢業，我就迫不及待地離開孤兒院，希望找到疼愛自己的
　　　　　人。在我的工作單位中，有一個人非常照顧我，不過他大我足足
　　　　　二十五歲，已婚，而且有兩個小孩。我依戀他對我的體貼、疼
　　　　　愛，所以就不顧一切地跟他在一起。他告訴我，他婚姻不幸福，
　　　　　如果不是為了孩子，他早就離婚。為了我，他會想辦法跟太太離
　　　　　婚。我等了三年，為他拿掉兩個小孩，最近我又懷孕了，我不想
　　　　　再墮胎，也不想當個未婚媽媽，所以要他離婚。可是他總是拖，
　　　　　因為我的肚子再也藏不住，所以只好再墮胎。我的耐心已磨盡，
　　　　　找他太太談判，希望早一點了結。沒想到，他太太一點也不緊
　　　　　張，並告訴我，他在外面拈花惹草，已經不是一天兩天的事，我
　　　　　不是他第一個外遇的對象，也不可能是最後一個。如果不是為了
　　　　　孩子，她早就離婚。不是她不想離婚，是他不願意離婚，現在她
　　　　　對他已是眼不見為淨，孩子才是她的希望。她規勸我，找個好人

家嫁了，不要再傻了，跟著他受苦只會毀了自己的前途。後來，他知道我找他太太談判，竟然毒打我一頓，且說他只是跟我玩玩而已。

諮商員 3：妳對愛與照顧的渴望，讓妳迷失理性，掉入別人的騙局。三年的付出，換得的只是身心的傷痛，妳覺得好委屈。（初層次同理心技術）

當事人 4：如果我能從這次的教訓中，喚回自己的理性，今天就不會再次墮入另一個令自己心碎的困境。

諮商員 4：告訴我發生什麼事？（具體化技術）

當事人 5：我難過地離開原先的工作單位，並且下定決心，不再糊里糊塗被男人欺騙。我在新的工作上，原本過得很愉快，誰知道在一次公司的自強活動，認識了另一單位的他。本來，我對他沒有多大興趣，因為吃過一次虧，人也變得小心多了，心想，幾次不理他，他便會知難而退。沒想到，他死心眼，我對他的冷漠，並沒把他嚇跑，反讓他愈挫愈勇。倒是我，心裏常常過意不去。最後，因為自己害怕寂寞，又拒絕不了被關心的虛榮，就正式跟他交往。我們交往一年半後，他的學妹，也是他前一任的女友，帶著一個孩子來找我，說那個孩子是他的骨肉。他們同居了二年，孩子都有了，只是兩人都不想那麼早受婚姻約束，所以一直沒辦理結婚登記。他的學妹很不甘心，除了來找我之外，還以自殺威脅，連她父母都出面，希望他負起責任。我的男友怕惹出人命，只好向我說抱歉，希望來生兩人再續情緣。這晴天霹靂，粉碎了我所有的夢。我的心好痛，一聲抱歉，就可以輕鬆自在地抹掉我這一年半的付出。我的感情真的這麼不值錢嗎？難道找個依靠的人，是錯的嗎？為什麼這五年來，我真心的付出，換來的卻是滿身的傷痕？

諮商員 5：為了滿足被愛、被照顧的渴望，這五年來，妳尋尋覓覓。可是兩次的戀愛，妳為對方付出一切，甚至為對方墮胎，結果都是被對方所騙，滿身傷痕。（簡述語意技術）

當事人₆：雖然我目前心裏仍然感到痛苦，可是我想理個清楚，我不想再一次受騙。我一直在想，究竟是這個世界的男人太壞了，還是我太笨？

諮商員₆：妳想知道問題是出在別人身上，還是自己身上，以免自己再次受騙上當。（簡述語意技術）

當事人₇：沒錯。我一些孤兒院的同伴，個個婚姻幸福，不像我這樣悽悽慘慘，我好羨慕她們。我想應該不是這個世界的男人都壞，否則我這些同伴不可能這樣幸福。

諮商員₇：妳排除了別人的因素，所以認為問題可能出在自己身上。（簡述語意技術）

當事人₈：沒錯。我的確有這種想法，所以我想尋求答案，免得自己再次受騙上當。

諮商員₈：我將我們剛剛談話的內容作個歸納，看看我的了解是否正確。妳在五歲時被送到孤兒院，由於孩子多，老師少，妳能得到的愛跟照顧有限，所以一直渴望擁有自己的家，滿足這兩方面的缺憾。高中畢業後，妳談了兩段感情。在這兩段感情中，對方對妳的照顧跟關心，就是妳在孤兒院得不到而尋尋覓覓想要擁有的，所以妳不顧一切地投入，可是這種飛蛾撲火的奮不顧身，最後都落得夢殘心碎，身心受創。在妳身心劇痛的當下，妳開始懷疑妳的感情問題是出在自己身上，還是別人身上。看到孤兒院同伴個個婚姻幸福，所以，妳認為問題出在妳的身上。因此妳尋求幫助，希望不再受騙上當。（摘要技術）

當事人₉：聽到你這麼說，我似乎也感覺到，只要對方關心我、照顧我，我就會不顧一切地陷下去，不管對方是阿貓、阿狗。就像我第一次戀情一樣，對方的年紀足可以當我爸爸，而且他的小孩年紀跟我差不多，我竟然毫不選擇地願意當第三者，還傻傻地等他離婚。不過，我對自己仍舊沒有信心，沒有把握下一次不會這樣傻。

諮商員的摘要，讓當事人有機會看到造成問題的主要原因。

二、澄清諮商員對當事人的了解

諮商員摘要當事人的敘述後,透過當事人的確認與修正,能夠協助諮商員對當事人有正確了解。

❦案例一

當事人二十多歲,大學生,女性,因為交不到男朋友而困擾不已。

當事人₁:每次出去玩,我那些同學都帶著男朋友一道去。看到他們親親熱熱的樣子,我是既羨慕又自卑。不知道為什麼這些男人都不來追我。有男朋友的同學一有什麼事,他們的男朋友都會跑來幫忙,而只有我,永遠都是一個人扛責任。

諮商員₁:看到有一些同學受到男朋友的疼愛與幫忙,妳感嘆自己的孤單與辛苦。(初層次同理心技術)

當事人₂:我以前喜歡的人,一個個成為別人的男朋友,害我難過得要死,常常一個人躲在房間哭。

諮商員₂:看到自己喜歡的人一個個成為別人的男朋友,覺得好難過。(簡述語意技術)

當事人₃:(哭泣)我是個好女孩,為什麼沒有人要我,而那些招蜂引蝶、四處留情的女孩卻處處有人疼。難道女人必須這樣男人才會愛?

諮商員₃:妳是好女孩,為什麼沒有人要妳。(覆述技術)

當事人₄:我自認自己端莊賢淑,品行優良,對自己的男朋友絕對忠貞不二,不像一些女同學,腳踏好幾條船,謊話一大堆。可是偏偏男人愛這種女孩。

諮商員₄:妳不明白為何男人的眼光如此庸俗與愚痴,放著妳這位好女孩不追,卻偏要擁抱虛偽、用情不專的女孩(簡述語意技術)。妳所謂的男人是指誰(具體化技術)?

當事人₅:我喜歡過的那些男人。我偷偷喜歡他們,可是他們不知道。我希望我的賢淑會讓他們感動。沒想到,他們追的竟然是那些會對男

人拋媚眼、撒嬌、勾三搭四的女人，完全不欣賞我這位好女人。

諮商員 5：妳喜歡的男人卻喜歡不正經的女孩，而不是欣賞妳這位正經的好
女孩，妳感到好失望。（初層次同理心技術）

當事人 6：沒錯，我非常的失望，也很難過。我曾經想過，好女人既然沒有
人要，我乾脆改變自己，讓自己變成放蕩的女人。可是，我沒有
辦法隨隨便便跟那些男人耳鬢廝磨，讓男人佔盡便宜，還能撒
嬌、嬉笑。這種行為只有特種行業的女人才做得出來，我怎麼會
呢？我真不知道我那些同學為何可以如此放蕩自己。

諮商員 6：妳曾想過改變自己，可是妳沒有辦法毫無所謂地讓男人佔便宜。
妳也不明白為何一些女同學可以肆無忌憚地放浪形骸。（簡述語
意技術）

當事人 7：有些同學認為我太嚴肅，男女的界限太嚴格。我不能接受她們的
看法。男女本來就應該要有界限，而且壁壘要分明。

諮商員 7：妳認為男女該有那些界限？（具體化技術）

當事人 8：除非我的男朋友，否則我不會隨便讓男人勾肩搭背、牽手、或說
一些太露骨的話。我也不會隨便跟男人嬉鬧、約會，我甚至會跟
他們保持一定的距離。我的衣著很傳統，不會暴露，免得讓男人
想入非非，……（當事人繼續說明她所設定的男女界限）。

諮商員 8：妳在男女之間設定了清楚的界限，以表現自己的端莊形象，讓男
同學不會對妳想入非非（簡述語意技術）。我
將我們剛剛談話的內容作個歸納，看看我的了解是否正確。妳想
要有男朋友，可是卻沒有人追。看到別人成雙成對親親熱熱的樣
子，看到妳喜歡的人一個個成為別人的男朋友，妳感慨萬千。妳
不明白為何妳這個端莊、賢淑，男女界限分明，絕不亂來的好女
人竟然沒有男人追，而那些放浪形骸的女人竟然有男人要，所以
妳好難過（摘要技術）。

當事人 9：妳遺漏了一點，那就是我對現在的男人失望到極點。每個男人口
頭上說喜歡堅貞、端莊的女人，可是實際上追求的卻是放蕩的女
人。所以，或許我會打算一輩子單身。

　　透過當事人對諮商員摘要內容的澄清，讓諮商員更正確地了解當事人。

❧案例二

當事人十五歲，國二學生，男性，因為人際關係問題求助。

當事人₁：事情是這樣的，原先我和 A 同學非常要好，但是因為 B 同學在 A 同學面前不斷挑撥我跟 A 同學的感情。現在 A 同學跟 B 同學很要好，而 A 同學都不理我。我很喜歡 A 這個朋友，可是他現在見到我都不跟我打招呼，好像我做了什麼對不起他的事。我覺得很苦惱。

諮商員₁：你喜歡的 A 同學誤會你，讓你覺得很難過。（情感反映技術）

當事人₂：我已經難過了兩個禮拜了。A 同學是個轉學生，國一下的時候轉到我們班，被安排坐在我旁邊。我想他初到本班，可能需要別人協助才能進入狀況，所以就主動幫助他。我訝異地發現，我們兩人的背景跟興趣有許多類似，所以漸漸跟他成為好朋友。這一學期，A 同學成為班上的學藝股長，而 B 同學是班上的副班長。由於一些活動的關係，A 同學跟 B 同學有許多相處的機會，不知為什麼，A 同學漸漸跟我疏遠，反而跟 B 同學接近。最近他連看到我都不招呼。B 同學原本就是我的死對頭，我想可能是因為 B 同學的挑撥，使 A 同學對我產生誤會而不再理我。看看我有多冤呢？我很不甘心。

諮商員₂：你在 A 同學有需要時，主動伸手幫忙，甚至跟他成為好朋友。沒想到，他卻相信別人的挑撥，誤解了你，不再理你，讓你覺得很委屈。（初層次同理心技術）

當事人₃：（點點頭）我曾幾次打電話到他家，希望知道他為何這樣對我，可是他都不肯接電話，連個辯解的機會也不給我。其他朋友問我，為何我沒跟他在一起，我也不知如何解釋，也覺得很尷尬。

諮商員₃：他不願意給你澄清的機會，讓你無法面對別人的疑惑，覺得尷

尬。（簡述語意技術）

當事人4：我很想找 B 同學出來理論，甚至打一架也無所謂。如果他想跟 A 同學交朋友，那是他的自由。但是，他不能挑撥我跟 A 同學的感情。做人不可這麼絕。他對我有什麼不滿，直接找我就好了，為什麼要這樣害人呢？

諮商員4：在這件事上，你有許多的委屈與憤怒。一方面，你無法接受 A 同學對待你的方式，因為他不珍惜你跟他的交情，並且隨意聽信別人的挑撥，也不給你澄清的機會。另一方面，你痛恨 B 同學，他不應該挑撥離間、借機殺人，破壞你跟 A 同學的友誼。你恨不得跟他打架，抒解你對他的怨恨。（摘要技術）

當事人5：或許可以這麼說，最讓我難過的，莫過於 A 同學對我的誤會。如果他對我的友誼堅定的話，就不會聽信 B 同學的話，也不會不給我解釋的機會。傷我最深的是 A 同學（哭泣）。

　　諮商員的摘要與當事人的修正，不但讓當事人更清楚自己的問題，也協助諮商員正確地了解當事人。

三、協助當事人產生新的看法，以及設定處理問題的目標

　　諮商員摘要兩人的談話內容時，必須將不同的訊息串連、組織與歸納，因此摘要的內容往往可以呈現新的意義，協助當事人對原來的問題產生新的看法，以及設定解決問題的目標。

🦋案例一

　　當事人二十多歲，上班族，男性。因為沒時間陪女朋友，使得第三者有機可乘，形成三角關係。當事人掙扎在事業與愛情之中，不知如何是好。

當事人1：一個男人如果沒有穩定的工作，足夠的收入，如何能夠有穩定的婚姻與家庭生活。所謂「貧賤夫妻百事哀」，我父母親的婚姻就

是最好的見證。所以我希望結婚前，能夠事業穩定，有足夠的存款，才不會讓我的妻兒過著寅支卯糧的生活，這就是為何我日夜拚命工作的原因。沒想到我的女朋友一點也不能體諒我的苦心，一直抱怨我愛她不夠。雖然我苦苦地向她解釋，可是仍然得不到她的諒解。最近我發現她跟某位男士走得很近，我質問她，她竟然說因為我不在乎她。我這麼努力工作，也是為了我們兩人的將來著想。她怎麼可以這樣不講理，這麼膚淺。

諮商員1：你日以繼夜的工作，為的就是希望給她穩定、幸福的生活。沒想到，她不但不了解你的苦心，還另覓新歡，讓你覺得很委屈，也很生氣。（初層次同理心技術）

當事人2：這段感情已經走了五年，前三年我花許多時間經營彼此的感情。我的家庭不富裕，凡事需要靠自己。她對我的家庭狀況很清楚，如果我不努力，我們結婚後怎麼可能有好的生活。我疼她、不忍心她嫁給我後跟著我受苦，所以後來的兩年，我拚命工作。沒想到，她受不了寂寞，還是變心了。我看她是找到比我好的對象，明明是變心，還要將責任歸咎於我。

諮商員2：你疼她、愛她，不忍心她婚後跟著你受苦，所以花很多的時間在事業上奮鬥。這一番苦心，她不但不能體會，而且還將自己變心的責任歸咎於你。（簡述語意技術）

當事人3：或許後來的兩年，我的確忽略她，可是她不能以此為藉口，就另覓新歡。我早就應該想到她是個重視物質享受的人，遲早會嫌我貧窮離我而去。前三年，我將大部份賺的錢交給她用，後來我想，她用錢從不規畫，如果這樣下去，將來怎會有錢結婚，所以後來兩年我才開始將賺的錢存起來，不再給她。這兩年來，我很少給她錢用，她一再抱怨，我告訴她，我存的錢，是將來我們兩人建立家庭的基金，她工作的收入雖不多，只要節省些，還是足夠她用。我們曾經為此事吵過幾次，後來，她不再爭吵，我以為她已經了解我的苦心。可是，我錯了。上個月她告訴我，她覺得年紀大一點的男人才知道疼她、寵她。她罵我吝嗇、自私、不懂

情趣，後悔浪費五年的青春在我身上。我想，也許她已經找到一個可以供她揮霍的老凱。這幾天我愈想愈難過，只恨我貧窮，怨她重物質。

我對她的感情是真的，我不甘心五年的感情就這樣沒有結果，我想挽回，也不相信她會那麼絕情。可是另一方面，我擔心，如果她願意回頭，會心甘情願陪我同甘共苦嗎？而且，我已經對她不信任，我不相信她以後會忠心地守著我。

諮商員3：這兩年來，由於你全力在事業上打拚，並且將薪水儲存起來，不再給女朋友亂花用，因此她抱怨連連，另結新歡。你恨自己貧窮，女朋友才變心。你想挽回你們之間的感情，可是又怕女朋友重蹈覆轍，所以左右為難。（簡述語意技術）

當事人4：話又說回來，我看她去意已堅，恐怕我無法挽回她。

諮商員4：你覺得無法留住她。（簡述語意技術）

當事人5：她已經找到一個可以供她揮霍的男人，怎麼可能願意回頭跟我過貧窮的日子。再說，即使她願意回到我身邊，我也不可能將儲存的錢供她享受。唉！我到底是怎樣了？我搞不懂為何要留住她。

諮商員5：好像有些混亂，也覺得難受。（情感反映技術）

當事人6：沒錯，那種感覺好難受。我明知道留不住她，可是又想留她。

諮商員6：感覺好矛盾。（情感反映技術）

當事人7：沒錯。我真的好矛盾。五年的感情不是說散就可以散的。雖然知道她已經另有所屬，不可能回到我身旁，可是我們在一起已經五年了，她現在突然一走，叫我如何習慣沒有她的日子呢？

諮商員7：一方面你知道不可能留住她，所以想讓自己放下。可是另一面，你不習慣沒有她的陪伴，所以不想讓她走。你掙扎在這兩種想法中，覺得好痛苦。（初層次同理心技術）

當事人8：沒錯，或許這就是讓我覺得一團混亂的內在衝突。

諮商員8：我將剛剛我們談的內容做整理，看看我對你的了解是否正確。你的女朋友因為你無法提供給她足夠的錢財花用而另結新歡。你覺得很痛苦、很委屈，因為你這麼努力工作，目的是為了婚後給她

幸福的生活，她卻無法體會你的苦心而變心愛上他人。一方面，你想留住她，因為你已經習慣有她的陪伴，可是另一方面，你知道她重物質重享受，不可能回頭跟你在一起。你夾在兩個衝突的想法中，苦不堪言。（摘要技術）

當事人9：或許這樣説可能比較正確，她離開我後，我突然失去了努力的目標，讓我一時之間不知如何是好，所以我想留住她。

諮商員的摘要，讓當事人對原來的問題產生新的看法。

❤案例二

當事人二十二歲，大四學生，男性，因為課業上的壓力來求助。

當事人1：最近因為研究所考試、期末考、畢業論文等搞得我焦頭爛額，甚至連晚上都睡不著。眼看著時間所剩無幾，卻有許多事要做，實在很煩。

諮商員1：有許多事要做，時間卻不夠，讓你很焦慮。（初層次同理心技術）

當事人2：（點點頭）現在已經三月了，我四、五月要考研究所，五月有畢業考試，同時要繳畢業論文跟參加口試。考研究所我沒有多大的把握，因為到現在專業科目我還沒有唸完，共同科目也沒有準備。我以為共同科目不用準備，反正大家的程度都一樣。但是，後來想到，自己以前的英文程度就不好，這一年來都沒有唸過。國文科目更不用説。所以我認為考上的機會不大。我的女朋友已經是研究生，如果我沒考上，在她面前真會抬不起頭來。再説，沒考上，就須當兵去。花兩年的時間在軍中，感情如何維繫呢？畢業考將近，可是畢業論文目前仍未完成。如果畢業前沒完成畢業論文，或是口試沒通過，就須多唸一年，所以更不想準備畢業考的科目。這些事，實在愈想愈煩，顧此就失彼，做這個也不是，做那個也不是。眼看一天一天過去，仍舊沒有一件完成，心裏實在很著急。

諮商員 2：研究所考試你沒有把握，畢業考將近你沒時間唸，畢業論文你還未完成，跟女朋友的感情不知道如何維繫。你有這麼多的壓力，讓你心急如焚，甚至失眠，痛苦不堪。（初層次同理心技術）

當事人 3：前幾天我忍不住地哭了起來。不知道有誰能幫我。我不敢讓我女朋友知道，我不要她瞧不起我。她家有錢，生活費、學費都由她父母負擔，甚至有轎車可開。我不一樣，我的弟妹都還在唸書，我的學費跟生活費，必須靠我打工來維持。我沒有足夠的時間準備功課，考不上研究所是理所當然，可是，我不敢讓她知道。她對我期望很高，她父母希望我們唸完研究所後，一起出國深造。如果我考不上研究所，恐怕我們這段感情也難以維持。其實畢業論文跟畢業考是小事，研究所考試才是我最重要的問題。

諮商員 3：研究所考試才是你最重要的問題。（覆述技術）

當事人 4：她父母對我期望很大，希望我唸完研究所後，跟她一起出國。或許我們兩人根本不適合在一起，因為我們的生活背景有天壤之別。她家有錢，任何願望都容易達成。她父母這樣規畫，對我而言簡直是天方夜譚。我是長子，父母年紀都大了，還得靠我賺錢供弟妹唸書，我怎麼可能有錢出國唸書，連唸研究所都成問題。

當事人 4：她父母不了解你的狀況，對你的期望過大，帶給你好大的壓力，你後悔跟她在一起。（高層次同理心技術）

當事人 5：是有點後悔。我一直認為只要兩人相愛，其他的問題都可以克服，所以一開始我並沒有告訴她實話。我早知道她會唸研究所，會出國深造，當時我就該說實話。我誤以為將來如果她發現事實，會因為愛我，而原諒我，而放棄她的理想。我想我錯了。直到現在我還不敢讓她知道我真正的狀況，我說不出口。

諮商員 5：你誤以為愛可以解決一切，所以一直掩飾你的真正狀況。現在你自食其果，羞愧不已，連想向她坦承都說不出口（高層次同理心技術）。告訴我，你說不出口的原因（具體化技術）？

當事人 6：丟臉。她一直以為我的家境不錯，所以對我有諸多期待。現在讓她知道我以前所說、所做的都是假的，而且是個窮小子，我怎麼

抬得起頭來。

諮商員 6：你擔心她知道真相後，會瞧不起你，讓你無地自容。（情感反映
　　　　技術）

當事人 7：沒錯。在她面前我覺得自卑，所以不得不欺騙她，給她好印象。
　　　　如果她知道真相後，我想我會不敢見她（頭低下）。

諮商員 7：這段感情讓你覺得好辛苦（情感反映技術）。我將剛剛我們談的
　　　　內容做個整理，看看我對你的了解是否正確。雖然你有畢業考、
　　　　畢業論文跟口試、研究所考試的壓力，但是真正給你壓力的是研
　　　　究所考試。因為你自卑，撒了謊，讓女朋友跟她家人對你有很大
　　　　的期望。你明知道這些期望不可能實現，可是你誤以為愛可以解
　　　　決一切，所以還是報考研究所，讓自己同時面臨這麼多壓力而慌
　　　　亂不已。雖然你已經後悔，可是為了面子，你還是不敢讓她知道
　　　　真相，只得繼續承受痛苦（摘要技術）。

當事人 8：或許所有的問題都是因為我不願意面對現實，看來要解決這些問
　　　　題，只得告訴她實話。現在不讓她知道，將來她還是會知道，反
　　　　正結果都是一樣，不如現在讓她知道，也好早日卸下這些壓力。

　　諮商員的摘要，將不同的訊息串連、組織與歸納，協助當事人對原來
的問題產生新的看法，以及設定解決問題的目標。

四、使不同諮商主題與不同諮商階段的轉換更順暢

　　當某一主題的談話結束，將要探索下一個相關主題時，諮商員摘要兩
人的談話內容，可以將該主題與下一個主題串連，協助當事人順利進入下
一個會談的主題。

　　諮商員在每一次諮商開始之時，摘要上一次諮商重點，將有助於當事
人順利進入諮商。

　　每一次諮商進入尾聲，如果諮商員摘要該次諮商內容，就可以協助當
事人統整該次諮商的學習心得，並為下一次的諮商設立目標。

　　在以上不同時機中，摘要的工作，也可以由當事人來擔任。由當事人作摘要有一些優點，第一，諮商員從當事人的摘要中，可以看出當事人在諮商中的學習；第二，藉此機會讓當事人為自己的問題負責。

第五節　摘要技術練習

　　技術練習分為兩部份，第一部份用來複習前幾節所提的重點，並且熟練摘要技術。第二部份為實務練習，由學習者扮演諮商員對當事人進行諮商。

一、複習與練習：選出諮商員最適當的回應

　　在第一部份的練習中，學習者須先閱讀當事人的敘述，然後從三個諮商員的回應中選出適當的一個。學習者選出答案後，請閱讀後面的說明，了解每一個回應之適當或不適當的原因。

5.1.1　摘要技術是指諮商員整理與歸納兩人談話的要點（包括情感與想法），再回應給當事人。或是，諮商員請當事人就談過的內容，做重點式的整理，再表達出來。以下請使用摘要技術回應當事人的敘述：

當事人①：（當事人提到自從母親去世後一直意志消沈，甚至無心工作）自從我媽媽去世後，我覺得活得好難過。以前我中午的便當是媽媽準備的，現在一到中午我就覺得很煩，不知道自己該吃些什麼。尤其是晚上回到家裏，整間房子空蕩蕩的，好冷清。

諮商員①：媽媽去世後，再也沒有人照顧你、陪伴你，你感到寂寞與失落。（初層次同理心技術）

當事人②：家裏四處都是媽媽的影子，一回到家裏，那種難過的感覺更是

　　　　　強烈，所以我很害怕回家。下班後，我常常在外遊蕩，到了精疲
　　　　　力竭才回家，回到家就立刻睡覺，什麼都可以不用想。

諮商員②：你必須用疲倦麻痺自己，好讓自己不會觸景生情，這種生活讓
　　　　　你覺得痛苦。（初層次同理心技術）

當事人③：如你所説的，我覺得好痛苦，也覺得好後悔，如果當初我願意
　　　　　娶妻生子，或許今天就不會那麼落魄。

5.1.2　諮商員₁：我將我們剛剛所談的內容做些整理。母親去世後，你的
　　　　　　　　生活頓失重心。一方面因為沒有人照顧與陪伴你，讓你
　　　　　　　　不知如何活下去。另一方面，思念母親的感覺，讓你害
　　　　　　　　怕回家，所以只得藉著疲倦來麻痺自己。經歷到這些痛
　　　　　　　　苦後，你突然有所領悟，如果當初不拒絕婚姻的話，今
　　　　　　　　天就不會淪落到這般光景。

　　正確。諮商員摘要他跟當事人晤談的重點。

5.1.3　諮商員₂：我將我們剛剛所談的內容做些整理，母親去世後，你再
　　　　　　　　也沒有豐富的午餐可吃，讓你想起母親以前的好，而更
　　　　　　　　加懷念母親。尤其是你害怕下班後回到家裏，沒有溫暖
　　　　　　　　的晚餐等著你，所以你寧願逗留在外。你想到如果你有
　　　　　　　　妻有子，今天可能會有不一樣的結果。

　　諮商員摘要的內容無法反應出當事人敘述的重點，甚至誤解了當事人
的想法與感覺。

5.1.4　諮商員₃：你目前的痛苦，我能夠體會，因為我曾經有過類似的經
　　　　　　　　驗。我母親在世的時候，無微不至地照顧我，讓我能夠
　　　　　　　　盡全力打拼。就像你一樣，我從不需要為自己的三餐操
　　　　　　　　心，所有的家事也都是我媽媽在做……。直到我媽媽去

世後，我才知道她對我多重要。我也後悔當初沒有結
婚，現在事事都須自己來。

諮商員使用的技術是自我表露技術，非摘要技術。

5.2.1　以下請使用摘要技術回應當事人的敘述：

當事人②：（當事人覺得某一同事很難相處）我每次都委屈自己，主動跟
　　　　　他說話。因為我們都在同一學校上班，常常見面，如果將彼此的
　　　　　關係弄僵，見面會很尷尬，所以每次有了爭執，我都主動示好。

諮商員②：每次有了爭執，你都主動示好（覆述技術）。

當事人②：沒辦法，我也不了解為什麼自己每次都成為受害者，我覺得都
　　　　　是他不對。

諮商員②：雖然你沒錯，可是每次都成為受害者，你感到很委屈（初層次
　　　　　同理心）。告訴我，你們之間衝突的原因為何？（探問技術，開
　　　　　放式問題）

當事人③：這學期我兼任一個職務，就是負責學生的實習部份。說實在的，
　　　　　這種事我根本不懂，至於為什麼我要接這個業務，我也不是很清
　　　　　楚，反正上班的時間一樣，卻可以有更多的收入，還掛個主管的
　　　　　名稱，配個屬下替我打理一切，這種好處誰不要？我每天盡量將
　　　　　責任推給屬下，反正有錯他就該負責。兼任這個業務，倒是輕鬆
　　　　　愉快，不過就是他讓我很頭痛。「行政」就是當個傳聲筒，別人
　　　　　有了問題，你就將這個問題傳給相關單位，相關單位如何回答，
　　　　　你再傳回來，就是這樣。這本來是很簡單的事，可是他卻要求行
　　　　　政是溝通協調，將問題複雜化。此外，他常找一些問題困擾我。
　　　　　不過，我還是比他聰明，我將責任推給其他單位，說是那些單位
　　　　　不對。至於這些單位知不知道我說謊，這個我不管。雖然這些問
　　　　　題都被我四兩撥千金地推給別人，可是這個過程卻讓我感到委
　　　　　屈，因為他常常大發脾氣，而我卻不能生氣。

5.2.2　諮商員₁：這位同事常找你麻煩，讓你感到生氣。雖然你跟他爭執時得克制自己的脾氣，事後還得向他示好，因而覺得委屈，不過，你也為自己能夠化險為夷的能力感到驕傲。

諮商員使用的技術是初層次同理心技術，非摘要技術。

5.2.3　諮商員₂：你剛剛提到你那位同事常找一些問題困擾你，告訴我，他曾用那些問題困擾你？

諮商員使用的技術是具體化技術，非摘要技術。

5.2.4　諮商員₃：我將我們剛剛所談的內容做整理。你今年兼任一個職務，這是個事少錢多的輕鬆工作，你本來可勝任愉快，可是某個同事處處找你麻煩，因此你跟他有了一些爭執。靠著你的聰明，不管你是對或錯，你總能四兩撥千金，爭出個道理來。不過，在這個過程中，因為對方可以隨意大發雷霆，而你卻必須克制自己的脾氣，又得在事後先向他示好，因此覺得很委屈。

正確。諮商員摘要的內容，包括了當事人敘述的重點。

5.3.1　以下請使用摘要技術回應當事人的敘述：

當事人①：跟一位異常者溝通，簡直是跟石頭說話，不可理喻。

諮商員①：聽起來似乎碰到令你生氣的事（情感反映技術）。告訴我發生了什麼事？（具體化技術）

當事人②：（當事人目前剛調到別的單位，原單位主管要他有空回去幫忙，讓新人進入狀況）要人家回去幫忙，他（原先主管）當然要先跟

我主管提，這樣我才敢回去幫忙，否則我的主管會責備我多事。我跟他提過這件事，他卻因為跟我現在的主管交惡而不敢說，竟然要我自己去說。他們兩人既然交惡，我這麼一說，我的主管不恨死我才怪。我告訴他我不能這樣做，他卻說有事他負責。他是本公司出了名的「膽小鬼」，誰不知道他最會推卸責任，怎麼可能願意負責。大家都知道他是小人，他卻不斷吹噓自己的正義，還不知道大家都在看他演戲，簡直鬧笑話。

諮商員②：這種人讓你覺得好氣，也好笑。（情感反映技術）

當事人③：他以為大家不知道他在演戲，還一齣一齣地上演。大家在台下看到捧腹大笑，他還津津樂道自己的聰明，當然好笑。我以前是很氣他，因為他霸道、沒有人性。不過，我現在已經跳離苦海，不再受他擺佈，倒替他感到可憐。年紀這麼大了，還不知道修身養性，卻一天到晚設計害人，想要永遠保住他的權勢。

諮商員③：他為了權勢而喪失了人道，當時你受制於他，所以覺得憤怒。不過，在你脫離他的操控後，你反而可憐他的無知。（簡述語意技術）

當事人④：如果說對他的憤怒都沒有了那是騙人的。想到以前他不斷陷害我的那副嘴臉，我還是會義憤填膺。只不過，現在不在那個單位，看到其他人繼續受他擺佈而痛苦不堪時，覺得自己幸運多了，憤怒也少很多。

5.3.2　諮商員1：雖然過去主管對你的壓榨，你仍然無法釋懷，可是看到別人還在水深火熱之中，你慶幸能夠逃離火坑，心裏就覺得舒坦多。

　　諮商員使用的技術是簡述語意技術，是對當事人的回應，非摘要技術。

5.3.3　諮商員2：最近你過去的主管希望你回去幫忙，卻將責任推卸給你，

要你主動跟你的主管提，你當然不願意。你憤怒他以前
沒有人性的欺壓，不過，看到其他人仍在他的淫威下受
苦，你慶幸自己的幸運，憤怒也減少了，也可憐他對權
勢的瘋狂。

正確。諮商員摘要的內容為當事人敘述的重點。

5.3.4　諮商員₃：你覺得自己幸運多了，憤怒也少了很多。

諮商員使用的技術是覆述技術，非摘要技術。

二、實務練習

(一)練習一

請使用摘要技術，回應以下當事人的敘述：

    1. 當事人₁：我沒有跟他正式交往之前，已有人警告過我，要我提防
　　　　　　他。

　　　諮商員₁：誰警告過妳？要妳提防他什麼？（具體化技術）

　　　當事人₂：我的好朋友，她是我國中三年的同學。她說這個男同學
　　　　　　非常花心，不知跟多少位女生上過床，而且只是抱著玩
　　　　　　玩的心態。跟他上過床的女生都很後悔。我上學期轉到
　　　　　　那所學校去，因為我長得漂亮，所以我的好朋友就要我
　　　　　　提防他。

　　　諮商員₂：妳的好朋友要妳提防這位花心的男同學，免得妳落入他
　　　　　　的陷阱，像其他被他玩過的女生一樣後悔莫及。（簡述
　　　　　　語意技術）

　　　當事人₃：我很感激我好朋友的預警，讓我看到這個人的另一面，

　　　　　　否則他多情的眼神，體貼的動作，很容易讓女孩子癡迷
　　　　　　上當。

諮商員₃：因為好朋友的警告，才讓妳懸崖勒馬，沒有落入他的陷
　　　　　　阱，妳覺得好慶幸。（初層次同理心技術）

當事人₄：說起來真不好意思，我的確差點被騙。

諮商員₄：想起來還心有餘悸。（情感反映技術）

當事人₅：沒錯。本來他約我到他家，因為他父母出國去了，家裏
　　　　　　只剩下他一個人，他說，這樣我們才可以不受干擾，而
　　　　　　且他收集有一些奇特的東西，我可以順便參觀。那天，
　　　　　　我已經準備好要出門，剛好收到我好朋友的來信。還好
　　　　　　我當場讀了信，才知道他是這樣的人。所以，後來我決
　　　　　　定不跟這種人交往，否則真的出事，我的父母一定打死
　　　　　　我。

諮商員₅：（摘要技術）

2. 當事人₁：那時我們是死黨，我們感情好到別人都嫉妒，甚至認為
　　　　　　我們是同性戀。不過，後來有了變化。

諮商員₁：告訴我，後來有什麼變化。（具體化技術）

當事人₂：他交了一位女朋友後，一切都變得不一樣。本來我們有
　　　　　　很多共同的嗜好，所以常常在一起。他有了女朋友之後，
　　　　　　大部份時間都跟他女朋友泡在一起，所以我就被冷落。

諮商員₂：他交了女朋友之後，冷落了你，讓你感到很難過。（初
　　　　　　層次同理心技術）

當事人₃：那時候我的確有點難過。不過，人家跟女朋友在一起是
　　　　　　很正常的。後來我想或許我也可以像他一樣交個女朋友，
　　　　　　讓自己的生活快樂些，所以，我開始將注意力放在女孩
　　　　　　子身上。

諮商員₃：在不快樂一段時間後，你開始有了新目標，想要交個女
　　　　　　朋友，讓自己重新快樂起來。（簡述語意技術）

當事人₄：不過……（沈默約三十秒鐘，眼神看往遠方）

諮商員₄：剛剛你話沒說完就沈默下來，約有三十秒鐘沒有說話，告訴我，在那段沈默的時間裏，你想些什麼？（沈默技術）

當事人₅：我……我發現我對女孩子沒有興趣，甚至沒有反應。然後開始對死黨的女朋友吃醋，嫉妒她為什麼可以整天跟他在一起。在痛苦一段時間後，我才發現，我愛上他。

諮商員₅：（摘要技術）

3. 當事人₁：我不知道為什麼要花那麼長的時間在學校唸書，國小六年、國中高中各三年，大學四年，整整十六年的時間，你想想看整整十六年的時間。這十六年來，大大小小的考試不下上千次，還要過關斬將，可是得到的又是什麼？

諮商員₁：花了那麼長的時間唸書，到頭來一無所有，你感到失望。（初層次同理心技術）

當事人₂：唸了那麼多書，拿了一張人人稱羨的大學文憑，可是有什麼用呢？我現在已經二十六歲了，還找不到一份穩定的工作，連自己都養不飽，更不要說成家立業，我真後悔當初沒去學技術，否則現在也不會高不成低不就。

諮商員₂：雖然你有人人羨慕的學歷，卻找不到適當的工作，你後悔當初的決定，以至於現在無法成家立業。（簡述語意技術）

當事人₃：看看我的國中同學，他畢業後學了三年技術，就開始就業，幾年內，五子登科通通有了，而我？孑然一身，一無所有，每個月為了一萬多的薪水日夜奔波。

諮商員₃：看到國中同學的成就，再看到自己的一無所有，你有無限的感慨。（初層次同理心技術）

當事人₄：當初就是太執著「萬般皆下品，唯有讀書高」的信念，認為學歷愈高，地位愈大，賺的錢就愈多。現在我看到

有些人即使有大學文憑，卻因為找不到工作，最後連清潔人員也肯當。我是放不下身段，不過這樣只是苦了自己。

諮商員₄：（摘要技術）

4. 當事人₁：昨天接到了家人的來信，說從這學期起，我的學費跟生活費要自己付，因為我的父母已經沒有能力照顧我了。

諮商員₁：妳覺得好難過。（情感反映技術）

當事人₂：（哭泣）恐怕我下學期必須休學賺錢，否則連我的父母也會餓死。

諮商員₂：妳覺得好無奈。（情感反映技術）

當事人₃：我……我恐怕這一輩子都沒有機會唸書了，那麼多的債務，我怎麼還得完。我父母現在都生了病，連看醫生的錢都沒有，我不賺錢養他們，他們可能活不下來。我不幫他們還債，他們可能會坐牢。

諮商員₃：妳必須賺錢養活父母，又必須替父母還債，這麼大的壓力，妳覺得好無助。（初層次理心技術）

當事人₄：我對自己這一輩子已經沒有指望了，除非奇蹟出現，否則我會一輩子做苦工，甚至淪落當酒家女賺錢還債。

諮商員₄：妳覺得會被債務拖垮，沒有未來。（簡述語意技術）

當事人₅：我不能怨恨我父母，要恨的是那些倒會的人。這些人真沒有良心，也不怕報應。他們將大把的錢標去花天酒地，然後逃之夭夭，債務卻要由我承擔，我一定不放過他們。不管他們逃到天涯海角，我一定要想辦法把他們找出來。

諮商員₅：（摘要技術）

5. 當事人₁：我覺得他們兩個男人各有優、缺點，優點我都喜歡，缺點我都不要，兩個人我同樣喜歡，所以很難決定誰對我比較適合。

諮商員₁：這兩個男人的條件差不多，害妳左右為難，不知道該選
誰。（初層次同理心技術）

當事人₂：老天爺真會捉弄人，不給我則已，一給我就給我兩個，
教我如何選擇呢？

諮商員₂：妳覺得好苦惱。（情感反映技術）

當事人₃：是呀！（嘆氣）我從二十歲起，就想談戀愛，偏偏沒有
人喜歡我。看到別人成雙成對，心裏就難過。就這樣孤
枕獨眠地過了十年，我已經絕望了，打算一輩子單身。
沒想到，我都已經三十歲了卻突然有了消息，同時有兩
個男人對我有意思。

諮商員₃：等了十年，妳才等到機會，卻偏偏同時有兩個男性想跟
妳交往，妳覺得既興奮又苦惱。（初層次同理心技術）

當事人₄：是呀！甲先生個子矮了點，可是人溫柔體貼，又有錢，
嫁過去可以有舒服的生活。乙先生英俊瀟灑，有點霸道，
家產卻平常，嫁過去只能當個上班族。

諮商員₄：挑人才就沒有錢財，挑錢財就沒有人才，真是左右為難。
（初層次同理心技術）

當事人₅：我媽媽覺得錢財比較安全，我朋友認為人才可以賞心悅
目。我嘛，人才跟錢財都要，可是就是沒有這種人。

諮商員₅：（摘要技術）

(二)練習二

1. 兩人一組，準備一台錄音機，一人扮演諮商員，另一人扮演當事
人，諮商員對當事人諮商時，請使用摘要技術與前幾章所學的技
術，並且全程錄音。三十分鐘後，兩人聽諮商錄音過程，討論諮商
員的摘要技術是否正確。

2. 角色互換，重複以上步驟。

第十三章

訊息提供技術

本章摘要

第一節　訊息提供（information giving）技術的定義

　　訊息提供技術是指在諮商過程中，諮商員為了協助當事人了解問題、作決定，或規畫行動解決問題時，在必要的情況下，提供給當事人相關的資訊。

第二節　訊息提供技術內容說明

　　訊息提供已成為諮商必然的一環。

　　從諮商員提供資料的方式來說，可分為兩大類，一類是由諮商員直接提供；另一類是諮商員教導當事人從何處、用什麼方式取得。

　　從資料的形式來看，諮商員提供的資料可分為幾種形式：相關書籍或活動、媒體的運用、測驗資料。

第三節　訊息提供技術的適用時機與注意事項

　　在任何諮商時刻或任何諮商階段，如果資料能夠幫助當事人順利進入諮商、了解諮商過程、了解諮商員可能的作法、了解問題形成的可能原因與處理方法等，都可以使用訊息提供技術。

　　不管資料是由諮商員直接提供或由當事人親自取得，有一些注意事項要遵守。諮商員直接提供給當事人資料時，要避免養成當事人依賴的習性。如果資料必須由當事人親自取得，諮商員就需教導當事人蒐集資料的技巧，並且在當事人取得資料後，教導當事人如何使用這些資料。最重要的是，當事人須與諮商員討論閱讀這些資料後的心得。

第四節　訊息提供技術的功能

一、協助當事人進一步了解自己或問題。
二、協助當事人解決問題。
三、養成當事人為問題主動負責的行為。

第一節　訊息提供技術的定義

　　訊息提供技術是指在諮商過程中，諮商員為了協助當事人了解問題、作決定，或規畫行動解決問題時，在必要的情況下，提供給當事人相關的資訊。舉例說明如下：

🍀案例一

　　當事人二十三歲，高中畢業，男性。當事人因為不斷變換工作，無法長時期待在同一個工作上而求助。諮商員發現，當事人找工作時，通常透過朋友、親戚介紹，沒有考慮相關因素，以至於無法找到志趣相合的工作。

當事人：我一直認為，要找到適合的工作，就是不斷嘗試不同的工作。不過，退伍後，到現在已經換了十個工作，仍舊不知道自己適合那種工作，心裏覺得好煩。這樣嘗試下去也不是辦法，簡直在浪費時間。

諮商員：聽起來你似乎不知道要找到合適的工作，需要一些相關資訊，包括有關自己、工作、社會脈動等資料。我建議你先閱讀一些有關的書籍，先了解想找合適的工作，需要考慮那些要項，這樣就可以幫助你早一點解決問題。至於你可以閱讀的書籍，包括有……。你可以在書店找到這些書籍。下一次諮商時，我們將討論你的閱讀心得。（訊息提供技術）

🍀案例二

　　當事人三十五歲，家庭主婦，先生去世後，需要獨力扶養二個孩子。當事人因為沒有一技之長，擔心沒有足夠的能力照顧孩子。會談已進行二十分鐘。

當事人：我高中畢業後就結婚，因為我先生不喜歡我拋頭露面，所以我只

好在家當家庭主婦。我先生意外去世後，我真不知道該怎麼辦。我們剛剛談話的內容讓我覺悟到，學習一技之長可能比較重要。我知道有些政府機構可以幫助我學習技能，並且在技能學成之後，介紹工作給我，只是詳細情形我不清楚。

諮商員：是行政院所屬的職訓局。我會告訴妳職訓局在那裏，我希望妳親自去一趟，蒐集一些妳想要的資料，還有詢問妳想知道的問題。下次妳來的時候，將這些資料帶到這裏來，我們一起看看那些資料對妳有幫助。至於妳該蒐集那些資料，以及問那些問題，我們現在需要先討論……。（訊息提供技術）

❤案例三

當事人五十歲，商人，男性。當事人的兒子為高中生，因為殺人被捕，當事人憂心忡忡。談話中，當事人提到一些有關法律的問題。

當事人：我想替我兒子上訴，他年紀輕輕，如果被判重刑，一生就完了。我想知道是否有補救的方法幫助他。兒子出事後，我六神無主，來慰問的人很多，提的意見一大堆，讓我更加混亂，差點崩潰。我兒子現在還在偵訊中，應該有方法可以補救，可是我不知道該怎麼做？

諮商員：我想這件事請教這方面的法律專家可能比較適合。我會介紹一位專家給你，他在這方面很有經驗，曾處理過很多類似的案件。你可以在電話中說明你兒子目前的狀況，然後跟他約時間詳談。因為你的問題比較急迫，你可以要求他立即幫你處理。下週你來的時候，再告訴我你們談的情形如何。（訊息提供技術）

第二節　訊息提供技術內容說明

諮商過程中，有時候因為當事人問題之需要，諮商員必須提供當事人相關資料，所以訊息提供已成為諮商必然的一環。例如，如果當事人的問

題是因為缺乏某些資料使然，諮商員就必須教導當事人從那裏、用那種方法蒐集到他需要的資料。尤其是生涯問題，必然涉及資料蒐集的問題。

在諮商一開始，如果當事人因本身的特質使然，而難以進入諮商，諮商員可以藉助一些書籍，提供當事人有關的資訊，協助當事人順利進入諮商。例如，當事人的害羞可能與本身的人格因素有關，諮商員提供相關書籍，協助當事人了解問題的可能根源，讓當事人願意開放自己。

在某些治療學派上，例如，讀書治療法（Bibliotherapy）、理情治療法等，要求當事人閱讀相關資料為諮商過程的一部份。在諮商過程中，這些學派會選用一些書籍，指導當事人閱讀，並在諮商中討論當事人的閱讀心得，作為協助當事人的方法之一。

從諮商員提供資料的方式來說，可分為兩大類，一類是由諮商員直接提供；另一類是諮商員教導當事人從何處、用什麼方式取得。

從資料的形式來看，諮商員提供的資料可分為幾種形式：相關書籍或活動、媒體的運用、測驗資料（Hutchins & Vaught, 1997）。以下就不同形式的資料加以說明：

一、相關書籍或活動

諮商員請當事人閱讀跟問題有關的資料，並提出閱讀心得。從當事人的心得中，諮商員可以了解當事人的想法與感覺，並且以此為起點，進行諮商。對於當事人閱讀心得的運用，不同心理治療學派各有不同的作法。

市面上一些助人的書籍，可以用來協助當事人了解問題形成的可能原因、可能的感覺與想法，以及處理方法。這些書籍，可以協助當事人對問題有某種程度的了解，甚至協助當事人了解諮商員在諮商過程中的某些作法。

有些當事人不習慣在別人面前吐露心聲，諮商員可以提供給當事人這類主題的書籍，讓當事人了解不習慣在別人面前吐露心聲的行為非自己特有，以協助當事人自在地剖析自己。諮商員提供的資料除了書籍資料外，小說、詩、戲劇等都具有同樣的效果（Hutchins & Vaught, 1997）。

二、媒體的運用

　　透過媒體提供資訊的管道包括有幻燈片、錄音帶、電腦程式、CD、電視節目等。目前已有一些電腦程式，可以協助當事人處理生涯相關的問題，例如做決定、價值觀探討、工作尋找等問題。有時候電視節目、演講錄音帶、幻燈片等，也可以提供有用的資訊。

　　同樣地，當事人一些諮商上的主題，例如，性問題、婚姻問題、親職問題、暴力問題、學習問題……等問題，也可以透過媒體的途徑，得到一些有用的資訊。

　　這方面的資訊通常需要當事人自己去取得，但是，諮商員需要直接告訴當事人，用何方法、在那裏可以獲得這些資訊。透過這個過程，當事人不但學會蒐集資料的方法，也學會為自己的問題主動負責。

三、測驗資料

　　心理測驗是提供給當事人重要資訊的諮商輔助工具，尤其是當事人規畫生涯或了解問題時，測驗資料常是不可或缺的資料。

　　心理測驗不一定由諮商員實施，但是諮商員必須具備一些測驗的基本知識，才能選取適合當事人問題的測驗，包括測驗編製的過程、目前有那些測驗可用、各測驗的目的、如何選取測驗、如何解釋與使用測驗。

　　一些較特殊的測驗，可能需要經過特殊訓練的專家才能施測，諮商員可以將當事人轉介給測驗專家，由測驗專家施測。

第三節　訊息提供技術的適用時機與注意事項

一、訊息提供技術的適用時機

在任何諮商時刻或任何諮商階段，如果資料能夠幫助當事人順利進入諮商、了解諮商過程、了解諮商員可能的作法、了解問題形成的可能原因與處理方法等，都可以使用訊息提供技術。

二、注意事項

不管資料是由諮商員直接提供或由當事人由親自取得，有一些注意事項要遵守：

諮商員直接提供給當事人資料時，要避免養成當事人依賴的習性。如果資料常常由諮商員直接提供，非由當事人自行取得，就容易養成當事人依賴的習慣。如果當事人的依賴是一個重要的主題，諮商員的行為，就會助長當事人問題的嚴重性。

如果資料必須由當事人親自取得，諮商員就需教導當事人蒐集資料的技巧，並且在當事人取得資料後，教導當事人如何使用這些資料。最重要的是，當事人須與諮商員討論閱讀這些資料後的心得。

第四節　訊息提供技術的功能

資訊提供技術的功能有：

1. 協助當事人進一步了解自己或問題。
2. 協助當事人解決問題。
3. 養成當事人為問題主動負責的行為。

各項功能說明如下：

一、協助當事人進一步了解自己或問題

　　諮商室內的會談，能夠協助當事人覺察已知或未知的感覺與想法，而資訊提供具有輔助的功能，能夠補足諮商室會談上的不足，提供當事人更多層面的刺激活動，協助當事人對自己或問題有更多的覺察。

　　例如，生涯規畫的問題，往往與當事人的人格特質、價值觀、追求的生活方式、特殊技能與能力等有關，諮商室的會談並不能協助當事人很快地獲得這些資料。藉助測驗的幫忙，可以協助當事人快速地了解自己。又如，一些被虐待的婦女，長期承受暴力的肆虐，因為求助無門而掙脫不出。這些婦女之所以無法早日跳脫困境，除了本身因素外，不知如何求助、不明白社會資源的存在，是重要的原因之一。如果諮商員能夠提供這方面資訊，協助當事人了解自己的權利、可取得的資源，就可以提高當事人協助自己的動機。

　　當事人與諮商員討論閱讀書籍或媒體資料的心得，可以引發更多的想法與感受，這些資料可以幫助當事人進一步了解自己。

🍎 案例一

　　當事人二十二歲，男性，剛退伍目前無業。因為不知道該進入那種行業、學習那種技能而求助。經過幾次的諮商，諮商員確定當事人作生涯決定時，需要一些個人的資料，於是決定將當事人轉介給測驗專家施測。

諮商員 1：在決定生涯方向時，你可能需要了解自己有那些潛能，我打算請這方面的專家幫你作相關的測驗，這種測驗稱為性向測驗。性向測驗是用來了解你天生的潛在能力，也就是較佳的性向能力。例如有人擅長語文，有人擅長數學。一個人要有好的表現，除了他個人的努力外，是否具有該方面的性向能力是非常重要。如果某人在語文方面的性向能力較高，而數學性向能力比較低，在正常

的情況下，如果他往語文方面發展，未來的成就可能會比往數學
方面來得好。你要作的測驗叫做「××性向測驗」。它是用來測
量十種性向能力。從你在這十方面的表現，可以找出你在那些方
面的潛能比較高。幫你作測驗的專家稱為××教授，他是這方面
的權威。這個測驗的時間需要兩小時，你要跟他聯絡，安排作測
驗的時間。測驗結果出來後，我們再來討論相關的問題。我說到
這裏，你有什麼不清楚的地方？（訊息提供技術）

當事人₁：一聽到考試，我就有些擔心。

諮商員₂：你擔心什麼？（具體化技術）

當事人₂：我擔心測驗結果不是我想要的結果。

諮商員₃：你期望什麼樣的結果？（具體化技術）

當事人₃：其實，我一直想往企業界發展，我不知道結果會不會這樣。

諮商員₄：你擔心你的希望會落空。（情感反映技術）

當事人₄：如果不是往企業界發展，我就不知道自己能作什麼？

諮商員₅：我不知道你是否有這方面性向，但是可以確定的是，你有這方面
的興趣。作生涯決定時，你需要了解自己不同方面的特質，包括
你的性向能力、智力、興趣、價值觀、人格特質、生活方式、特
殊技能等，然後綜合各方面的資料，才能作適當的決定。這次的
測驗，只是其中的一項資料，不能依據這一項資料就作決定，你
還需要配合其他的資料。此外，我建議你閱讀一些書籍，了解你
作生涯決定時，需要考慮那些因素，我會告訴你如何取得這些書
籍。不知道我這樣說，對你的擔心有沒有幫助。（資訊提供技
術）

當事人₆：你這樣說我比較放心，也知道該思考那些問題，而不是一廂情願
地往企業界發展。

　　諮商員提供的資訊，有助於當事人進一步了解自己。

❤案例二

　　當事人三十五歲，工廠工人，男性。因為個性內向，一直交不到理想的對象而求助。會談已經進行了二十分鐘。

當事人₁：其實，要告訴你我的問題，我覺得相當的困難，我不知如何啟齒，也不知道該説些什麼。我的生活就是這麼單純，不是工作，就是睡覺、看電視。我不認為我有問題，只是因為不善言詞，才交不到女朋友。親戚朋友曾介紹了好幾個女孩給我，都是因為我不知道該跟對方談些什麼而沒有結果。我知道我的個性是內向點，但是這並不是什麼大缺點。

諮商員₁：你覺得自己因為個性木訥而交不到女朋友。不過，你不認為個性內向是個問題。（簡述語意技術）

當事人₂：女孩子不喜歡我這種個性內向的人我有什麼辦法，我的個性又不是我想要的，是父母把我教養成這樣的。

諮商員₂：你覺得很委屈，因為你內向的個性不是你自己的選擇，而是父母塑造的。（初層次同理心技術）

當事人₃：當然委屈。再説，我不善於表達自己，還是少説些話比較好，否則會被別人笑。

諮商員₃：你不善言詞，只得沈默，以避免別人的譏笑。（簡述語意技術）

當事人₄：或許就是因為這樣，讓我更不習慣説話，以至於跟別人在一起時，我都不知道該説些什麼，對你也一樣。

諮商員₄：跟我在一起時，你的感覺怎樣？（立即性技術）

當事人₅：剛剛如果不是你知道如何問我，我就不知道該如何説。不過，現在你這樣一問，我還是不知道該怎麼描述。

諮商員₅：我要求你説明你的感覺，讓你覺得不知所措。（立即性技術）

當事人₆：或許是因為驚慌。

諮商員₆：多談談那種驚慌的感覺。（具體化技術）

當事人₇：我説不出來，但是我知道自己有那種感覺。

諮商員₇：好像你只能感覺到驚慌，但是無法進一步説清楚。（簡述語意技

術）

當事人8：我想是因為害羞吧。

諮商員8：因為害羞。（覆述技術）

當事人9：其實我一直不想承認這一點，現在經你這樣一路問下來，讓我不得不說。我都已經三十五歲了，還像小女孩一樣害羞，真丟臉。

諮商員9：你已經三十五歲了還會害羞，因此感到丟臉。（簡述語意技術）

當事人10：自己年紀都已經這麼大，還這樣，真丟臉。

諮商員10：你覺得自己不應該有害羞的行為，偏偏控制不了，覺得好無奈（初層次同理心技術）。我這裏有一本關於害羞的書，你把書名、出版社、作者抄下來，回去後到書店買，然後閱讀第三章，第三章所描述的情況跟你的狀況很相似，它會提供給你一些資訊，協助你進一步了解你的問題。下一次諮商時，把你的心得帶來，我們一起討論（訊息提供技術）。

當事人11：我希望能夠多看看這方面的相關書籍，是否可以多介紹幾本書給我。

諮商員11：聽起來你急著想解決你的問題（情感反映技術）。如果你有需要的話，我可以給你一些書名。不過，我希望你先閱讀我建議的資料，下次經過我們的討論後，我比較能夠知道那些書籍對你的問題會有幫忙（訊息提供技術）。

當事人12：好吧。我……。

諮商員提供的資訊，有助於當事人進一步了解自己。

二、有助於當事人問題的解決

當事人之所以產生問題，有些時候是因為缺乏適當的資訊，只要諮商員提供當事人需要的資訊，當事人的問題就迎刃而解。例如，當事人的問題在於不知道如何籌措出國的留學經費，諮商員可以提供資訊，教導當事

人如何蒐集國內外獎助的管道。

　　有時候當事人經過一番深入探討，覓得問題根源，並且將要採取行動解決問題，此時，資訊的提供可能有助於當事人問題的解決。例如，當事人應徵工作時，有三家私人公司錄用他。一家名氣好、一家薪水高、一家有好的工作環境。當事人不知道如何取捨。諮商員需要提供資訊，協助當事人蒐集三家公司進一步的資料，幫助當事人更清楚地了解三家公司的狀況，當事人才能作正確的抉擇。

❤ 案例一

　　當事人三十多歲，雇員，男性。當事人最近發現太太有外遇，不知道如何處置。當事人打算離婚，可是心裏有許多的不甘與不捨。經過一番探討後，當事人還是決定離婚。不過，當事人在太太同意離婚後，卻擔心離婚後，無法一個人面對生活中的種種問題。

當事人1：我跟我太太結婚八年，我早已習慣有人陪伴的生活。離婚後，我
　　　　　必須獨自處理生活上的種種問題，我擔心我會不習慣。舉個例子
　　　　　來說，每天三餐都是我太太準備的，家裏是她整理的。我下班回
　　　　　家後，習慣家裏有人在。我看電視時習慣有人陪。我睡覺時，習
　　　　　慣身旁有人在……。我不是個依賴的人，可是這些年，一直有太
　　　　　太陪伴。我擔心一時之間，會有適應不良的問題。

諮商員1：你擔心離婚後，因為不習慣沒有人陪伴，而產生適應問題。（簡
　　　　　述語意技術）

當事人2：不過，如果我不下定決心離婚的話，對我們兩個人都無益。三年
　　　　　前，她的心就飛走了。如果不是我的懦弱，不願意早作了斷，就
　　　　　不會拖了好幾年，讓兩人痛苦。離婚這條路雖不好走，我也只能
　　　　　勇往直前。

諮商員2：你後悔自己的懦弱，讓不幸的婚姻拖了好幾年，苦了你跟你太
　　　　　太。可是，另一方面，你擔心離婚後會產生適應問題（初層次同
　　　　　理心技術）。在我們的社會上，有一些協會免費幫忙離婚的男
　　　　　女，協助他們度過離婚後的適應問題。這些協會除了有不同的專

家，從不同的層面幫助有需要的人外，協會中的成員，也都是失婚的人，你可以從這些團體得到一些幫助。有了這些機構的協助，你會覺得離婚後的日子好過些（訊息提供技術）。

當事人₃：我曾在電視新聞的報導中聽過某個機構的名字，可是詳細情形我不知道。說起來也真是笑話，沒想到自己竟然會成為這裏面的一員。

諮商員₃：說起這些事，讓你有些感慨。（情感反映技術）

當事人₄：感慨是難免的，不過從另一角度來想，面臨了這麼嚴重的事情，我的確需要別人的幫忙，我只是個凡人（眼睛望向遠方）。

諮商員₄：要承認自己是個凡人，需要別人幫忙，是件很尷尬的事。（高層次同理心技術）

當事人₅：（嘆了一口氣）我是個男人，要我去找他們，然後承認我需要幫助，那是多麼丟臉的事。

諮商員₅：讓別人知道你婚姻失敗，而且需要幫忙，讓你覺得很沒面子。（簡述語意技術）。

當事人₅：或許我又重蹈覆轍，因為怕傷了自己身為男人的尊嚴，所以又在逃避推託，就像當初明知道這段婚姻已經無法補救，為了尊嚴，仍舊不願意面對。

諮商員₅：似乎你已經發現，自己又用同樣的方式在面對問題，就好像當初你處理自己的婚姻一樣。（簡述語意技術）

當事人₇：沒錯。不過，該面對的總該去面對。

諮商員₇：我告訴你這些機構的服務，只是讓你知道你可以使用的資源。有了這些資訊，如果你有需要，才知道從那裏取得幫助。（訊息提供技術）

（接著，諮商員繼續處理當事人向社會機構救助時可能的難堪。之後，諮商員將機構的名稱、機構的地址與電話給當事人。）

諮商員₆：我希望你先蒐集資料，了解你在離婚後可能會碰到那些問題，那些機構可以免費提供給你這些服務，以及取得服務的方式等。下一次，我們將會討論你蒐集到的資料，看看有那些資源可能對你

的問題有幫助。（資訊提供技術）

當事人64：我覺得自己好像正要面臨一場⋯⋯。

諮商員提供的資訊，協助了當事人解決問題。

🍎案例二

當事人四十多歲，家庭主婦，為受虐婦女，目前正在爭取離婚。

當事人1：離婚其實是很不得已的。結婚十多年，被打了十多年，再這樣下去，我遲早會喪命。以前我以為女人嘛，不管嫁得好不好只能認命，我娘家也這麼說，他們認為可能是我前輩子欠他的，這輩子必須還他。娘家都這麼說了，我也只好認命。折磨了這些年，如果不是前一陣子的事件，我就不會因禍得福。我真恨以前太傻，只怪自己沒受多少教育，不知道保護自己。不過，選擇離婚這條路，其實我有很大的害怕。除了你已經知道的心理原因外，我現在最擔心的莫過於不知道如何跟我先生打官司。他人面廣，可能有很多人幫忙，但是，我找不到人可以幫我。我娘家聽說我要離婚，要我再三考慮，說我年紀這麼大了才要離婚，會被人家笑的，而且離婚後我沒有人可以依靠，也不會有男人要我的。聽起來真讓我難過。都已經是什麼時候了，還說這種話，難道要我被打死後他們才知道後悔。本來我期望他們幫我，現在我才知道自己原來無依無靠，這就是我害怕的地方，我先生是不會放過我的。

諮商員1：妳勢單力薄，沒有人可以依靠，妳擔心不但離不了婚，後果可能比現在更悽慘。（簡述語意技術）

當事人2：沒錯、沒錯，我就是這樣想。心理的害怕你會幫我處理，就像前幾次那樣，可是現在的問題，不知道要怎麼辦。我先生很高大，也很兇，我擔心你對付不了他。

諮商員2：妳擔心我不但無法幫你，甚至可能被妳連累。（立即性技術）

當事人3：我擔心的就是這些。

諮商員 ₃：幫妳向妳先生爭取離婚，這部份的工作不是我能作的，不過我知
　　　　道有一些機構可以幫你。這些機構專門幫助像妳這樣常常被先生
　　　　毒打的婦女。他們所提供的服務是免費的。這些機構提供法律專
　　　　家協助妳打官司、提供給妳暫時的住所、技能訓練……。同時，
　　　　妳也可以接觸到跟妳有同樣問題的婦女，妳們可以分享彼此的經
　　　　驗，在心理上相互支持。（訊息提供技術）

當事人 ₄：我怎麼不知道還有這樣好的服務。如果我早知道，就不必忍受這
　　　　麼多年的苦。那要怎樣跟他們聯絡，我應該跟他們說什麼？

諮商員 ₄：首先我們要先討論妳的需要，然後看看那些機構可以提供給妳這
　　　　些服務，也就是說，妳必須先了解自己的需要，然後再找出可以
　　　　幫助妳的機構。找到可以幫助妳的機構後，還要了解須透過那些
　　　　程序，才能取得到機構的幫助，以及他們是如何幫助妳的……。
　　　　（訊息提供技術）

　　由於諮商員提供的資訊，使得當事人的問題獲得解決。

三、養成當事人為問題主動負責的行為

　　諮商員間接提供資訊（亦即協助當事人從那裏、用什麼方法取得資
訊），協助當事人探討與解決問題時，如果能夠運用得當，不但不會造成
當事人對諮商員的依賴，而且可以養成當事人為問題主動負責的態度。

　　諮商員間接提供資訊的方式之所以能夠養成當事人為問題主動負責的
態度，是因為諮商員提供資訊時，會要求與鼓勵當事人主動蒐集相關資
料。這個過程，不但協助當事人學會資料蒐集的技術，同時也學會如何運
用資料了解與解決問題。

第五節　訊息提供技術練習

　　技術練習分為兩部份，第一部份用來複習前幾節所提的重點，並且熟練訊息提供技術。第二部份為實務練習，由學習者扮演諮商員對當事人進行諮商。

一、複習與練習：選出諮商員最適當的回應

　　在第一部份的練習中，學習者須先閱讀當事人的敘述，然後從三個諮商員的回應中選出適當的一個。學習者選出答案後，請閱讀後面的說明，了解每一個回應之適當或不適當的原因。

5.1.1　訊息提供技術是指在諮商過程中，諮商員提供相關資料或協助當事人蒐集相關資料，以了解、解決當事人的問題。以下請使用訊息提供技術回應當事人的敘述：

當事人：（當事人十三歲，國一學生，男性。當事人因父親常常對他施暴而求助。當事人的母親已經去世，如果將他跟父親隔離，他可能變成孤兒）雖然我知道我爸爸因為心理生病才會這樣對我，我也知道要離開我爸爸才能救我自己，可是如果我失去我爸爸，我就會變成孤兒。我擔心我會被送進孤兒院，我不想待在那裏，我已經沒有媽媽，我不想再失去爸爸，我不想變成孤兒。

5.1.2　諮商員1：如果你不離開爸爸，就會繼續被爸爸毒打；可是，如果你選擇離開爸爸，就會變成孤兒，被送進孤兒院。所以你左右為難，不知如何是好（初層次同理心技術）。可是如果你離開爸爸，你也可能不會被送到孤兒院，而是

到某個家庭去。這個家庭中的爸爸跟媽媽，因為沒有孩子，所以他們希望收養你，讓你當他們的兒子，他們成為你的爸爸跟媽媽。他們會照顧你，就像你的爸爸跟媽媽一樣，可是不會像原來的爸爸那樣打你，只是一開始，你可能會覺得不習慣，可能需要一些時間才能適應。

正確。諮商員提供給當事人相關訊息，幫助當事人作正確的決定。

5.1.3　諮商員 2：如果你不離開爸爸，就會繼續被爸爸毒打。可是，如果你選擇離開爸爸，就會變成孤兒，被送進孤兒院，所以你左右為難，不知如何是好（初層次同理心技術）。如果你選擇繼續留在爸爸身旁，這樣做不但無法救你自己，還可能害了你爸爸，因為將來你有任何不幸，他會內疚一輩子。

諮商員的回應是對當事人的勸告，不但不是訊息提供，而且有意引導當事人作某種決定，這種作法違反諮商倫理。

5.1.4　諮商員 3：如果你不離開爸爸，就會繼續被爸爸毒打。可是，如果你選擇離開爸爸，就會變成孤兒，被送進孤兒院，所以你左右為難，不知如何是好（初層次同理心技術）。我知道跟自己的親人分離是很痛苦的，不過「天下無不散的宴席」，人終究必須面臨分離，只是有人比較早，有人比較晚。你算是前者。再說，你離開你爸爸，未必就會變成孤兒，或許你還有一些親戚長輩會常去看你，怎麼算是孤兒呢？

諮商員的回應只是對當事人的安慰與責備，而且沒有尊重當事人的感

覺與想法，因此對當事人的問題沒有幫助。

5.2.1　以下請使用訊息提供技術回應當事人的敘述：

當事人：（當事人十八歲，高三學生，男性。因為選擇大學科系的問題求
　　　　助。諮商員與當事人已經會談了三十分鐘）當初我父母認為，如
　　　　果我能當醫生，他們對祖宗才有交代，而且他們年老生病時，有
　　　　個醫生兒子可以照顧他們。我也認為當醫生是件榮耀的事。可
　　　　是，這兩年來，我唸書唸得好辛苦，卻不見得有好的表現，到現
　　　　在才知道，原來我沒有這方面能力，我實在覺得不甘心。不過，
　　　　如果我無法認清事實的話，恐怕會白白浪費許多時間與精力，到
　　　　頭來沒有一間學校可以唸。我現在最大的問題是我的能力在那
　　　　裏，我適合唸什麼科系？

5.2.2　諮商員 1：你知道自己當不成醫生，覺得好沮喪，不過你寧願面對
　　　　　　　　現實，重新規畫自己的未來（初層次同理心技術）。我
　　　　　　　　不知道到底什麼原因讓你放棄了原先的志願，如果你願
　　　　　　　　意說出來的話，我們可以先看看這個問題，如果這個問
　　　　　　　　題獲得解決的話，或許你就不必要那麼沮喪地放棄原先
　　　　　　　　的志願。

　　　諮商員不是使用訊息提供技術，而且想探索當事人放棄當醫生的原
因。基本上，諮商員是希望當事人維持原先的選擇，這種作法是將個人的
價值觀加在當事人的身上，有違諮商倫理。

5.2.3　諮商員 2：你知道自己當不成醫生，覺得好沮喪，不過你寧願面對
　　　　　　　　現實，重新規畫自己的未來（初層次同理心技術）。聽
　　　　　　　　起來你原先的想法跟你父母的期待一樣，這是很難得
　　　　　　　　的。如果你真的想當醫生，就不該為了一些挫折而放

棄。人生本來就充滿了挫折，不是你克服挫折，就是臣
服在挫折之下。我相信有一些醫生的遭遇可能跟你一
樣，不過由於他們的堅持，最後終於成功。如果你願意
的話，我可以安排你訪問一、兩位醫生，看看他們是如
何克服當時的困難。

　　諮商員雖然試著使用訊息提供技術協助當事人，可是諮商員的重點是
在鼓勵當事人維持原先的選擇。這種作法是將個人的價值觀加在當事人的
身上，有違諮商倫理。

5.2.4　諮商員₃：你知道自己當不成醫生，覺得好沮喪，不過你寧願面對
　　　　　　現實，重新規畫自己的未來（初層次同理心技術）。如
　　　　　　果你想知道自己的能力在那裏，以及該唸那些科系的
　　　　　　話，我可以安排你參加心理測驗施測，測驗的結果，可
　　　　　　以作為你選擇的參考。此外，學校輔導處備有各大學科
　　　　　　系的簡介，簡介的內容包括就讀各系該具備的能力、修
　　　　　　習的科目，以及未來的出路。相信這些資料可以幫助於
　　　　　　你作正確的選擇。輔導處每一學期會提供一些活動幫助
　　　　　　學生，有些活動可以協助你進一步了解自己。你可以到
　　　　　　輔導處取得相關的活動資料。未來我們將根據你的測驗
　　　　　　結果跟你所蒐集到的資料作整合的分析與討論，來幫助
　　　　　　你選擇適當的就讀科系。

　　正確。諮商員針對當事人的問題，提供有益的資訊，協助當事人解決
問題。

5.3.1　以下請使用訊息提供技術回應當事人的敘述：

當事人：（描述離婚後生活陷入困境的情形）我先生原先按時付給我贍養

費，可是自從他再婚後，就沒有再給我，他說先欠著，等他經濟好些，再補給我。半年過去了，他的情況更糟糕。他畢竟是孩子的爹，我不想告他。不過，婚前我並沒有什麼專長，婚後專心做家庭主婦，也沒有機會到外面工作。離婚後，我曾經試著找工作，不過像我這種沒有專長的人，根本找不到什麼好工作。目前我在附近的自助餐廳幫忙，薪水低得可憐，像是工讀生一樣。我十幾年的儲蓄已經用得差不多，再這樣下去，恐怕全家會沒飯吃，更不用說讓小孩讀書。

5.3.2　諮商員 1：最近半年先生未付贍養費，妳又沒有專長找個穩定的工作，現在全家陷入困境，妳萬分著急（初層次同理心技術）。或許妳可以求助於親戚朋友，看看他們能否幫妳找個穩定的工作，讓妳的家人生活沒有問題。至於習得一技之長，目前升學管道有許多，入學也容易，或許妳可以考慮重回學校。等到妳有了一技之長，再考慮換比較好的工作。

　　諮商員不是提供當事人有用的訊息，而是給當事人不切實際的建議，因此對當事人的問題沒有幫助。

5.3.3　諮商員 2：最近半年先生未付贍養費，妳又沒有專長找個穩定的工作，現在全家陷入困境，妳萬分著急（初層次同理心技術）。現在各地都設有就業輔導處，這些機構每天公佈求才的訊息，提供一些工作機會給尚無工作者。雖然妳沒有一技之長，仍然有機會就業。此外，這些機構還提供免費的專長訓練，讓人人都有一技之長。我會告訴妳在那裏取得這些資料，下一次諮商時，我們一起討論妳找的工作跟蒐集到的資料。

正確。諮商員提供相關訊息，幫助當事人解決目前的問題。

5.3.4　諮商員₃：最近半年先生未付贍養費，妳又沒有專長找個穩定的工作，現在全家陷入困境，妳萬分著急（初層次同理心技術）。既然妳跟孩子已陷入困境，而這個問題是妳先生引起，當然需找妳先生一起解決。不能因為妳先生一句「以後再補償妳」妳就讓他逃之夭夭，讓自己承擔所有的責任。告訴他妳現在的狀況，孩子是他的，他不忍心看著自己的孩子挨餓，就會想辦法解決問題。

　　諮商員不是提供當事人有助益的訊息，而是教訓當事人該如何做，這種回應內容不但無助於當事人解決問題，而且對當事人有害。

二、實務練習

㈠練習一

　　請使用訊息提供技術，回應以下當事人的敘述：

1. 當事人：高職畢業那一年，因為沒有錢可以唸大學，而且家裏的經濟狀況也不好，所以沒有繼續升學。隔了五年，我存了一些錢，我的弟妹也都有工作，所以我想繼續升學。因為我是高職生，不像一般的高中生，所以不知道目前有那些升學管道適合我。

　　諮商員：

2. 當事人：俗話說「家財萬貫，不如一技在身」，這句話現在一點都不管用。國中畢業後我為了學技能，在西裝店當了三年的學徒。以為出師後，當個西裝師父生活就可以穩定下來。

沒想到才沒有幾年的功夫，這一行竟然漸行沒落，生意糟
得不得了。如果我不轉行，恐怕全家會餓死。可是，我不
知道我能轉到那一行去，也不知道在那裏學到這方面技
能。

諮商員：

3.當事人：我的兒子跟媳婦因車禍雙雙去世後，兩個小孫子由我一個
人照顧。我已經七十多歲了，每天早上推了一個小攤子到
市場賣菜賺錢維持一家人的生活。有一天我大孫子告訴
我，說他看到我這麼辛苦很難過，他不想要上學了，要幫
忙賺錢。他才小學三年級，我怎麼可以答應。不過，像我
年紀一大把的人，還要賺錢照顧孫子，真覺得吃不消。我
聽說像我這種情形的人可以申請一些補助，不知道是不是
真的？

諮商員：

4.當事人：三年前我婆婆因為精神病發作，在療養院住了三年，最近
出院要回來住，我有一些擔心，不知道該如何跟她相處。
我對精神病沒有一點概念，更不用說要跟這種人相處。上
次我到療養院看她時，醫生曾說，要我們當家屬的人好好
幫助她。我也很想幫她，也想了解這種精神病到底是怎樣
一回事，可是我不知道該看那些書。

諮商員：

5.當事人：我決定高中畢業後到國外唸大學，可是國外大學上千所，
我沒有這些學校的資料，也不知道如何選擇。

諮商員：

㈡練習二

1. 兩人一組，準備一台錄音機，一人扮演諮商員，另一人扮演當事人，諮商員對當事人諮商時，請使用訊息提供技術及前幾章所學的技術，並且全程錄音。三十分鐘後，兩人聽諮商錄音過程，討論諮商員的訊息提供技術是否正確。

2. 角色互換，重複以上步驟。

第三章

自我表露技術

本章摘要

第一節　自我表露（self-disclosing）技術的定義

在適當的情況下，諮商員公開自己的類似經驗跟當事人分享，協助當事人對自己的感覺、想法與行為後果有進一步的了解，並且從中得到積極的啟示。

第二節　自我表露技術內容說明

諮商的目的在協助當事人探討問題、了解自己、解決問題。諮商中，諮商員的角色只是催化者，當事人才是為問題負責的主角。不過，因為當事人認為諮商員是問題解決專家，所以很容易矮化自己，高估諮商員，並且將解決問題的責任推給諮商員。

要提高當事人為問題負責的動機，就必須讓諮商關係成為平等關係。諮商員的自我表露，讓當事人看到諮商員的平凡，也讓當事人將自己與諮商員放在平等的位置上。因為當事人較能夠客觀地看待自己，所以就會願意為行為負責。

第三節　自我表露技術的適用時機與注意事項

自我表露技術適用於諮商員與當事人已有良好諮商關係時，或諮商員確信表露自己的類似經驗，有助於當事人問題的解決。

諮商員使用自我表露技術時，須避免自己成為諮商中的主角，而使得諮商的重心轉移至諮商員身上。諮商員自我表露的內容、長度、深度須適當，應與當事人的問題相當。同時，不可運用自我表露的機會，批評當事人對問題的感覺、想法與行為反應，以及避免當事人模仿諮商員的解決方式。最後，諮商員的自我表露應該協助當事人注意到問題的關鍵，以及當事人可以運用的資源上。

第四節　自我表露技術的功能

一、促進彼此的吸引力，增進信任感，加強諮商關係。

二、鼓勵當事人進一步吐露與探討問題。

三、產生示範作用。

四、協助當事人集中注意力探討問題的關鍵部份。

五、協助當事人得到啟示，對問題產生不同的看法。

第一節　自我表露技術的定義

　　在適當的情況下，諮商員公開自己的類似經驗跟當事人分享，協助當事人對自己的感覺、想法與行為後果有進一步的了解，並且從中得到積極的啟示。舉例說明如下：

🍎 案例一 _____

　　當事人三十三歲，雇員，女性。當事人離婚已經三年，目前有一親密男朋友，兩人目前論及婚嫁。雖然當事人的男朋友知道當事人曾離婚的事，可是男方父母並不知道，當事人猶豫是否該告訴對方父母。經過幾次諮商後，當事人決定隱瞞事實，以免婚事生變。

諮商員：幾年前，我曾經在訂婚後，被對方退婚。對方退婚的理由是認為我過去的行為不檢。我不知道對方所謂的行為不檢是什麼意思，不過既然他們這樣認為，我也不想爭辯，就這樣，被對方解除了婚約。後來我另交了男朋友，我們論及婚嫁時，我讓他知道我的過去，不過他認為這件事不適合讓他父母知道，所以就替我隱瞞。雖然他有意保護我，可是，我仍然擔心他父母發現我的過去後會有不良的反應，於是我告訴他我的擔心。經過一番討論後，我的擔心降低不少，知道將來有了萬一時該如何處理。最重要的是，有人陪在我的身旁跟我共同面對問題。（自我表露技術）

🍎 案例二 _____

　　當事人三十歲，教師，女性。當事人的男朋友比她小十歲，又曾經是她的學生，當事人不知道該不該跟他交往。經過幾次諮商後，當事人覺得男方父母強力反對，加上自己年紀不小，不想將青春浪費在這段結果不可預知的感情上，於是決定放棄。當事人擔心男朋友無法接受她的決定，糾纏不清，讓她意志不堅。

諮商員：我雖沒有跟你一樣的經驗，不過也曾經有年紀比我小的愛慕者死
　　　　纏爛打。他的體貼、細膩、浪漫真讓我心軟，我的理性警告我不
　　　　能作繭自縛，我的情慾催促我接納他，我當時的擔心可能跟妳現
　　　　在的心情一樣。（自我表露技術）

當事人：沒錯，就如妳說的一樣，我的理性警告我不能飛蛾撲火，我的情
　　　　慾卻一再誘惑我「只在乎曾經擁有，不在乎天長地久」……。

🍎案例三

　　當事人二十二歲，學生，男性。當事人所唸的科系不適合自己，想轉
系，但是必須降級。另一方面當事人擔心自己由理工科轉文科，沒有能力
應付課業壓力。經過幾次探討後，當事人頓悟到面子問題才是問題所在。
於是，決定冒險試試看。

諮商員：我的情況跟你一樣，我原本唸化學系，唸了兩年後，發現對化學
　　　　物質的東西沒有興趣，倒是對人的行為有強大的好奇心，經過一
　　　　番思考後我決定轉系。當時我的心情跟你現在的狀況很像，即使
　　　　我已經決定轉系，心裏還是七上八下，不知道自己能不能適應新
　　　　的科系。後來我跟老師談起我的擔心，老師建議我要有良好的學
　　　　習規畫，尤其是我必須從頭學起，更需要有學習規畫才能趕上同
　　　　學。我不知道我的經驗是不是對你有幫助，不過我很樂意跟你分
　　　　享，或許可以作為你的參考。（自我表露技術）

第二節　自我表露技術內容說明

　　在當事人心目中，諮商員原本就是一位解決問題的專家，再加上當事
人被問題所纏久思不解，因而更容易將自己貶低，將諮商員神化，讓自己
依賴諮商員解決問題。

　　諮商的目的在協助當事人面對問題、解決問題。在協助當事人的角色
上，諮商員只是個催化者，只是導引當事人深入探討自己，發現自己，進

而解決問題，當事人問題的解決主要還是要靠當事人自己。所以，諮商中，當事人是主角，是該為問題負責的人。

要當事人願意為自己的問題負責，就必須去除當事人對諮商員的依賴與崇拜，讓諮商關係是平等的關係。在平等的關係上，當事人才會看重自己。在平等的關係上，當事人才不會高估諮商員，低估自己。否則，當事人會將責任推給諮商員，希望諮商員替自己負責。

諮商員開放自己的經驗除了具有第四節所談的功能外，最重要的是讓當事人領悟到諮商員的平凡，將自己與諮商員放在平等的位置上，並且願意為問題負責。當當事人看到諮商員像自己一樣也曾被類似的問題所擾，就比較能夠客觀地看待自己，並且增生勇氣披荊斬棘。

第三節　自我表露技術的適用時機與注意事項

一、自我表露技術的適用時機

㈠自我表露技術適用於諮商員與當事人已有良好諮商關係時。
㈡諮商員確信表露自己的類似經驗，有助於當事人問題的解決時。

二、注意事項

㈠諮商員使用自我表露技術時，須避免自己成為諮商中的主角，讓諮商的重心轉移至諮商員身上。
㈡諮商員自我表露的次數須適當，避免過度頻繁，免得讓諮商的重心轉移至諮商員身上。
㈢諮商員自我表露的內容、長度、深度須適當，應與當事人的問題相當。
㈣諮商員不可運用自我表露的機會，批評當事人對問題的感覺、想法與行為反應。
㈤在當事人問題未深入探討之前，避免因為諮商員的自我表露，讓當事人

模仿諮商員的解決方式。

㈥諮商員的自我表露應該協助當事人注意到問題的關鍵地方，以及當事人
可以運用的資源上。

第四節　自我表露技術的功能

自我表露技術的功能有：

1.促進彼此的吸引力，增進信任感，加強諮商關係。

2.鼓勵當事人進一步吐露與探討問題。

3.產生示範作用。

4.協助當事人集中注意力探討問題的關鍵部份。

5.協助當事人得到啟示，對問題產生不同的看法。

各項功能說明如下：

一、促進彼此的吸引力，增進信任感，加強諮商關係

諮商員將個人類似的經驗與當事人分享時，可以讓當事人感受到諮商
員對他的信任。此外諮商員的自我表露，讓當事人產生一種「共苦」的感
覺，因而願意靠近諮商員，縮短彼此的距離。

二、鼓勵當事人進一步吐露與探討問題

諮商員的自我表露，除了提高當事人對他的信任，拉近兩人關係外，
更可以讓當事人看到諮商員像他一樣，有平凡人的喜怒哀樂，平凡人的問
題與煩惱。當事人因為受到諮商員類似經驗的鼓勵，於是願意卸下防衛，
開放自己，探討問題。

案例一

當事人三十一歲，工廠的組長，男性。當事人對婚姻一直有排斥的心理，因此當事人的女朋友威脅要離開他。經過三次的諮商後，當事人頓悟到自己的問題跟母親在他六歲時，拋夫棄子與情夫私奔有關。

當事人1：當時我父親因為公司業務忙碌，常常需要加班無法按時回家，留我一個人守著空屋，那種害怕與孤單，真是無法形容。我爸爸曾經因為生病昏迷不醒，當時我年紀小，不知道發生什麼事，只知道叫不醒爸爸而嚇得嚎啕大哭，到現在這些情景還歷歷在目。所以，即使我已經長大成人，還是無法原諒媽媽的行為。

諮商員1：因為媽媽拋棄你，讓你在成長過程中，嘗盡了悲哀與恐懼。即使你已長大成人，可是對這些淒涼哀苦的情景記憶猶新，因此對媽媽的怨恨仍然無法消除。（簡述語意技術）

當事人2：我對我女朋友的不信任，就如對我媽媽的不信任一樣。既然不信任她，更不用提跟她結婚。當然我愛她，可是婚姻對我而言是個沈重的負擔，我擔心舊事重演，我不想像我爸爸一樣可憐，也不要我的孩子像我小時候那樣悽慘。

諮商員2：你對媽媽的不信任，影響了你對女人的信任，所以害怕婚姻，害怕你的遭遇像父親一樣悽慘，害怕你的小孩像你小時候一樣可憐。（簡述語意技術）

當事人3：我的女朋友不能體諒這一點，覺得既然我無法給她婚姻，繼續跟我在一起沒有前途，也沒有什麼意思。

諮商員3：她不能諒解你的想法，決定離開你，讓你覺得好失望。（初層次同理心技術）

當事人4：我女朋友威脅要離開我時，我的確很失望，不過我知道錯的人可能是我，只是當時不知道自己對婚姻的恐懼原來跟媽媽的拋棄有關。

諮商員4：你的發現似乎讓你有些驚訝。（情感反映技術）

當事人5：沒錯。

諮商員₅：我沒有跟你一樣的遭遇，不過我有個類似的經驗。我父親是個不
　　　　苟言笑的人，他對我過度的嚴格，讓我心生畏懼而不敢靠近他。
　　　　受到這種經驗的影響，長大後，我對類似父親形象的人，充滿畏
　　　　懼。後來有機會接觸諮商，經過一番深入探討，並且經過一些時
　　　　間的學習，才消除對他們的恐懼。（自我表露技術）
當事人₆：這麼說，我必須深入探討問題，再經過一段時間的學習後，問題
　　　　才可以獲得解決。
諮商員₆：可以這麼說。
當事人₇：那就開始吧！

　　諮商員的自我表露，鼓勵當事人進一步吐露與探討問題。

❦案例二

　　當事人十五歲，國三學生，男性。當事人曾為中輟生，回到學校上課
後，受到老師跟同學的排斥而想休學。在前五次的諮商中，當事人抒解了
對老師跟同學的憤怒情緒。
當事人₁：雖然我對他們的痛恨已經不再像以前那樣，不過，要我繼續在原
　　　　班上課實在痛苦，我不能整天一個人默默無語，沒有人可以說
　　　　話。
諮商員₁：雖然你已經原諒他們，可是如果繼續在原班上課，你還是會像以
　　　　前一樣痛苦。（簡述語意技術）
當事人₂：或許我可以忍受他們的冷嘲熱諷，可是我不能沒有朋友。
諮商員₂：你不能沒有朋友。（覆述技術）
當事人₃：是啊！所以我可能會不斷地到別班找其他的朋友，不會待在原
　　　　班。可是，我總不能每一節下課都往別班跑，那不是很奇怪嗎？
諮商員₃：自己的班容不下你，你不得不往別班逃，讓你覺得好委屈。（初
　　　　層次同理心技術）
當事人₄：沒錯，我覺得很委屈。
諮商員₄：我以前曾有個經驗，雖然跟你的情況不完全一樣，可是卻有點類

似。在國二分班時，我一個人被分到另一個班級去。剛開始時，因為不認識班上的任何一位同學，過得非常孤立，很痛苦，所以每一節下課都跑到以前的班級找以前的同學。將近有兩個月的時間，我覺得自己好像孤獨客一樣。（自我表露技術）

當事人₅：沒錯！沒錯！就像個孤獨客一樣，孤立在天地之間，找不到一個可以親近的人，……。

諮商員的自我表露，鼓勵了當事人進一步吐露。

三、產生示範作用

諮商員自我表露的經驗，可以協助當事人了解行為的可能後果，作為解決問題的參考。

❤案例一

當事人三十歲，公司採購，男性，因為成為婚姻中的第三者，痛苦不堪。經過五次的諮商後，當事人決定結束這段不正常的關係。

當事人₁：雖然我現在已經決定結束這段不正常的關係，不過我不知道該如何跟她分手。是不是可以在電話中談，還是約她出來談比較好。

諮商員₁：你覺得有些棘手。（情感反映技術）

當事人₂：真是好棘手。她為了我，現在正在跟她先生談離婚的事，如果我告訴她我要落跑，我想她是不會原諒我的。

諮商員₂：為了你，她決定跟她先生離婚，而你卻在這時要跟她分手，你覺得於心不忍。（初層次同理心技術）

當事人₃：我的確這樣想。可是我介入之前，她跟她先生的婚姻已有問題，她也想離婚，只是擔心離婚後沒有依靠，所以一直未積極採取行動。認識我後，我給了她勇氣，她才敢提離婚的事。

諮商員₃：你不認為她離婚的主要原因跟你有關。（簡述語意技術）

當事人₄：其實我也不是很肯定。不過，我知道她依賴心重，如果她離婚，

而我又離開她，她可能會做傻事。

諮商員 4：告訴我，你認為她會做什麼傻事？（具體化技術）

當事人 5：我想是自殺吧。她常常對我說，如果我拋棄她，她就要自殺。

諮商員 5：一想到她的威脅，你就感到手足無措。（情感反映技術）

當事人 6：就是因為她曾經這麼說過，所以我一直乖乖受她擺佈，連想跟她分手的想法都不敢有。雖然現在我下定決心要跟她分手，不過我擔心萬一她真的想不開要怎麼辦？（嘆了一口氣）說實在的，這種女人讓我覺得心寒，跟她在一起壓迫感好大。

諮商員 6：我將我們剛剛所談的做個歸納，看看我對你的了解是否正確。三年前你介入別人的婚姻成為第三者。當時對方的婚姻已有問題，想要離婚又怕找不到依靠，所以沒有採取行動。認識你後，她認為已沒有後顧之憂，就著手辦理離婚的事。因為第三者的身份讓你躲躲藏藏，不但感到辛苦，而且倍受罪惡感的折磨。此外，對方用自殺威脅你，讓你不敢離開她，這種相處模式讓你處處倍受壓力。因此，經過幾次的深入探討，你決定跟對方分手，不過你擔心對方會因此自殺。（摘要技術）

當事人 7：一想到她可能自殺，我連跟她分手的勇氣都沒有。

諮商員 7：我以前的女朋友，對我極度地依賴，也是動不動就拿自殺威脅我。我受不了她的方式，所以決定跟她分手。當時我也有過你現在的擔心，擔心她會用自殺來報復，或是以自殺來逼迫我繼續跟她交往。後來我仔細思考我們之間的交往過程，我覺得自己其實也有錯。我犯的錯誤就是一開始沒有告訴她我對她的感覺，以至於一直受制於她的威脅，譬如她動不動就想自殺的舉動，讓我覺得害怕。（自我表露技術）

當事人 8：我想我跟你犯同樣的錯誤。

諮商員 8：後來，我開誠佈公地跟她討論我過去的感覺，也承認自己犯的錯誤，並且討論我們是否能夠繼續走下去的可能，這其中還包括對彼此的期待。我不知道我的例子是否可以適用於你，因為你必須考慮即使我們的問題類似，可是涉及的情境、人物個性不同，所

以我的處理方法不一定適用於你。（自我表露技術）

當事人₉：關於這一點我很清楚，不過，你的處理方法仍然值得參考，
……。

諮商員類似的經驗，給了當事人解決問題的參考。

案例二

當事人十八歲，高三學生，女性。當事人的男朋友喜歡撫摸當事人的
身體，當事人雖然不喜歡，但是擔心她的拒絕可能會引起男朋友的反感而
移情別戀。不過，如果當事人答應男朋友要求的話，她擔心兩人遲早會有
性關係，所以猶豫不決。

當事人₁：我不知道別的男人會不會像我的男朋友這樣，每一次見面就是要
摟摟抱抱、觸摸我的身體，如果不是我一直把持最後的防衛，恐
怕我們早就有性關係。有時候我真懷疑他跟我見面，只是為了要
親熱。不知道其他的男人是不是這樣。

諮商員₁：妳不確定男朋友喜歡妳，還是喜歡妳的身體，感到很疑惑，也想
知道是不是男人都是這樣。（簡述語意技術）

當事人₂：沒錯，其實我不喜歡我男朋友的行為，可是我擔心他認為我不正
常，所以不敢拒絕他。我覺得見面就應該增進彼此的了解，而不
是一直把注意力放在身體上的接觸。我男朋友竟然說，身體上的
接觸也是一種增進彼此了解的方式。

諮商員₂：雖然妳不同意男朋友的看法，可是卻沒有勇氣拒絕他的要求，因
此感到很懊惱。（初層次同理心技術）

當事人₃：沒錯。這樣的接觸，遲早會出問題，我不想那麼早就有性行為，
所以想拒絕他，又不敢拒絕他，或許是因為我不知道該不該拒絕
他。

諮商員₃：我也曾經有過類似的問題，我的男朋友跟我交往五個月後，就要
求要有性關係。當時我很掙扎，不知道該不該做這件事，也擔心
男朋友因為我的拒絕而離開我。當我們的關係愈靠近，我們的身

體就愈接近，我也擔心總有一天會把持不住。我仔細想過這個問題，最後我還是決定不要跟他有性關係。讓我做這個決定的原因是我從一本雜誌上看到一些重要的資訊。男人跟女人做這件事之前必須要有萬全的準備，不能憑一時的衝動辦事，這件事對女孩子尤其重要。許多女孩子事後自責，例如意外懷孕或是感染性病，就是因為沒有這方面知識，因此事前沒有準備好，或是不知道須要求男朋友戴保險套。男人跟女人辦完事後，後面的殘局往往需要女人來收拾，所以女人不得不慎重。有時候，個人的價值觀也是需要考慮的因素之一，例如當事人是否能夠接受婚前性行為。還有，當事人是否有足夠的能力承擔性行為之後的責任。我仔細思考過這幾個問題，並且看看我的男朋友是否能夠配合做一些準備，後來，我決定拒絕我的男朋友的要求，因為他不喜歡戴保險套，而且我的價值觀也不允許我有婚前性行為。在我拒絕他幾次後，我們的關係就慢慢淡了。不過我不後悔，因為我需要一個能尊重我身體自主權的男人，而不是只管自己需要的男人。
（自我表露技術）

當事人4：我想我也需要考慮妳剛剛提的那幾個問題，而不是憑一時的衝動，……。

諮商員類似的經驗，給了當事人解決問題的參考。

四、協助當事人集中注意力探討問題的關鍵部份

諮商員自我表露的內容，可以引導當事人注意某些重要的訊息，並且順著此訊息的方向，作更深入的探討。

❦ 案例一

當事人二十五歲，女性，大學剛畢業正在找工作。當事人因為無法繼續深造而難過不已。

當事人₁：前天我的好朋友出國唸書，我好羨慕她，好想跟她一道出去唸
　　　　　書。可是，我的家境並不好，家裏的人等著我畢業後賺錢。從機
　　　　　場回家後，我一個人躲在房內哭。媽媽看到我那麼難過，就自責
　　　　　自己是目不識丁的婦女，能做的工作都是苦力工作，沒辦法賺很
　　　　　多錢。她說，如果可以的話，她願意犧牲她的性命來滿足我的需
　　　　　求。我聽了媽媽的話後痛哭流涕，自責自己的要求太過分。

諮商員₁：妳羨慕可以出國深造的同學，怨恨家貧無法成行，可是媽媽的表
　　　　　白，讓妳慚愧不已。（初層次同理心技術）

當事人₂：本來我已經很痛苦了，媽媽這樣說，其實讓我更是痛苦。我無法
　　　　　恨家人，只能痛恨自己。別人不用要求就可以得到的東西，我卻
　　　　　必須辛苦才可以擁有。我害怕那種為了小小的需求就得精疲力竭
　　　　　的感覺，所以我努力讀書，想要出人頭地，擺脫貧窮。沒想到，
　　　　　我還是跳脫不出貧窮的擺佈。

諮商員₂：妳想藉著努力讀書來擺脫貧窮，沒想到，仍然有志難伸，因此有
　　　　　滿腔的怨恨。（初層次同理心技術）

當事人₃：沒錯，我有滿腔的怨恨，好像所有的努力都是白費。只要有錢，
　　　　　什麼目標都可以達成。我有才幹、有能力，沒有錢還是白搭。

諮商員₃：我也曾經有過類似的經驗，我的父母只是個清貧的公務員，支持
　　　　　幾個孩子的生活已喘不過氣來，那有錢讓我繼續深造。眼看著成
　　　　　績不如自己的同學，不到幾年就學成歸國，搖身一變成為社會名
　　　　　流，而自己卻一事無成，見到這些同學連頭都抬不起來，心裏好
　　　　　苦，卻說不出來。有一段時間，對自己感到絕望，似乎所有的希
　　　　　望都破滅了。（自我表露技術）

當事人₄：我現在的感覺就是對自己、對未來感到絕望，似乎有點想放棄自
　　　　　己。不對自己、對未來存著希望就不會失望，就不會有痛苦。反
　　　　　正爭來爭去，結果都是一樣。認命點，就可以減少痛苦。

諮商員₄：妳想藉認命，來逃避失望的痛苦，避免再度受到傷害。（簡述語
　　　　　意技術）

當事人₅：（哭泣）……。我害怕希望，希望對我而言是失敗、是痛苦。我

覺得好累,我已經沒有力氣努力,我覺得好累。

諮商員 5：我也曾如此的精疲力竭,覺得再也沒有力氣站起來重新面對挑戰。當時我知道自己內在有許多的情緒無法抒解,所以我決定先處理自己的情緒,讓自己冷靜下來,再思考自己的未來。（自我表露技術）

當事人 6：說到情緒,我不知道自己是否有很多情緒,只是覺得心裏很難受,很想罵人,也很想打人,更很想好好哭一頓。

諮商員 6：再多描述妳的感覺。（具體化技術）

　　諮商員的自我表露,將談話方向轉至當事人的深層情緒,協助當事人深入探索問題。

🍒案例二

　　當事人二十七歲,業務員,男性。當事人目前正準備出國深造,擔心出國後,女朋友寂寞芳心讓別人有機可乘。在前幾次諮商中,當事人談到,當事人當初追女朋友時,另有一人也對當事人的女朋友有意思,於是兩人展開激烈競爭,最後當事人雀屏中選。兩人目前感情雖穩定,可是當事人擔心出國後,當初落選的對手會乘機而入。

當事人 1：我需要五年的時間才能拿到博士學位,我計畫三年內將課程修完,然後回國結婚,結完婚後再回國外完成論文。當初我希望出國前先訂婚,可是我父母反對。他們認為訂婚在法律上不具效力,對感情也不具任何保障,誰知道三年後會有什麼變化發生。有緣自然能結合,無緣的話,訂婚也沒有什麼用。

諮商員 1：父母的話讓你覺得很焦慮。（情感反映技術）

當事人 2：我的確很焦慮。眼看著再過一個月就要出國了,卻不知道該如何讓女朋友不變心。

諮商員 2：你珍惜這段感情,擔心出國後感情生變。不過,從另一方面來說,聽起來你對自己的自信心似乎不夠,所以才手足無措。（高層次同理心技術）

當事人₃：聽你這樣說，似乎我也覺得自信心不夠才讓自己這樣慌亂。

諮商員₃：多談談自信心不夠的感覺。（具體化技術）

當事人₄：我必須承認的一點是，對手的條件比我好。他的家世、他的外表，都不是我可以比擬的。雖然我的女朋友跟對方很登對，不過她認為，對方條件太優秀讓她覺得不可靠，所以決定跟我在一起。雖然她現在已成為我的女朋友，但是，我對她還是不放心，或許應該說我的自信心不夠，所以對女朋友也不放心。

諮商員₄：男女生在交往的過程中，這種事情常發生，我也曾有類似的經驗。我年輕時，曾經有個各方面條件都好的女同學，示意對我有好感，希望跟我交往。我當時很猶豫，因為條件比我好的男同學比比皆是，為什麼她偏偏挑中我。不過，因為自己的確喜歡她，也因為虛榮心作祟，還是跟她成為男女朋友。兩人交往後，我的自卑感讓我對她的忠實打了折扣，所以常常傷害她。最後一次吵架後，她憤而離開我。事後我多次反省，才發現破壞我們兩人關係的罪魁禍首是我的自信心。如果當時我對自己有足夠自信的話，雖然這段感情不一定有結果，不過至少不會讓自信心的問題成為這段感情的殺手。我也曾經想過，如果當時我願意將我的擔心讓我女朋友知道，而不是積壓在自己心中的話，我們的關係就不會充滿壓力。（自我表露技術）

當事人₅：或許你說的有道理，我應該探討的是自信心的問題，……。

　　諮商員的自我表露，將談話方向轉至當事人的內在問題，協助當事人探索問題的關鍵要項。

五、協助當事人得到啟示，對問題產生不同的看法

　　當事人被問題所纏，陷入膠著狀態，諮商員的自我表露可以為當事人另闢蹊徑，協助當事人跳脫原本的執著，對問題產生不同的看法，找出解決問題的可能方法。

🍂案例

　　當事人十九歲，高三學生，男性，因為無法達成母親對他的期待而焦慮不安。

當事人1：我對自己非常生氣。其實我很想用功努力，可是每一次的計畫，都無法實現。每天睡覺前我會檢討這一天的努力狀況，可是卻常常發現該做的事通常只完成一半或三分之一。因為這樣，我不斷罵自己不上進。罵完後，我會重新給自己一次機會，重新立志。但是，每天還是重複同樣事。我已經厭煩這一切。我對自己已經忍無可忍了！

諮商員1：因為你的毅力不夠，無法如期完成該做的事，即使你不斷給自己機會，仍然一再失敗，你對自己好失望。（初層次同理心）

當事人2：我對自己失望極了。我媽媽對我有很高的期望，希望我能光宗耀祖，替我家出一口氣。我父親早亡，媽媽含辛茹苦把我養大。孤兒寡母，常受親戚的欺負，所以媽媽一再叮嚀我要奮鬥上進，讓她揚眉吐氣。

諮商員2：你辜負媽媽的苦心，覺得好羞愧。（情感反映技術）

當事人3：每次我責備自己的時候，就會想到媽媽的委屈跟親戚的凌辱，這些影像讓我覺得羞愧，更加的討厭自己。媽媽為我犧牲她的一生，我怎麼可以如此不上進呢？

諮商員3：媽媽的委屈跟親戚的凌辱，雖然激勵你上進，可是也帶給你無比的壓力，讓你覺得好痛苦。（高層次同理心技術）

當事人4：（哭泣）沒錯，媽媽的苦心的確帶給我很大的壓力，好像我的身上有個無形的包袱，壓得我連喘息的空間都沒有。跟別人比較起來，我不會比他們差。不過，我的心裡很著急，很想在短時間內有好的表現，早一點了結媽媽的心願，這種心態讓我更加慌亂，能力就更表現不出來了。

諮商員4：我父親在我出生不久就因病去世，媽媽擔心我沒有父親會受到別人的歧視所以再度結婚，但是媽媽的婚姻並不幸福。看到媽媽在

婚姻中受苦，我就會告訴自己，要好好努力，替媽媽爭一口氣。於是，我不斷努力上進，不敢玩、不敢休息。可是，漸漸地，我發現自己被一種強大的壓力，壓得喘不過氣甚至快要窒息。最後，這種令人窒息的壓力，竟然讓我連唸書都感到辛苦，於是我不斷自責，罵自己豬狗不如。可是，愈多的自責，帶給我愈強的壓力，當我愈想逃避，就愈做對自己無益的事。最後形成一個惡性循環，我陷在裏面，跳脫不出來。這種情形跟你現在的狀況很相似。（自我表露技術）

當事人₅：你說的很有道理。我發現除了我媽媽給我的壓力外，我也不斷給自己壓力，讓自己毫無喘氣的空間，才會造成現在的惡性循環。或許我現在應該做的事，是如何阻止這種惡性循環繼續下去，而不是一味地想要達成媽媽的期望。

諮商員₅：不過，另一方面我也發現，媽媽對我的期待，的確給了我一些奮鬥的力量，讓我能夠隨時警惕自己往目標前進，只不過在這個過程出了一些問題，才造成自己的困擾。（自我表露技術）

當事人₆：這一點我可以接受，而且給了我一些靈感。媽媽對我的期待的確給了我勇氣去面對困難，或許我太迫不及待地想要功成名就，才會造成今天的結果。我不知道為什麼我希望一夜成名，而不是耐心等待。

諮商員₆：我們可以從這一點開始探討，⋯⋯。

　　諮商員的自我表露為當事人另闢蹊徑，協助當事人跳脫當前的混沌，找出解決問題的可能途徑。

第五節　自我表露技術練習

　　技術練習分為兩部份，第一部份用來複習前幾節所提的重點，並且熟練自我表露技術。第二部份為實務練習，由學習者扮演諮商員對當事人進

行諮商。

一、複習與練習：選出諮商員最適當的回應

　　在第一部份的練習中，學習者須先閱讀當事人的敘述，然後從三個諮商員的回應中選出適當的一個。學習者選出答案後，請閱讀後面的說明，了解每一個回應之適當或不適當的原因。

5.1.1　　自我表露技術是指在適當的情況下，諮商員開放自己類似的經驗跟當事人分享。當事人從分享諮商員經驗的過程中，進一步了解自己的感覺、想法與行為的可能後果，並從中得到積極啟示。

　　　　諮商員使用表露技術時，不可藉機批評當事人的感覺、想法或行為反應。以下請使用自我表露技術回應當事人的敘述：

當事人：（當事人的女朋友跟別的男人結婚，兩年來當事人沈溺在痛苦中
　　　　無法自拔）我當然想把她放下，我不想繼續在這種痛苦中度日，
　　　　我想重新尋覓自己的春天，畢竟「天涯何處無芳草，何必單戀一
　　　　枝花」，此花已另有他屬，我又何必苦苦折磨自己，是誰的錯已
　　　　經不重要了。可是，我就是沒有辦法忘記她。

5.1.2　　諮商員₁：我的女朋友跟我交往三年，後來因為找到比我好的對象
　　　　　　　　　而離開我。之後，我滿腹怨恨與不甘，渾渾噩噩過日
　　　　　　　　　子，我那時的狀況就像你現在一樣。直到有一天，我聽
　　　　　　　　　到一位親戚因為肺癌只剩四個月的生命。這個消息有如
　　　　　　　　　當頭棒喝一樣，讓我突然清醒，我問自己，如果我的生
　　　　　　　　　命只有四個月的話，我會怎麼樣？我痛恨自己浪費生命
　　　　　　　　　在無可挽回的事上。在痛哭一場後，我決定讓自己活過
　　　　　　　　　來。我很感謝那位親戚，如果沒有他的啟示，我不知道
　　　　　　　　　我會怎麼樣。

正確。諮商員的自我表露可以帶給當事人積極的啟示。

5.1.3　諮商員 2：你這樣子太沒出息了。「天涯何處無芳草，何必單戀一枝花」，天底下的芳草多的是，只要放開心胸，舉目所見，個個都不會比原來的女朋友差。我就是不斷這樣鼓勵自己才走過來的。就像我現在的女朋友，不論是身材、家世、學歷、個性，樣樣比我的前任太太好。我前任太太一直認為我沒出息，又其貌不揚，向來就瞧不起我。沒想到，離婚後，我找到比她更好的女人。有一次我摟著我女朋友在路上碰到她，看到她嫉妒的眼神，我簡直樂死了。

　　諮商員的自我表露，是對當事人現況的批評，因此對當事人的問題沒有幫助。

5.1.4　諮商員 3：我以前曾經跟一女友愛得死去活來，兩個人都覺得沒有對方活不下去。可是，有一天她的家人介紹了一位對象給她，因為對方條件非常好，所以我開始擔心。她雖然強調不會變心，不過，終究還是離開我。我雖然消極了一段時間，不過，我很快地又振作起來，並沒有像你一樣一蹶不振。感情雖然重要，可是不是生命的全部，我不想讓它耽誤我的前程。

　　諮商員的自我表露，是對當事人現況的批評，因此對當事人的問題沒有幫助。

5.2.1　諮商員的自我表露應該幫助當事人注意問題的關鍵，以及當事人可以運用的資源上。以下請使用自我表露技術回應當事人的敘述：

當事人：自從他去世後，我一直過得很不安穩。我想再找一個像他那樣的知音，可是卻一再失望，讓我覺得全世界的人都很庸俗，沒有人可以像他那樣讓人心曠神怡。漸漸地，即使身在人群中，我仍然覺得孤單。後來我逐漸退出交友圈子，成為獨來獨往的隱形人。在夜深人靜時，那種孤獨的感受常常讓我涕泗縱橫。

5.2.2　諮商員1：我覺得你的想法有些偏激。知音本來就難找，如果將自己封閉起來，就更找不到知音。我以前的想法就像你一樣，結果後來弄得沒有人願意跟我在一起，大家都認為我孤僻。我想如果你再這樣下去，不但知音找不到，還可能失去大家的友誼，到那個時候，不但沒有知音，恐怕連個普通朋友也沒有。

　　諮商員的自我表露是對當事人行為的批評，因此對當事人的問題沒有幫助。

5.2.3　諮商員2：我以前曾經跟你有類似的經驗與想法，可是沒有堅持多久，我就投降了。沒有朋友的日子好可怕，連找個人聊天都找不到。最可怕的是，有一次我生病，好幾天都沒有人知道，還好有人來拜訪，發現我已經昏死過去，才趕緊送我就醫。所以，我勸你還是不要遠離人群，畢竟人人都需要朋友的幫助。

　　諮商員利用自我表露的機會說服當事人做某種決定，這種作法有違諮商倫理，因此對當事人的問題沒有幫助。

5.2.4　諮商員3：自己相知相惜的人去世了後，覺得整個世界都沒有人可以跟他相比，最後讓自己陷入最深的孤獨，這種經驗我

曾經有過。我的男朋友意外去世後，我覺得天地間再也
找不到人可以託付終身。經過一段很孤獨的時間後，有
個朋友告訴我，他想跟我交往，可是我的想法讓他卻
步。他認為他雖然未必跟我過去的男朋友一模一樣，不
過他有他的特色，至少該給他機會讓兩人交往後再作論
斷，這也是給自己機會。剛開始我排斥他的想法，後來
覺得他的想法也不無道理。像我這樣封閉自己，當然沒
有機會找到適合的人，所以我決定冒險一試。

正確。諮商員的自我表露，協助當事人注意問題的關鍵，以及可以運
用的資源。

5.3.1　諮商員的自我表露具有示範作用，可以協助當事人了解行為的可能
後果，作為解決問題的參考。此外，諮商員使用自我表露技術時，
須避免自己反成為諮商中的主角，讓諮商的重心轉移至諮商員身
上。最後，諮商員表露的內容、長度、深度須適當，應與當事人的
問題相當。以下請使用自我表露技術回應當事人的敘述：

當事人：受到朋友的影響，我想要當個神職人員，可是因為我是獨子，父
母對我的期望很高，希望我能光宗耀祖，因此我一直不敢開口提
這件事。直到最近，我才讓我父母知道。我父母知道我的想法
後，勃然大怒。媽媽一邊哭泣，一邊要我記得為人子的責任，爸
爸罵我背棄祖宗。被他們這樣一吵，我也失去控制，大聲吆喝他
們的霸道。後來姊姊跟妹妹也數落我的不是，我氣得搬了出來。
搬出來後，我才知道生活處處都需要錢，我每個月的薪水都不夠
用，我實在後悔負氣離家。說實在的，當時想要當神父，是因為
被女朋友拋棄，心裏氣不過，想要一輩子逃離感情世界。搬出來
後我才發現，我實在無法忍受孤獨，我看我的確不適合當神父，
但是如果現在回去的話，太沒面子了。

5.3.2 諮商員₁：當初的決定並沒有經過深思熟慮，等到衝動地離家後，生活上的壓力與寂寞，才讓你發現當初的決定並不正確，可是又覺得沒有臉回家。這種情形跟我以前的經驗很像。我以前年輕氣盛，曾經因為過度衝動做了後悔的事，不知道該如何面對家人。後來我體會到，我需要的是家人的體諒，不是他們的批評與責備，也需要他們尊重我成長過程的一切。所以我就學習如何清楚地向家人表達我的需要。一開始我覺得很難開口，但是經過幾次練習後，就覺得容易多了。不知你聽了我的經驗後，有什麼樣的想法？

正確。諮商員的自我表露具有示範的功能，讓當事人從中獲得一些啟示。

5.3.3 諮商員₂：聽到你這麼說讓我想到我以前的衝動行為。我曾一次衝動地離家出走，當時身上沒什麼錢，所以就到朋友家住。當錢用完時，我便不知道該怎麼辦。後來我朋友替我想了一個方法，他故意將我住在他家的事告訴我的父母。我父母知道後就到他家將我帶回去……（諮商員繼續談論自己的經驗，當事人成為傾聽者，直到諮商結束）。

諮商員的自我表露，讓自己為諮商中的主角，將諮商的重心轉移至他的身上。

5.3.4 諮商員₃：根據我過去的經驗，年輕人容易衝動，做事不經過思考，所以容易做出讓自己後悔的事，就像你現在一樣。我有一個姪子，因為生理上的問題，控制不了自己的脾氣，

常常出手打人，因此常受到他父母的責備。不過，天下的父母都是愛子女的，不管發生什麼事，父母還是原諒他。

　　諮商員自我表露的內容與當事人的問題無關，因此對當事人的問題沒有幫助。

5.4.1　以下請使用自我表露技術回應當事人的敘述：

當事人：我前夫的贍養費雖然足夠我跟孩子的生活，可是我仍然有些擔心，擔心那一天我先生不想或沒有能力負擔我們母子的生活時，我又該如何。後來，我哥哥介紹我到他公司做清潔工作，薪水雖然少，不過可以將孩子帶在身邊，只是我工作時無法隨時看著他，真怕他會出意外。

5.4.2　**諮商員 1：**為了擔心前夫狀況有變，妳未雨綢繆，免得將來因失去前夫的支援而無法生存。不過孩子的安全妳真的需要好好思考。與其讓孩子的安全受到威脅，不如想想看有什麼法子可以讓妳先生的贍養費不會發生變故。我的母親就是運用一些方法，讓我的父親即使再娶，也不敢不給我們母子的贍養費。如果妳想知道的話，我可以告訴妳。

　　諮商員利用表露的經驗，引導當事人作某種決定，這種作法違反諮商倫理。

5.4.3　**諮商員 2：**我母親也曾經碰到像妳一樣的問題。我母親跟我父親離異後，她一個人扶養我們幾個孩子，父親一直沒支付贍養費。我母親為了扶養我們，曾想過很多方法賺錢。讓

> 我告訴妳她賺錢的方法……（諮商員繼續談論他母親賺錢的方式，並且評論每一個方法的優缺點，直到諮商結束）。

諮商員的自我表露讓諮商重心轉移到自己身上，因此對當事人的問題沒有幫助。

5.4.4　諮商員₃：為了恐怕前夫狀況有變，妳未雨綢繆，免得將來因失去前夫的支援而無法生存。我跟我前夫離異後，照顧孩子的責任讓我無法專心工作。我曾想過找自己親戚來充當保姆，包括我的父母親、我的姊妹、我的朋友跟鄰居，也想過將孩子送到幼稚園。在比較我自己的情況、費用與孩子成長上的需要後，我決定將孩子送到政府委辦的公立幼稚園。不知道妳是否曾想過，除了妳哥哥外，還有那些人、那些機構可以幫助妳？

正確。諮商員表露自己類似的經驗，激發當事人思考自己擁有的資源。

二、實務練習

(一)練習一

請翻閱前幾章實務練習的例子，尋找跟自己經驗類似的實例，並且使用自我表露技術回應當事人的描述。

㈡練習二

1.兩人一組，準備一台錄音機，一人扮演諮商員，另一人扮演當事人。諮商員對當事人諮商時，請使用自我表露技術及前幾章所學的技術，並且全程錄音。三十分鐘後，兩人聽諮商錄音過程，討論諮商員的自我表露技術正確與否。
2.角色互換，重複以上步驟。

第古章

立即性技術

本章摘要

第一節　立即性（immediacy）技術的定義

　　立即性技術是指諮商員與當事人互動過程中，當諮商關係產生變化時，諮商員將他所經驗到變化，以立即、直接、開放的方式跟當事人討論，或讓當事人知道。

　　立即性技術也可以使用在諮商員與當事人互動過程中，諮商員對當事人的語言和非語言行為有了感覺與想法時，諮商員將他所經驗到的感覺與想法，以立即、直接、開放的方式跟當事人討論，或讓當事人知道。

第二節　立即性技術內容說明

　　諮商是諮商員與當事人的內在與外在世界同時互動的過程。在諮商過程中，兩人的內在與外在世界因為相互撞擊，而不斷被激盪，於是投射與移情便趁機而入，讓諮商關係不再停留在原先的客觀模樣。

　　因投射與移情問題讓諮商員對當事人，或讓當事人對諮商員產生扭曲的感覺，最常見的有喜愛、厭惡，以及與此兩類有關的問題。

　　不管投射與移情是來自當事人或諮商員，諮商員必須有敏感的覺察力，並且使用立即性技術，澄清兩人的諮商關係。

第三節　立即性技術的適用時機與注意事項

　　立即性技術可以使用在諮商任何時期或任何階段，尤其是當諮商員或當事人有投射與移情現象出現時，或當諮商員與當事人的互動模式反映出當事人外在人際關係模式時，或當諮商員對當事人語言與非語言行為有所感覺與想法時（例如，當事人的依賴、漫談、沒有執行擬定的目標等問題）。

　　有時候立即性技術的使用，必須考慮諮商員與當事人是否有良好的諮商關係。此外，諮商員使用立即性技術時，除了必須反映當事人的語

言行為外，也須反映當事人的非語言行為。

第四節　立即性技術的功能

一、穩固諮商員與當事人的信任關係。

二、處理諮商員與當事人之間的投射與移情問題。

三、處理當事人的依賴問題。

四、處理當事人無目的的漫談、在原地迴繞或沒有執行擬定的目標等問
　　題。

五、處理諮商開始與最後階段，當事人經驗到的不舒服感覺。

第一節　立即性技術的定義

　　立即性技術是指諮商員與當事人互動過程中，當諮商關係產生變化時，諮商員將他所經驗到變化，以立即、直接、開放的方式跟當事人討論，或讓當事人知道。

　　立即性技術也可以使用在諮商員與當事人互動過程中，諮商員對當事人的語言和非語言行為，有了感覺與想法時，諮商員將他所經驗到的感覺與想法，以立即、直接、開放的方式跟當事人討論，或讓當事人知道。舉例說明如下：

🍎案例一

當事人：最近我找到一份薪水很不錯的工作，老板娘知道我剛離婚，還找不到適合的人照顧我的小孩，就介紹了一位她兒子小時候的保母。聽說這位保母非常有經驗，也有愛心。我現在覺得雨過天晴，心情也跟著好了起來。

諮商員：聽到妳找到好的工作，孩子有人照顧，我真為妳高興。（立即性技術）

🍎案例二

當事人1：我想知道你結婚了沒有。

諮商員1：你的問題跟婚姻有關嗎？（探問技術，封閉式問題）

當事人2：沒錯，如果你未婚，我想你可能沒辦法了解我的問題。

諮商員2：因為我未婚，所以你對我沒有信心，認為我可能無法幫助你。（立即性技術）

🍎案例三

　　在這一次的諮商中，當事人不斷打斷諮商員的回應，讓諮商員無法把

話說完。

諮商員：我注意到，今天你一直不讓我把話說完，我覺得很不舒服。這跟
　　　　你平常的行為不太一樣，似乎有什麼事情發生，不知道我的感覺
　　　　對不對？（立即性技術）

第二節　立即性技術內容說明

　　諮商是諮商員與當事人的內在與外在世界同時互動的過程。在諮商的
過程中，兩人的內在與外在世界因為相互撞擊，而不斷被激盪，投射與移
情便趁機而入，讓諮商關係不再停留在原先的客觀模樣。如果諮商員不立
刻處理的話，諮商的進行就會因為投射與移情的捉弄而變形走樣。

　　就諮商員而言，諮商員畢竟是凡人，總會有一些個人的極限。諮商員
或許比當事人成熟，但是，這並不保證諮商員不會被過去經驗所擺弄。有
時候諮商員過去未完成的事件（unfinished business），禁不起互動過程中
的催化，因而衝破層層的禁制再度復活。於是，諮商員不自覺地陷入愛恨
情仇的糾葛中，不再保有原先的冷靜與客觀。當諮商關係蒙上了幻化的色
彩後，諮商員便對當事人產生莫名其妙的厭惡與喜愛，情不自禁地過度排
斥與關心。

　　當諮商員覺察到投射與移情的蛛絲馬跡，便可以使用立即性技術，澄
清他與當事人的諮商關係，讓失了方針的自己，重新整頓然後再度出發。

　　就當事人而言，諮商員的外貌、態度、言談舉止，會不斷挑逗當事人
的內在經驗，喚起當事人未處理的感覺與想法，並且將這些感覺及想法投
射與移情到諮商員身上。諮商員如果覺察到這些變化，便可以使用立即性
技術，將他經驗到的變化跟當事人討論。

　　有時候，當事人與諮商員的互動型態，正是當事人人際關係型態的反
映。諮商員有了發現，就須立即、直接、開放地將他的發現傳達給當事
人，協助當事人看到自己的問題。

第三節　立即性技術的適用時機與注意事項

一、立即性技術的適用時機

立即性技術可以使用在諮商的任何時期或任何階段，通常使用在以下的情況：

㈠諮商員對當事人產生投射與移情時。

㈡當事人對諮商員產生投射與移情時。

㈢諮商員與當事人的互動模式反映出當事人外在人際關係模式時。

㈣諮商員對當事人語言與非語言行為有所感覺與想法時。

㈤當事人出現依賴問題時。

㈥當事人形成無目的漫談、在原地迴繞或沒有執行擬定的目標時。

㈦在諮商開始或結束，當事人有不舒服感覺時。

二、注意事項

㈠立即性技術雖然可以使用在諮商的任何時期或任何階段，可是有時候使用立即性技術時，必須考慮諮商員與當事人是否有良好的諮商關係。

㈡諮商員使用立即性技術時，除了必須反映當事人的語言行為，也須反映當事人的非語言行為。

第四節　立即性技術的功能

立即性技術的功能有：

1.穩固諮商員與當事人的信任關係。

2.處理諮商員與當事人之間的投射與移情等問題。

　　此外，Evans、Hearn、Uhlemann與Ivey（1989）也提了一些看法包括有：

　　3.處理當事人的依賴問題。

　　4.處理當事人無目的漫談、在原地迴繞或沒有執行擬定的目標等問題。

　　5.處理諮商開始與最後階段，當事人經驗到的不舒服感覺。

　　各項功能說明如下：

一、穩固諮商員與當事人的信任關係

　　雖然在諮商一開始，諮商員已經著手建立當事人對他的信任，可是，隨著諮商的進行，當事人吐露的感覺與想法愈是深層，當事人對諮商員的信任，就愈是受到挑戰。

　　當諮商員感受到當事人對他產生懷疑、不信任時，諮商員須使用立即性技術，以開放、不防衛的態度，探討當事人對諮商員的信任問題，澄清當事人的疑惑，穩固當事人對諮商員的信任。

🐛案例

　　當事人四十歲，售貨員，女性，因為感情問題求助。這是第七次諮商，當事人一來就談到她的醫藥費問題。

當事人₁：我的醫生前幾天告訴我，我修補牙齒的費用約三十幾萬。我聽了有點嚇到，那是我一整年的薪水，我不知道該怎麼辦，總不能要我一年不吃不喝不用吧。說起來也真氣人。我遺傳到爸爸不好的牙齒品質，加上小時候因為家裡很窮，大家共用一把牙刷，被感染了牙周病。雖然我很小心地愛護牙齒，可是還是沒有用。現在需花一大筆錢，我不知道該怎麼辦？

諮商員₁：因為需要一大筆錢修補牙齒，妳覺得著急又擔心。（情感反映技術）

當事人2：有時候想想也真氣人，有些人一天只刷兩次牙，牙齒卻完美無缺。我是吃完東西就刷，一天吃多少次東西，我就刷幾次牙。沒想到，還是難逃厄運。

諮商員2：即使妳很努力愛護牙齒，仍是白費一場，妳覺得很洩氣。（初層次同理心）

當事人3：其實我不去修補的話，是有一些不便，但是……（支吾），或許跟錢過不去吧，自己並沒有那麼多錢，卻硬要做這種事，真是不應該。

諮商員3：我似乎聽到妳為這次的事自責，可是我不是很清楚到底是怎麼一回事，再多告訴我一些。（具體化技術）

當事人4：我不知道是否該讓你知道這些。我想知道你有沒有某些經驗（頭垂下），如果你有類似經驗的話，你才會了解我所說的話。如果你沒有類似的經驗，我不知道你會用什麼態度看我（頭垂下）。

諮商員4：妳擔心我的態度可能會讓妳難堪。（立即性技術）

當事人5：我的問題非常複雜，我之所以忍痛花那麼多錢的原因也跟此問題有關。如果你沒有類似的經驗，我擔心當你知道我的隱私後，你的態度會讓我難堪。

諮商員5：妳擔心我會用什麼態度對妳？（立即性技術）

當事人6：鄙視的態度。

諮商員6：妳擔心我會鄙視妳。（立即性技術）

當事人7：沒錯，這件事我是多麼恥於開口，因為我希望別人給我意見，或支持我的作法，所以，我還是強迫自己去告訴朋友。沒想到，他們的反應讓我難過。

諮商員7：聽起來似乎妳不信任我。（立即性技術）

當事人8：我知道我信任你，不過在這件事上，我沒有那麼肯定。

諮商員8：妳來找我的目的，就是希望解決妳的問題。如果妳不讓我知道妳發生什麼事，我就無法幫助妳。（立即性技術）

當事人8：那我就告訴你吧！我……。

諮商員使用立即性技巧，探討當事人對他的不信任，因此得以穩固當事人對他的信任。

二、處理諮商員與當事人之間的投射與移情問題

因投射與移情讓諮商員對當事人，或當事人對諮商員產生的扭曲感覺，最常見的有喜愛、厭惡，以及與此兩類有關的問題。

(一)諮商員對當事人的投射與移情

雖然諮商員的專業訓練與要求，讓他不斷追求成長，將各種不同的傷痛經驗轉化成生命智慧。不過，就諮商員的本身狀況與外在環境而言，諮商員仍舊無法有足夠的機緣去處理所有的未完成事件。在諮商情境中，與當事人有關的任何刺激，都會進入諮商員的內在世界，跟諮商員的過去經驗摩擦撞擊。如果諮商員過去未完成事件被當事人的經驗喚起，跟這些未處理事件有關的感覺、態度與想法就會融入諮商員與當事人的互動中，蒙蔽諮商員對當事人的客觀性。

一個成熟的諮商員必須具備敏銳的覺察力，覺察互動過程中被觸及的內在感覺與想法，以及這些感覺與想法如何影響自己與當事人的互動。因此，只要諮商員有敏銳的覺察力，就可以幫助自己跳脫投射與移情的蒙蔽。

1.諮商員對當事人產生正面的感覺

由於投射與移情的作用，讓諮商員將他對過去重要他人的正面感覺、想法與態度加諸在當事人身上，於是諮商員出現過度關心、照顧、喜歡當事人的行為，甚至以為愛上當事人。

🍎案例一

當事人將近六十歲，家庭主婦，女性，因為孩子問題求助。諮商員跟

自己母親有未處理的事件，跟事件有關的感覺與想法被當事人的問題喚起，並且投射與移情到當事人身上。每當當事人敘述孩子不肖時，諮商員就義憤填膺，並且對當事人的現況非常關心。

諮商員1：我覺察到，當妳敘述孩子不肖時，我就為妳打抱不平，甚至責罵妳的孩子。我也覺察到，每次為妳打抱不平時，妳就不願意說下去，似乎有什麼事情發生。我想知道妳對我的過度反應有何感想。（立即性技術）

當事人1：我知道你是為我好，可是你的關心讓我覺得有壓力，好像我的孩子有多壞，好像我只是個不斷抱怨的母親。

諮商員2：我想我是錯把妳當成我的母親，所以將自己的情感加了上去。很高興妳讓我知道妳對我的感覺。（立即性技術）

🍎 案例二

當事人二十多歲，大學生，男性，因為感情問題求助。當事人因為女友移情別戀痛苦不堪。諮商員因為過去未處理的情感問題被喚起，並且將過去對男朋友的情感投射與移情到當事人身上。

諮商員1：我覺察到，每次你提到你女朋友薄情時，我總是覺得很難過，似乎感覺很對不起你。所以，每次你要求我給你多點諮商時間時，我總是無法拒絕。你對我一再順從你的行為有何想法。（立即性技術）

當事人1：妳的行為讓我受寵若驚，好像我可以從妳身上找回失去的自尊。不過這也讓我不敢在妳面前說真心話。

諮商員2：很高興你讓我知道你的感覺。我將你的經驗跟我以前的經驗混淆，才會有那樣的反應。（立即性技術）

當事人2：這麼說，以後我就無法要求妳多給我諮商時間。

諮商員3：告訴我，當我不再像以前一樣，多給你諮商時間時，你有什麼感覺。（立即性技術）

當事人3：我……。

2.諮商員對當事人產生負面的感覺

諮商員對當事人所投射與移情的感覺，有時候是負面的，包括厭惡、不耐煩、鄙視等。

❤案例一

當事人四十多歲，家庭主婦，女性。當事人因為孩子已經長大，想要重新就業，但是因為離開職場多年，擔心無法勝任工作而求助。諮商員因為受到自己過去未處理事件的影響，對當事人產生厭惡。常在諮商中，有意無意的將嗓門放大。

諮商員1：因為在諮商過程中，我將妳的問題，跟我過去的問題混淆，所以常常不由自主地大聲對妳說話。告訴我，我這樣的行為，對妳造成什麼影響？（立即性技術）

當事人1：你這麼大聲對我說話，讓我有點害怕，我擔心是否因為我說錯話，而惹你生氣，所以一直不敢告訴你所有的事。

諮商員2：謝謝妳讓我知道妳的感覺。在未來的諮商中，我會留意自己的反應，使它不至於影響我們兩人的諮商。（立即性技術）

當事人2：你這樣說我比較放心。

❤案例二

當事人二十多歲，大學生，女性，因為在外地就學，擔心祖母病危，無法常常回家探望祖母而不安。諮商員因為類似的問題未處理，而對當事人產生一些敵意。

諮商員1：我注意到，每次當妳自責自己無法照顧祖母時，我的語氣就有些衝。（立即性技術）

當事人1：有，我注意到有時候妳的語氣會有些強硬。

諮商員2：因為我也曾經有類似的問題，而我將我的問題跟妳的問題混淆才有這樣的反應。不知道我的態度對妳有什麼影響？（立即性技術）

當事人₂：妳的反應讓我覺得自己很不孝順，所以對自己有更多的指責。不過，妳既然説明白了，我就比較放心了。

㈡當事人對諮商員的投射與移情

1.當事人對諮商員產生正面的感覺

同樣地，在諮商中，與諮商員有關的任何刺激，都會進入當事人的內在世界，跟當事人的過去經驗互動。當當事人未完成事件的感覺與想法被喚起時，就會將這些感覺、態度與想法，加諸在諮商員身上。

諮商員敏銳的覺察力，可以覺察出當事人對諮商員態度上的轉變。透過諮商員的立即性回應，可以協助當事人覺察自己對重要他人的感覺、態度與想法，並且處理自己與重要他人的問題。

❤案例

當事人二十多歲，雇員，男性。當事人因跟女朋友分手而自殺，當事人獲救後，被轉介給諮商員進行諮商。諮商進行幾次後，當事人不再有自殺的念頭。在這一次諮商中，當事人一再讚美、關心諮商員。

諮商員₁：我發現在這一次諮商中，你不斷地關心我、讚美我。我有一種感覺，好像我們的關係似乎跟以前不一樣，不知道我的感覺對不對？（立即性技術）

當事人₁：沒錯，不知從什麼時候開始，我心裏開始擔心，我擔心妳會不會覺得我這個人很沒趣，因而討厭我，不再幫助我。

諮商員₂：我還是不清楚你的意思，再多説一點。（具體化技術）

當事人₂：我接觸過的女人中，只有妳了解我。妳的了解，讓我經驗到從未有過的快樂。我希望我們兩人的關係能夠繼續下去，但是我害怕當我不再諮商時，妳會覺得我這個人沒趣就不再理我。所以，我想透過我的讚美跟關心，改變妳對我的看法。

諮商員₃：你想透過對我關心跟讚美，博得我的好感，然後不知不覺中改變我對你的看法，而後成為男女朋友。（立即性技術）

當事人₃：沒錯（不好意思地微笑）。看來這一招對妳無效。

諮商員₄：你的招數失敗，你的感覺是什麼？（具體化技術）

當事人₄：不好意思跟難過。

諮商員₅：再多告訴我那些感覺。（具體化技術）

當事人₅：其實難過的成分比較多，而且非常難過，妳的反應讓我想起我的女朋友，我就是用這種方式想要挽回我們的感情，可是卻失敗。她的拒絕讓我陷入完全的絕望，所以我不想活。

諮商員₆：這樣說來，我剛剛對你的反應，也讓你陷入那種完全絕望的感覺。（立即性技術）

當事人₆：有一點。

諮商員₇：再說清楚些。（具體化技術）

當事人₇：其實我覺得心好痛，那種痛讓我覺得好難過、好難過，難過到不想再活下去。

諮商員₈：再多說說難過的感覺。（具體化技術）

當事人₈：好像覺得好無助，似乎被所有的人遺棄，找不到依靠。

諮商員₉：在你自殺之前，這種無助、沒有依靠、被遺棄的感覺，是否曾經出現過？（探問技術，封閉式問題）

當事人₉：有。

諮商員₁₀：告訴我，在什麼時候，在什麼情況下，你有這種感覺。（具體化技術）

當事人₁₀：就是我父母離婚的時候……。

透過諮商員的立即性回應，協助當事人覺察自己對重要他人的感覺、態度與想法，並且處理他與重要他人的問題。

2.當事人對諮商員產生負面的感覺

❦案例

當事人三十多歲，僱員，男性。當事人的工作單位不斷被調動，同事

不斷被更換，因而感到情緒低落。上一次諮商時，諮商員談到因為搬家的關係，需要提早結束諮商，當事人因而焦慮不安。這次來諮商時，神情顯得急躁。

諮商員1：我注意到你談話時，神情有些焦躁，眼神漂浮不定，手足無措，似乎有些事情發生，不知道我的感覺對不對？（情感反映技術）

當事人1：妳上次提到，我們可能再談兩次就要結束。不知道為什麼，我聽到妳這樣說後，心裏就恐慌起來，好像世界末日將要到來一樣。其實，這幾天來，我的睡眠一直有問題。一想到，以後再也沒有人了解我，我就很難過，無法入睡。今天跟妳談話時，我無法專心，我心裏想的就是我快要看不到妳了。

諮商員2：知道我們即將分離後，你忐忑不安，睡不成眠，甚至無法專心跟我談話。（立即性技術）

當事人2：我一生中最害怕的事，就是分離。這就是為什麼，我談過一次戀愛沒成功後，就不敢再戀愛。那種分手的痛，有如千刀萬剮一樣，到現在我還能感受到。「但願長相隨」，人生如果沒有分離該多好。

諮商員3：我想多聽聽我們即將分離這個問題，帶給你的感覺與想法。（立即性技術）

當事人3：……（沈默約一分鐘。當事人眼神四下飄動，並未與諮商員接觸，表情嚴肅）。

諮商員4：剛剛我問你，你對我們即將分離的感覺與想法時，你突然沈默下來，約有一分鐘沒有說話，不知道在那段沈默的時間裏，你想些什麼？（立即性技術）

當事人4：我……我非常的憤怒。

諮商員5：再多說一些，讓我更清楚我們的分離帶給你的感覺。（立即性技術）

當事人5：（憤怒地）為什麼丟棄我，為什麼在我需要幫忙的時候不要我，妳是不是討厭我，所以不要我！我覺得很生氣，也覺得……覺得……好無助、好無助（激動）。

諮商員₆：看著我，再多說一些。（立即性技術）

當事人₆：妳有沒有想過，我需要幫助，我沒有辦法獨自一個人解決問題，我需要妳的幫助與照顧。可是，妳竟然說走就走。妳知不知道沒有依靠的痛苦，那種找不到人可以幫忙的焦慮與絕望。妳好狠心，妳好狠啊！我恨妳，我恨妳（憤怒地、音量提高）。（諮商員繼續協助當事人抒解情緒，十分鐘後）

諮商員₇：這種又愛又恨、又絕望的感覺是否曾經有過？（探問技術，封閉式問題）

當事人₇：其實剛剛已有一些影像出現，我看到我媽媽對我說「好好照顧自己」後就離開。從此，我再也沒見過她。那時，我才六歲，什麼都不懂，只知道媽媽突然不見，我好害怕。我不知道我對我媽媽有那麼多的憤怒，直到剛剛那一刻。

諮商員₈：似乎你已經看到，你把你對媽媽的情緒轉移到我身上來。（立即性技術）

當事人₈：沒錯（覥腆）。

諮商員₉：你對媽媽的情緒，跟你工作上的問題有何關聯？以及跟女朋友分手的問題又有何關聯？（探問技術，開放式問題）

當事人₉：當然有關聯……。

諮商員的立即性回應，協助當事人覺察自己對重要他人的感覺、態度與想法，並且處理他與重要他人的問題。

三、處理當事人的依賴問題

造成當事人的依賴，有幾個可能的原因：⑴當事人將諮商員當成解決問題的專家，因此希望由諮商員直接解決他的問題；⑵因為投射與移情的影響，諮商員成為當事人的重要他人，當事人因而依賴他；⑶依賴為當事人人際互動的型態。

當事人出現依賴問題時，諮商員須立即處理當事人的依賴問題，以免

因依賴問題阻礙諮商的進行。

案例一

當事人四十多歲，目前正在找工作，男性。當事人無法持久待在一個工作上，因此不斷變換工作。最近，當事人跟太太的關係不良，太太要求離婚。

當事人 1：林先生（諮商員），我跟你談了好幾次，雖然談話的過程讓我對自己有一些了解，可是有一點我不明白，就是你一直不肯直接告訴我，我的問題該如何解決。至少你也應該告訴我一、兩個方法，幫助我跟我太太相處。你既然是個專家，必然知道一些解決方法。

諮商員 1：我沒有直接告訴你解決方法，讓你感到失望。（立即性技術）

當事人 2：我當然失望。一些朋友告訴我幾個方法，我試了，可是沒效。以前我有問題，他們總可以替我想辦法解決。不過，最近，他們不像以前那樣熱絡，所以，他們給我的方法無效後，我也不想再找他們。有人告訴我，我可以找你，可是，我來了幾次，你一直沒有告訴我如何處理我跟我太太的問題。女人真煩，一天到晚嘮叨，說我無能，凡事都靠她。聽了這些話我後很生氣。如果不是我的父母都亡故，我就不用每天看她的臉色。

諮商員 2：我聽到你對我的抱怨，你希望我幫你解決問題，而我卻令你失望（立即性技術）。我也聽到，你的問題似乎跟依賴有關。你依賴朋友、太太跟父母幫你解決問題。可是，朋友、太太跟父母也都讓你失望（高層次同理心技術）。

當事人 3：我不知道我的問題是不是跟依賴有關。我只是覺得我的生活處處充滿困難，我覺得好累。以前我父母活著的時候，他們會幫我解決任何困難，我的日子過得還可以。他們去世後，我的生活一天不如一天。有時候我真的不明白，為什麼別人可以這樣快樂而我卻不能。於是，我想到，如果我能找一個能幹的人來幫忙的話，或許可以找回以前的快樂時光。

諮商員 3：父母活著的時候，你處處依賴他們。他們去世後，你失去了依賴
　　　　　對象，生活十分艱辛，所以你想找一個專門幫你解決問題的人
　　　　　（簡述語意技術）。你希望我替代你的父母，隨時處理你的問
　　　　　題，讓你過著沒有壓力的生活，就像你父母活著的時候一樣（立
　　　　　即性技術）。

當事人 4：我的確這樣想。反正我家裏還有一些父母的遺產。花點錢，能夠
　　　　　讓自己減少一些麻煩，也是值得的。

諮商員 4：你向來依賴父母幫你解決問題，自從父母去世後，你轉而依賴太
　　　　　太跟朋友。可是朋友沒有像以前那樣熱絡，太太不願讓你依賴，
　　　　　因此你感到不滿。因為沒有人願意替代你父母的角色幫助你解決
　　　　　問題，於是，你心裏很著急，所以將最後的希望放在我的身上，
　　　　　希望花些錢減少困難。（摘要技術）

當事人 5：就是這樣，你真了解我。

諮商員 5：我對你的依賴感到壓力，就好像我必須為你的生活負責，你的喜
　　　　　怒哀樂，都是我的責任。讓我有點喘不過氣來，有種想逃避，甚
　　　　　至想生氣的感覺。（立即性技術）

當事人 6：沒錯，沒錯，我太太就是因為這樣大發脾氣，罵我沒種。我懂
　　　　　了，或許我那些朋友也因為這樣不太愛理我。

諮商員 6：諮商不是給你問題的答案，而是協助你探討你的問題，讓你找到
　　　　　解決方法。譬如你的依賴讓別人不舒服，我們可以共同探討你的
　　　　　依賴問題，讓你未來能夠獨自面對問題。（結構化技術）

當事人 7：看來，我必須依靠自己了，……。

　　諮商員的立即性回應，協助當事人看到自己的依賴問題。

🍎案例二

　　當事人三十多歲，秘書，已婚女性。當事人因為工作上的關係，認識
另一家公司的董事長，兩人因多次業務接觸而墜入情網，進而租屋約會。
當事人心裏有強烈的罪惡感，害怕被先生發現，卻又放不開目前的戀情。

當事人 1：我不知道該怎麼辦，如果被我先生發現，他一定不會放過我，我可能會失去孩子，我的父母會覺得丟臉。可是，我外遇的對象，跟我的初戀情人很像，讓我情不自禁，也無法離開他。我不知道應該怎麼辦？

諮商員 1：妳不想放棄妳的親人，也不想放棄妳的愛人，偏偏魚與熊掌無法兼得，所以苦惱萬分。（初層次同理心技術）。

當事人 2：就是因為這樣，我才急著找專家幫忙。林先生，你是婚姻專家，一定有辦法解決，只有你才可以挽救我的婚姻，也可以保住我的愛情。

諮商員 2：妳對我抱著極大的希望，認為我可以替妳找出兩全其美的方法，我想妳可能會感到失望，因為能夠解決問題的人是妳，不是我。（立即性技術）

當事人 3：我不明白你的意思？

諮商員 3：我的責任是協助妳，讓妳更了解自己，譬如協助妳了解妳對第三者著迷的原因，協助妳了解自己真正想要的是什麼。透過這個過程，讓妳更清楚自己的問題在那裏，這樣才能真正解決問題。（結構化技術）

當事人 4：我懂了，不過這樣可能需要花很多時間。不如你給我一些建議，反正你是專家，很有經驗，讓我趕快解決問題。

諮商員 4：如果你想要的是建議，恐怕我無能為力。因為我擔心在我還未完全了解妳的問題之前，就草率給妳建議，恐怕對妳的問題沒有幫助。（立即性技術）

當事人 5：看來，我得有耐心點……。

諮商員的立即性技術，將解決問題的責任轉移到當事人身上。

四、處理當事人無目的漫談、在原地迴繞或沒有執行擬定的目標等問題

諮商時，有時候當事人會因為某些因素，無法專心投入，或無法在某一主題深入，或無法達成預定的目標。當事人的這些反應，可能與他的問題有關，也可能與諮商員有關，因此諮商員需應用立即性技術探討原因。

案例一

當事人四十多歲，雇員，女性，因為無法跟同事相處而求助。諮商時，當事人由一個主題跳到另一個主題，無法在任何一個主題上深入。

當事人 1：我原本是個多話的人，因為吃過很多虧，所以後來決定不再跟別人有太多牽扯。我向來脾氣火爆，如果有人對我說，某人在背後中傷我，我就忍不住找那個人理論。就因為這樣，漸漸地沒有人願意跟我說實話。後來到這家公司上班，我不想再像以前一樣，所以就盡量不跟別人有過多的言談。可是，沒想到還是有一些閒言閒語，真氣人（當事人敘述時眼睛一直往窗外看）。

諮商員 1：因為前車之鑑，在妳換了公司後，就盡量跟別人保持距離，以免重蹈覆轍，可是，還是惹來一些閒話，讓妳覺得很懊惱（簡述語意技術）。告訴我，妳聽到別人說妳那些閒話（具體化技術）？

當事人 2：最近公司正在辦理本年度的自強活動，一開始我決定不要去。有一些同事對我說，公司準備了很多獎品要在自強活動的地點抽獎，獎品豐富又昂貴，不去太可惜。後來想想，他們說的話有道理，就決定參加。

諮商員 2：我想回到剛剛我們所談的問題上，就是別人說了妳那些閒話？（具體化技術）

當事人 3：他們的確說了一些有關於我的閒話，這些閒話其實很無聊。最初我不想理他們怎麼說，反正嘴巴長在他們的臉上，他們要怎麼說我也沒有辦法禁止，可是後來愈來愈不像話，真是氣死人。

諮商員 3：他們説了妳那些閒話？（具體化技術）

當事人 4：如果我真的像他們所説的那樣，我也只好認了，可是偏偏事實不是這樣，這才氣人。我想到我媽媽也同樣有這樣的問題。我媽媽也是一個沈默的人，她吃過很多虧之後，醒悟到是非總是多開口，所以就盡量當個沒有聲音的人。她在我爸爸的面前也是這樣，所以我爸爸説她是個沒有情趣的人。我想這可能是我爸爸對我媽媽冷漠的原因。我爸爸的個性跟我媽媽完全相反。他是個有話就説的人，他認為將話憋在心裏痛苦死了。我弟弟的個性像我爸爸，每天嘰嘰喳喳説個不停。本來我也像我爸爸一樣，但是後來覺得還是少説話為妙。我的老師曾説過，要同學當個肯定的……（當事人不斷往窗外看）。

諮商員 4：我剛剛一再妳問同樣的問題，可是妳卻不斷跳到別的問題去，妳的行為讓我感到挫折。我感覺到似乎妳不願意回答我的問題，不知道我這樣感覺對不對？（立即性技術）

諮商員的立即性回應，協助當事人發現自己不斷變換主題的行為，對當事人問題的解決，或許會有突破性的發展。

🍎案例二

當事人二十多歲，大四學生，男性。當事人對自己沒有信心、無法拒絕別人無理的要求，無法自我肯定。在前二次諮商中，諮商員跟當事人約定，要當事人在一週內，至少一次拒絕別人無理的要求，並記錄每次被要求的狀況及自己的反應。前一次諮商時，當事人忘了做家庭作業，第二次時，當事人也忘了做作業。

當事人 1：對不起，我又忘了要做作業。下一次，我一定會記得。

諮商員 1：作業對你的問題有些幫忙，可是你卻連續兩次忘了做作業，我有些失望。（立即性技術）

當事人 2：不知道為什麼，我老是忘記做作業。

諮商員 2：再多説些，我不清楚你的意思。（具體化技術）

當事人₃：我是説，雖然我一再告訴自己要記得寫作業，可是我還是會忘記。我不是故意的。

諮商員₃：你希望得到我的諒解，因為你不是故意不寫作業。（立即性技術）

當事人₄：是啊！我也想寫作業。

諮商員₄：什麼原因讓你無法完成我們當時所擬定的家庭作業？（具體化技術）

當事人₅：我不是很清楚，不過，我有一種感覺，就是擔心別人認為我跟以前不一樣，而注意我或譏笑我。雖然我不習慣他們以前對待我的方式，但是，在我拒絕他們之後，他們會怎樣看待我，我有些擔心。

諮商員的立即性回應，協助了當事人探討無法完成作業的原因。

五、處理諮商開始與最後階段，當事人經驗到的不舒服感覺

在諮商一開始，有些當事人對諮商員有一些期待，例如性別、年齡、是否已婚、是否有孩子……等。如果諮商員未符合當事人的期待，可能會引發當事人一些負面情緒，阻礙諮商的進行。如果諮商員不先處理當事人的情緒，就無法順利進行諮商。

當事人問題獲得解決後，在諮商結束之前，當事人必須面對分離的場景。有時候，分離的情境會觸動當事人一些情緒。這時候諮商員必須適當處理，免得讓當事人帶著未完成的事件回去。

🍎 案例一

當事人五十多歲，家庭主婦，女性。當事人無法應付先生過度的性要求，懷疑自己性冷感而求助。這是第一次諮商。

當事人₁：我沒想到你這麼年輕，而且又是男性，我覺得有些尷尬，我不知道可不可以説得出口。

諮商員₁：我的年齡跟性別會讓妳難以啟口。（立即性技術）

當事人₂：沒錯，如果你是女性，我會比較放心，也比較容易開口談這個問題。如果你年紀大一點，或許會知道我想說什麼。

諮商員₂：我的年齡跟性別讓妳沒有信心，感到有些失望。我不知道能不能幫妳的忙，不過我處理過類似的問題。如果妳願意試試看的話，我很樂意一起探討妳的問題。（立即性技術）

當事人₃：既然你這樣說了，那就試看看也好。

　　諮商員使用立即性技術處理當事人失望的情緒，使得接下來的諮商能順利進行。

🎀案例二

　　當事人二十歲，公司小妹，女性，因為家庭問題求助。當事人目前跟諮商員的諮商將近尾聲。

當事人₁：這半年來，我每週來找妳談一次，跟妳一起討論我的問題。現在眼看著就要離開了，以後再也沒有人可以那樣跟我同甘共苦。真有點捨不得。

諮商員₁：妳懷念過去我們並肩作戰的那段日子，遺憾以後我無法跟妳分勞解憂。（立即性技術）

當事人₂：有人分勞解憂真是種福氣，不過……（頭垂下來），我真是捨不得。

諮商員₂：跟我分離，讓妳覺得難過。（立即性技術）

當事人₃：當然難過，因為我一生中從來沒有人這樣陪著我，以前我有問題時，總是默默承受，獨自一個人奮鬥。

諮商員₃：妳想起以前單打獨鬥的辛苦，讓妳更捨不得跟我分離。（立即性技術）。

當事人₄：沒錯，有人同甘共苦的日子真好，看來我應該檢討自己以前為什麼沒有知心朋友的原因。

諮商員₄：我想多了解我們的分離，帶給妳的感覺。（立即性技術）

當事人 5：我……。

　　諮商員使用立即性技術處理當事人分離的情緒，讓諮商順利結束。

第五節　立即性技術練習

　　技術練習分為兩部份，第一部份用來複習前幾節所提的重點，並且熟練立即性技術。第二部份為實務練習，由學習者扮演諮商員對當事人進行諮商。

一、複習與練習：選出諮商員最適當的回應

　　在第一部份的練習中，學習者須先閱讀當事人的敘述，然後從三個諮商員的回應中選出適當的一個。學習者選出答案後，請閱讀後面的說明，了解每一個回應之適當或不適當的原因。

5.1.1　立即性技術是指諮商員與當事人互動過程中，諮商員將他所經驗到的諮商關係的變化，以立即、直接、開放的方式跟當事人討論，或讓當事人知道。以下請使用立即性技術回應當事人的敘述：

當事人：妳曾經對我說，如果我處在危急的情況下，可以打電話給妳。可是三天前，我急需妳的幫助，我打了一整天，卻找不到妳。妳不知道當時我的狀況多麼嚇人。

5.1.2　諮商員 1：從妳的敘述中，我聽到妳對我的失望與生氣。

　　正確。諮商員以立即性技術反映當事人敘述中隱含的感覺。

5.1.3　諮商員 2：聽起來妳那一天的情況很糟糕，不知道後來怎麼樣了？

　　諮商員沒有使用立即性技術。諮商員的回應，顯示出諮商員只關心自己好奇的事，不關心當事人對她的感覺。

5.1.4　諮商員 3：那一天我們全家一起出去玩，所以妳才會找不到我。

　　諮商員並未使用立即性技術。諮商員的回應，只是試圖為自己辯解，並沒有注意當事人對她的情緒反應，以及兩人的互動狀況。

5.2.1　以下請使用立即性技術回應當事人的敘述：

當事人：你是第四個跟我諮商的諮商員，我的問題非常複雜，我不認為有人可以幫我。我本來已經放棄，可是我媽媽堅持一定要來找你，所以我只好過來。

5.2.2　諮商員 1：妳對之前的三個諮商員感到失望。

　　諮商員使用的技術是情感反映技術，非立即性技術。

5.2.3　諮商員 2：我覺得你應該跟我談後，才能夠判斷我是否能幫助你，而不是將你對前三位諮商員的印象加在我的身上。

　　諮商員沒有使用立即性技術，只是替自己辯解，並且責怪當事人對他不公平。

5.2.4　諮商員 3：妳認為我無法幫你，只是因為媽媽的堅持，才勉強來找我。

正確。諮商員使用立即性技術反映當事人對他的感覺，以及兩人此時此刻的狀況。

5.3.1　諮商員也可以使用立即性技術反映當事人對諮商員的感覺。以下請使用立即性技術回應當事人的敘述：

當事人：上一次談話時，我要求你多給我十分鐘的諮商時間，你拒絕我的要求。可是，我發現你對別人的態度卻不一樣。我懷疑，你討厭我，所以不想跟我多談。

5.3.2　諮商員 1：我對所有當事人的態度都一樣，或許你對我有些誤解，我希望我們能當面澄清。

以上諮商員的回應，只是企圖為自己辯護，並未使用立即性技術。

5.3.3　諮商員 2：你對我生氣，因為你看到我對待你跟對待別人的態度不一樣。你猜想我不願意多給你時間，可能是因為我討厭你，所以覺得很難過。

正確。諮商員反映兩人關係的變化，以及當事人的感覺。

5.3.4　諮商員 3：我不覺得討厭你，你不要隨意猜想。

諮商員並未使用立即性技術，諮商員的回應只是為自己辯解而已。

5.4.1　諮商員使用立即性技術時，除了須反映當事人的語言訊息外，也須反映當事人非語言行為的訊息。

當事人：我非常想解決這個問題，我被這個問題搞得天天睡不安穩。當然

了，我會將我所知的一切告訴妳，因為我並不在乎妳對我的看法（頭垂下，眼睛往左方看）。

5.4.2　諮商員 1：雖然妳認為妳不在乎我對妳的看法，可是妳不太確定自己是否真的這樣想。

正確。諮商員立即性回應的內容，反映了當事人語言與非語言行為的訊息。

5.4.3　諮商員 2：妳認為我對妳的看法並不重要，所以會告訴我有關的一切。

諮商員雖然使用立即性技術，可是回應的內容忽略了當事人非語言行為的訊息。

5.4.4　諮商員 3：妳被問題折磨得睡不著，所以願意告訴我有關的一切。

諮商員回應的內容，並非反映他與當事人的關係，所以沒有使用立即性技術。

===

5.5.1　以下請使用立即性技術回應當事人的敘述：

當事人：我常常告訴自己，一個人如果有問題的話，一定不能依賴別人解決，因為依賴別人等於讓別人操控自己。如果自己的問題是因為別人的幫忙才獲得解決，就會顯得自己很無能。如果別人不願意幫忙，不但問題沒有辦法解決，而且讓自己沒面子。說來說去，有了問題，還是靠自己最安全，自己的能力才最可靠（頭低下、聲音發抖）。

5.5.2 　諮商員 1：你覺得自己最可靠，所以有了問題最好由自己解決，免
　　　　　　　　得被別人操控，或沒有成就感，或沒有面子。

　　諮商員使用的技術是簡述語意技術，不是立即性技術。

5.5.3 　諮商員 2：雖然你對自己的能力沒有多大的把握，不過，你擔心如
　　　　　　　　果接受我的幫助，會顯得你無能，也會被我操控，或是
　　　　　　　　覺得難堪，所以，你寧願相信自己，也不願意相信我。

　　正確。諮商員使用立即性技術，反映當事人語言與非語言行為傳遞的
訊息。

5.5.4 　諮商員 3：你選擇靠自己的力量解決問題，避免被操控、無能、沒
　　　　　　　　面子，可是這樣的選擇讓你覺得好辛苦。

　　諮商員使用的技術是初層次同理心技術，非立即性技術。

5.6.1 　當諮商員對當事人的敘述有了一些想法與感覺時，也可以使用立即
　　　　性技術，將這些想法與感覺讓當事人知道。以下請使用立即性技術
　　　　回應當事人的敘述：

當事人：我不想當未婚媽媽，那多沒面子，而且我不想這麼早就被孩子綁
　　　　住。反正我還年輕，而且胎兒才兩個月大，可能不需要什麼複雜
　　　　的墮胎手術，我想大概不會有什麼危險。我聽我朋友說，她早上
　　　　去墮胎，因為身體沒有什麼狀況，所以下午就去上班。我想，我
　　　　應該不會有什麼問題。

5.6.2 　諮商員 1：妳不擔心即將要作的墮胎手術。

諮商員使用的是情感反映技術，非立即性技術。

5.6.3　諮商員 2：妳的朋友墮胎沒發生什麼問題是她幸運，妳未必能夠這
　　　　麼幸運。

諮商員沒有使用立即性技術。諮商員的回應是對當事人的責備。

5.6.4　諮商員 3：雖然妳認為可能不會有危險，可是我聽了卻有些擔心。

正確。諮商員的回應內容，反映他對當事人行為的感覺。

5.7.1　以下請使用立即性技術回應當事人的敘述：

當事人：那一天我看到我後母為了籌足我的學費，不惜四處借錢的情形，
　　　　讓我感動得流下淚來，心中充滿對她的感激，我終於相信她是愛
　　　　我的。我向後母懺悔我以前的無知，請求她的原諒。我們兩人抱
　　　　在一起哭了很久。我真的覺得好幸福。自從我親媽媽去世後，我
　　　　已經好久沒有這種感覺了。

5.7.2　諮商員 1：化解了對後母的誤解與得到後母的原諒讓你覺得高興。

諮商員使用的是情感反映技術，並非立即性技術。

5.7.3　諮商員 2：聽到你現在那麼幸福，我感到很欣慰，也很放心。

正確。諮商員表達他對當事人此時此刻狀況的感覺。

5.7.4　諮商員 3：看到後母為了你的事情奔波，你終於了解後母對你的愛，
　　　　你感動地向她坦承以前的無知，並請求她的原諒。現在

你覺得自己好幸福。

諮商員使用的技術是簡述語意技術，非立即性技術。

二、實務練習

(一)練習一

請使用立即性技術，回應以下當事人的敘述：

1. 當事人：我覺得性是一種享受，人生苦短，只要有需要就去做，管它有沒有感情。沒感情更好，彼此都沒有什麼顧忌，反而可以達到性高潮。跟有感情的人做愛，要顧慮到他的感覺，做起來沒有什麼暢快感。

   諮商員：

2. 當事人：一開始我對你的期望很高，希望你能夠很快幫我找到答案，可是，一個月過去了，問題依然存在，我不知道是否該繼續談。

   諮商員：

3. 當事人：（當事人已經連續三個禮拜遲到，而且找了很多理由解釋。例如，塞車、公司晚下班、最近比較忙、跟朋友聊天聊過頭。）

   諮商員：

4. 當事人：不知為什麼最近我老是想躲著你，可能是我不想讓你太了解我。我一直責怪自己，不該將家裏的醜事讓你知道。我怎麼可以將家裏的秘密告訴一個陌生人呢？

諮商員：

5.當事人：（支吾地）我……妳覺得我這個人怎麼樣。雖然我來找妳
　　　　　幫忙，但是這並不表示我有問題、我的能力差，我不希望
　　　　　妳誤解我。其實，我算是個不錯的人，年紀輕輕已是個經
　　　　　理，家世不錯，又沒有不良嗜好。我希望妳對我有好的印
　　　　　象。

諮商員：

(二)練習二

1.兩人一組，準備一台錄音機，一人扮演諮商員，另一人扮演當事
　人。諮商員對當事人諮商時，請使用立即性技術及前幾章所學的技
　術，並且全程錄音。三十五分鐘後，兩人聽諮商錄音過程，討論諮
　商員的立即性技術是否正確。

2.角色互換，重複以上步驟。

第十五章

面質技術

本章摘要

第一節　面質（confrontation）技術的定義

　　面質技術是指當諮商員發現當事人語言與非語言行為不一致、逃避面對自己的感覺與想法、語言行為前後矛盾、不知善用資源、未覺察自己的限制等行為時，諮商員指出當事人矛盾、不一致的地方，協助當事人對問題有進一步的了解。

第二節　面質技術內容說明

　　外在訊息的輸入，必須先經由相關基模的過濾、選擇、組織與詮釋後，才能貯存到長期記憶。為了適應上的目的，基模會排擠或扭曲與基模相抵觸的訊息，並且讓這些訊息在個人的覺察之外。

　　這些未被覺察到的訊息，會干擾當事人的語言行為，讓當事人的語言與非語言行為不一致，或語言前後矛盾，或訊息間無法產生關聯。這種不一致的情況，往往造成當事人知與行之間、知與知之間、或行與行間的矛盾，並且引發一些問題。

　　面質技術可以協助當事人覺察自己的矛盾，看到訊息與訊息間的關聯，而對問題有進一步了解，甚至產生頓悟。

第三節　面質技術的適用時機與注意事項

　　面質技術通常使用在諮商員與當事人有良好關係之後，是在諮商的第二、第三階段時。

　　諮商員使用面質技術時，不可藉著面質技術懲罰當事人，面質的內容也不可出自於諮商員的推論與猜測。如果當事人用生氣、反駁或假裝同意來回應諮商員的面質，諮商員要繼續面質當事人。再者，諮商員面質的內容應導向當事人的資源、優點、缺點與限制，對當事人的問題才有幫助。最後，良好的面質技術應包括反映當事人面對自己的不一致時

所引發的情緒。

第四節　面質技術的功能

一、協助當事人覺察不一致的地方。

二、協助當事人探討不一致的地方，進一步了解自己。

三、協助當事人了解自己的優點、缺點、資源與限制。

四、協助當事人看到妨礙自己與他人權益的行為。

第一節　面質技術的定義

　　面質技術是指當諮商員發現當事人語言與非語言行為不一致、逃避面對自己的感覺與想法、語言行為前後矛盾、不知善用資源、未覺察自己的限制等行為時，諮商員指出當事人矛盾、不一致的地方，協助當事人對問題有進一步的了解。

　　諮商員的面質雖然不是批評、責備，但是仍然容易引起當事人的反感，因此，諮商員使用面質技術時，要先配合使用同理心技術或情感反映技術，再面質當事人。舉例說明如下：

🍎案例一

當事人：我知道我姊姊願意幫我，我弟弟也很關心我，不過，我不想麻煩他們，他們有自己的家庭需要照顧，我怎好意思拿他們的錢。我知道向地下錢莊借錢會帶給自己很多的困擾，從媒體的報導就已令人膽顫，但是，至少我姊姊、弟弟不會覺得我沒有用。

諮商員：為了體諒姊姊、弟弟，以及不讓他們覺得你無用，你選擇向地下錢莊借錢，作這樣的決定也是無可奈何（初層次同理心技術）。我不懂的是，你為了表面的風光，寧願讓自己陷入長期的恐懼中。將來祖屋被地下錢莊查封，失去的可能更多，到時候又該如何向姊姊、弟弟交代（面質技術）？

🍎案例二

當事人：（當事人長期酗酒）酒這個東西真是碰不得，一碰就著迷，甩也甩不掉，這就是為什麼我不讓我兒子喝酒的原因。可是，他偏偏要跟我作對，三天兩頭喝得醉醺醺的，我實在很生氣。我父親以前就是常常喝酒，害我也跟著他學，結果，讓我一輩子都毀了。我一定要救我兒子。

諮商員：你一生被酒所誤，如今你的兒子重蹈覆轍與酒為伍，你覺得很擔
　　　　心（初層次同理心技術）。我不解的是，你既然恨你父親做了個
　　　　壞榜樣，害了你一生，可是你卻重蹈覆轍像你父親一樣，給了你
　　　　兒子不好的示範，讓你的兒子學你的模樣。我不知道你有沒有看
　　　　到這其中的關聯（面質技術）？

🍎 案例三

當事人：我不喜歡我媽媽一天到晚要我好好唸書。我知道她比我更緊張，
　　　　因為她怕我考不上公立高中害她沒有面子。其實，我一點都不著
　　　　急。雖然我每天花很多時間看電視，可是我心中早就有一套完美
　　　　的讀書計畫。聯考離現在還有兩個月，我打算在最後一個月才開
　　　　始看書，每天看十六個小時，每天讀完三本書。到聯考的前一
　　　　天，我就可以將所有的書複習兩遍。

諮商員：聯考到了，你媽媽比你還緊張，讓你覺得很厭煩。其實你早就有
　　　　一套讀書計畫，所以對聯考充滿信心（初層次同理心技術）。你
　　　　說在最後一個月才要開始看書，每天要看十六個小時，看完三本
　　　　書。我不知道你的耐力如何，是否一天能夠拚十六個小時，還要
　　　　連續拚一個月？而十六個小時是否能夠背完三本書？如果這些書
　　　　你都還沒有複習過，你的計畫恐怕不容易實現（面質技術）。

第二節　面質技術內容說明

　　外在訊息輸入感官記憶時，相關的基模會被觸動，對輸入的外在訊息
進行選擇與過濾，這些選擇、過濾後的訊息再進入短期記憶〔short-term
memory，或運作記憶（working memory）〕，由基模進行組織與詮釋，最
後這些訊息再貯存到長期記憶中。換言之，外在訊息的處理過程與基模有
關。

　　為了適應上的目的，基模選擇、過濾外在訊息時，會將與基模內容不

一致的訊息排除，只允許與基模內容符合的訊息進入下一步驟的訊息處理，因此與基模不一致的訊息雖曾發生過，個人卻覺察不到。即使這些不一致的訊息得以進入訊息處理過程，並且貯存在長期記憶中，可是個人會扭曲訊息的意義，或看不到訊息與訊息之間的矛盾關係，因此無法覺察訊息的真正含意。

　　例如，小美認為自己是個溫柔體貼的人，其實大部份的時候，小美脾氣暴躁，頤指氣使，令人難忍。但是小美並沒有覺察到這些，她所記得的，只是她對別人的體貼、溫柔，不記得她脾氣失控的經驗。或是，雖然她記得自己有情緒失控的時候，可是卻將責任推卸給別人。這種對矛盾訊息的忽略，是一種逃避行為。

　　這些未被覺察到的訊息或被扭曲的訊息，會使得當事人的語言與非語言行為不一致，或語言前後矛盾，或訊息間無法產生關聯。這種不一致的情況，往往造成當事人知與行之間、知與知之間、或行與行間的矛盾，並且引發一些問題。

　　面質技術可以協助當事人覺察自己的矛盾，看到訊息與訊息間的關聯，而對問題有進一步了解，甚至產生頓悟。

第三節　面質技術的適用時機與注意事項

一、面質技術的適用時機

　　面質技術使用在諮商員與當事人有良好關係之後（這是諮商的第二、第三階段），通常在下列情況下，可以使用面質技術：

㈠當事人在行為、認知、情緒上相互矛盾時。

㈡當事人的行為可能危害到自己或他人的利益時。

㈢當事人使用防衛策略時（Evans, Hearn, Uhlemann & Ivey, 1989）。

㈣當事人不知善用資源時。

㈤當事人未覺察到自己的限制時。

二、注意事項

㈠諮商員使用面質技術時，雖然目的在協助當事人覺察不一致的地方。但是，面質技術會迫使當事人面對原本逃避的想法、情緒或行為，所以往往會引發當事人一些負面情緒。如果諮商員與當事人還未建立良好的諮商員關係，面質技術會使得諮商的進行困難重重。所以，諮商員與當事人有良好諮商關係後，才可以使用面質技術。

㈡諮商員不要因為擔心使用面質技術會傷害當事人，以及破壞諮商關係，而在該使用時不願意使用，以至於坐失良機。

㈢諮商員不可藉著面質技術來表達自己對當事人的負面情緒，或藉此機會懲罰當事人。

㈣諮商員使用面質技術時，必須依據當事人實際呈現的矛盾來面質，而非出自於諮商員的推論與猜測。

㈤諮商員使用面質技術時，當事人可能會生氣，反駁，或假裝同意。在這種情形下，諮商員要繼續面質當事人（Evans, Hearn, Uhlemann & Ivey, 1989）。

㈥諮商員使用面質技術時，面質的內容應導向當事人的資源、優點、缺點與限制。

㈦諮商員面質當事人時，需要面質關鍵的地方，對當事人的問題才有助益。

㈧諮商員使用面質技術時，應當覺察到當事人被面質時與被面質之後的情緒。良好的面質技術應包括反映當事人面對不一致時所引發的情緒（Evans, Hearn, Uhlemann & Ivey, 1989）。

第四節　面質技術的功能

面質技術的功能有：

1.協助當事人覺察不一致的地方。

2.協助當事人探討不一致的地方，進一步了解自己。

3.協助當事人了解自己的優點、缺點、資源與限制。

4.協助當事人看到妨礙自己與他人權益的行為。

各項功能說明如下：

一、協助當事人覺察不一致的地方

諮商員面質當事人的目的之一，就是導引當事人看到自己不一致的逃避行為。

🍒 案例一 _____

當事人三十多歲，雇員，女性，因為感情問題求助。

當事人1：我跟男朋友相識五年，原本打算年底結婚。但是，在半年前，因工作的關係，認識別單位的男同事。因為我們兩個單位需要合作辦理一個大案，有三個月的時間，我跟那位男同事朝夕相處，不知怎麼搞地，我竟然對他有了感情，他對我也一樣。這幾個月來，我過得很痛苦（臉上露出笑容）。我的男朋友似乎知道些什麼，最近大獻殷勤。那位男同事知道我已經有論及婚嫁的男友後，說他尊重我的選擇，不過要我考慮清楚，因為他不能沒有我。這幾天，我為了這件事煩死了。我對他們兩人都有情，選了A，B的重要性就突然提高。同樣地，選了B，A的重要也暴增。我真不知道該怎麼辦。

諮商員1：妳夾在兩個妳都喜歡的男人中，不知該選擇誰，左右為難，覺得好痛苦（初層次同理心技術）。當妳說到自己很痛苦時，我卻發現妳的臉上露出了笑容，似乎妳的感覺並不是妳所說的那樣（面質技術）。

當事人2：我有在笑嗎？我不知道，我只知道自己很痛苦（臉上再次出現笑

容）。

諮商員₂：當妳再次説到妳覺得很痛苦時，妳的臉上又露出笑容。（面質技術）

當事人₃：可是我沒有感覺到我在笑。我的確覺得很痛苦，怎麼可能笑呢？

諮商員₃：我的話似乎讓妳感到生氣。（立即性技術）

當事人₄：沒錯。被兩個男人疼愛著、爭寵著，的確是一種幸福（面露微笑）不過，也很痛苦，因為要我放棄其中一個，我會捨不得。

諮商員₄：夾雜在兩個男人中，被迫作選擇固然讓妳感覺痛苦，可是成為兩個男人爭奪的對象，妳的重要性突然提高了，讓妳覺得很得意。（高層次同理心技術）

當事人₅：妳説的沒錯。被兩個男人愛著、寵著，讓我覺得很得意，那是我一直渴望的感覺。自從三年前我的男朋友對我很放心後，我再也沒有嚐過被寵愛的感覺，讓我……。

　　諮商員指出當事人語言與非語言行為的不一致，協助當事人覺察自己的矛盾，並探索可能的原因。

🍎案例二

　　當事人五十歲，公司副理，男性。當事人的家人慫恿當事人跳槽到別的公司，當事人不知如何是好。

當事人₁：我現在這家公司待我不薄，我從小職員到現在的副理，一路走來都很順利。有些同事，跟我同一年進來，都還是我的屬下。

諮商員₁：你一路順利晉升，跟同年進來的同事比較起來，你比他們幸運多。（簡述語意技術）

當事人₂：如果公司都一直這樣照顧我，當然會惹起別人的閒言閒語，所以我已經有好幾年沒升職，這一點我是能夠諒解。

諮商員₂：你認為公司最近這幾年沒升你的職位，是因為怕別人嫉妒你，所以你能接受公司的作法。（簡述語意技術）

當事人₃：我是一個沒有背景的人，公司能夠讓我坐這個位置已經不容易

了。公司裏坐重要位子的人，都跟董事長有裙帶關係，董事長要提拔他們，我們這些外人當然沒有理由反對。公司是他的，他當然有權決定。

諮商員₃：董事長寵信、提拔自己的親戚，你是外人，沒有裙帶背景，似乎對自己的前途使不上一點力，讓你覺得洩氣。（高層次同理心技術）

當事人₄：我怎麼會洩氣，我已經說過，我沒有背景能夠爬到這個位置已經不簡單了。如果董事長沒有特別照顧我，怎麼可能將這個位子給我。

諮商員₄：我的想法似乎讓你不高興。（立即性技術）

當事人₅：我沒有對你不高興，因為有一些人跟你有一樣的想法，說董事長虧待我，其實我沒有這種想法，可是不知道為什麼這些人會這樣想。

諮商員₅：這些人是誰？（具體化技術）

當事人₆：我的太太、我的孩子跟我哥哥。他們認為我對公司的貢獻、我的能力，不應該只停留在目前的職位上。十年來，我沒有加薪、沒有升職，他們為我打抱不平。

諮商員₆：他們為你打抱不平，你的感覺怎樣？（具體化技術）

當事人₇：我覺得他們太囂張了，拿人家薪水，人家要怎麼樣，我又能怎樣？

諮商員₇：家人的看法讓你覺得生氣。（情感反映技術）

當事人₈：他們以為我努力、有能力、對公司有貢獻，就能當老大，要求公司加薪、升職。他們沒看到沒有背景的人在公司多可憐。

諮商員₈：家人不了解你在公司的狀況，卻只會說些風涼話，讓你覺得委屈（初層次同理心技術）。這樣說起來，公司對待你並沒有像剛剛你所說的「待你不薄」那樣（面質技術）。

當事人₉：（嘆了一口氣）我都已經五十歲了，換工作那有那麼容易，如果我不這樣說的話，如何讓自己繼續待下來……。

諮商員指出當事人語言上的不一致，協助當事人覺察自己的矛盾。

二、協助當事人探討不一致的地方，進一步了解自己

當事人不一致的地方，常常是當事人逃避或不願意面對的經驗。諮商員的面質，協助當事人整合經驗，產生新的看法。

❦案例一 _____

當事人二十四歲，公關領班，女性，因為跟同事不合而求助。

當事人₁：我不認為我是個霸道的人，我講究的是個理字，我做每件事都以理為根據。可是我的同事偏偏跟我唱反調，認為我欺壓她們。

諮商員₁：她們認為妳欺壓她們的原因是什麼？（具體化技術）

當事人₂：我們是每個月排班制，由我負責安排。由於星期天、星期六客人多，小費多，所以大家都爭著要排假日的班。我們人數多，所以只能輪流。如果有人假日有班卻無法出班，那是她自己的問題，當然不能順延，或是另排一個假日給她。因為我是領班，當然由我代理。這樣做省事多了，合情合理，也不用重新排班。可是，她們認為我這樣做有失公平，所以不斷給我臉色看。我給每個人同樣的機會，有人要放棄那是她的問題，跟我無關，怎麼可以說我霸道。

諮商員₂：妳覺得很委屈，因為她們對妳的指責不公平。（情感反映技術）

當事人₃：是啊！當然了，我是領班，假日加班的機會當然比她們多，不過，誰叫她們臨時有事。

諮商員₃：妳剛剛提到「妳假日加班的機會比她們多」，如果她們加班一次，妳會有幾次？（具體化技術）

當事人₄：我……我……三次。

諮商員₄：妳是如何安排，讓自己可以有三次加班機會，而她們卻只有一次？（具體化技術）

當事人₅：她們排一次加班時，我會給自己兩次，然後她們如果有事不能

來，都是由我代班。

諮商員 5：如果妳有事不能來時，妳會不會多給自己安排一次，還是就把機
　　　　會讓給別人？（探問技術，封閉式問題）

當事人 6：當然是多給自己安排一次。

諮商員 6：妳認為妳是領班，即使多給自己一些福利，也覺得理直氣壯（初
　　　　層次同理心技術）。妳剛剛提到當同事臨時有事不能來時，她沒
　　　　有權利要求另給機會，可是如果妳碰到類似狀況時，卻多給了自
　　　　己機會，聽起來，妳對待自己跟對待別人有些差別（面質技
　　　　術）。

當事人 7：聽起來是有些差別。不過，因為我是領班，原本福利就應該比她
　　　　們好。

諮商員 7：妳覺得自己是領班，享受的福利比同事好本來就理所當然。（簡
　　　　述語意技術）

當事人 8：當然是這樣。職務不同，福利當然不一樣。

諮商員 8：告訴我，妳身為領班享有那些福利？（具體化技術）

當事人 9：我有領班加級，每個月多伍仟，業績獎金伍千。假日加班比她們
　　　　多壹仟。每個月有三次加班，她們只有一次，所以比她們多……
　　　　好像多……柒仟。年終獎金多一個月約參萬（微笑）。

諮商員 9：妳的額外福利似乎讓妳有點得意（情感反映技術）。加起來，妳
　　　　每個月比同事多領了壹萬柒仟以上。妳除了公司規定的加級、業
　　　　績獎金與年終獎金外，透過妳對加班的安排，妳每個月又多領了
　　　　柒仟元，而這項似乎不在公司的規定內（面質技術）。

當事人 10：你這樣說似乎顯得我很愛錢。我是領班，薪水自然比她們多。
　　　　不過，我每個月領的薪水的確多了一點，他們每個月才兩萬伍，
　　　　我卻是肆萬貳，幾乎是她們的兩倍，而且年終獎金又多一個月。
　　　　這一點我從未想過，更何況這柒仟元原本應……。

　　諮商員的面質，協助當事人統整不一致的訊息，進一步了解自己。

🍑 案例二 _____

　　當事人二十七歲，雇員，女性。當事人已經訂婚，可是也喜歡未婚夫的朋友，覺得痛苦不堪。

當事人₁：其實，我仍然深愛我的未婚夫，他的條件不錯，又很愛我，嫁給他可以說是我的福氣。不過，不知道為什麼，他的朋友×××樣樣比他差，我卻想跟他在一起。為什麼我會那麼矛盾？

諮商員₁：妳感到疑惑，妳被自己的行為搞糊塗了。（情感反映技術）

當事人₂：我真的是被自己搞糊塗了。我夢寐以求的對象是我的未婚夫，他多金、英俊、體貼又對我真心。照理來說，我應該感到滿足，跟他終老一輩子。可是，偏偏這顆心不聽使喚，喜歡上另一個樣樣比他差的人。我真覺得對不起他。有時候我懷疑我是個水性楊花的女人。

諮商員₂：妳感到自責，覺得對不起未婚夫（情感反映技術）。妳說到×××樣樣比妳的未婚夫差，可是妳卻喜歡他。告訴我，妳喜歡他的理由？（具體化技術）

當事人₃：×××只是一個工人，沒有固定的工作。他抽煙、喝酒，行為粗魯，同時跟好幾個女人來往。說起來，他只是個混混。所以，我也不知道自己為什麼喜歡他。

諮商員₃：雖然妳不知道自己為何喜歡他，不過，喜歡上他讓妳覺得羞恥。（高層次同理心技術）

當事人₄：我厭惡他，也恨死自己，為什麼自己那麼下賤。

諮商員₄：我不了解妳說自己下賤的意思？（具體化技術）

當事人₅：我瞞著我未婚夫偷偷跟×××約會，甚至上床。我知道這樣做是不對的，可是我抗拒不了那種誘惑。

諮商員₅：妳所說的誘惑是指什麼？（具體化技術）

當事人₆：是……（眼睛垂下）……是……那種欲死欲活的感覺，×××讓我得到前所未有的滿足。每次跟他在一起，我都可以放心地放縱自己，讓自己毫無顧忌地墮落，享受那種銷魂的快感。

諮商員6：妳沈溺在跟×××作愛的高潮，可是又羞愧自己的享受。（高層次同理心技術）

當事人7：每一次跟×××作完愛，歡愉褪盡後，我就開始自責，責罵自己不該如此寡廉鮮恥。

諮商員7：妳被困在性愛的歡愉與自責中，感到痛苦萬分（初層次同理心技術）。聽起來妳的男朋友似乎沒有妳說的那樣完美，他雖然多金、體貼又專情，可是似乎在性愛方面不能滿足妳（面質技術）。

當事人8：的確是這樣。跟我未婚夫作愛的時候，就像在辦一件例行公事那樣枯燥無味，從來沒有高潮，我只是配合演出。直到跟×××在一起，我才知道性原來可以這麼快樂、這麼享受。

諮商員8：聽起來妳的問題似乎是這樣，妳的未婚夫多金、體貼、專情，可是卻無法滿足妳的性需要。×××樣樣比你的未婚夫差，甚至讓妳厭惡，可是他在性方面卻可以給妳前所未有的高潮。所以，一方面妳沈溺在×××的性愛中無法自拔，另一方面自責自己的放蕩，這兩方面的拉扯，讓妳萬分痛苦。（摘要技術）

當事人9：妳說的沒錯，我的問題的確這樣，我很清楚我不會跟×××在一起，可是卻迷戀他的性能力。我不想一錯再錯，可是卻擺脫不了自己的需要。如果我的未婚夫也能給我這樣的滿足，或許問題就不存在。

諮商員9：妳認為都是妳未婚夫的錯，如果妳未婚夫能夠像×××那樣滿足妳，今天的問題就不存在。（簡述語意技術）

當事人10：就是這樣。

諮商員10：我想知道妳跟妳未婚夫作愛時，出現那些問題？（探問技術，開放式問題）

當事人11：他……（微笑，腼腆）他……都沒有什麼技巧，很快就辦完事。有時候結束得讓我莫名其妙，我一點都不快樂。

諮商員11：似乎讓妳覺得很失望。（情感反映技術）

當事人12：是啊！這種事情他應該知道怎麼做，怎麼可以這樣草率。

諮商員 12：他的粗心，讓妳很不高興（情感反映技術）。妳提到「這種事情他應該知道怎麼做」，我不太清楚這句話的意思，多告訴我一些。（具體化技術）

當事人 13：他是男人，他應該採取主動，應該知道如何做。我是女人，怎麼好意思說我要這個、我不要那個。

諮商員 13：妳是女人，不好意思說什麼，剛剛妳沒把話說清楚。（具體化技術）

當事人 14：說……我不喜歡他作愛的方式，說他太草率，說跟他作愛時，我沒有高潮，說我不喜歡他碰觸我的方式。

諮商員 14：要告訴他這些方面的事，讓妳很羞愧，開不了口。（情感反映技術）。

當事人 15：沒錯，我不好意思對他說。

諮商員 15：讓妳不好意思的原因是什麼？（具體化技術）

當事人 16：性是男人的事，女人只應該配合，不應該太強調。含蓄一點才不會被男人瞧不起。更何況我愛我的未婚夫，如果告訴他，他無法讓我快樂，我擔心他會自卑。

諮商員 16：為了維護男朋友的面子，妳只得忍受毫無樂趣的性生活，妳覺得好委屈（初層次同理心技術）。從我們剛剛談話的內容，可以確定的是，妳在乎性生活，渴望性愛。可是，妳不願意向妳未婚夫承認妳的性需要，卻寧願透過×××來得到滿足，而且認為這樣做可以維護男朋友的面子，免得他自卑（面質技術）。

當事人 17：聽起來，我的行為的確很可笑。或許你說得對，我在乎性生活，我渴望從性愛中得到快樂，可是我又不承認自己的需要，似乎我也該負一些責任……。

　　諮商員的面質，讓當事人有機會面對自己逃避的問題，並且進一步了解自己。

三、協助當事人了解自己的優點、缺點、資源與限制

諮商員面質的重點，除了須針對當事人不一致的地方外，還要強調當事人的優點、缺點、資源與限制，讓當事人看到解決問題的可能性。

案例一

當事人三十歲，目前正應徵工作，男性。當事人應徵了好幾個工作，目前有一家大公司願意用他，可是當事人擔心自己的能力不夠。

當事人1：當時因為沒有工作而心急如焚，擔心沒錢過生活。沒想到這麼快工作就有著落，而且是個有名望的大公司。雖然公司裏分工細人才多，無法給我較高的職務，不過我已經很滿意。

諮商員1：雖然公司給你的職務沒有你預期的那樣，不過你仍然欣喜若狂。（初層次同理心技術）

當事人2：進這家公司工作，曾經是我的夢想，沒想到這麼快就實現了。不過，另一方面我卻有些擔心。

諮商員2：告訴我你擔心什麼？（具體化技術）

當事人3：我擔心自己能力不夠。如果沒有能耐的話，就進不了這家公司，所以這家公司人才濟濟。我一無所有，沒有背景、沒有高學歷、在裏面也沒有人脈，一切都需要重新學習與重新建立，我擔心沒有足夠的能力適應新的環境。

諮商員3：你對未來有些慌亂。（情感反映技術）

當事人4：沒錯。公司這麼有名，又到處是人才，競爭當然激烈，我擔心我的能力不夠，怎麼生存下去？

諮商員4：你認為自己的能力不夠，對自己的未來有些擔憂（初層次同理心技術）。雖然你擔心自己的能力不夠，不過你有一些資源可以幫助你，第一，你目前的工作跟你以前的工作性質很類似，你有五年的工作經驗，這些經驗都是你的資源。第二，你有很好的朋友，他們雖然不在你的公司上班，可是他們可以提供給你寶貴的

意見。第三，你過去工作所建立的人脈，或許對你的新工作有一些幫助。除了這些之外，你還可以想到那些（面質技術）？

當事人 5：或許你說得對，我曾經想過這些資源，只是因為心情混亂，所以還沒有仔細想過他們對我的幫助，……。

諮商員的面質，協助了當事人覺察解決問題的資源。

🍎 案例二

當事人十七歲，高中學生，女性。當事人跟男朋友發生性關係後，決定跟男朋友結婚，因為父母不答應而求助。

當事人 1：反正我愛他，他愛我，事情就是這麼簡單，為什麼我們兩人不可以結婚，更何況，我們已經有性關係了，而且大家都知道。

諮商員 1：你們兩人相愛，又有性關係，妳不明白為何父母反對你們結婚。（簡述語意技術）

當事人 2：他們一直說我們年紀還小，還在求學，沒有經濟能力，不能養活自己，也不能養活孩子。我覺得這不是個合理的理由。

諮商員 2：告訴我，妳認為他們的理由不合理的原因？（具體化技術）

當事人 3：我本來就沒打算現在生孩子，我沒有那麼笨，這麼年輕就生小孩。至於唸書，我們結婚後還可以繼續唸書，還可以各自住在自己的家裏。所以我說他們反對的理由都不合理。

諮商員 3：妳想要的只是辦個結婚手續而已，也沒有要生小孩，也沒有要住到對方的家裏，而且生活還是像現在一樣。（簡述語意技術）

當事人 4：沒錯。我不知道為什麼他們不懂。如果我們可以公證結婚的話，就不需要那麼麻煩，還要他們同意。

諮商員 4：因為妳還未成年，所以才被監護人刁難，覺得很嘔。（初層次同理心技術）

當事人 5：是啊！結婚有什麼困難的。只要你情我願，不就萬事 OK 了。我不懂這些大人在想什麼。

諮商員 5：他們似乎不了解妳的想法，讓妳覺得很不滿。（初層次同理心技

術）

當事人6：就是嘛！誰要那麼麻煩的婚禮，我只要那張結婚證書就好。

諮商員6：妳想要那張結婚證書，偏偏大人們處處刁難，讓妳很著急。（初層次同理心技術）

當事人7：你真了解我。我就是急著想要那張結婚證書。

諮商員7：告訴我，妳急著想要結婚證書的原因。（具體化技術）

當事人8：我怕我男朋友變心。我男朋友太帥了，我怕他被別人搶走，他身旁總有一些女孩子纏著他。只要我跟他結婚，我就有權利管他，也有權利叫那些女孩子滾蛋。

諮商員8：有了那張結婚證書，妳就有了權利讓他沒有機會接近其他女孩，聽起來似乎妳對他沒有信心。（高層次同理心技術）

當事人9：如果對他有信心，就不會這樣急著想結婚。

諮商員9：為了拴住他，妳不得不想盡辦法結婚，覺得好辛苦（初層次同理心技術）。即使妳拿到結婚證書，真能拴住他，斷絕他跟其他女孩子接近的機會？如果不能，妳要怎麼辦？（探問技術，開放式問題）

當事人10：其實這也是我的苦惱。我不想結婚後住他家，因為這樣我會失去自由，而且我也不想盡什麼媳婦的責任，那責任太大了，我也不想花時間時時監視他，那太累。

諮商員10：聽起來結婚也會帶給妳好多麻煩，妳覺得怕怕的（初層次同理心技術）。從我們剛剛談話的內容來看，似乎妳希望的是他能自制，而不是用結婚證書拴住他，否則妳也必須付出一些代價，而這些代價妳是不願意付出的（面質技術）。

當事人11：或許你說的對，……。

　　諮商員的面質，協助了當事人覺察自己的限制。

四、協助當事人看到妨礙自己與他人權益的行為

面質技術也可用來協助當事人看到自己的想法、行為對自己或他人權益的妨礙。

🍎 案例一

當事人四十多歲，商人，男性，因為生涯問題求助。

當事人1：我在這一行打滾了一、二十年。有時候，不免懷疑自己是否適合這個行業。當商人並不是我的意願，只是因為我是家中的獨子，必須繼承父親的事業。一開始我想讓姊姊繼承，而姊姊也有這個意願。只是我的父母非常傳統，他們認為如果由姊姊繼承的話，會便宜了姊夫，將來我家的事業就會被改朝換代，幾代辛苦耕耘的成果，反而落入別人的口袋。問題是我的個性木訥老實，實在不適合商場中的爾虞我詐。如果不是姊姊在旁協助，恐怕我家的事業早就垮台。我的人生已走了一大半，實在不願意再委屈自己，所以我打算讓姊姊接手家中的事業，我要另起爐灶，可是我的父母仍然不同意，我實在很苦惱。

諮商員1：你已經花了一、二十年的時光從事跟自己個性不合的職業。你想轉業，可是父母卻仍然堅持當初的決定，你感到好苦惱。（簡述語意技術）

當事人2：我覺得很苦惱。難道要鬧革命他們才肯放過我嗎？我都已經快五十歲了，他們還把我當小孩看待，一定要我聽話。

諮商員2：父母的固執讓你感到生氣。（情感反映技術）

當事人3：我一直是個乖小孩，從來不敢反抗父母的命令。可是，我已經快五十歲，我的孩子都上高中了，他們還不給我面子，還要我當乖寶寶。這一次，我決意辭去現在的工作，靠自己打天下。我對藝術這一行一直有興趣，所以打算跟朋友合開美術社，從事藝術買賣工作。

諮商員 3：你期待父母尊重你的想法，可是他們卻當你是個孩子，所以你執意按照自己的興趣走（簡述語意技術）。不過，聽起來，你打算從事的行業也屬於商業的範圍（面質技術）。

當事人 4：我家的家族企業是鞋子製造，我未來要做的是藝術買賣。兩者都是商業工作沒錯，不過我不喜歡跟鞋子為伍，我寧願跟藝術品在一起。憑著以前的工作經驗，我相信我可以做得很好。

諮商員 4：你認為過去製造鞋子的工作經驗，對於你未來藝術買賣工作有些幫助，所以對自己充滿信心。（簡述語意技術）

當事人 5：說實在的，我並沒有信心。我家的鞋業都是我姊姊在負責，我的興趣本來就不高，能力也不好，後來接著結婚、生子，這些壓力已夠讓我應接不暇了，更沒有時間好好經營家裏的事業。最近同學會，碰到以前的同學，他是個畫家。我們談起合股做生意的事。我對目前的工作感到厭倦，想到自己以前對美術還有些興趣，於是想改換跑道。沒想到我父母徹底反對。想起自己已快五十歲，兩個孩子的爹了，還要聽他們擺佈，就覺得越想越氣，於是決定要抗爭到底。

諮商員 5：父母的堅持讓你感到好挫折（情感反映技術）。聽起來你堅持轉換跑道的重要因素之一是為了向父母的權威挑戰，為了證明自己不是乖寶寶，是個成熟的大人，因此你明知道自己對藝術買賣工作沒有多大的信心，也要去冒險（面質技術）。

當事人 6：或許是吧，我只想讓我父母知道我已經是大人，不是小孩，我不喜歡他們對待我的方式。不過，這樣說起來，我處理的方式還是像小孩一樣，……。

　　諮商員的面質，協助當事人看到妨礙自己與他人權益的想法與行為。

🍎 案例二

　　當事人五十五歲，家庭主婦，女性，因為無法跟媳婦相處而求助。

當事人 1：我們是有名望的家族，我兒子竟然娶了他工廠的女工。我怎麼可

能承認她是我媳婦呢？

諮商員1：妳兒子娶了一個門第不合的女人，讓妳很生氣。（初層次同理心技術）

當事人2：我豈只生氣，我簡直快瘋掉。當初我就堅決反對，可是我兒子不知怎麼搞地被她迷得團團轉，竟然不顧我的反對，還是跟她結了婚。這女人一進門我就告訴她，我不承認這門親事，我不承認她是我的媳婦。沒想到她還是厚臉皮地住了下來。有她的存在，我就覺得不舒服，所以，我發誓要把她趕走。

諮商員2：她迷住妳兒子，還跟妳兒子結婚，並且住進妳的房子，妳覺得很不甘心，想把她趕走。（初層次同理心技術）

當事人3：一提到我兒子我就覺得難過。他十歲時，我先生就走了，留下了那麼大的事業，如果不是我堅強，家業那能守得住。我一方面忙著照顧生意，一方面還得照顧他。因為怕他沒有父親心理的成長受到影響，所以我特別在他身上花心思。他知道我的辛苦，倒還聽話、體貼、自動自發。沒想到今天為了這個女人，竟然不在乎我傷心，想起來就讓我難過。

諮商員3：妳先生去世後，妳辛苦照顧他留下來的事業，還要努力補償你兒子失去父親的遺憾。可是因為這個女人的緣故，妳的付出不但得不到回報，而且還傷透了心。（簡述語意技術）

（諮商員繼續協助當事人發洩內心的不滿與難過，二十分鐘後，當事人談到兒子的婚事。）

當事人4：我當然期待我兒子能夠早日成婚，讓我早點了卻一樁心事。我曾經介紹過好幾個名門閨秀給他，可是他一個也看不上，不是嫌人家這裏不好，就是嫌人家那裏不對。沒想到他喜歡的竟是工廠女工。

諮商員4：妳期待他娶名門閨秀，沒想到他東挑西撿，卻挑到一個家世不高的女人，讓妳覺得很丟臉。（初層次同理心技術）

當事人5：我真覺得丟臉，親戚問起來，我都不敢說。他要娶也要娶一個我喜歡的女人，不要娶一個我不喜歡的女人，要不然他怎麼對得起

　　　　　　我。

諮商員 5：妳認為他要娶一個妳喜歡的人才對得起妳。（簡述語意技術）

當事人 6：沒錯。我幫他守住這麼大的事業，他父親死後我母代父職照顧
　　　　　他，再怎麼說他也應該聽我的話，怎麼可以做出這麼對不起我的
　　　　　事。

諮商員 6：兒子沒體諒妳的付出，讓妳憤恨不平（情感反映技術）。聽起來
　　　　　似乎妳重視的是妳的面子，而不是兒子的幸福。妳要他乖乖聽妳
　　　　　的話，娶妳喜歡的女人，才算報答妳辛苦的養育之恩（面質技
　　　　　術）。

當事人 7：我不是這個意思，當然我也重視兒子的幸福，……。

　　　諮商員的面質，協助當事人看到自己妨礙他人權益的想法與行為。

第五節　面質技術練習

　　　技術練習分為兩部份，第一部份用來複習前幾節所提的重點，並且熟
練面質技術。第二部份為實務練習，由學習者扮演諮商員對當事人進行諮
商。

一、複習與練習：選出諮商員最適當的回應

　　　在第一部份的練習中，學習者須先閱讀當事人的敘述，然後從三個諮
商員的回應中選出適當的一個。學習者選出答案後，請閱讀後面的說明，
了解每一個回應之適當或不適當的原因。

5.1.1　　面質技術是指諮商員發現當事人語言與非語言行為不一致、敘述上
　　　　前後矛盾、逃避自己的感覺或想法、不知善用資源、未覺察自己的
　　　　限制等行為時，諮商員指出當事人不一致的地方，協助當事人覺

察，並且進一步了解問題，甚至產生頓悟。以下請使用面質技術回應當事人的敘述：

當事人：其實我很想用功，想要考上國立大學讓我父母有面子。不過我四周圍的朋友都很愛玩，他們每天都有一些好玩的點子，讓我無法自拔。我想過要先避他們一段時間，考上大學後再跟他們聯絡。不過現在離聯考還有三個月的時間，人家都說最後一個月才是關鍵時刻，我想，到那個時候再衝刺也不遲。

5.1.2　諮商員1：雖然你想用功，考個國立大學讓父母有面子，不過因為受到朋友的影響，到現在還無法收心。因為你認為最後一個月才是衝刺最重要的時刻，所以計畫到那個時候再迴避他們，專心準備聯考。

諮商員使用的技術是簡述語意技術，非面質技術。

5.1.3　諮商員2：雖然聯考將至，你仍然無法收起玩心，專心準備聯考，不過因為你已經有了計畫，所以對自己信心十足（初層次同理心技術）。只是，在聯考的前一個月，你是否有足夠的定力，避開你的朋友，專心準備聯考？再者，如果平時不看書，只靠一個月的衝刺，真的就能背熟三年的課程，考上公立大學？

正確。諮商員面質當事人想法的不切實際。

5.1.4　諮商員3：到那個時候再衝刺也不遲。

諮商員使用的技術是覆述技術，非面質技術。

5.2.1　以下請使用面質技術回應當事人的敘述：

當事人：我是個講究法律規章的人，賺多少錢，就做多少事，所以我會嚴
　　　　格要求我的部屬上班時不可以偷雞摸狗，否則就是貪污公家的時
　　　　間。我隨時隨地突擊檢查，看看他們是否認真做事。雖然我是主
　　　　管，業務也很多，不過只要方法得當，還是可以清閒得很。說實
　　　　在的，我一週只來兩、三天，來的時候只不過待在辦公室一、兩
　　　　個小時。反正我的工作只是看看公文，也不用花太多時間。我頭
　　　　腦聰明，耍一些小手段就可以讓自己輕鬆如意，而且收入是別人
　　　　的好幾倍。我很聰明，而其他人都沒有頭腦。

5.2.2　諮商員1：你沾沾自喜自己的聰明，譏笑別人的愚蠢。

　　　諮商員使用的技術是情感反映技術，非面質技術。

5.2.3　諮商員2：在工作上，你對待你的屬下很嚴格，不讓他們貪污公家
　　　　　　　　的時間。至於你，靠著你的聰明，你讓自己逍遙自在，
　　　　　　　　輕鬆自如，而且薪水比別人多。你認為自己聰明，別人
　　　　　　　　愚蠢，所以才能佔到便宜。

　　　諮商員使用的技術是簡述語意技術，不是面質技術。

5.2.4　諮商員3：因為你的聰明，讓你能夠事少、錢多、又輕鬆，你對自
　　　　　　　　己的聰明跟收入洋洋得意，樂不可支（初層次同理心技
　　　　　　　　術）。從你的描述中可以看到，你用兩套標準對待自己
　　　　　　　　跟別人。你對別人嚴苛，對自己卻寬容。不知道我這樣
　　　　　　　　說，你有什麼感覺跟想法？

　　　正確。諮商員面質當事人用兩種不同方式對待自己跟別人的矛盾行

為。

5.3.1　有時候當事人的矛盾會反映在他的語言與非語言行為上。諮商員除
　　　　了聆聽當事人語言上的敘述外，還得觀察當事人非語言行為上的變
　　　　化，以發現當事人不一致的地方。

當事人：我們同居五年了，雖然他現在大部份的時間都跟他太太在一起，
　　　　偶而才來找我，不過我仍然相信他需要我，離不開我（右手緊抓
　　　　住左手，上下搓揉，眼神轉離諮商員的注視），這是我繼續跟他
　　　　在一起的原因。當然，我是不願意要求他多陪我，免得他認為我
　　　　糾纏他（頭下垂，音量變小）。當初是我願意跟他同居，我覺得
　　　　兩個相愛的人能夠在一起，是最幸福的事，所以我沒有要求名
　　　　份。最近一年來他不再勤於到我這裏來，我相信他是因為生意
　　　　忙，加上他太太懷孕（眼神再次轉離諮商員的注視）。不過我篤
　　　　定地認為，他愛我勝於愛他太太（眼神轉離諮商員的注視），這
　　　　是他當初說的話，所以我對他很信任（聲音轉弱）。

5.3.2　諮商員 1：五年前你不顧一切跟他同居，也沒要求名份。雖然最近
　　　　　　　　　他不常來看妳，可是妳了解他，認為他這樣做情非得
　　　　　　　　　已，而且妳信任他說的話，所以對他很放心。

　　　　諮商員使用的技術是簡述語意技術，非面質技術。

5.3.3　諮商員 2：妳剛剛提到，他最近一年不常到妳這裏來，不知道他這
　　　　　　　　　一年來共找過妳幾次？

　　　　諮商員使用的技術是具體化技術，非面質技術。

5.3.4　諮商員 3：雖然妳沒有名份，而他最近很少到妳這裏來，不過想到

他五年前說的誓言，妳就安心（初層次同理心技術）。雖然妳這樣認為，可是我卻從妳的動作表情看到妳內心的焦慮，似乎妳對他的誓言不再有信心。不知道我的感覺對不對？

　　正確。諮商員面質當事人語言行為與非語言行為之間的矛盾，協助當事人覺察內在的衝突。

5.4.1　諮商員使用面質技術之前，要先使用同理心技術或情感反映技術，以避免當事人因為覺得被責備、被批評而自我防衛。以下請使用面質技術回應當事人的敘述：

當事人：（當事人有三個孩子，太太仍未有工作）我之所以選擇這個工作，是因為這個工作的工作時間少。既然工作時間少，錢當然不多，不過，只要工作時間少，我就願意接受。有了這麼多的空閒時間，就不覺得有什麼工作壓力。當然，我太太一定會嘮叨，說什麼錢這麼少要怎樣養活一家人、對不起孩子、孩子可憐等，這些話真讓我厭煩。為什麼結婚的男人，不能有自己喜歡的生活。

5.4.2　諮商員1：你找到工作時間不多，壓力不大的工作，覺得很高興。不過，太太的嘮叨讓你很不耐煩（初層次同理心技術）。聽起來，好像工作時間少，沒有壓力，是你唯一的考慮，而太太跟孩子的生活並不在你的考慮中。不知我這樣的想法對不對？

　　正確。諮商員面質當事人時，先使用同理心技術，再面質當事人，避免當事人的防衛。

5.4.3　諮商員2：你挑選工作時，似乎只考慮到自己的需要，沒有考慮太

太跟孩子的需要。

諮商員面質當事人的矛盾行為時，並未先使用同理心技術，這種作法容易引起當事人的反感與防衛。

5.4.4　諮商員3：你找到工作時間不多，壓力不大的工作，覺得很高興。不過，太太的抱怨讓你覺得很不耐煩。

諮商員使用的技術是初層次同理心技術，非面質技術。

5.5.1　以下請使用面質技術回應當事人的敘述，請先使用同理心技術或情感反映技術之後，再面質當事人矛盾的地方：

當事人：（談到養子欠賭債的事）再怎麼說他總是我養大的孩子，如果不幫他還賭債，那幫人絕不會放過他，他們什麼事都做得出來。家裏現在已經一無所有，我一生的積蓄就這樣被他敗得精光。當然，錢是身外之物，生不帶來，死不帶去，我不會去計較那些（音量降低）。

5.5.2　諮商員1：你不重視錢財，所以願意散盡一生的積蓄，解救他的性命。

諮商員使用的技術是簡述語意技術，非面質技術。

5.5.3　諮商員2：養子好賭，讓你覺得好難過（情感反映技術）。雖然你認為為了他的生命，不計較犧牲一切，可是你的聲音似乎反映出，你還是在乎自己的積蓄。不知道我的感覺對不對？

正確。諮商員先使用情感反映技術反映當事人的感覺，然後再面質當事人。

5.5.4　諮商員 3：雖然你口中說錢財乃身外之物，不計較自己一生的積蓄，可是我卻從你的動作上看出，其實你在乎這些。

諮商員面質當事人時，未先使用同理心技術或情感反映技術，因此容易引起當事人的反感與防衛。

5.6.1　諮商員面質當事人時，需要面質關鍵的地方，對當事人的問題才有助益。以下請使用面質技術回應當事人的敘述：

當事人：（談到跟公婆相處的情況）現在那有媳婦像我一樣願意跟公婆住在一起，而且還照顧他們的起居跟健康。有時候雖然公司業務忙碌，為了照顧他們，我還是得請假，當然，這是媳婦該盡的責任（眼睛睜大往下望，臉部肌肉僵硬，雙唇緊抿）。因為這樣，我的上司有些微詞，就將原本屬於我的晉升機會給了別人（聲音發抖）。其實，我也不想在事業上爭長短（身體往後仰，嘆了一口氣），畢竟女人的依靠是家庭。

5.6.2　諮商員 1：為了照顧公婆，妳無法兼顧事業，所以妳的上司不願意提拔妳，而將機會給了別人，妳覺得很委屈（初層次同理心技術）。雖然妳認為為公婆犧牲是理所當然的事，也不在乎事業上的成就，可是妳的動作表情似乎告訴我，妳在乎事業，因此痛心公婆的拖累，讓妳喪失了晉升的機會，所以心中充滿了委屈與無奈。不知道我的感覺對不對？

正確。諮商員面質的地方，是當事人問題的關鍵部份。

5.6.3　諮商員 2：為了照顧公婆，妳無法兼顧事業，所以妳的上司不願意
　　　　　　　提拔妳，而將機會給了別人，妳覺得很委屈（初層次同
　　　　　　　理心技術）。妳為了照顧公婆，不管公司業務忙碌，還
　　　　　　　是請假。妳這種不以公司為重的態度，當然上司會不
　　　　　　　滿，他提拔別人不提拔妳也是理所當然。

諮商員面質的地方，並非當事人問題的關鍵部份。

5.6.4　諮商員 3：為了照顧公婆，妳寧願犧牲自己的事業，也要盡到媳婦
　　　　　　　的責任，所以當公司需要妳時，妳還是以公婆為優先。
　　　　　　　因為這樣妳喪失晉升的機會。不過妳認為女人的依靠是
　　　　　　　家庭，所以不在意自己是否晉升。

諮商員沒有面質當事人，只是使用簡述語意技術扼要說明當事人語言
敘述的重點。

5.7.1　諮商員使用面質技術時，面質的內容應導向當事人的資源、優點、
　　　　缺點與限制。以下請使用面質技術回應當事人的敘述：

當事人：這次經濟危機，我賠得一無所有，好不容易奮鬥了二十年，竟然
　　　　碰到這種事，過去所有的努力都成了泡影。我現在已經五十多歲
　　　　了，還有什麼前途可言，真想死了算了。我太太跟孩子都勸我東
　　　　山再起，他們願意盡力幫忙。可是我一無所有，怎麼可能東山再
　　　　起，我看我這一輩子已經完了。

5.7.2　諮商員 1：因為受到經濟危機的波及，你過去一、二十年的努力都
　　　　　　　成了泡影。因為你年歲已大，又一無所有，東山再起談
　　　　　　　何容易，所以覺得前途無望，這輩子已經完了。

諮商員使用的技術是簡述語意技術，非面質技術。

5.7.3　諮商員 2：聽了你的話，我真替你擔心。

諮商員使用的技術是立即性技術，非面質技術。

5.7.4　諮商員 3：因為受到經濟危機的波及，你過去一、二十年的努力都
　　　　　　　　成了泡影。因為你年歲已大，又一無所有，東山再起談
　　　　　　　　何容易，覺得好難過（初層次同理心技術）。你覺得自
　　　　　　　　己一無所有，但似乎事實並非如此。你太太跟孩子願意
　　　　　　　　盡力幫助你，這就是你的資源。過去做生意的人脈，或
　　　　　　　　許也是可以運用的資源，或許你還可以想到其他的。

正確。諮商員使用面質技術，協助當事人看到自己擁有的資源。

二、實務練習

(一)練習一

請使用面質技術，回應以下當事人的敘述：

　　1.當事人：有什麼希罕，分手就分手。他也不替我想看看，我們在一
　　　　　　　起十年了，當時我才二十五歲。如今我已經三十五歲了，
　　　　　　　他才覺得我們個性不合，要跟我分手。我就不相信沒有
　　　　　　　他，我就找不到人嫁。我相信我還有本錢，還有人愛。
　　　　　　　（聲音發抖，音量減弱）
　　諮商員：

2. 當事人：（暑假只剩下一星期，而當事人的暑假作業都沒寫，包括
六十天的日記）那些作業有什麼困難呢？如果我想寫的
話，很快就可以完成。還有時間，幹嘛那麼早寫完，那太
沒有個性了。我計畫最後兩天，把握一分一秒，把作業趕
完。我不是沒有計畫，其實我早就計畫好了。

　　諮商員：

3. 當事人：我已經打算跟我的老闆同歸於盡。我沒有辦法忍受他的挑
剔跟侮辱。雖然我的職務很小，可是我畢竟是個人，我有
人格，我不是畜生，他不該這樣對待我。如果不是為了我
太太跟孩子，我不必忍受到現在。當我決定跟他同歸於盡
後，我感覺輕鬆多了，畢竟我可以為自己出一口氣。

　　諮商員：

4. 當事人：因為我生長在非常傳統的家庭，所以我的個性非常保守。
我的父母很注重我的道德教育，我也從來沒有讓他們失望
過。我不是故意要搶人家的丈夫，只是因為我過夠了貧窮
的生活，害怕吃苦。我先生家財萬貫，住的是高樓大廈，
吃的是山珍海味，穿的是綾羅綢緞，誰不羨慕。如果不是
小時候我家太窮了，我也不會這樣。

　　諮商員：

5. 當事人：我才不管別人怎麼想，只要我喜歡有什麼不可以。我的前
途我自己負責，我又沒有要我父母、我的老師負責，他們
有什麼權利管我。能不能畢業是我的事，他們操什麼心。
說到學校的老師，我就一肚子氣，我喜歡什麼時候來上
課，就什麼時候來上課。反正學費是我繳的，他們有什麼
資格管我。這間不讓我唸，那我就換別間，只要我願意繳
學費，就不怕沒有學校可以唸。

諮商員：

㈡練習二

1. 兩人一組，準備一台錄音機，一人扮演諮商員，另一人扮演當事人。諮商員對當事人諮商時，請使用面質技術及前幾章所學的技術，並且全程錄音。三十五分鐘後，兩人聽諮商錄音過程，討論諮商員的面質技術是否正確。
2. 角色互換，重複以上步驟。

第六章

角色扮演技術

本章摘要

第一節　角色扮演（role-playing）技術的定義

　　角色扮演技術是指在諮商過程中，諮商員為了協助當事人覺察與抒解情緒、體驗相關人物的感覺與想法、學習新行為與預演即將面對的情境，由當事人扮演相關人物，進入他們的經驗中，來達到以上的目的。

第二節　角色扮演技術內容說明

　　角色扮演技術之所以被認為是一種心理治療的形式，是受到三種治療取向之影響。此三種治療取向分別為心理劇（psychodrama）、固定角色治療（fixed-role therapy）、行為演練（behavior rehearsal）。

　　使用角色扮演技術時，其步驟如下：

一、當事人描述問題時，諮商員從當事人的描述中，找出可以使用角色扮演技術的情境。

二、確定可以使用角色扮演技術的情境後，請當事人重演事件經過，並且扮演不同的角色。

三、當事人進入每一個角色的內在世界後，諮商員需要協助當事人體驗該角色的感覺、想法與行為。

四、如果當事人無法進入某一個角色時，諮商員應該先處理阻礙當事人進入該角色的障礙。障礙去除後，當事人再扮演該角色。

第三節　角色扮演技術的適用時機與注意事項

　　角色扮演技術可使用在任何諮商情況與諮商階段。

　　使用角色扮演技術時，諮商員要協助當事人覺察此時此刻的感覺，並且讓當事人反覆扮演自己與相關的他人，不要只讓他扮演某一角色。此外，在角色扮演過程中，諮商員須聆聽與觀察當事人在角色扮演中的語言與非語言行為。

第四節　角色扮演技術的功能

一、協助當事人覺察、抒解情緒。

二、修正當事人對他人的了解。

三、協助當事人對自己的行為、感覺與想法有新的認識。

四、協助當事人學習與預演新的行為模式。

第一節　角色扮演技術的定義

角色扮演技術是指在諮商過程中，諮商員為了協助當事人覺察與抒解情緒、體驗相關人物的感覺與想法、學習新行為與預演即將面對的情境，由當事人扮演相關人物，進入他們的經驗中，來達到以上的目的。

第二節　角色扮演技術內容說明

一、理論依據

有些學者，例如Kipper（1986）將心理劇視為角色扮演的一種形式。因為本書論及的角色扮演技術是適用於個別諮商的情境，與團體諮商的角色扮演技術自然大不相同。角色扮演技術的使用，在某個層次上，與空椅法很難區分。使用角色扮演技術與空椅法時，都是將過去以現在的方式呈現，不過角色扮演技術的重點強調的是在動作上的「演出與走位」，而此重點空椅法並未強調。雖然角色扮演與空椅法是兩種不同的技術，不過，兩種技術可以配合使用。空椅法的說明在下一章。

角色扮演技術之所以被認為是一種心理治療的形式，是受到三種治療取向之影響。此三種治療取向分別為心理劇、固定角色治療、行為演練（Kipper, 1986）。

心理劇是運用動作技巧的一種團體心理治療，治療的進行並不是團體成員團坐在椅子上討論生命與其問題，而是運用團體成員來扮演故事中的角色。換言之，心理劇是以戲劇的方法探索「真實」的一門科學，處理的是人際關係及隱密世界（謝佩玲、楊大和譯，民87）。

固定角色治療由 Kelly, G. A 所創。在固定角色治療法中，諮商員要求當事人扮演某種人格角色，這種人格角色不同於當事人原本的人格特質，

目的在幫助當事人重整與發展新的概念系統（陳仲庚、張雨新，民78）。
固定角色治療之所以能夠將角色扮演推向心理治療之列，原因有三：(1)角
色扮演可以反映出現實生活狀況，所以在治療中運用角色扮演是合理的；
(2)即使角色扮演的進行是由諮商員所操控，不是由當事人的自發性所引
導，也同樣具有治療效果；(3)角色扮演所呈現的治療效果，是出現在當事
人扮演他人角色時，不是當事人以真實身份出現時（Kipper, 1986）。

行為演練是指諮商員讓當事人在諮商情境中，使用角色扮演的方式演
練新的行為模式。在諸多行為治療技術中，角色扮演技術只是其中的一個
技術。

二、角色扮演技術的步驟

使用角色扮演技術時，其步驟如下：

㈠當事人描述問題時，諮商員從當事人的描述中，找出可以使用角色扮演
技術的情境。

㈡確定可以使用角色扮演技術的情境後，請當事人重演事件經過，並且扮
演不同的角色。

㈢當事人進入每一個角色的內在世界後，諮商員需要協助當事人體驗該角
色的感覺、想法與行為。

㈣如果當事人無法進入某一個角色時，諮商員應該先處理阻礙當事人進入
該角色的障礙。障礙去除後，當事人再扮演該角色。

第三節　角色扮演技術的適用時機與注意事項

一、角色扮演技術的適用時機

角色扮演技術可使用在任何諮商情況與諮商階段。通常在以下情況下
會使用角色扮演技術：

㈠協助當事人覺察與抒解情緒，以利當事人問題的解決。

㈡協助當事人學習或試驗新的行為模式。

㈢協助當事人預演即將面對的情境、人物。

㈣協助當事人體驗他人不同的感覺與想法。

二、注意事項

㈠在角色扮演中，諮商員要協助當事人覺察此時此刻的感覺。

㈡諮商員須讓當事人反覆扮演自己與相關的他人，不要只讓他扮演某一個角色。

㈢諮商員須聆聽與觀察當事人在角色扮演中的語言與非語言行為。

㈣本章論及的角色扮演技術，只是用來協助當事人從扮演的過程中，覺察事件發生時未覺察的感覺與想法，諮商員所使用的技術都是前幾章所談的技術。換句話說，本章所謂的角色扮演技術，並不是特指某一種技術，而是將前幾章所談的技術運用在角色扮演的過程中。在當事人角色扮演的過程，諮商員的角色只是協助當事人覺察與表達未覺察的感覺與想法。

第四節　角色扮演技術的功能

角色扮演技術具有以下的功能：

1. 協助當事人覺察、抒解情緒。

2. 修正當事人對他人的了解。

3. 協助當事人對自己的行為、感覺與想法有新的認識。

4. 協助當事人學習與預演新的行為模式。

各項功能詳述如下：

一、協助當事人覺察、抒解情緒

在角色扮演中，當事人重演事件發生的過程，藉著諮商員的催化，覺察過去未覺察的情感。透過語言表達與非語言動作的釋放，當事人內在凍結的情感，得以一洩而出。由於情感得到認定與抒解，就不會干擾當事人的認知與行為表現。

🦋 案例一

當事人二十多歲，目前沒有工作，男性。當事人因為無法跟母親溝通，跟母親的衝突迭起，兩人目前不說話。一方面，當事人受到傳統道德的影響，覺得孝順母親乃天經地義之事，對自己的忤逆行為感到愧疚；可是，另一方面，母親的無理要求，喚起他潛在的叛逆，逼得他不得不惡言頂撞。內在的矛盾衝突，讓他痛苦不已。

諮商員1：在你的記憶中，那一次的衝突讓你印象深刻。我想讓那一次的情況重現，看看你們之間到底發生什麼事？（探問技術，開放式問題）

當事人1：當時我已經半年沒有工作，那一次是面試回來，因為面試委員問了一些問題，我覺得這些問題沒有什麼意義，根本是風馬牛不相及，可見他們早就有內定的人，我只不過去陪考，所以當時我對他們的態度很不客氣。我知道我沒有希望，所以心情很不好。回到家裏，媽媽問我結果如何。你知道，我本來心情已經很不好，經她這麼一問，我壓抑不住的憤怒就出來。媽媽一見我對她這麼兇，就罵我說，從我出生到現在，從未孝順過她，不但如此，這半年來都是她養我，四周圍的鄰居都四處說閒話，說我遊手好閒，她聽了就覺得丟臉。為了我，她忍氣吞聲，畢竟我是她的孩子。沒想到我大逆不道，竟敢如此對她。聽了她的話，我故意破口大罵，罵這些鄰居吃飽飯沒事幹，四處造謠生非。同時，我恨我媽媽落井下石，在我走投無路時，還這樣刺激我。

諮商員2：白白被人利用當陪考，已經覺得夠窩囊，沒想到媽媽竟然雪上加霜，用鄰居的話來刺激你，讓你覺得很憤怒，也很難過。（初層次同理心技術）

當事人2：我覺得當媽媽的人，要知道體恤孩子的難處。沒工作又不是我故意的。總之，我覺得好生氣、好生氣，到現在我仍然可以感覺到那種憤怒。

諮商員3：你希望媽媽能了解你的痛苦，體諒你目前的狀況，沒想到她落井下石，你覺得傷透了心（初層次同理心技術）。聽起來那一次的衝突似乎跟面試有關。我們來玩個遊戲，就是角色扮演，由你扮演考試委員，演出當時的情景，或許這樣做可以幫助你更清楚當時什麼事情，讓你感到如此挫折，最後造成跟媽媽的衝突。（當事人點點頭）我們從面試的那個時候開始。當時有幾位考試委員，他們問你那些問題？（角色扮演技術——探問技術，開放式問題）

當事人3：當時有二位面試委員，一男一女。女的問我為什麼半年來沒找到工作，沒工作的這半年我都做些什麼？男的告訴我，來應徵的人學歷都比我高，他們不可能選我。既然不可能選我，為什麼又要找我去面試，簡直故意羞辱我。

諮商員4：他們的問題讓你覺得生氣（情感反映技術）。我要你先扮演那位女面試委員，試著將她當時的表情、動作、口氣扮演出來。還有，當時的座位是如何安排（角色扮演技術——探問技術，封閉式問題）？

當事人4：當時我們都坐在沙發上，她跟我面對面坐著，中間隔著一張矮桌子。她的背靠著沙發，微笑地問我：「為什麼半年來沒找到工作？沒工作的這半年都做些什麼？（語調緩慢、柔和）」（諮商員依照當事人所描述的座位，稍作安排）

諮商員5：現在你來扮演她，將她的動作、姿態、語調扮演出來，就好像你就是她。（角色扮演技術）

當事人（女面試委員）5：（當事人扮演女面試委員，背靠著沙發，微笑地

問）為什麼半年來沒找到工作？沒工作的這半年都做些什麼？

諮商員 6：暫停在那個角色裏，感受一下你在那個位置的感覺。（約二十秒
後）告訴我你經驗到的感覺。（角色扮演技術——具體化技術）

當事人（女面試委員）6：我覺得我高高在上，俯視那個可憐的傢伙，他看
起來一身落魄，精神萎縮。我真同情他。我真好奇，這半年來
他沒有工作，到底是如何度日的？

諮商員 7：坐回你的位置，扮演你自己，感受一下她給你的感覺。（角色扮
演技術——具體化技術）

當事人 7：（約二十秒後）我覺得很難受，她讓我好自卑，如果地上有個
洞，我很想鑽進去。我覺得我整個人萎縮了起來。

諮商員 8：你如何讓自己萎縮起來，做做看，體驗一下，在那個姿態的感
覺。（角色扮演技術——具體化技術）

當事人 8：（當事人將整個身體縮到沙發上，頭垂下，體驗他的感覺）我覺
得好自卑，我不想讓別人看到我這個樣子。我現在才察覺到，這
半年來，我一直在否認這種自卑、不如人的感覺。我不願意承認
不斷被拒絕的事實，所以我試圖欺騙自己，說是自己時運不好，
是別人沒有發現我的才能，等到運氣來時，我一定可以飛黃騰
達，讓別人刮目相看（哭泣）。

諮商員 9：為了不想看到自己的自卑，你試圖用一些話來欺騙自己。（簡述
語意技術）

當事人 9：我覺得活得好羞恥。

諮商員 10：你覺得活得好羞恥（覆述）。似乎你已經開始接觸到自己深層
的內在。

當事人 10：（點點頭）

諮商員 11：我們將場景拉到你回應她的那一幕。告訴我，你如何回應她，
將你的動作跟表情也表現出來。

當事人（自己）11：（面對女面試委員）這半年來我不斷在各地應徵工作，
可是時運不佳，半年來一直無法找到合適的工作。（眼神往旁
邊看，身體萎縮。）

諮商員 12：重複你剛剛說的話，直到你有感覺產生。（角色扮演技術）

當事人 12：（重複兩次）我心裏好慌亂、好緊張，我擔心她瞧不起我。

諮商員 13：讓自己停留在那些感覺中，看看會發生什麼事？（角色扮演技術——覺察技術）

當事人 13：（十五秒後，憤怒地）我怎麼可以有這種感覺呢？我是一個男人，怎麼可以那麼膽小。男人是不能這樣的，我真恨我自己。

諮商員 14：誰告訴你男人不能膽小？（具體化技術）

當事人 14：我不知道，我只知道男人是不能這樣的，所以我真恨我自己。

諮商員 15：你不允許自己有自卑感，看到自己有自卑感，似乎會讓你感到害怕。（高層次同理心技術）

當事人 15：我不知道是不是害怕，不過，這種感覺會讓我覺得自己不是男人。我不想要有這種感覺。

諮商員 16：這樣聽起來，自卑的感覺會讓你覺得很丟臉。（初層次同理心技術）

當事人 16：（點點頭）的確很丟臉。

諮商員 17：我先把我們剛剛角色扮演的過程作摘要，看看在這個過程中有什麼發現。雖然你認為面試的過程讓你很生氣，其實，還有另一種感覺，就是女面試委員的問題與反應讓你感到自卑。可是自卑會讓你感到丟臉，所以你不允許自己自卑，也不斷壓抑自卑的感覺。不知道我摘要的內容對不對？是否有遺漏其他重要內容？

當事人 17：對。你說得很對，的確是這樣。

諮商員 18：從剛剛的探討中，似乎讓你對自己有了一些認識，我們再將場景拉到另一幕，看看對你會有那些幫助。現在請你扮演那位男面試委員，告訴我他的座位、姿態，以及他說了那些話（角色扮演技術——探問技術，開放式問題）。

當事人 18：他在我的斜對面懶洋洋地坐著，以不屑的表情看著我，然後說：「在所有的應徵者中，你的學歷最低，我們不會錄取你，你要有心理準備。」說完之後，他就停了下來，看著我。

諮商員 19：你現在就坐到他的座位，扮演他，要完全呈現他的表情、口氣，以及他說的話。（角色扮演技術）

當事人（男面試委員）19：（當事人懶洋洋地坐下，帶著不屑的表情、冰冷的語氣）在所有的應徵者中，你的學歷最低，我們不會錄取你，你要有心理準備（瞪著眼睛看著當事人）。

諮商員 20：再重複你的扮演，直到你有體驗或感覺時才停下來。（角色扮演技術）

當事人（男面試委員）20：（重複了三次）我非常瞧不起他（指當事人），他根本不配做這個工作，他是自取其辱，竟然敢厚著臉皮來應徵這個工作。（當事人說完話後，臉色鐵青）

諮商員 21：剛剛你說話後，我注意到你的表情，似乎他的話傷了你的自尊，再度挑起你內在的自卑感。（高層次同理心技術）

當事人 21：或許是這樣，我覺得好像要窒息，又好像有什麼東西要爆發出來。

諮商員 22：再多描述那種感覺。（具體化技術）

當事人 22：（沈默了下來，約一分鐘，眼眶紅了起來）

諮商員 23：剛剛你突然沈默了下來，我注意到你眼眶紅了起來，似乎體驗到了什麼，告訴我剛剛發生了什麼事？（沈默技術）

當事人 23：我感受到有個很深很深的悲哀在我心裏。

諮商員 24：多說說那種感覺。（具體化技術）

當事人 24：（沈默約十五秒鐘）他在羞辱我，不過他說的沒錯，我是自取其辱。如果我今天有工作就不會這樣。我不想當個無業遊民，我不想遊手好閒，我也知道那是很可恥的事。我看到別人天天去上班，我好羨慕，也很痛苦。那種毫無目標，沒有寄託的折磨，真的讓我好痛苦。這些日子來，我試圖不想去看，不去想，才能讓自己感覺不到痛苦。那場面試讓我再度看到自己的可悲、可恥。媽媽的話，就像是他們對我的羞辱一樣，讓我更加羞愧、難過。我內在的苦悶、悲哀與憤怒再也壓不住了，所以就直接發洩在媽媽身上。

諮商員 25：在這段沒有工作的日子裏，你因為羞恥、自卑而痛苦不堪。你藉著壓抑讓自己感覺不到痛苦。面試時兩位委員的反應，再次喚起你內在羞恥與自卑的聲音，雖然你試圖用生氣來掩飾，可是媽媽的責備與批評，就像是那兩位面試委員給你的感覺，讓內在的情緒，衝破了壓抑的堤防，直接傾洩在媽媽身上。（簡述語意技術）

當事人 25：（嘆了一口氣）你說的沒錯，我覺得自己很沒用、很可恥，我的確是自卑，……。

　　從以上的角色扮演中，當事人覺察到自己真正的感覺，並且承認、接受了自己的感覺。

🍎 案例二

　　當事人二十多歲，大學生，男性。當事人因為要好的同學誤會他，認為他有意搶他的女朋友，而不願再跟當事人來往。當事人為此難過、失眠。

當事人 1：既然是好朋友就應該相信我的話。當初是他跟女朋友不在同一所學校，沒有辦法照顧她，所以要我幫忙。我是個講義氣的人，他既然有需要，我當然兩肋插刀，盡我的能力去照顧她。我常常到她那裏去，是因為她需要幫忙，或是她需要我留下陪她，我對他的女朋友沒有非分之想。可是他卻不相信我的話。即使他不相信我，也應該相信他女朋友。他寧願相信其他人，卻不信任我們高中三年的友誼。我對朋友這樣付出，最後竟落得如此的下場。

諮商員 1：你對朋友真心的付出，竟換來他的誤解，讓你非常痛心。（初層次同理心技術）

當事人 2：我家比較富有，我上大學後，我的父母買一部車給我。因為我有車，做起事來比較方面，所以他女朋友生活上的事都是我在張羅。另一方面，他女朋友依賴心重，大大小小的事，都需要人幫忙，就連看部電影，都要我陪她。有時候她心情不好，需要有人

陪，也會找我去。別人不知道我是受他所託，所以才有一些閒言
閒語。我一直不在乎這些，因為我認為他應該相信我的為人。沒
想到，他還是像一般人一樣，真讓我失望。

諮商員₂：一方面由於你有車較方便，另一方面由於他女朋友依賴心重，所
以你常常過去幫她。因為如此，就有了一些閒話。因為你認為你
的朋友應該相信你的為人，所以一直不在意。沒想到，他竟然是
非不明，誤會了你，讓你很失望。（簡述語意技術）

當事人₃：我們吵過一次架後，他就不再理我，還要跟我絕交。我也下定決
心，不再幫他的女朋友。不過，他女朋友曾向我道歉過，請求我
的原諒。之後，她還是像以前一樣找我幫忙。我本來不想再介
入，可是她已經開口求救，我又怎能見死不救呢？就這樣，我們
之間的流言未曾中斷。反正我問心無愧，我也不在乎別人怎麼
說。可是我實在不願意就這樣失去一位好朋友。

諮商員₃：你無法見死不救，所以流言不斷，你跟好朋友的關係也就無法改
善，你覺得好無奈（初層次同理心技術）。我想要進一步了解你
們之間所發生的事，把詳細的情形告訴我（具體化技術）。

當事人₄：是他來找我，我們在學校校園談話。他當時很氣憤，口氣很不
好。

他罵我說：你這個混蛋，我把你當好人，將女朋友託你照顧，沒
想到你竟然橫刀奪愛，這種事情你也做得出來。我真
是瞎了眼睛，將禽獸當善人，白白地將追了三年的女
人送給你。你真是得來全不費工夫。我要看看你今天
還有什麼話可說。

我告訴他：你誤會了，我沒有搶你的女朋友。我只是依照你的意
思照顧她而已。

然後他罵道：你竟然留在她的房裏過夜。我可沒有要你這樣做。
我倒要看看你今天怎麼狡辯。我的女朋友最近對我
很冷淡，如果不是你在搞破壞，怎會變成這樣子。

我回答說：你誤會我了！你誤會我了！

諮商員 4：我們暫停在這裏，我想把剛剛你提的內容用角色扮演的方式進行，深入探討你們之間的對話，看看當時到底是怎麼一回事。（當事人點點頭）當時你們兩人的位置是怎樣，姿勢跟表情呢？（角色扮演技術——探問技術，開放式問題）

當事人 5：那一天，他到宿舍找我，說要跟我談判。一開始，我聽不懂他的意思，後來想到那些流言，才猜到是怎麼一回事。那時候我一點也不擔心，因為我相信他會信任我。

諮商員 5：就從這一幕開始，你先扮演他，不要忘記他的表情、動作。（角色扮演）（當事人扮演「朋友」）

當事人（朋友）6：（一臉怒氣、聲音低沈）我是來跟你談判的，我想我們應該談談，沒想到你是這種人，算我栽在你手上。不過，我不會就此善罷甘休。

諮商員 6：告訴我，你（當事人的好朋友）的感覺。（角色扮演技術——具體化技術）

當事人（朋友）7：憤怒，恨不得揍他幾拳（雙手握拳）。

諮商員 7：交換位置，扮演你自己，當時你是怎麼回答？（角色扮演技術——探問技術，開放式問題）

當事人 8：我覺得很不高興。我只是按照他的吩咐。男女兩個人相處時間一長，流言當然會多，既然是流言，當然有很多是假的。我跟他這麼要好，他應該相信我。

諮商員 8：他的懷疑與不信任，讓你感到委屈與失望（情感反映技術）。再讓我們回到剛剛的情境中。你是怎樣回應的（角色扮演技術——探問技術，開放式問題）？

當事人（自己）9：（微笑地）你誤會了，我們的確應該找個地方談談。

諮商員 9：當你這樣說時，你的感覺怎樣？（角色扮演技術——具體化技術）

當事人 10：很不舒服。一開始，我對他微笑，當時我以為我一點也不在意他的興師問罪。可是經過這樣一扮演，我才知道其實我很生氣，或許我的微笑是為了壓抑我的生氣。可能是在宿舍裏，我不想

把事情鬧大。

諮商員 10：你用微笑來掩飾生氣，以免在宿舍吵鬧，讓大家都知道（簡述語意技術）。

當事人 11：或許是這樣。

諮商員 11：我們把鏡頭拉回到當時的狀況。然後呢？（角色扮演技術——探問技術，開放式問題）

當事人 12：我們兩人走出宿舍，我走在前頭，他在後頭，到校園的某一處後我才對他解釋。

諮商員 12：現在就請你演出那一幕。你們的距離有多少，你的走路姿勢跟動作如何？（角色扮演技術——探問技術，開放式問題）（當事人低著頭，無力地走著。他的朋友離他約一公尺。）

諮商員 13：當你走向校園的那一段時間，你在想什麼？（角色扮演技術——探問技術，開放式問題）

當事人 13：（約沈默十五秒）我在想該如何面對他，其實我有些慌張。

諮商員 14：多談談那種慌張的感覺。（具體化技術）

當事人 14：那是一種擔心、慌亂，很不想跟他談的感覺。

諮商員 15：再多說說那種感覺。（具體化技術）

當事人 15：（頭低下，沈默約三十秒）我一直以為自己可以理直氣壯，可以勇敢地面對他的質問，所以那一次他憤恨地離開，我也覺得很生氣，認為他無理取鬧。不過剛剛我發現我很不想看到他。其實是我害怕看到他，好像我作賊心虛似地。這件事說起來雖然我也有錯，可是我也覺得很委屈。我跟他女朋友相處得很愉快，雖然說是照顧她，可是我發現自己也期待跟她在一起，他女朋友也好像如此。男女生相處久了，自然容易生情，這本來就無可厚非的。我們彼此心裏有數，只是這種事不能說破，一說破就不可收拾。所以，她對我老是若即若離地，似乎對我有情，又似乎無意。而我呢？雖然有時候慾望難忍，可是我的理智一直很管用，所以我盡量讓自己不去想，也不敢想，說起來為了朋友，也讓我很委屈。這些日子來，我對她一直沒有逾越

的行為，不過……不過……不過……我不知道再繼續下去的話，……（支支吾吾）會發生什麼事（頭垂下）。

諮商員 16：聽起來好像你跟他女朋友彼此已有情愫，雖然你用理性克制自己，不過，你也沒有把握這種事情再繼續下去，不會一發不可收拾。（簡述語意技術）

當事人 16：我想或許這就是為什麼當我跟他談判的時候，只能很生氣地一再強調他誤會我，然後什麼話都說不出來。現在想起來，我當時其實好慌亂。或許我知道自己有錯，只是不想承認而已。（嘆了一口氣）如果我不是對他女朋友有意的話，我就不會花了這麼多的時間跟他女朋友在一起，也難怪流言這麼多，……。

在以上的角色扮演中，當事人覺察到自己真正的感覺，並且承認、接受了自己的感覺。

二、修正當事人對他人的了解

在角色扮演中，當當事人扮演他人時，會有機會體驗別人內在的感覺、想法與行為。這種體驗，可以轉化他對別人的態度，修正他對別人的了解。

🍎案例一 _____

當事人四十多歲，機要秘書，男性。因為受不了公司某一職員的批評而來求助。

當事人 1：再怎麼說我還是董事長的機要秘書，全公司的大權都在我的手上。她怎麼可以這樣批評我。我向來對她客客氣氣的，沒想到她不知好歹，竟然敢這樣對待我。如果不是我的良知清明，早就給她好看。

諮商員 1：聽起來你似乎很生氣（情感反映技術）。告訴我發生什麼事（具體化技術）？

當事人₂：有一天，她的主任跟她的同事來找我談一件公事，就順便告訴我，說她一直在搞破壞，破壞我的名譽。我聽了很生氣。她平時愛批評，跟其他同事相處也不好，不過，這都是他們之間的事，我也不管。可是，今天她竟敢惹到我頭上來，我很想找她理論，他們勸我不要那麼衝動，要整她，不需要那麼辛苦。的確，如果我要整她，那太容易了。所以，我一直在思考他們的建議，是不是該這樣做。

諮商員₂：你覺得很猶豫，不知道是否該接受別人的建議，整整那位愛批評的同事。（初層次同理心技術）

當事人₃：對啊！我在鄉下長大，本質上忠厚老實。如果要我去整人、害人，我做不下去。可是，一想到她這樣詆毀我，我就很生氣。

諮商員₃：你想要寬容這位同事，可是又嚥不下這口氣，所以左右為難，不知如何是好。（初層次同理心技術）

當事人₄：是啊！

諮商員₄：告訴我，你聽到她怎麼詆毀你？（具體化技術）

當事人₅：他們說，她說我跟他們狼狽為奸，故意給他們好處。

諮商員₅：他們是誰？（具體化技術）

當事人₆：是主任跟她的同事，就是我給主任跟她同事好處。

諮商員₆：她誣賴你，讓你很生氣。（情感反映技術）

當事人₇：當然很生氣，根本沒有這種事。

諮商員₇：我想使用角色扮演的方式，將當時主任、同事跟你交談的過程重演一遍，或許從這個過程中，你會有另一番的體驗，幫助你做決定，（然後，諮商員對當事人解釋角色扮演的過程）（角色扮演技術）。先告訴我，這事情的整個過程（具體化技術）。

當事人₈：試看看也好。那天下午差不多四點多的時候，我已經快要下班了。他們兩人進來，跟我討論一件公事。當時我希望他們趕快結束，因為已經超過下班時間，我急著去接我的小孩。結束時，主任支支吾吾地說。

主任：王秘書，有一件事情我不知道該不該對你說。我不是一個

喜歡説人家是非的人，可是你人這麼好，受這種冤枉，我
實在為你叫屈（語調緩慢，表情曖昧）。

自己：如果是這樣的話，那麼你更應該讓我知道到底是什麼事
　　　（著急）？

主任：××説你包庇我們，跟我們狼狽為奸，故意對我們放水。
　　　你是知道的，她這個人喜歡無風起浪，跟我相處不好也就
　　　算了，竟然連你這個大好人也要冤枉。

同事：就是説嘛！我進來這個單位後，也被她批評得一文不值。
　　　雖然以前我沒有做過這個業務，可是我很認真學習，沒有
　　　什麼事情可以難得了我的。我是個很認真的人，不用人家
　　　告訴我，我都會主動去做。雖然我看起來很少在辦公室，
　　　可是我不是沒有做事，我是到別的地方去構思。因為辦公
　　　室人多，太嘈雜了，我無法思考。我最不喜歡的是，她動
　　　不動就要我做這個、做那個。她又不是主任，憑什麼命令
　　　我。如果是主任要我做的事，不用他提醒我會主動去做。
　　　不相信的話，你可以問主任。説到她我真是一肚子的氣，
　　　她曾提好幾件事要我做，憑什麼由她來發號司令。不過，
　　　我還算聰明，我隨意的一、兩句話就將她的話頂回去，讓
　　　她氣得不再提（聲音高亢、急躁）。

主任：這種人就應該給她好看。我以前也整過她幾次，可是她就
　　　是不怕死，偏偏要跟我唱反調。後來我原諒她年紀輕，不
　　　跟她計較，沒想到她現在竟然騎到你頭上來。

自己：她為什麼要這樣做？

主任：可能因為我們比較有接觸，她就誤以為你跟我們是一夥
　　　的，就誣賴你被我們收買。

同事：我也這樣認為（聲音高亢、急躁）。

主任：有些話實在很難聽，我不想説，因為我不是那麼沒有修養
　　　的人，我説不出口，也不想造成你們之間的衝突。不過，
　　　你應該挫挫她的氣焰，她才會知道什麼叫做服從。因為這

件事關於你，你要不要做是你的事，跟我無關。

當事人 9：我回到家後，愈想愈生氣。我對同事一向很尊重。我對她也不錯，為什麼她要這樣誹謗我。我是個很重視名聲的人，這麼多年來，我的名聲一直很好，才能穩坐機要秘書的位置。她這樣誹謗我，如果傳到董事長耳裏，我該如何交代。這幾天，為了這件事，我坐立難安。

諮商員 8：你靠著好名聲才爬上高位，同事的誹謗可能傷害你的前途，你覺得很擔心。（初層次同理心技術）

當事人 10：（點點頭）

諮商員 9：我們將這一幕重演，看看會有什麼新發現。你們當時的座位如何，你跟他們的表情動作又如何？（角色扮演技術）

當事人 11：我在整理桌面，準備離開。他們就進來，說有急事。所以我請他們坐在沙發。他們兩人坐一起，我坐在他們對面。

諮商員 10：現在把位置擺出來，你就坐在他們對面。（角色扮演技術）（當事人擺好座位，坐下來）

諮商員 11：坐下來後感覺一下，然後告訴我你的感覺。（角色扮演技術——具體化技術）

當事人 12：有種厭煩的感覺。我不喜歡快要下班的時候，才來談公事。我需要去接我的小孩，所以我不想耽誤下班的時間。雖然我很努力工作，但是我不希望我的家庭生活受影響。

諮商員 12：他們的出現，耽誤了你的家庭生活，所以你感到不高興（初層次同理心技術）。接下來發生什麼事，繼續扮演下去，注意你的肢體語言（角色扮演技術）。

當事人（自己）13：（面帶微笑）有什麼事？看起來好像很急。

諮商員 13：交換。（角色扮演）

當事人（主任）14：（嚴肅地說）當然很急，否則都已經快下班了，幹嘛還來呢？

諮商員 14：交換。告訴我，聽到主任說的話，看到他的表情動作，你有什麼感覺？（角色扮演技術——具體化技術）

當事人 15：心裏更不高興，想著，既然很急，為什麼不早點來。

諮商員 15：他的話讓你覺得不耐煩（初層次同理心技術）。接下來發生什麼事？

當事人 16：他給我看了一份公文，說是急件，要我簽名。我簽了名之後，他還是不走。我就問他：「你還有事嗎？」

諮商員 16：我們繼續用角色扮演的方式進行。（角色扮演技術）

當事人（自己）17：主任，你還有事嗎？

諮商員 17：你的感覺呢？（角色扮演技術——具體化技術）

當事人（自己）18：（我當時心裏想著：早不來晚不來，偏偏在這個時候才要找我。有什麼事就快說吧！我已經來不及了，碰到這種人真倒楣！）

諮商員 18：交換。（角色扮演）

當事人（主任）19：（聲音放小、神秘地）有件事情我不知道是否該讓你知道。我不是一個喜歡說人家是非的人，可是你人這麼好，受這種冤枉，我實在為你叫屈。

當事人（自己）20：（不耐煩地）如果是這樣的話，那麼你更應該讓我知道到底是什麼事？

當事人（主任）21：（生氣地）××說你包庇我們，跟我們狼狽為奸，故意在某些公事上放水，給我們便利。你是知道的，她這個人喜歡無風起浪，跟我無法相處也就算了，竟然連你這個大好人也要冤枉。

諮商員 19：注意，將主任的表情動作做出來。將他內在的感覺表達出來。（角色扮演技術——具體化技術）

當事人 22：（重複做了一次）我覺得主任好像恨死××，似乎要置她於死地似地。我也發現到，本來我對他們很厭煩了，聽到他們說的話後，我好像也被主任的憤怒所感染，將厭煩轉化為生氣，而且滿肚子火。好像找到一個可以發洩的目標，那就是××。

諮商員 20：聽到主任這麼一說，原本不耐煩的情緒就轉化為生氣，而且找到發洩的對象（簡述語意技術）。那麼再將場景拉到下一幕，

繼續扮演。（角色扮演技術）。（當事人換座位，扮演另一位同事）

當事人（同事）23：（聲音高亢、急躁）就是說嘛！我一進來這個單位，她沒有一天不批評我。雖然以前我沒有做過這個業務，可是沒有什麼可以難得了我的。我是個很認真的人，不用人家告訴我，我都會主動去做。雖然我看起來很少到辦公室去，可是我不是沒有做事，我是到別的地方去構思。辦公室人太多，太嘈雜了，我無法思考。我最不喜歡的是，她動不動就要我做這個、做那個。她又不是主任，憑什麼命令我。如果是主任要我做的事，不用他提醒我會主動去做。不相信的話，你可以問主任。說到她我真是一肚子的氣，她曾提好幾件事要我做，憑什麼由她來發號司令。不過，我還算聰明，我隨意一、兩句話就將她的話頂回去，讓她氣得不再提。

諮商員21：告訴我，你的感覺。（角色扮演技術——具體化技術）

當事人（同事）24：很憤怒，想要整××。或許可以這麼說，我在搧火，我希望機要秘書能替我出氣。

諮商員22：交換。扮演你自己，你怎麼回應。（角色扮演技術——探問技術，開放式問題）

當事人（自己）25：這件事情我會處理，我現在急著回去接小孩，我會再找你們，看看這件事該怎麼處理。

諮商員23：你的感覺是什麼？（角色扮演技術——具體化技術）

當事人26：憤怒。不過，我急著接小孩，沒有深入思考。我接完小孩回家後，愈想愈生氣。這就是我為什麼來找你的原因。

諮商員24：他們的話，似乎對你產生一些影響。我要你把剛剛主任跟同事說的話，重複扮演幾次，看看會有什麼體驗發生。注意記得將身體語言傳達出來。（角色扮演技術）。（當事人重複幾次後）

諮商員25：告訴我，你有什麼體驗。（角色扮演技術——具體化技術）

當事人27：（沈默一下子）我感覺到他們兩人似乎急著想讓我相信××很差。其實，我剛剛重複扮演他們的時候，我有一種討厭他們的

感覺，好像他們一搭一唱，似乎在共謀什麼。我應該早想到，這位主任在公司人人討厭，大家對他恨之入骨。至於這位同事，我聽到一些風聲，她只是個公司裏的小職員，擺的架子卻比官還大，口氣比誰都差，對誰都不耐煩。或許我早應該想到，這兩個人在一起應該不會有什麼好事。或許他們只是想借刀殺人罷了。最重要的是，我體驗到，我害怕被別人中傷。我沒有任何背景，靠的是努力，贏得好名聲，才能往上爬。所以當他們說××背後中傷我時，似乎我也亂了分寸。我擔心我的前途受到影響，……。

　　透過角色扮演，修正了當事人對別人的了解，也對自己有了進一步的看法。

🍑案例二 _____

　　當事人二十一歲，大學生，女性。因為無法跟家人相處來求助。

當事人 1：我是家中的異數，我的弟弟妹妹都是乖寶寶，只有我這個人有自己的意見，因此常常跟媽媽起衝突。因為弟弟妹妹都是聽話的乖小孩，只要他們看到我頂撞媽媽，就會責備我說我不孝，甚至不管發生什麼事，都直接罵我說我不對。生活在這個家，我覺得很難過。

諮商員 1：因為妳有自己的意見，因而成為全家人的公敵，讓妳覺得好難過，也很孤單。（初層次同理心技術）

當事人 2：記得有一次我跟弟弟吵架，是因為他常常在夜深人靜之後才回家，那時全家都已入睡。他既然是最晚回家的人，睡前就必須鎖上大門。可是他常常忘了鎖門就上床。我發現幾次這種情形後，因為擔心他粗心而睡不著。曾有幾次起床檢查，果然如我所預料的情形一樣。我告訴過他好幾次，可是他依然故我，似乎那不是他的事。有一次我終於忍不住，就破口大罵。結果家人都被我吵醒。媽媽很生氣地罵我，我告訴她弟弟沒鎖門的事。沒想到她竟

　　　　然說，他沒鎖，妳鎖就好了，有什麼好吵的。我很生氣地反駁，
　　　　說他都是在大家睡著後才回家，睡前又不鎖門，難道妳不怕小偷
　　　　進來嗎？結果我媽竟然說，偷就偷，東西丟了就算了。然後，又
　　　　開始罵我。我覺得好委屈。弟弟這樣沒有責任感，都是她寵出來
　　　　的。

諮商員 2：媽媽偏袒弟弟，是非不分，讓妳受了委屈。（簡述語意技術）

當事人 3：大家常說，家是個避風港，可是對我來說，事實並非如此。

諮商員 3：妳對家人好失望。（情感反映技術）

當事人 4：我曾經試著避免介入家中的任何事，以免再跟家人有衝突。可是
　　　　他們卻偏偏要插手管我的事，讓我得不到平靜。

諮商員 4：即使妳想減低跟家人的衝突，可是妳的努力似乎白費，妳覺得好
　　　　無奈。（初層次同理心技術）

當事人 5：（嘆了一口氣）有一次因為家教學生期中考快到了，家長希望我
　　　　在期中考那段時間多補兩次課。因為家長給我的補習費很高，所
　　　　以我一口就答應了。沒想到，在我不知情的情況下，全家決定在
　　　　我家教那天去看生病的奶奶。妹妹在出發前一天晚上才告訴我他
　　　　們的決定，我聽了很不高興。我告訴大家家教的事，希望他們能
　　　　諒解。結果，這件事情引起了軒然大波。因為奶奶最疼我，所以
　　　　媽媽搖頭嘆氣，弟妹個個怒言相向。

諮商員 5：家人沒看到自己的疏忽，反將責任推卸給妳，妳覺得很難過（初
　　　　層次同理心技術）。我將我們剛剛所談的內容作個歸納，看看我
　　　　的了解是否正確。因為妳有個人主見，加上媽媽偏袒弟弟，所以
　　　　妳常常跟媽媽起衝突。因為弟弟妹妹都是聽話的孩子，無法容忍
　　　　妳的主見，也因此常常責備妳。就像是弟弟沒鎖門的事，跟看生
　　　　病的奶奶這件事，錯不在妳，可是他們卻怪罪妳，讓妳覺得好委
　　　　屈，好難過。雖然妳有心降低跟家人的衝突，可是依然無效，妳
　　　　對家人失望極了，真不知道該如何跟他們相處（摘要技術）。

當事人 6：沒錯。這就是我的問題，我不知道該如何跟家人相處，我也懷疑
　　　　是否該離開他們，自己獨自生活。

諮商員₆：為了解決妳的問題，我想進一步看看妳剛剛描述的情境中，有什麼重要的線索我們沒有注意到。我想用角色扮演的方式進行，也就是由妳扮演妳自己跟家人，讓你們之間發生的事重現出來，看看會不會有什麼新的發現可以幫助妳解決問題。（角色扮演技術）

當事人₇：只要有幫助，我都願意試試看。

諮商員₇：我們從妳妹妹告訴妳明天要去看奶奶的那個場景開始。當時妳正在做什麼、在那裏？（角色扮演技術——探問技術，開放式問題）

當事人₈：我在我房裏看書，當時我正在品嚐紅樓夢「林黛玉葬花詞」的意境，進入那無常的悲哀中，突然妹妹進來告訴我說「姊！我們明天一大早要到彰化看奶奶，聽說她最近身體很不好。我們要搭清晨六點的火車，妳要記得早起。」

諮商員₈：我們就從妳正在品嚐紅樓夢「林黛玉葬花詞」的意境開始。（當事人扮演「自己」）

當事人（自己）₉：（喃喃自語）「……一年三百六十日，風刀霜劍嚴相逼；明媚鮮妍能幾時，一朝飄泊難尋覓！……爾今死去儂收葬，未卜儂身何日喪？儂今葬花人笑痴，他年葬儂知是誰？試看春殘花落盡，便是紅顏老死時。一朝春盡紅顏老，花落人亡兩不知」。我覺得我的生命跟這闋詞很像（哭泣）。

諮商員₉：這闋詞似乎讓妳頗有感觸，告訴我這闋詞跟妳相像的地方在那裏？（具體化技術）

當事人₁₀：「一年三百六十日，風刀霜劍嚴相逼；明媚鮮妍能幾時，一朝飄泊難尋覓」這四句話就好像我在家裏的處境一樣，天天被罵，天天受傷。在這種日子下，我不知道我還能撐多久。或許不知那一天，我真會像詞裏所寫的「一朝飄泊難尋覓」一樣。花的生命如此無常、如此渺小，那麼人呢？我想到自己就像花一樣，非常卑微渺小（哭泣）。

諮商員₁₀：從花的生命讓妳體驗到自己目前的孤苦與卑微。（簡述語意技

術）

當事人 11：（點點頭，哭泣）（當事人哭泣了一段時間後）

諮商員 11：我有個突發的想法，或許讓妳扮演詞中那朵已凋謝的花朵，更能切合妳目前的狀況。

當事人 12：都可以。只是，我不知道該如何扮演？

諮商員 12：用妳的身體跟姿勢扮演那朵「林黛玉葬花詞」中已經凋謝的花朵。（角色扮演技術）（當事人扮演「自己－小花」）

當事人（自己－小花）13：（當事人走到角落，雙手雙腳縮起來，身體面向地面的趴著）

諮商員 13：妳現在就是那朵花，告訴我妳現在的感覺？（角色扮演技術——具體化技術）

當事人（自己－小花）14：很難過。

諮商員 14：現在妳就是那朵花，讓花說話，看看花會說什麼話？先這樣開始：「我是一朵花，然後……」。（角色扮演技術——探問技術，開放式問題）

當事人（小花－自己）15：我是一朵小花，我覺得自己很卑微，因為我沒有任何價值，所以沒有人會在意我。可是……可是我仍然希望有人憐惜我。

諮商員 15：雖然妳覺得自己沒有任何價值，可是妳仍舊希望有人疼愛妳。（角色扮演技術——簡述語意技術）

當事人（小花－自己）16：可是這是不可能的，這是不可能的（哭泣）。

諮商員 16：說說看不可能的原因。（角色扮演技術——具體化技術）

當事人（小花－自己）17：我已經等好久了，可是狀況一直如此。

諮商員 17：妳等誰來疼愛妳？（角色扮演技術——具體化技術）

當事人（小花－自己）18：我的媽媽，我的弟妹。我需要他們的關心，我是他們的親人。

諮商員 18：妳等了好久，可是他們都沒來疼妳、關心妳，妳好失望。（角色扮演技術——初層次同理心技術）。

當事人（小花－自己）19：（哭泣約一分鐘）我趴在他們的腳下，他們站

在我的周圍看著我，無動於衷（哭泣）。

諮商員 19：他們的漠視讓妳很悲傷。（角色扮演技術——情感反映技術）

當事人（小花－自己）20：（大聲哭泣）。

諮商員 20：（當事人哭泣一段時間後），我現在要妳轉換位置，讓妳扮演妳的家人。首先要妳扮演媽媽。告訴我，她是如何看著妳，她的姿勢如何？（角色扮演技術——探問技術，封閉式問題）（當事人換位置，扮演「媽媽」）

當事人（媽媽）21：（站起來扮演媽媽。媽媽左手插腰，右手指著當事人）。

諮商員 21：妳覺得媽媽會說什麼話，讓媽媽說話。（角色扮演技術——探問技術，開放式問題）

當事人（媽媽）22：（生氣的口氣）妳為什麼老是不聽話，我對妳失望到極點。

諮商員 22：再多說一些。（角色扮演技術——具體化技術）

當事人（媽媽）23：（悲傷地）所有的孩子中，妳讓我最擔心。我真不知道該怎樣對待妳？

諮商員 23：角色替換，回到妳自己，跟媽媽對話。妳有什麼話要回應？（角色扮演技術——探問技術，開放式問題）

當事人（自己）24：（趴在地上，生氣地）說什麼我最讓妳擔心，我看妳是最討厭我。看看妳對待弟弟、妹妹的態度，他們才是妳親生的，我不是。妳有沒有看到，我已經癱死在地上了，是妳害的。

諮商員 24：角色替換。（角色扮演技術）

當事人（媽媽）25：（難過地）妳怎麼可以這樣說，每一個孩子都是我的心、我的肉，你們比我的命還重要。我對任何一個孩子都沒有偏心。

諮商員 25：媽媽，告訴她，妳的感覺。（角色扮演技術——具體化技術）

當事人（媽媽）26：我聽了比死還難過。我寧願死掉，也不要妳誤會我。

諮商員 26：角色替換。（角色扮演技術）

當事人（自己）27：（趴在地上、生氣地）說什麼沒有偏心，難道妳對弟

弟沒有特別寵愛嗎？我不想再被騙了。

諮商員 27：告訴媽媽妳的感覺。（角色扮演技術——具體化技術）

當事人（自己）28：我非常生氣，事實就是這樣，妳明明就偏心還要說謊。
妳沒有看到嗎？我被你們欺壓倒在地上，爬不起來了，難道妳
沒看到嗎？（叫囂）

諮商員 28：角色替換。記得表達妳的感覺。（角色扮演技術）

當事人（媽媽）29：（哭泣）妳要我怎麼說呢？妳父親已經去世了，妳跟
小妹將來都會嫁出去，小弟是我的依靠。我是不是偏愛小弟我
不清楚，但是，妳跟小妹也是我的命根子。妳這樣誤會我，我
好難受啊！我真的愛妳，我是真的愛妳。

諮商員 29：角色替換。（角色扮演技術）

當事人（自己）30：我愈聽愈生氣。難道只有兒子才能照顧妳，女兒就不
行嗎？如果妳的兒子、妳的媳婦不孝順妳，那時妳要怎麼辦？
難道妳不需要女兒的照顧嗎？

諮商員 30：角色替換。（角色扮演技術）

當事人（媽媽）31：（聲音變小）我不想靠女兒的，因為靠女兒會倒楣。

諮商員 31：我聽不清楚妳說的內容，大聲一點，重複一次。（角色扮演技
術——具體化技術）

當事人（媽媽）32：（大聲地）我不想靠女兒的，因為女兒不可靠。

諮商員 32：告訴妳的女兒，妳是從那裏聽來的。（角色扮演技術——具體
化技術）

當事人（媽媽）33：我母親告訴我的。她說女兒終究會嫁出去。難道女婿
肯讓我住他家嗎？親家不會說話嗎？鄰居不會說話？他們不會
說我的兒子不孝順、沒長進嗎？所以，我不想靠女兒。

諮商員 33：角色替換。（角色扮演技術）

當事人（自己）34：（生氣地）那是什麼屁話，難道妳跟阿姨不是比舅舅
他們更孝順外祖母嗎？尤其是阿姨，如果沒有她，我看外祖母
早就餓死了。

諮商員 34：角色替換。（角色扮演技術）

當事人（媽媽）35：我不知道這句話對不對，可是妳的外祖母就是這樣對我說的。再說，我嫁給妳父親時，受到妳祖母的虐待，如果當時不是已經懷了妳，我早就跟你爸爸離婚了。後來又生了妳妹妹，因為妳的嬸嬸都生兒子，妳祖母就說是因為我不孝才生女兒，這是報應。天知道，整個家的家事都是我在做，而且只有我才乖乖聽妳祖母的話，沒想到她竟然這麼說。後來因為生了妳弟弟，我才能堵住她的嘴，妳弟弟讓我脫離不孝的污名，讓我有機會抬頭。我是很疼妳弟弟，可是我也同樣疼愛妳們這些女兒（委屈地）。

諮商員 35：我們先停在這裏，告訴我，妳的體驗。（探問技術，開放式問題）

當事人 36：（嘆了一口氣）在這個過程中，我體驗到我媽媽是個悲苦、自卑的人。她是個養女，當然需要聽話、認命，那是她生存的方式，所以她從小服從性非常高，她的頑固或許也跟這個有關。或許是這樣，她也會同樣要求我們服從。這也就是我們衝突所在。我以前很難過，是因為我想要改變她，希望她接納我的想法。可是，從剛剛的過程中，我發現，她根本不可能改變，她傳統觀念很深，識字不多，當然不知道現在的社會狀況，要她改變想法，等於剝奪了她的生存方式。我突然覺得，我的無力感是來自於急著去做一件不太可能的事，浪費了很多力氣，讓自己痛不欲生。我覺得很好笑。

諮商員 36：聽起來妳頓悟到妳急著想要改變媽媽，才讓自己感到失望、無助。妳也發現，媽媽有其成長的背景，改變她是不可能的。（簡述語意技術）

當事人 37：沒錯。說媽媽頑固，其實我也很固執，……。

透過角色扮演過程，修正了當事人對媽媽的了解，也對自己有不一樣的看法。

三、協助當事人對自己的行為、感覺與想法有新的認識

當事人的問題常常是過去未完成事件的反映,角色扮演雖然讓當事人重演現在發生的事件,但是從演出現在事件的過程中,常會帶出過去未完成事件的情境。當過去未成事件與現在事件產生串連時,當事人對目前事件的行為、感覺與想法就可以產生改變。

❦案例

當事人三十多歲,雇員,女性,因為親密關係一直無法維持長久,至今無法結婚。

當事人1:看著自己身旁的人一個個結婚,尤其是收到別人訂婚喜餅或喜帖時,心裏真是五味雜陳。全公司只剩下我這一位老姑婆,有人明裏稱我為「單身貴族」,可是暗地裏卻罵我「老處女」。年紀已經這麼大,如果託別人介紹的話,那些同事一定會譏笑我。

諮商員1:全公司裏只有妳還是影單形隻,心裏已經很不是滋味了,偏有同事雪上加霜,增添妳的壓力,讓妳覺得好無奈。(初層次同理心技術)

當事人2:我年輕的時候,追我的人不計其數,也談過幾次轟轟烈烈的戀愛,只是最後都以分手收場。或許我是個重感情的人,每一次的分手就如同撕裂我的身體一樣痛苦,痛到讓我很想傷害自己。如果不是另一個男人及時伸出援手,讓我再度感受到被愛的話,我真的會殺了自己。我真搞不懂男人,每一次戀愛我都全意的付出,他們卻不懂得珍惜,說什麼我給他們太大的壓力,難道他們就沒有給我壓力,他們只想到自己,卻從沒有替我想過(生氣地)。難道男人都這麼自私嗎(難過地)?

諮商員2:再多告訴我一些,或許告訴我妳印象最深刻的戀愛經驗。(具體化技術)

當事人3:那是發生在我二十八歲的一次戀愛。因為自己都快三十歲了,再

美麗的花朵，也禁不起時間的摧殘，因此跟這次對象交往時，我已經做好結婚的準備，其實對方的條件也不錯，嫁給他也不算委屈自己。由於一開始對他的感覺還不錯，我想可能緣份到了，所以在心裏，已經把他當成自己的先生看待。我一心一意對他好，關心他的工作，關心他的健康，關心他的生活。可是交往不到兩個月，他就開始嫌我囉唆，嫌我給他過多的壓力。我實在不知道為什麼他會這樣想。我的關心怎會變成他的壓力呢？不過，他的話讓我開始擔心，於是我告訴自己不要再給他太多的關心，可是我不但做不到，反而因為他的話而更加不安，所以盯他盯得更緊。過了半個月，他發了脾氣，要求我們以後不要再來往。你想想看，我已經計畫跟他廝守終身，如果他離開我，那我要怎麼辦？我懷疑，他是另有女朋友，所以才想跟我分手，於是我就跟蹤他，看看到底是那個不知羞恥的女人破壞我們的感情。果然不出我所料，他跟公司某一位女同事有曖昧關係。於是，我打電話告訴他公司的老闆，說他公司的女職員搶我的男朋友。後來我男朋友知道這件事，非常憤怒地找我理論，說他有交女朋友的自由。我告訴他，我們之間的關係未了，我要求跟他結婚。沒想到他竟然說，他從未想過要跟我交往，是我一廂情願，如果我再騷擾他，他就要報警。我聽了很生氣，就以自殺來脅迫他。他卻說，自殺是我的事，跟他沒有任何關係，然後掉頭就走。我愈想愈傷心，於是，在回家的路上，就從不同的藥房買了四十顆安眠藥。回到家，寫了遺書，罵他無情，罵那個女人無恥，之後就將所有的安眠藥服下。結果，我並沒有死，原來他離開我之後，就打電話給我父母，提到我將自殺的事。我回家時，我父母早知道我會做傻事，看到我情況不對勁，就立刻送我到醫院。我自殺的事傳出去後，再也沒有男人敢跟我交往。我是個需要愛的女人，沒有男人愛我，我的生命就沒有價值。這幾年來，我就是這麼沒有生氣地活著。雖然後來熟識我的人一一離開這裏，不認識的人一一進來這裏，沒有人知道我的過去。可是我年紀已大，再也沒

有男人注意我。

諮商員₃：妳真心的付出，換得的卻是對方無情的拋棄，以及青春的蹉跎，覺得好怨恨。（初層次同理心技術）

當事人₄：（哭泣）我不甘心，為什麼我一心一意地付出，到頭來卻被無情地拋棄。我不甘心就這樣無聲無息地終老。

諮商員₄：妳不想讓上一次的戀情耽誤妳一生。（簡述語意技術）

當事人₅：我不甘心，所以我想要再談戀愛，尋找依靠。其實這種心態早就存在了，可是我擺脫不了那次的創傷，所以無法給自己一個新的開始。

諮商員₅：聽起來要讓妳有個新的開始，就必須處理妳過去的那段感情。我有個建議，妳是否願意將妳這段刻骨銘心的愛情用角色扮演的方式演出來。或許在這個過程中，妳會有新的體驗與發現，這些體驗與發現可以幫助妳順利進入下一段感情。（角色扮演技術）

當事人₆：好是好，不過怎麼演？

諮商員₆：由妳來扮演妳自己，以及相關的人。（角色扮演技術）

當事人₇：我又不知道他們的想法，怎麼扮演他們？

諮商員₇：或許會有一些困難，不過當妳進入情境後，如果發生這樣的問題，我們再決定如何處理。（角色扮演技術）

當事人₈：那要怎樣開始？

諮商員₈：從你們開始交往的那一刻，告訴我時間、地點。還有。妳跟他是如何認識的？（角色扮演——探問技術，開放式問題）

當事人₉：他是分公司的一位科長，人長得高大、英俊。我們兩人是因為一次公司的週年慶酒會認識的。我那時剛結束一段感情，身心都很憔悴，精神狀況很不好。或許當時他看到我這個樣子，知道我需要幫忙而主動過來招呼。他的關心讓我非常感動，我覺得像是無根的浮萍有了歸宿。後來，我們就開始聯絡。他是我交過的男友中，條件最好的一個。

諮商員₉：我們暫停在這裡。就從週年慶酒會妳身心憔悴的那一幕開始。記得將妳的動作表情也表演出來。當妳的內心有感覺或想法出現

　　　　時，要說出來。（角色扮演技術）

（當事人佈置場地）

（當事人扮演「自己」）

當事人（自己）10：（獨自坐在酒會中的一張沙發上，神情憔悴，眼神呆
　　　　　　滯自言自語地想著）看到這些男男女女愉快地交談著，我真是
　　　　　　有些嫉妒。我不知道酒會結束後，該如何打發時間。我不想回
　　　　　　到那間空蕩蕩的房子，獨自品嚐孤獨的滋味，我也不想到那些
　　　　　　熟悉的地方，那些地方都有他的影子。我該怎麼辦？

（當事人站起來，扮演「科長」。科長從牆角的一方走向當事人）

當事人（科長）11：（關心地，坐在當事人旁邊）小姐，妳的臉色好蒼白，
　　　　　　是不是生病，需不需要幫忙。我是分公司的總務科科長，這次
　　　　　　的週年慶酒會是我負責的。如果有什麼需要，請不要客氣，這
　　　　　　是我的職責。

諮商員10：聽了他的話，妳的感覺如何？（角色扮演技術——具體化技術）

當事人12：我覺得好窩心，終於有人注意到我。而且他挺拔的身材，五官
　　　　　分明的臉龐，看起來令人舒服。其實，我那時候就被他的外表
　　　　　跟態度所激勵，精神開始慢慢恢復。

諮商員11：然後，接下來怎樣？（角色扮演技術——探問技術，開放式問
　　　　　題）

（當事人扮演「自己」）

當事人（自己）13：（回答科長）我覺得精神有些恍惚，不過應該沒有問
　　　　　　題，謝謝你（靦腆地低下頭）！

諮商員12：我看到妳靦腆地低下頭去，告訴我發生什麼事。（具體化技術）

當事人14：我不知道，只是如果有人這樣關心我的話，都會讓我無以名狀
　　　　　的興奮跟不好意思。或許可以這麼說，我非常地感動。

諮商員13：我要妳重複剛剛那一幕，妳說謝謝的那一幕。然後體驗自己的
　　　　　感覺跟想法。

當事人（自己）15：我覺得精神有些恍惚，不過應該沒有問題，謝謝你（靦
　　　　　　腆地低下頭）！

諮商員 14：閉上眼睛，看看會有什麼感覺與想法出現？（具體化技術）

當事人 16：（閉上眼睛）他的安慰讓我覺得感動，可是也讓我心痛，這是我非常害怕的事。我每次的戀愛都是這樣開始的，可是都沒有好結果（流淚）。

諮商員 15：他的溫柔，讓妳心動，可是也讓妳害怕，妳害怕會沒有結果。（簡述語意技術）

當事人 17：（哭泣約一分鐘）

諮商員 16：剛剛妳很傷心，告訴我發生什麼事？（具體化技術）

當事人 18：想到當時的狀況我就很難過。不過，我可以繼續下去。

諮商員 17：如果妳有任何不舒服的話，一定要讓我知道。（角色扮演技術）

（當事人扮演「科長」）

當事人（科長）19：我倒一杯茶或咖啡給妳，或許可以讓妳舒服些。妳想要茶或咖啡？（聲音發抖，邊說邊流淚）

諮商員 18：看起來似乎發生了一些事？告訴我發生什麼事？（具體化技術）

當事人 20：（大聲哭泣）我不想再繼續下去了，我受不了了。我覺得好痛苦。

諮商員 19：告訴我妳經驗到什麼，是什麼讓妳這樣痛苦？（具體化技術）

當事人 21：（哭泣）這種溫柔體貼讓我覺得被疼惜，可是，就是這種感覺，才讓我又掉入痛苦的深淵。

諮商員 20：這種被疼惜的感覺，讓妳心動，也害妳受傷。（簡述語意技術）

當事人 22：或許吧。當時我有個很荒謬的想法出現，就是「我要他」。

諮商員 21：聽起來他的溫柔體貼已經擄獲了妳的芳心（簡述語意技術）。我想再回到角色扮演的場景中，從妳回應科長的那些話開始（角色扮演技術）。不過，我想知道妳的狀況可以繼續嗎（探問技術，開放式問題）？

當事人 23：試試看吧。

（當事人扮演「自己」）

當事人（自己）24：（撒嬌地），我想要一杯咖啡，謝謝您。（當事人溫柔地看著科長的背影，心裏想著「我要他」）。

（當事人換位置，扮演「科長」）

當事人（科長）25：（遞給當事人一杯咖啡及一些點心）看起來妳的臉色
　　　　　　比剛剛紅潤些。如果還有任何需要，請妳告訴我千萬不要客氣。

（當事人換位置，扮演「自己」）

當事人（自己）26：（靦腆地低下頭）謝謝。（面露微笑）

諮商員22：看起來妳很害羞，可是好像很快樂。（情感反映技術）

當事人27：我覺得他對我有意思，所以才會那麼關心我。（這可能是當事
　　　　　人的投射）

諮商員23：妳從那裏看出來的？（具體化技術）

當事人28：如果不是這樣的話，整個會場有那麼多女人，為什麼只注意到
　　　　　我？

諮商員24：妳覺得有些驕傲。（情感反映技術）

當事人29：就是因為這樣，讓我原本消沈的狀況恢復得非常快。

諮商員25：後來又發生什麼事？（探問技術，開放式問題）

當事人30：隔兩天我故意打電話給他，謝謝他那天的照顧。我覺得他態度
　　　　　很親切。這證明了我的猜測沒錯，他的確對我有意思。接著，
　　　　　我騙他說，我後天有事要到他公司辦事，順便要請他吃飯謝謝
　　　　　他那天的照顧。結果他沒有推辭。事實擺在眼前他對我意思。

諮商員26：我們來看看，他是否如妳所說的那樣。這一次我要妳扮演科長，
　　　　　從他開始巡視會場開始，到隔兩天妳打電話給他為止。注意他
　　　　　的動作、姿態。（角色扮演技術）

當事人31：可是我不知道他是如何巡視會場，我不知道怎樣演。

諮商員27：妳覺得他會怎樣巡視會場，就那樣演。（角色扮演技術）

（當事人離開座位，站起來，扮演科長，四處巡視走動）

諮商員28：動作慢一點，體驗內在的感覺或想法。當妳有任何感覺或想法
　　　　　時，大聲說出來讓我知道。（角色扮演技術）

當事人（科長）32：我覺得好緊張，有這麼多的人來這裏，這次的週年慶
　　　　　酒會如果辦得好的話，我會被……被嘉獎，也可以讓這麼多人
　　　　　認識我。如果辦不好的話，恐怕……恐怕領不到今年的年終獎

金。我最好四處看看，以免有任何的差錯發生。啊！那邊有位楚楚可憐的小姐好像不對勁，快過去看看。最好不要出什麼問題。

諮商員 29：我注意到你剛剛說話的聲音很小，我要妳大聲地重複幾次科長的話，看看會有什麼體驗發生。（角色扮演技術）

當事人（科長）33：我覺得好緊張，有這麼多的人來這裏，這次的週年慶酒會如果辦得好的話，我會被……被嘉獎，也可以讓這麼多人認識我。如果辦不好的話，恐怕……恐怕領不到今年的年終獎金。我最好四處看看，以免有任何的差錯發生。啊！那邊有位楚楚可憐的小姐好像不對勁，快過去看看。最好不要出什麼問題（當事人重複兩次）。

諮商員 30：告訴我妳經驗到什麼？（角色扮演技術——具體化技術）

當事人 34：沒有什麼感覺產生。

諮商員 31：如果沒有感覺我們繼續接下來的場景。（角色扮演技術）

（科長走到當事人的面前）

當事人（科長）35：（關心地，坐在當事人旁邊）小姐，妳的臉色好蒼白，是不是生病，需不需要幫忙。我是公司的總務科科長，這次的週年慶酒會是我負責的。如果有什麼需要，請不要客氣，這是我的職責，……（沈默）。

當事人 36：不（哭泣），這不是職責，是他喜歡我，不！我不相信他是因為職責的緣故照顧我，是他特別注意我，是我吸引他，他才會來關心我。我不相信！我不相信。

諮商員 32：妳現在的體驗跟以前的感覺不一樣，妳覺得好迷惑（初層次同理心技術）。不過聽起來妳寧願相信過去的感覺，不願意相信現在的體驗（面質技術技術）。

當事人 37：我要問問他！我要問問他！要不然他怎麼願意跟我出去。可是……可是……（沈默二十秒）。

諮商員 33：剛剛妳話沒說完就沈默了下來，不知道沈默時妳想些什麼？（沈默技術）

當事人 38：其實……其實我們兩人之間所談的話都是有關公司裏的事。

諮商員 34：告訴我你們談的是那些事？（具體化技術）

當事人 39：有關總公司的狀況。可是，我覺得他是不好意思直接談到我們
　　　　　兩人的事情，所以只好採用間接、漸進的方式來接近我。另一
　　　　　方面，我想他是非常上進的人，想有一番作為，所以才想多知
　　　　　道公司的事情。其實，剛剛我有種感覺，就是他在利用我。這
　　　　　種感覺也曾經出現過，那是我們在一起談事情時，可是我不相
　　　　　信這感覺是真的。

諮商員 35：一方面妳願意相信他喜歡妳而想接近妳，可是另一方面內在有
　　　　　個聲音告訴妳，他在利用妳，所以妳覺得好迷惘。（初層次同
　　　　　理心技術）

當事人 41：不錯，就是這樣。不過，我還是相信他喜歡我。

諮商員 36：我們現在做個實驗，就是讓妳扮演這兩種聲音，看看能不能幫
　　　　　妳理清楚。（角色扮演技術）

當事人 42：我不懂你的意思。

諮商員 37：妳內在有兩個聲音，一個是「科長喜歡我」，另一個是「科長
　　　　　利用我」。這兩個聲音讓妳好頭痛，妳不知道那一個聲音說的
　　　　　是實話。我認為在每一個聲音的背後，都隱含有重要的訊息值
　　　　　得我們探討。當妳扮演每個聲音，進入每一聲音的情境後，或
　　　　　許可以有新的發現。這些重要的發現對妳的疑問可能會有幫助。
　　　　　（角色扮演技術）

當事人 43：我懂你的意思，但是要如何做？

諮商員 38：妳剛剛提到，這個聲音是在你們談事情的時候出現的。我要妳
　　　　　想想看，在你們那一次的相聚，那個聲音最強烈。當時你們談
　　　　　那些事？座位是如何擺設的？（角色扮演技術——探問技術，
　　　　　開放式問題）

（當事人佈置場景，將兩張椅子的距離拉開，中間隔著一張桌子）

諮商員 39：在你們談話的時候，我會在某些時候讓「科長利用我」、「科
　　　　　長喜歡我」兩種聲音出現。我在妳的旁邊擺兩張椅子，這兩張

　　　　不同顏色的椅子代表妳內在的兩種聲音。一張是紅色的，一張
　　　　是藍色的（當事人選擇紅色椅子代表「科長喜歡我」，藍色椅
　　　　子代表「科長利用我」）。當妳內在某一個聲音有話要說時，
　　　　就請妳坐到那張椅子上然後發言。也就是說妳可能需要同時扮
　　　　演幾種角色，妳自己、「科長利用我」、「科長喜歡我」、科
　　　　長，共四個人。我知道這有點複雜，需要花點時間。我這樣說
　　　　妳是否清楚？（角色扮演技術）

當事人44：當「科長利用我」或「科長喜歡我」部份說話時，是要對科長
　　　　　說，還是對我的另一部份說？

諮商員40：妳自己決定，如果妳覺得這個聲音是想對科長說，就讓這個聲
　　　　　音對科長說，如果妳覺得這個聲音是想對妳的另一部份說，就
　　　　　讓它這樣做。（角色扮演技術）

當事人45：好！這樣我清楚了。

（以下將當事人的兩種聲音分別以「喜歡我」以及「利用我」來代表）

（當事人扮演「科長」）

當事人（科長）46：（坐在兩張椅子其中的一張，對著另一張代表當事人
　　　　　　　的椅子說）林小姐！真不好意思每次都是妳請我，這次由我請
　　　　　　　（謙虛地）。

（當事人換位置，扮演「喜歡我」）

　　　當事人（喜歡我）47：我知道你喜歡我，故意找機會接近我。

（當事人換位置，扮演「自己」）

當事人（自己）48：何必那麼客氣呢！真正要感謝的人是我。那天你對我
　　　　　　　的關心讓我很感動（頭低下，腆靦地）。

（當事人換位置，扮演「科長」）

當事人（科長）49：（急促地）這是那裏的話！這是我該做的，我是負責
　　　　　　　人，所有的狀況都是我的責任，是妳太客氣了。

（當事人換位置，扮演「喜歡我」）

　　　當事人（喜歡我）50：明明就是喜歡人家，還拿責任當擋箭牌。

（當事人換位置，扮演「自己」）

當事人（自己）51：（溫柔地）你今天找我出來，就只為了回請我嗎？沒有別的事？

（當事人換位置，扮演「科長」）

當事人（科長）52：我是沒有其他的事。今天到總公司去，很湊巧地又遇到妳。我就告訴自己，應該要回請妳。

（當事人換位置，扮演「喜歡我」）

　　　當事人（喜歡我）53：可真會作假，說什麼湊巧遇到我，如果不是想看我，怎麼會那麼巧。

（當事人換位置，扮演「科長」）

當事人（科長）54：啊，對了！聽說董事長想調派人手增援國外的分公司，這事是不是真的？

（當事人換位置，扮演「喜歡我」）

　　　當事人（喜歡我）55：幹嘛盡談這些無關緊要的事，喜歡我就採取行動呀！

（當事人換位置，扮演「自己」）

當事人（自己）56：有啊！聽說是要從總公司挑選人選。我部門的經理也有這個意願，只是他太太不同意。聽說其他部門的人也有這個意思。反正科長級以上的人都是可以申請。

（當事人換位置，扮演「利用我」）

　　　當事人（利用我）57：（暴怒地）妳看！他在利用妳蒐集情報，妳這個笨蛋！

（當事人換位置，扮演「科長」）

當事人（科長）58：可是，為什麼分公司的人不能申請？

當事人（自己）59：你幹嘛關心這個，難道你也想申請？

（當事人換位置，扮演「利用我」）

　　　當事人（利用我）60：（暴怒地對著當事人「自己」）企圖那麼明顯，妳這個傻瓜還分辨不出來嗎？

　　　當事人（喜歡我）61：（對著「利用我」）妳給我閉嘴，妳怎麼可以以小人之心度君子之腹呢？妳不認為他是個好對象

　　　　　　嗎？

　　　當事人（利用我）62：（暴怒地對著「喜歡我」）她就是不聽
　　　　　　我的話，今天才會淪落到如此悲慘的地步。

　　　當事人（喜歡我）63：（難過地對著「利用我」）不！不是這
　　　　　　樣的，他一開始是喜歡她的，如果不是另一個女人引誘
　　　　　　他，他不會這樣的。

　　　當事人（利用我）64：（無奈地對著「喜歡我」），我不想跟
　　　　　　妳說了，就讓她痛苦死好了。

諮商員 41：再回到妳跟科長的對話。

（當事人沉默了一、兩分鐘後，坐到科長的座位，扮演科長）

當事人（科長）65：我當然想啊，只不過董事長不知道為什麼只准總公司
　　　　　　的人申請，而分公司的人不能申請。妳知道原因嗎？

（當事人換位置，扮演「自己」）

當事人（自己）66：（一副無趣的樣子）原因我不知道，反正再怎樣規定
　　　　　　我都沒有資格，而且我也沒有興趣。

（當事人換位置，扮演「科長」）

當事人（科長）67：妳在總公司比較好，不像我在分公司，許多訊息的獲
　　　　　　得比較慢。即使個人有意見，也無法在決策之前讓董事長知道，
　　　　　　所以總會失去一些機會。

（當事人換位置，扮演「自己」）

當事人（自己）68：那你為什麼不想辦法調到總公司來？

（當事人換位置，扮演「科長」）

當事人（科長）69：不是不想，只是背景不夠、消息不夠靈通，機會老是
　　　　　　被別人搶走。

（當事人換位置，扮演「自己」）

當事人（自己）70：如果是這樣的話，以後我知道什麼重要消息，我會告
　　　　　　訴你。

（當事人換位置，扮演「利用我」）

　　　當事人（利用我）71：（對著當事人「自己」）我不是說了，

他只是在利用妳。

諮商員 42：讓「利用我」、「喜歡我」直接跟科長對話。

當事人（利用我）72：（對著科長，生氣地）你明明就是在利用她，幫助你往上爬。為什麼不直接告訴她，你只是在利用她。

（當事人換位置，扮演「科長」）

當事人（科長）73：（沈默一、二分鐘）我不是在利用她，我只是請她幫忙。人不就是需要互相幫助的嗎？我有需要時，請她幫忙，當她有需要時，我也幫助她。我沒有任何背景，要生存，要晉升，就得靠其他人，多結交一個朋友對自己也有幫助。

（當事人換位置，扮演「喜歡我」）

當事人（喜歡我）74：（面對科長，急促地）告訴她，你喜歡她，你一直在找機會接近她。

當事人（利用我）75：（冷靜地、自信地）真是這樣嗎？你直接告訴她！

（當事人換位置，扮演「科長」）

當事人（科長）76：（沈默一、二分鐘，驚訝、哭泣）我從未說過我喜歡她。我跟她談的都是公司的事。我討厭她將公事跟她的私事混在一起。她竟然一廂情願地告訴我的老闆跟我女朋友，說我們兩人相愛。真是無中生有。她有病啊！

（當事人哭泣約十五分鐘）

諮商員 43：妳如此傷心，似乎發生了一些事，告訴我？（具體化技術）

當事人 77：我好像作了一場夢，好長、好長的一場夢。

諮商員 44：那種感覺好痛苦。（情感反映技術）

當事人 78：（哭泣）現在想起來，以前有幾次被拋棄，都是自己一廂情願的感覺。

諮商員 45：聽起來這次的經驗，並不是妳的第一次？（封閉式探問技術）

當事人 79：我也不記得有幾次，只是這一次的經驗最讓我心痛。

諮商員 46：讓我們……。

　　從角色扮演的過程中，當事人發現過去未完成事件與現在事件的關聯，因而改變了對目前事件的行為、感覺與想法。

四、協助當事人預演與學習新的行為、想法與感覺

　　在諮商進行過程中，有三個情況需要協助當事人預演與學習新的行為、想法與感覺：

㈠在諮商的最後階段，當事人已獲知問題的根源，對問題有頓悟的了解，同時想要以新的行為、感覺與想法來面對原來的舊情境。這時，諮商員必須佈置當事人即將面對的情境，讓當事人預演與學習新的應對方式。

㈡當事人須面對類似舊情境的新情境，他不想但是很可能以舊的行為模式來應對。所以諮商員需要安排類似的情境，協助當事人演練新的應對模式。

㈢當事人需要面對一個新情境，但是當事人不知如何應對，例如面試，所以諮商員需要訓練當事人應對的技巧。

　　在以上三種情況下，諮商員必須協助當事人預演與學習新的行為模式。

🍎案例一

　　當事人四十多歲，雇員，男性，因為跟某位同事的衝突來求助。經過一段時間的諮商後，當事人發覺，同事的某些行為跟他父親對待他的方式類似，而這些類似的行為觸動他過去跟爸爸未完成的事件，使得他將這些未處理的情緒轉嫁到同事身上。當事人處理了他跟父親的未完成事件後，抒解了過去壓抑的情緒，並且對父親、同事產生新的感覺與想法。

當事人1：我沒有想到，每次跟這位同事意見相左時，他那一句話「這是你的錯，是你不對」，跟他手往上一揮的手勢，竟然會觸動我對爸爸的感覺跟想法。如果不是經過諮商，我真不知道原來我對他的

反應，其實跟他的行為無關，而是跟我爸爸有關。如果我跟這位同事再有意見不一樣時，我想，我不會再有過去的反應。不過，這樣一來，我卻不知道該如何應對？

諮商員 1：諮商幫你找到問題的根源，讓你不再重蹈覆轍，可是，拿掉舊有的應對方法，卻讓你不知如何面對原來情境，心中有些著急。（初層次同理心技術）

當事人 2：的確是這樣。我一想到下次面臨類似情境時，我可能不會有以前火爆的脾氣，可是我仍然不知道該如何應對？

諮商員 2：以前的模式再也無法應對，新的模式卻還沒有形成，讓你萬分著急（初層次同理心技術）。讓我們重新再回到以前類似的情境，試看看什麼方式的反應，你覺得可以接受（角色扮演技術）。

當事人 3：那要怎麼做？

諮商員 3：第一，將情境佈置出來，第二，你同時扮演你自己跟同事，將你們之間的對話重現，然後，我們再將你過去的反應一一修正。（當事人在辦公室的某一角落辦公，他的同事坐在辦公室的另一角落。當事人與同事共同負責某些業務，需要一起擬定與執行業務的進行。可是，兩人卻常常在這些方面意見相左。當事人在辦公桌的兩邊各擺了一張椅子，一張代表自己（國華），一張代表他同事。以下以小林為同事的代稱）

當事人（小林）4：（口氣不好）國華！你不覺得今天這個case搞成這樣，是你的錯，是你不對（右手往上一揮）。我早已告訴過你，當場就要簽約，否則對方事後後悔，我們就沒有生意可做。你看，我說的話沒錯吧！對方剛剛打電話過來，說要取消，不想和我們簽約了。這個 case 就這樣搞砸了，我看我們這個月的業績可能要掛零了。都是你害的！

當事人（自己）5：（火爆地）小林！話怎麼可以這樣說呢！我做前半部，你做後半部，後面簽約的工作是你應該做的。生意才剛談成，如果就要人家簽約，反而會讓他們不放心。本來就應該給人家一點時間考慮。至於他們要改變心意，也只能怪你不早一點跟

他們聯絡簽約的事。如果你早一點通知他們簽約的話，今天就不會這樣。這不是我的錯，你要搞清楚（拍著桌子）！

諮商員₄：你們起衝突的原因都是因為這樣？（探問技術，封閉式問題）

當事人₆：這是比較嚴重的狀況，這種狀況再下去，就沒完沒了，有時候快要變成肢體衝突，這時，如果旁邊有同事的話，他們就會過來把我們兩人拉開。反正沒有業績，大家心情都不好。可是，這一吵，常常需要一、兩個星期的時間，我們才能心平氣和重新在一起工作。就這樣我們是有一餐沒一餐地做。時機這麼不好，轉業也不容易，也就只能這樣混下去。不過，如果我們兩人能夠和平相處的話，業績可能會好很多。

諮商員₅：這種衝突似乎阻礙了你們的業績跟工作效率，可是目前景氣這麼差，也只能將就（簡述語意技術）。繼續演下去，然後我們再來看看該怎樣修正比較好（角色扮演技術）。

（當事人扮演「小林」）

當事人（小林）₇：（憤怒、小聲地）你知道，我已經負債累累，我太太昨天跟我吵架，她說如果再這樣下去的話，她要離婚。如果我們兩人離婚的話，都是你害的。

（當事人換位置，扮演「自己」）

當事人（自己）₈：（憤怒，小聲地）你以為我的情形比你好嗎？至少你還有太太替你想辦法，會幫你照顧孩子。我呢？一個大男人，要賺錢養家，還要父代母職照顧兩個孩子。再說，你們兩人的婚姻，早已破爛不堪，請不要推卸責任，你以為找個替死鬼，自己就可已沒有責任了嗎？沒有能力養家就要承認，不要不像男人！

（當事人換位置，扮演「小林」）

當事人（小林）₉：（憤怒、大聲地）王國華！××娘！你太可惡了，你……（準備動手揍人）。

諮商員₆：停在這裏。從演出的過程中，你有沒有什麼體驗？（角色扮演技術──具體化技術）

當事人 10：這樣一演出，我才發現我的話其實很毒。我們兩人都是男人，都是無能的男人，不過，我不該將他最後的尊嚴給戳破了。我這種得理不饒人的口氣，像極了對待我爸爸的方式，想起來真有點慚愧（哈哈大笑）。

諮商員 7：對誰感到慚愧？（具體化技術）

當事人 11：我同事跟我爸爸。

諮商員 8：似乎你已經發現到自己的缺點。現在我要將情境拉回到最先開始的那一幕，看看除了你原先的回應方式外，還有沒有其他比較好的回應方式。現在我要你從小林來找你的那一幕開始。（角色扮演技術）

（當事人扮演「小林」）

當事人（小林）12：（口氣不好）國華！你不覺得今天這個case搞成這樣，是你的錯，是你不對（右手往上一揮）。我早已告訴過你，當場就要簽約，否則對方事後後悔，我們就沒有生意可做。你看，我說的話沒錯吧！剛剛對方打電話過來，說要取消，不想和我們簽約了。這個case就這樣搞砸了，我看我們這個月的業績可能要掛零了。都是你害的。

諮商員 9：好！角色替換。

當事人（自己）13：小林！我……我……我……。

諮商員 10：告訴我你想說什麼？（具體化技術）

當事人 14：我想跟他說對不起，可是話一到嘴邊就出不來。

諮商員 11：什麼原因讓你說不出來？（具體化技術）

當事人 15：我覺得好像跟爸爸有關。

諮商員 12：一方面你想心平氣和地回應小林，可是另一方面小林的態度勾起了你對爸爸的情緒，於是想說的話就說不出來，好像被堵住一樣。（簡述語意技術）

當事人 16：沒錯！沒錯！就是這樣。

諮商員 13：我們先討論你想跟小林說些什麼，再進入角色扮演中。（角色扮演技術）

當事人 17：我想對他說，根據我以往的經驗，我擔心如果當時馬上就要對方簽約的話，反而會讓他們覺得不放心，說不定就不願意簽約。但是，我萬萬沒有想到我的顧慮反而讓我們失去這椿生意。

諮商員 14：好，按照你剛剛說的話重複一次，再扮演小林，看看如果你是小林的話，聽了國華的話會有什麼樣的反應？（角色扮演技術）

（當事人扮演「小林」）

當事人（小林）18：（口氣不好）國華！你不覺得今天這個case搞成這樣，是你的錯，是你不對（右手往上一揮）。我早已告訴過你，當場就要簽約，否則對方事後後悔，我們就沒有生意可做。你看，我說的話沒錯吧！剛剛對方打電話過來，說要取消，不想和我們簽約了。這個case就這樣搞砸了，我看我們這個月的業績可能要掛零了。都是你害的。

（當事人換位置，扮演「自己」）

當事人（自己）19：小林！根據我以往的經驗，我擔心如果當時馬上就要對方簽約的話，反而會讓他們覺得不放心，說不定就不願意簽約。但是，我萬萬沒有想到我的顧慮反而讓我們失去這椿生意。

（當事人換位置，扮演「小林」）

當事人（小林）20：（生氣地）就是因為你判斷錯誤，才使我們損失一椿生意。你知道我們到現在都還沒有業績，真不知道該怎麼辦？

諮商員 15：你覺得剛剛你那樣說，效果如何？（探問技術，開放式問題）

當事人 21：似乎比我以前的反應好一點。不過我覺得他不應該將所有的責任都歸到我的身上來，我覺得他這樣說有欠公平。我也想到，如果我跟他說，錯不應該只在我身上時，我們可能又會陷入以往的爭執模式中。

諮商員 16：似乎讓你陷入兩難的情境中，利弊得失很難兼顧，感到左右為難。（初層次同理心技術）

當事人 22：做事難，做人更難。

諮商員 17：覺得很無奈。（情感反映技術）

當事人 23：算了吧！與其這樣毫無營養地爭論下去，不如將時間花在有意義的事情上。兩人已經沒有業績了，還吵下去的話，情況可能更糟。就算是改變自己好了。

諮商員 18：你決定退一步，不想跟他吵架，寧願將時間花在業績上（簡述語意技術技術）。如果你已經這樣決定的話，我們再繼續剛剛的場景，你的狀況可以嗎？（角色扮演技術）

（當事人扮演「自己」）

當事人（自己）24：我知道這一陣子為了業績的問題，我們都很著急，要不要我們現在討論，看看是否有什麼方法可以將這樁生意救回來？

（當事人換位置，扮演「小林」）

當事人（小林）25：我現在沒有時間，不過你能不能先打電話問問看他們的想法，我想先了解他們的想法後，再想補救的方法。

諮商員 19：小林這樣回答你感覺怎麼樣？（具體化技術）

當事人 26：其實我不是很滿意，好像這樁生意是我的，他沒有責任。該打電話的人是他，當時他就該問問對方不跟我們簽約的原因。他沒有這樣做，現在卻要我去做，這太不公平了。業績是我們兩人的，不是只有我的。

諮商員 20：你對於他的不負責任有點生氣。（情感反映技術）

當事人 27：我是有點生氣，不過突然又讓我想起，他跟我爸爸的口氣好像。我爸爸就是這樣不責任的人，他就是一直用這種方法來逃避責任。或許就是因為這個原因，讓我對小林的行為無法忍受。

諮商員 21：你已經了解到你跟小林的衝突與你跟爸爸的問題有關。（簡述語意技術）

當事人 28：我現在已經決定了。下次如果他的行為還是這樣不負責任的話，我想我不會跟他生氣，但是我會直接告訴他，業績是我們的，我希望我們兩人共同負責，如果他不滿意業務內容的話，我們可以重新調整。如果兩人還是合不來的話，我會建議，我們拆夥，各自另找搭擋。他不是我的爸爸，我不需要用過去吵架的

方式來對待他，也不需要在這個關係中糾纏下去。

諮商員 22：看來你已經有了決定。如果是這樣，讓我們演練這一部份，看
看你如何表達你剛剛提的建議。

（當事人扮演「自己」）

當事人（自己）29：小林！我知道在這件事上，我們可能會有不同的意見，
不過我還是會先依照你的建議去做。還有，你有沒有注意到，
我們這幾個月來的業績一直不好，這已經影響到我們的收入，
也間接影響到我們兩人的家庭生活，例如你太太因此想跟你離
婚，我家如果沒有我媽媽幫忙的話，我跟孩子可能已經餓死街
頭了。我覺得如果我們再不好好檢討的話，後果可能不堪設想，
你覺得我的話怎麼樣？

（當事人換位置，扮演「小林」）

當事人（小林）30：我早就注意到這個問題，所以我的心情才一直很不好。
如果不是我太太跑回娘家不肯回來，我就不需要做家裏一些雜
七雜八的事，我也就不會對你發脾氣。

諮商員 23：很好，這次的反應似乎比剛剛的反應好。我們是不是可以再想
看看，小林可能還會有什麼其他反應，這樣的話，比較能夠幫
助你適應不同的狀況。（探問技術，開放式問題）

（當事人扮演「小林」）

當事人（小林）31：國華，我覺得我們的業績的確太差了，不過這是你的
問題，該檢討的是你。

（當事人換位置，扮演「自己」）

當事人（自己）32：我覺得我們不該吵架，因為每一次一吵架，我們就需
要一段時間才能冷靜下來也才能再合作。或許我們還要好好想
想，有什麼方法可以讓我們在低潮的時候，也可以繼續合作，
你覺得我的想法如何？

諮商員 24：再明確點，有關你們衝突的部份。（角色扮演技術——具體化
技術）

當事人（自己）33：我覺得我們不該吵架，因為每一次一吵架，我們就需

要一段時間才能冷靜下來也才能再合作，因此我們的業績一直低落。我覺得我們應該好好想想，找出發生衝突的原因，看看是不是可以想辦法降低衝突，或許，還要想想有什麼辦法可以讓我們在低潮的時候也可以繼續合作，而不是互相指責，彼此推卸責任。如果我們真的無法繼續合作，我希望大家還是朋友，我建議大家心平氣和地解決這個問題，我珍惜我們之間的友誼。你覺得我的想法如何？

諮商員 25：你覺得這樣做可以行得通嗎？（開放式探問技術）

當事人 34：我想是可以的，因為他不是那麼不講道理的人。

諮商員 26：小林還有沒有其他可能的反應？（開放式探問技術）

當事人 35：我想這些就夠了，我已經知道如何去應對。

諮商員 27：我們再把剛剛演練的內容再預演一次，讓你反應更自然，或許你還想要有一些修正。回去時你先試看看我們剛剛演練的內容，看看小林的反應，下週時再討論你的結果。至於……。

　　透過角色扮演，當事人得以學會以新的行為模式應對舊的情境，降低衝突。

🍒 案例二

　　當事人三十歲，雇員，男性。當事人剛交上一位女朋友，因為當心可能像以前一樣無法維持長期的親密關係而求助。

當事人 1：我以前交過好幾位女朋友，都是因為我太愛對方而變得容易吃醋。我想你也知道，人在吃醋時，就毫無理智可言，舉止也會很幼稚。我以前的女朋友就是因為我這樣而離開我。說難聽點就是拋棄我。每一次的分手，都帶給我難以言喻的痛苦，讓我不想再談戀愛了。可是，我這個人偏偏不甘寂寞，所以又很快地跳入愛河裏。最後，還是刻骨銘心地陣亡，就這樣反反覆覆地死了好幾次。這一次我又戀愛了，雖然彼此還沈溺在你儂我儂的甜蜜中，可是一想到過去的慘痛經驗，我的心就疼痛不已。我好擔心，我

已經三十了，好想有個家，不想再這樣漂泊了。

諮商員₁：因為過去幾次慘痛的戀愛經驗，讓你對這次的戀愛患得患失，尤其現在你已經三十了，很想成家，所以希望這一次能成功。（簡述語意技術）

當事人₂：我很想馬上跟她結婚，免得最後又是分手收場。可是，她的家人不希望我們認識才五個月就結婚。她父母的擔心我可以理解，不過這就苦了我。我真不懂，難道愛對方愛得多也不對嗎？

諮商員₂：你不懂，難道愛對方愛得多也不對嗎？（覆述技術）

當事人₃：是啊！我每一次的戀愛都是掏心掏肺，我噓寒問暖、體貼入微，可是不知為什麼對方總是嫌我愛得太多，說什麼給她太多的壓力，最後一個個離我而去。難道女孩子不喜歡這些嗎？說起來也真奇怪，我的朋友對他們的女朋友都不像我那樣癡心，可是這些女孩子卻一個個像蜜糖一樣黏著他們。我朋友告訴我，得寵的女人會拿翹，要我不要對女朋友太好。我也想這樣做，可是就是做不到。

諮商員₃：多情總被無情苦。你的付出，總得不到對等的回報。你想改變自己，卻又辦不到，覺得好沮喪。（初層次同理心技術）

當事人₄：我恨自己為何會那樣在乎對方，為何那樣多情。

諮商員₄：多告訴我一些你如何多情的事。（具體化技術）

當事人₅：以前我跟女孩交往時，總是擔心她被搶走，擔心她不要我。只要這種感覺一出現，我的心就亂紛紛，然後不斷地想辦法，想要確定她愛我、她會永遠屬於我，或許可以這麼說，就是我的佔有慾太強。我想我是太愛她，才會有這種感覺。可是，她總嫌我愛得太多，說我給她太大的壓力、說我管她像犯人。其實，我不是不給她自由，只是我希望她能隨時在我左右，讓我看得著、摸得到。既然是情侶，當然要時時在一起。不過，她沒辦法接受我的看法，到最後，待我像仇敵，然後毅然決然地離我而去。為什麼我這樣多情，這樣愛對方，卻一直被誤解。

諮商員₅：你毫無保留地疼愛對方，換來卻是對方的抱怨與拋棄，你感到很

不平。（初層次同理心技術）

當事人₆：不只是不平，還覺得感慨。那有女人不喜歡被捧在手心。或許給她太多，她才不會珍惜。

諮商員₆：你遺憾愛對方太多，她才不知道珍惜。（簡述語意技術）

當事人₇：沒錯。這次的戀愛，讓我重新掉入過去那種不安的心情，我還是有衝動要問對方愛我有多深，想要時時刻刻抓住她。

諮商員₇：多談談那種不安的感覺。（具體化技術）

當事人₈：那是一種強烈的不安，好像擔心我的女朋友可能會落跑……。

（經過幾次深入探討後，發現當事人的問題跟他小時候的經驗有關。當事人小時候母親跟舊情人私奔，當事人因年紀小，無法理解母親離去的原因，只知道父親不斷責備母親水性楊花，並且常常告誡他不可太相信女人。不久，父親再娶，並且至國外工作，留下他由後母照顧。後母懷了自己的孩子後，對當事人冷漠與疏忽。在一年內，當事人經驗到失去雙親的不安與怨恨，後母薄情對待所引起的恐懼。這些感覺一直伴隨當事人，即使當事人已長大成人，還是揮不掉過去夢魘的烙印。當事人透過跟父母、後母的對話，才明白小時候經驗如何影響自己對待女朋友的方式。）

當事人₉：如果當時不是靠著寫日記抒解，那一段日子真不知道該如何撐下去。那麼痛苦的經驗，難怪我不想再重溫過去，有時候還有衝動想把那幾本日記燒掉。到現在一想起過去那些事，我還是很難過。雙親突然離去的劇痛，對年紀那麼小的我來說，怎麼能夠承受得了呢？難怪我一天到晚擔心女朋友會不見。

諮商員₈：即使現在你已經長大了，小時候頓失依靠的痛苦，仍然糾纏不清。你也看到自己如何將依戀雙親的情愫，轉移到女朋友身上，因而時時擔心女朋友可能像父母一樣不聲不響地離去。（簡述語意技術）

當事人₁₀：就是這樣！就是這樣！不過，即使現在已經知道原因，我仍然不知道該如何跟女朋友相處。

諮商員₉：雖然你已經知道自己行為的來龍去脈，可是仍然沒有把握能夠讓

　　　　這段感情開花結果，覺得有些擔心。（初層次同理心技術）

當事人 11：不錯！我想我不會再像過去一樣，讓這種不安的感覺影響我跟
　　　　我女朋友的感情。或許下次那種不安出現時，我會比以前更有
　　　　能力處理它。但是，我對自己仍然沒有足夠的信心。

諮商員 10：我想到一種處理方式叫做角色扮演，我們可以佈置常令你不安
　　　　的情境，看看在這些情境中你能夠做些什麼，來安頓你的不安。
　　　　（角色扮演技術）

當事人 12：我不懂你的意思？

諮商員 11：也就是說，用角色扮演的方式模擬不安出現的狀況，然後試看
　　　　看在這種情境下，你可以用什麼方法處理，才不會影響你跟女
　　　　朋友的關係。（角色扮演技術）

當事人 13：這個想法不錯，不過該如何做？

諮商員 12：想像一個不安出現的情境，再來看看你可以如何處理。告訴我，
　　　　不安的感覺通常在什麼樣的情況下出現？（具體化技術）

當事人 14：當我的女朋友沒有打電話給我，或是我一整天都聯絡不到她時。

諮商員 13：這種情況常發生嗎？（探問技術，封閉式問題）

當事人 15：常常發生過，而且也常因為這個原因才跟女朋友起衝突。

諮商員 14：想像跟現任女朋起衝突最嚴重的一次，我要你進入那種不安的
　　　　感覺。（角色扮演技術）

當事人 16：那一次是因為我女朋友兩天沒有打電話給我，我開始很煩躁，
　　　　忐忑不安，走來走去。不斷地問自己，她在那裏？她在做什麼？
　　　　是不是想要離開我？是不是跟別的男人在一起？他們在做什麼？
　　　　她是不是已經對我厭倦？是不是她不想跟我在一起？我要怎麼
　　　　辦才好？我是不是應該繼續找找看，她到底在那裏？在做什麼
　　　　事？……。我覺得我快要瘋掉。

諮商員 15：這個時候，你在什麼地方？（具體化技術）

當事人 17：在我的房裏。

諮商員 16：現在利用這裏的東西，把你的房間在這裏重現，可以用一些象
　　　　徵性的東西來代表。把發生的狀況在這裏扮演出來，就好像真

　　　　的發生一樣。注意，要將你的動作姿態表演出來。（角色扮演
　　　　技術）

（當事人的房內有一張書桌、兩張椅子、一張床）

（當事人扮演「自己」）

當事人（自己）18：（不安地走來走去）怎麼辦，她昨天為什麼沒有回家，
　　　　我今天到現在還找不到她，她到那裏去了？為什麼沒有跟我聯
　　　　繫？是避著我嗎？不會吧！我們不是好好的？可是她昨晚為什
　　　　麼沒回家睡覺？難道她不要我了，不好當面說，就用這種方式
　　　　來告訴我？（痛苦地走來走去）如果不是這樣，為什麼我找不
　　　　到她，她也沒有跟我聯絡？她是不是另有他人，現在正在跟別
　　　　人歡樂？不行，她不能這樣做，我要想辦法挽回她的心，不能
　　　　讓她離開我，我該怎麼做呢？我該怎麼辦？（整個人萎縮在床
　　　　上）

諮商員 17：然後呢？我希望你將以往的應對方式演出一遍，然後我們再來
　　　　討論如何修正。我要你同時扮演自己跟你的女朋友。

當事人 19：你是說接下來發生什麼事？

諮商員 18：對！要同時扮演你自己跟女朋友。（角色扮演技術）

（當事人扮演「女朋友」）

當事人（女朋友）20：（打電話過來，撒嬌地）××你有沒有想我啊！我
　　　　好想你呀！

（當事人換位置，扮演「自己」）

當事人（自己）21：（生氣地、急促地、口氣不好）我一直找不到妳，從
　　　　昨天到現在，妳去了那裏？為什麼沒回家睡覺？妳睡在那裏？
　　　　跟誰在一起？你們做了什麼事？

（當事人換位置，扮演「女朋友」）

當事人（女朋友）22：（不高興地、委屈地）你到底怎樣了？人家一醒過
　　　　來就馬上打電話給你，結果你盡說些無聊的話，你憑什麼可以
　　　　這樣責備我，好像我做了什麼壞事一樣？

（當事人換位置，扮演「自己」）

當事人（自己）23：（口氣很兇）為什麼不跟我聯絡？為什麼讓我找不著？
　　　　　　　妳躲著我在做什麼？妳自己做了什麼事，妳自己知道。

（當事人換位置，扮演「女朋友」）

當事人（女朋友）24：（哽咽地、大聲地）你神經病啊！我不想再跟你說，
　　　　　　　我不想理你（大聲地掛掉電話）。

當事人25：她掛了電話後，我的怒氣就慢慢地退掉，然後開始後悔，擔心
　　　　　她會因此離開我，一想到這裏，我的情緒就七上八下，除了不知
　　　　　道該怎麼辦外，還會一直罵自己太衝動，最後，不得不趕快跑過
　　　　　去求她原諒。這種事情做多了，人家會厭倦。所以，以前的女朋
　　　　　友總是因為受不了而離開我。現在想想，自己真是很丟臉，也很
　　　　　對不起對方。

諮商員19：談起過去的往事，真有萬千感慨（情感反映技術）。我現在要
　　　　　你回到最先開始的地方，我們從那裏開始，就是剛剛你在房內
　　　　　感覺不安的那個場景。要記得將動作、姿態、聲音的部份也表
　　　　　演出來。（角色扮演技術）

當事人26：我現在不會再像以前一樣那麼擔心，我想口氣不會像以前那樣
　　　　　差，還是要演嗎？

諮商員20：我想知道你會怎麼回應，然後我們再來討論你的回應方式是否
　　　　　適當。（角色扮演技術）

當事人27：好。

諮商員21：就從剛剛那一幕，兩天沒有接到女朋友的電話。記得將動作、
　　　　　姿態、聲音的部份表演出來。（角色扮演技術）

（當事人扮演「自己」）

當事人（自己）28：（低頭、沈思一段時間）那種不安的感覺又出現了，
　　　　　　　我知道那是因為我對父母的依戀所造成的，這跟我的女朋友沒
　　　　　　　有關係！這跟我的女朋友沒有關係！（眼淚流下來）我覺得好
　　　　　　　難過，我覺得好難過。這真的跟我的女朋友沒有關係！

諮商員22：似乎發生了一些事？告訴我發生什麼事？（角色扮演技術──
　　　　　具體化技術）

當事人 29：我一想到自己的狀況，就難掩那種痛苦。此外，我剛剛有一種
想法，就是讓我的女朋友知道我的狀況，讓她不要誤會我，我
需要時間調整我的行為，不過，我也相信這段時間很快就會過
去。在這過程中，我希望我的女朋友能支持我，鼓勵我。我不
希望目前這段感情再受到影響，我希望能有個好結果，我好想
要擁有自己的家。

諮商員 23：我先把你剛剛說的話理清楚。似乎你還是掙脫不了那種不安的
感覺，你覺得有點焦慮，不想再嘗試，所以你就想了另外一個
方法，那就是告訴女朋友你的故事。這樣一來，你就可以不用
再接觸那種不安的感覺，也可以讓她不會離開你。（高層次同
理心技術）

當事人 30：（頭低下去）我的確害怕接觸剛剛那種不安的感覺，又好想有
個家。在高中的時候，我就一直期望能夠擁有自己的家。幾次
的感情挫折，讓我有些心灰意冷，不過這個期望一再地給我希
望跟勇氣。

諮商員 24：我有點擔心，如果你不處理不安的感覺，你跟女朋友的關係就
可能受影響。（立即性技術）

當事人 31：我知道你的意思。不過，那種感覺是那麼強烈，我覺得我無法
掙脫它。所以，我仍然希望讓我的女朋友知道我的狀況。

諮商員 25：告訴我，你覺得無法掙脫的原因是什麼？（具體化技術）

當事人 32：我覺得好害怕，因為那種感覺是那麼強烈。

諮商員 26：我不是很清楚你說的話，再說清楚些。（具體化技術）

當事人 33：我也不是很清楚，我也說不清楚。

諮商員 27：我想幫你更清楚地看清不安的感覺，所以，我有個提議，就是
讓你重新進入剛剛那個情境。我知道你很害怕，我會在旁邊支
持你、協助你。不過，只要你想停下來，我們就停下來。如果
你決定讓你的女朋友知道你的狀況，看看在角色扮演中，能否
把這部份也融入你的應對之中。（角色扮演技術）

當事人 34：（沈默）

諮商員 28：（允許當事人沈默）（沈默技術）

當事人 35：好，那就試試看。

（當事人扮演「自己」）

當事人（自己）36：（不安地走來走去）怎麼辦，她昨天為什麼沒有回家，今天到現在也找不到她？她到那裏去了？為什麼沒有跟我聯繫？（當事人縮在地上，呼吸急促，緊抓著墊子，眼淚流下。諮商員坐到當事人身旁，緊抱當事人。當事人放聲大哭，哭聲愈來愈大，約十五分鐘後停止。）

諮商員 29：我很感動，我看到你很勇敢地讓積壓好久的情緒表達出來。（立即性技術）

當事人 37：（點點頭，嘆了一口氣）這一次，我覺得不安的情緒不再那麼遙遠，那麼碰觸不到、抓不著。

諮商員 30：看起來你感覺輕鬆多了。（情感反映技術）

當事人 38：我現在覺得輕鬆多了，也平靜多了。

諮商員 31：很高興你能突破障礙，勇敢地面對自己的情緒。不過，你的情緒不能只靠這一次就可以完全抒解出來，可能需要一段時間，透過一次次地發洩，你的狀況才能有所改善。（立即性技術）

當事人 39：我相信你的話。不過，我現在已經比以前平靜多了。或許下一次不安出現時，我會更有信心來面對。

諮商員 32：告訴我，下一次不安感覺出現時，你會用什麼方法來處理？（探問技術，開放式問題）

當事人 40：（沈默約一分鐘）我想，就用剛剛的方法，讓自己進入那種感覺，抒解情緒，而不是像以前一樣，將情緒發洩在女朋友身上。

諮商員 33：聽起來似乎你已經找到處理問題的方法（簡述語意技術）。接下來，你是不是想知道如何讓你女朋友了解你的過去，讓她對你的行為有更多的包容（探問技術，封閉式問題）？

當事人 41：我希望她了解以前為什麼我會出現那些無理的行為。我想我們諮商結束後，我會主動告訴她。

諮商員 34：你希望用什麼方式，在什麼地方告訴她？（探問技術，開放式

問題）

當事人 42：我希望在我的房內。至於用什麼方式，我想諮商結束後，我會先休息一天，讓情緒平靜，明天下班前，我會打電話約她，請她下班後，到我家來。不過……不過先在這裏練習也不錯，這樣我明天才知道該如何對她説，免得説錯話。

諮商員 35：好，將情境佈置出來。（角色扮演技術）

（當事人扮演「自己」）

當事人（自己）43：（面對女朋友）××！我知道有時候妳覺得我很煩人，好像盯妳盯得很緊，有幾次妳告訴我這些事，我的反應卻讓妳不舒服，我覺得很抱歉。我今天約妳來，就是要說明這件事，……（停頓）。

諮商員 36：發生什麼事？（具體化技術）

當事人 44：我擔心她會笑我。

諮商員 37：你擔心她會笑你什麼？（具體化技術）

當事人 45：笑我像是沒長大的小孩一樣，黏著她就像黏著媽媽。我現在有種感覺，好像我將所有的女朋友都當成媽媽一樣地黏著她們。

諮商員 38：你發現原來你一直將女朋友當成你媽媽，覺得很可笑。（初層次同理心技術）

當事人 46：（哈哈大笑）

諮商員 39：將這些話直接告訴你的女朋友。繼續下去。（角色扮演技術）

（當事人扮演「自己」）

當事人（自己）47：我覺得我的行為像個沒長大的小孩，好像將妳當成我的媽媽一樣，我擔心妳可能像她一樣不辭而別。我媽媽在我小的時候就跑掉，那時候我年紀小，不知道媽媽發生什麼事，只覺得媽媽突然不見了，她不要我了。因為受到這個經驗的影響，我長大後，對於自己的女朋友也有同樣的擔心，擔心她會像我的媽媽一樣不要我。我是做了諮商後，才對自己的行為有進一步的了解。我的想法現在已經慢慢在改變，我相信以後我再也不會像以前一樣讓妳生氣，不過我仍舊需要時間，如果我再有

類似的反應出現時，希望妳能諒解我、包容我。

諮商員 40：你覺得怎樣？（具體化技術）

當事人 48：我覺得有些不好意思。

諮商員 41：我不太懂這句話的意思？（具體化技術）

當事人 49：我是個大男人，這樣說，會不會讓自己看起來不像男人？

諮商員 42：你擔心女朋友可能會譏笑你不像男人，讓你覺得尷尬。（初層
　　　　　　次同理心技術）

當事人 50：是啊！男人不應該這樣娘娘腔。

諮商員 43：直接將這些話告訴你的女朋友，說你擔心這些表白，會讓她覺
　　　　　　得你娘娘腔。（角色扮演技術）

（當事人扮演「自己」）

當事人（自己）51：告訴妳這些，我擔心妳會譏笑我，說我是個娘娘腔的
　　　　　　男人。

諮商員 44：你覺得怎樣？（具體化技術）

當事人 52：好像我不是擔心她會譏笑我，說我像個娘娘腔的男人，而是擔
　　　　　　心她發現原來她的男朋友還是個小男孩，不是男人。

諮商員 45：這樣表白，讓你覺得丟臉。（情感反映技術）

當事人 53：對！就是這樣。

諮商員 46：好！我們來看看要怎樣修正。剛剛你說的那些話，有那些話是
　　　　　　你不放心的？（探問技術，開放式問題）

當事人 54：就是這句話「我覺得我的行為像個沒長大的小孩，好像將妳當
　　　　　　成我的媽媽，擔心妳可能像她一樣不辭而別丟棄我。」我覺得
　　　　　　這句話，會讓她誤以為我還是個小孩，而她是我媽媽。

諮商員 47：好！那麼你覺得該如何修正？我們從頭開始。（角色扮演技術）

（當事人扮演「自己」）

當事人（自己）55：××！我知道有時候妳覺得我很煩人，好像盯妳盯得
　　　　　　很緊，有幾次妳告訴我這些事，我的反應卻讓妳不舒服，我覺
　　　　　　得很抱歉。我今天約妳來，就是要說明這件事。我媽媽在我小
　　　　　　的時候跑掉了，那時候我年紀小，不知道媽媽發生什麼事，只

覺得媽媽突然不見了，她不要我了。因為受到這個經驗的影響，讓我誤以為所有的女人都會像我媽媽一樣會不辭而別，因此，我對於自己的女朋友，也有這樣的擔心。我做了諮商之後，才對自己的行為有進一步了解。我的想法現在已經慢慢在改變，或許我媽媽是這樣的人，但是，不是所有的女人都會這樣。我相信我以後不會再像以前一樣讓妳生氣，不過我仍舊需要時間。如果我再有以前類似的反應時，我希望妳能提醒我、諒解我、包容我。

諮商員 48：感覺怎樣？（開放式探問技術）

當事人 56：好多了。這樣可以。

諮商員 49：我想還需要多練習幾次，我們……。

　　透過角色扮演，當事人得以學會以新的行為模式應對類似的情境。

🍎 案例三

　　當事人二十五歲，剛退伍，男性。當事人目前應徵十幾個工作，因為經濟不好，競爭激烈，工作難得，擔心面試時表現不好，無法得到工作，而焦慮萬分。

當事人 1：最近全世界的經濟狀況這麼差，台灣也在風暴圈裏，工作非常難找，一個工作往往有上百個人應徵。有些學長姐因為找不到適合的工作，只得委屈在不相稱的職位上。現在連掃街的清潔工都有大學畢業生應徵。想起來也真喪氣，真怕自己也會淪落到這種地步。

諮商員 1：經濟蕭條，失業率居高不下，你擔心自己成為經濟風暴的受害者。（初層次同理心技術）

當事人 2：我是重考生，因為第一年考上的學系不理想，擔心將來工作難找，所以在補習班蹲了一年，這一年花了家裏很多錢。第二年考上比較理想的學系，但是四年的學費、生活費，已將我父母的積蓄用光。他們期盼我退伍後趕快找到工作，照顧其他的弟妹，減

　　　　　　輕他們的負擔。如果我找不到工作，真是對不起他們。

諮商員2：父母辛苦地供你唸大學，如果找不到適合的工作賺錢來減輕他們
　　　　　的負擔，你就覺得愧對他們。（初層次同理心技術）

當事人3：我家住偏僻鄉下，那個地方受高等教育的人少，唸大學的人只有
　　　　　我一個人。大家都認為我以後會賺大錢，全村的人都稱讚我父母
　　　　　命好。因為這樣，他們對我的期望非常大。如果找不到好工作，
　　　　　我會覺得丟臉。

諮商員3：如果找不到好工作，你就辜負了家人跟村人對你的期望，所以坐
　　　　　立難安。（初層次同理心技術）

當事人4：（眼眶紅了起來）我已經失眠了一段時間，其實，在退伍的前半
　　　　　年，這種擔心就出現了。退伍前，我不斷思索要如何寫履歷表，
　　　　　也參考了一些人的資料。這一部份倒不需要擔心，我擔心的是，
　　　　　面試這一關，弄不好這一年會一事無成。我是沒有任何背景的
　　　　　人，凡事都要靠自己，這一點我認了。我能把握的，就是在面試
　　　　　這一關好好表現。我已經遞了十幾份的履歷表，只要有一間公司
　　　　　是公正的，我就有機會。我很感嘆的是，家中有能力的同學，不
　　　　　是畢業後出國深造，就是唸研究所，要不然他們的父母早就替他
　　　　　們找好門路，安排好工作。他們不必像我一樣，為了一口飯而焦
　　　　　慮不安。我好羨慕他們。

諮商員4：因為你沒有背景，只好寄望面試時好好表現。你找工作的辛苦，
　　　　　讓你更加羨慕其他背景好的同學。（簡述語意技術）

當事人5：我能做的就是努力試試看，努力將面試準備好，讓自己把握好機
　　　　　會。

諮商員5：在協助你準備面試之前，我想需要先處理你家人跟村人對你的期
　　　　　待。當你能夠面對他們的期待時，你會覺得自己更穩健，或許對
　　　　　你的失眠問題也有幫助。（結構化技術）

　　　　（在接下來幾次的諮商，諮商員協助當事人面對家人跟村人給他的壓
力。之後，諮商員協助當事人處理面試問題。）

當事人6：我現在的狀況似乎比以前好很多。晚上比較能入睡，也沒有以前

患得患失的情形，好像比較穩定。

諮商員6：聽起來你失眠、焦慮的狀況已有改善（簡述語意技術）。現在我們要一起面對面試的問題。說說看你對面試狀況的了解（探問技術，開放式問題）。

當事人7：我想大概是有幾個面試委員一起問我問題吧。

諮商員7：再多說一些，例如可能由誰來口試、他們可能問你那些問題。（具體化技術）

當事人8：我想可能會是董事長及主管當面試委員。至於到底會問我那些問題，我不是很清楚，我想大概是專業上的問題吧。

諮商員8：聽起來你對面試的狀況不是很清楚。（簡述語意技術）

當事人9：沒錯。這才是我擔心的地方。以前應徵當學校工讀生時，學校行政人員也只是問我那一系的學生、工作時間怎麼樣等問題，他們都很親切。我想應徵外面的工作應該不是這樣，所以我在這方面完全沒有經驗，這就是困擾我的地方。

諮商員9：因為你以前沒有應徵工作的經驗，而這次的工作機會對你又非常重要，所以覺得有些焦慮。（初層次同理心技術）

當事人10：（點點頭）

諮商員10：在模擬面試情境之前，我覺得有必要先協助你蒐集一些面試的資料。（訊息提供技術）

當事人11：蒐集面試資料？我曾到圖書館找過資料，可是好像很少，比較多的是如何寫履歷表的資料。

諮商員11：除了圖書館之外，你覺得還有那些地方可以蒐集到這方面資料？（探問技術，開放式問題）

當事人12：我曾跟同學討論過，我們的結論是應該找學長問問看，只是我到現在還沒有採取行動。

諮商員12：告訴我你想問那些學長？（具體化技術）

當事人13：我還不是很清楚，我們認識的學長不是在當兵，就是唸研究所或出國去。所以我才一直沒有採取行動。

諮商員13：聽起來你跟同學找的學長都是認識的，好像忽略了不認識的學

長也可能是有用的資源。（面質技術）

當事人 14：這一點我倒沒有想到。這樣說來我也可以問問其他學校的畢業
生，不要將範圍限制在自己學校畢業的學長，或是自己認識的
學長。

諮商員 14：好像你已經找到更多的資源。（簡述語意技術）

當事人 15：是啊！這一點怎麼會沒有想到。我可以跟我的同學一起討論這
件事。

諮商員 15：你說你曾到圖書館找過資料，除了圖書館外，你還可以從那些
地方找到需要的資料？（探問技術，開放式問題）

當事人 16：從剛剛我們所談的，我現在知道別的學校的圖書館也值得去找，
或許一些比較大的書店也可能會有這方面資料。

諮商員 16：聽起來你已經知道從那裏蒐集到這些資料。這些地方包括自己
認識、不認識的學長，別校的校友，別校的圖書館，比較大的
書店。下一次面談時，你將蒐集到的資料整理出來，並且帶過
來。我們再來模擬面試的場景。（摘要技術）

當事人 17：好。

（在下一次諮商時，當事人帶著他整理出來的資料過來。）

諮商員 17：資料蒐集的狀況如何？（探問技術，開放式問題）

當事人 18：狀況還不錯。我跟我同學分工合作，兩人分別找不同的期刊，
也到不同的圖書館跟書店看看，另外，我們訪問了兩個人，也
蒐集到一些資料。說起來也真是幸運。有一天我無意中碰到軍
中的連長，我跟他談起我的問題，剛好他的親戚在企業界，所
以就安排我們去訪問他。透過他親戚的介紹，我們訪問了另一
個人。這一次收穫真多。我們兩人每個晚上在一起討論與整理
蒐集到的資料。

諮商員 18：聽起來這一個禮拜你的收穫很多。（簡述語意技術）

當事人 19：現在想想其實我的問題沒有我想的那麼困難，或許自己不知道
如何著手才覺得壓力這麼多。

諮商員 19：看來我們今天可以安排模擬情境。我要你同時扮演你自己跟面

試委員。（角色扮演技術）

當事人 20：（邊說邊排出面試的情境）根據我蒐集到的資料，他們可能在會議室安排面試。因為我應徵的只是基層人員的工作，所以面試委員可能是人事主任、相關單位的主管。

諮商員 20：你覺得要從那裏開始？（探問技術，開放式問題）

當事人 21：我想應該是從我在等待面試的場景開始。

諮商員 21：你在門外等候，做出等候的樣子，注意自己的感覺。（角色扮演技術）

當事人（自己）22：（在一張等候的椅子坐下，雙腿張開，身體向前彎曲，雙手抱住自己的頭部。）

諮商員 22：說看看此時此刻的感覺。（角色扮演技術——具體化技術）

當事人（自己）23：（沈默三十秒）我覺得有些沈重、緊張。看到這麼多人來應徵，我的心冷了一半。我問自己，我會是那個幸運者嗎？我覺得壓力好大，一看到這些人就讓我不安。

諮商員 23：看到這麼多人來應徵，你突然對自己失去信心，擔心自己會被淘汰。（高層次同理心技術）

當事人 24：沒錯，在競爭的情境中，我總是緊張萬分，好像每個人都比我好。

諮商員 24：在競爭的情境中，你就失去信心，感到心灰意冷。（初層次同理心技術）

當事人 25：剛剛有個影像飛過，這讓我想到前幾次處理的問題。

諮商員 25：告訴我剛剛飛過去的是什麼影像？（具體化技術）

當事人 26：我父母親年邁辛苦的樣子。

諮商員 26：這影像帶給你什麼感覺？（具體化技術）

當事人 27：難過，覺得自己需要努力，否則就對不起他們。不過現在這種感覺已沒有過去那麼強烈。我能做的就是盡力，其他的就只能聽天由命。

諮商員 27：似乎父母的期望，仍舊帶給你一些壓力，不過比以前降低不少，因為你知道唯一能做的就是盡力。（簡述語意技術）

當事人 28：對！

諮商員 28：我要你在剛剛那個情境再待一會兒，再看看自己的感覺。（角色扮演技術）

當事人 29：（再回到剛剛的姿態，約二十秒後）我現在覺得比較平靜。我心裏剛剛浮現一個想法，就是要報答父母，不一定非在現在不可。我才剛剛起步，那有可能一下子賺很多錢，一下子扛起父母的所有擔子。再說，我好像把家中的所有責任全攬在身上，不願意跟弟妹分擔。

諮商員 29：似乎看到自己過去一些不合理的想法。（簡述語意技術）

當事人 30：沒錯，我對自己生氣。我竟然想讓自己成為偉人，真是愚蠢。

諮商員 30：似乎你更能理性地面對問題（簡述語意技術）。我想我們還是要繼續，就從頭開始，從你在等待的位置開始（角色扮演技術）。

（當事人扮演「自己」）

當事人（自己）31：（在一張等候的椅子坐下，姿勢放鬆。）

諮商員 31：告訴我你的感覺。（角色扮演技術——具體化技術）

當事人 32：心裏平靜多了，比較有信心。

諮商員 32：坐在那裏，體驗你的感覺，直到你有足夠的信心，才繼續下一幕。（角色扮演技術）

當事人（自己）33：（十秒後，離開等待的地方，進入象徵性的大門，大步地走向面試委員，在面試委員的前面坐下來）

諮商員 33：看起來你比剛剛鎮定多了。（角色扮演技術——情感反映技術）

當事人 34：比較鎮定、患得患失的感覺比較少。

諮商員 34：好，現在坐到面試委員的座位，扮演面試委員，想像剛剛你由外面進來的那一幕，看看面試委員的感覺與想法。（角色扮演技術）

（當事人換位置，扮演「面試委員」）

當事人（委員）35：（想像剛剛那一幕）如果我是面試委員的話，我覺得有點怪怪的。

諮商員 35：你現在就是面試委員，你覺得有點怪怪的，再多說一點，讓你的意思更清楚。（具體化技術）

當事人（委員）36：我說不出來，沒有辦法說得清楚。

諮商員 36：好，我們另外想辦法。我要你站起來，走到斜對面，扮演旁觀者。我來扮演你，從門外進來，走到面試委員前面，然後坐下來。我要你仔細體會，看看能不能找出讓你覺得不對勁的原因。我會一直重複這一幕，直到你有了體驗為止。（角色扮演技術）

當事人 37：好（走到諮商員指定的位置）。

（諮商員扮演當事人）

諮商員（當事人）37：（從門外進來，走到面試委員面前，然後坐下來。重複該動作兩次。）

當事人 38：我知道了。我發現在我坐下來之前，是不是應該先向面試委員打個招呼，否則好像沒有禮貌。

諮商員 38：好，現在你再扮演自己，重複剛剛那一幕，看看是不是這個原因。（角色扮演技術）

（當事人扮演「自己」）

當事人（自己）39：（從門外走進來，走到面試委員面前，身體微微向前傾，頭微微低下，向面試委員打招呼，聲音宏亮地）大家好！
（站著，面對面試委員）

諮商員 39：角色替換，當面試委員。（角色扮演技術）

當事人（U 主任）40：××先生你好！很高興你有意願成為本公司的一員。我是這家公司的人事主任，我姓 U。我左手邊的是 X 主任，他是你應徵部門的主任，我右手邊的是 Y 秘書，他是董事長的秘書。

諮商員 40：角色替換。（角色扮演技術）

當事人（自己）41：U 主任、X 主任、Y 秘書您們好！（坐下）

諮商員 41：角色替換。（角色扮演技術）

當事人（U 主任）42：這次的面試，約有二十分鐘。首先先請你自我介紹，大約有五分鐘的時間。接著我們再討論一些問題。

諮商員 42：角色替換。（角色扮演技術）

當事人（自己）43：（自我介紹）

諮商員 43：角色替換。U 主任，當事人的自我介紹你滿意嗎？（角色扮演
　　　　　技術——探問技術，封閉式問題）

當事人（U 主任）44：不是很滿意。

諮商員 44：原因在那裏？（角色扮演技術——具體化技術）

當事人（U 主任）45：（沈思三十秒）我希望聽到的是他有那些專長，是
　　　　　否可以勝任他應徵的業務。至於他的家庭狀況，我想不重要，
　　　　　因為只有五分鐘時間，應該盡量讓我知道他的能力。

諮商員 45：角色替換。重新修正你的自我介紹。（角色扮演技術）

當事人（自己）46：（自我介紹）

　　　（這一次的自我介紹修正了上一次的缺點。在當事人滿意後，再繼續
進行角色扮演。）

（當事人扮演「U 主任」）

當事人（U 主任）47：由我先提出我的疑問。你在履歷表上寫說，你希望
　　　　　的薪水是每個月三萬塊。能不能告訴我，你這三萬塊的標準是
　　　　　怎麼來的。

諮商員 46：角色替換。（角色扮演技術）

當事人（自己）48：這個標準是我從訪問一些已經在這個行業工作的人，
　　　　　以及參考我自己的能力和期望形成的。

諮商員 47：角色替換。

當事人（U 主任）49：按照本公司的規定，新人必須試用三個月，這三個
　　　　　月的薪水並不是三萬元，而是二萬五。如果他在這三個月的表
　　　　　現良好，從第四個月起才可以有三萬元的薪水，如果他表現不
　　　　　好，本公司有權解聘，在以前的確有人被解聘。這個規定你知
　　　　　道嗎？

諮商員 48：角色替換。

當事人（自己）50：這個規定我不清楚，不過我願意接受。從我蒐集到的
　　　　　資料發現，貴公司的營業額每年都有大幅度的成長，跟其他公

司比較起來，貴公司的制度比一般公司好。所以我非常樂意成
為貴公司的一員。

諮商員 49：角色替換。U主任，他的回答你滿意嗎？告訴他。（角色扮演
技術──探問技術，封閉式問題）

當事人（U主任）51：（想了一下）不是很滿意。

諮商員 50：告訴他原因。（角色扮演技術──具體化技術）

當事人（U主任）52：我想知道的是，你除了願不願意接受這個條件外，
我還想知道你在這三個月內會如何努力，讓我們願意接受你。

諮商員 51：（看著當事人）你知道如何回答這個問題嗎？（探問技術，封
閉式問題）

當事人 53：（翻翻整理的資料）我想我大概知道。

諮商員 52：好，再從U主任剛剛的問題開始。（角色扮演技術）

當事人（U主任）54：按照本公司的規定，新人必須試用三個月，這三個
月的薪水並不是三萬元，而是二萬五。如果他在這三個月表現
良好，從第四個月起才可以有三萬元的薪水，如果他表現不好，
本公司有權解聘，在以前的確有人被解聘。這個規定你知道嗎？

諮商員 53：角色替換。

當事人（自己）55：這個規定我不清楚，不過我願意接受。雖然我不知道
這些被解雇的人被解雇的原因，但是我知道這個業務的工作內
容，包括××××××××××等。這幾方面的業務我自信能夠擔
任。除此之外，對於人事方面的規定，我一定會遵守。我
……。

當事人 56：（看著諮商員）我覺得我應該再蒐集一些有關於人事方面的規
定。除了按時上、下班之外，各公司應該還有其他的規定吧。

諮商員 54：你先把這一點記錄下來，回去再找補充資料。我們還要接下去
繼續扮演。（角色扮演技術）

　　（依照以上相同的方法，當事人一一扮演不同的人物，並且回答不同
人物的問題。）

諮商員 55：你覺得怎樣？（探問技術，開放式問題）

當事人 57：這樣一演練，我覺得比較有信心。即使面試時所問的問題是我
　　　　　們沒有演練過的，我想我也會有信心回答。

諮商員 56：聽起來你增加了不少自信（簡述語意技術）。在這一次諮商結
　　　　　束之前，我們需要從頭演練一次，讓你的回答能更順暢，或許
　　　　　還可以做一些修正。回去後，把需要的資料補齊，如果你願意
　　　　　的話，也可以在家裏演練。下一次諮商時，我們再演練一次。

當事人 58：好。……。

　　透過角色扮演，當事人學會如何因應挑戰的情境。

第五節　角色扮演技術練習

一、角色扮演技術演練

　　兩人一組，一人扮演當事人，一人扮演諮商員，以下的情境開始，
請諮商員使用角色扮演技術，處理當事人的問題：

1. 當事人：我是家中的老么，又是父母唯一的女兒，可說是父母的掌
　　　　　上明珠。因為我家富有，從小有傭人侍候，所以任何事情
　　　　　都不用我操心。再過兩個月我就要嫁為人婦了，聽說夫家
　　　　　的父母非常傳統，希望我嫁過去後，全家住在一起，照顧
　　　　　他們。因為我未婚夫是家中的獨子，跟公婆住在一起是必
　　　　　然的。一向都是別人照顧我，我那裏知道要如何照顧別
　　　　　人。這幾天，我愈想心愈慌，不知道該怎麼辦？

　　諮商員：

2. 當事人：跟女朋友分手是情非得已的。如果不是到了不能挽救的地
　　　　　步，我是不會這樣痛下決心。我去意已堅，只是她還在做
　　　　　困獸之鬥。我女朋友向來有點神經質，我不知道該如何啟

　　口。我擔心弄不好，事情會更糟糕。

諮商員：

3. 當事人：知道自己筆試已經過了，我好高興，可是一想到如果口試沒過，失望豈不更大，所以這幾天為了這事心裏煩死了。工作了十幾年，好不容易我的主管願意讓我進修唸在職專班，修碩士學位，如果這次沒過，我還得再熬一年準備，真是痛苦。所以，我想知道我應該如何面對口試這一關。

諮商員：

4. 當事人：雖然我對她很不高興，可是我對自己也感到失望。人家畢竟是個女孩子，我說話的口氣也該溫柔一點。也不知道為什麼，只要我看到霸道的人，心裏就有一把火，這大概跟我媽媽有關。以前我小的時候，我媽媽總是很霸道，不准我們有任何意見，只能順從她。當時我心裏的痛恨，真像有一把火在燒。現在只要碰到這種人，火氣就來了。我每次問那位小姐事情，她總要我照規定辦理，一點都不通人情，就像我媽媽一樣。我不想用這種火爆的方式對待她，不過，我就是控制不了。

諮商員：

5. 當事人：我是個傳統的女性，以前跟老公作愛時，都是我老公採取主動，我只是配合，從不敢主動開口說要。現在年紀大了一點，也不知怎麼搞地，突然覺得那方面的需要增強，而我老公的慾望反而下降，因為常常無法盡興，讓我難過死了。有時候，積壓在心裏，煩躁得不得了，情緒就不好。這樣下去也不是辦法，所以我想知道該怎樣向我老公開口，告訴他我的需要。

諮商員：

二、實務演練

1.兩人一組,一人扮演諮商員,另一人扮演當事人。諮商員對當事人諮商時,請使用角色扮演技術及前幾章所學的技術,並且全程錄音。四十分鐘後,討論諮商員的角色扮演技術的效果如何。
2.角色互換,重複以上步驟。

第七章

空椅法

本章摘要

第一節　空椅法(empty-chair method)的定義

　　空椅法是指諮商員為了處理當事人個人內或個人間之衝突時,使用不同的椅子(或墊子)代表當事人個人內或個人間不同的衝突力量,並且使之對話。透過對話的過程,讓不同的力量由衝突達到協調,進而促使當事人人格統整,或與外在環境和平共處。

第二節　空椅法內容說明

　　本文介紹兩種心理治療法使用的空椅法,一為完形治療法(gestalt therapy),另一為過程經驗性治療(process-experiential approach)。雖然完形治療法與過程經驗性治療法都重視情緒在治療上的重要性,但是由於完形治療法與經驗性治療法對於異常行為之產生與改變有不同的解釋,所以,兩種治療法使用空椅法的過程雖頗多類似,可是因為依據的理論不同,所要達成的目標也不同。過程經驗性治療以處理當事人的情緒為重點,而完形治療法強調處理當事人的接觸干擾(disturbance of contact),因兩種治療法依據的治療理論不同,使用空椅法時要達成的目標就不一定相同。

第三節　空椅法的適用時機與注意事項

　　從完形治療的觀點來說,當事人出現接觸干擾時,就可以使用空椅法。從過程經驗性的觀點來說,當當事人出現極化與未完成事件時,就可以使用空椅法。

　　使用空椅法時,不管是使用完形治療或是過程經驗性治療,重點都是協助當事人滿足需求。

第四節　空椅法的功能

一、協助當事人抒解情緒。

二、協助當事人處理未完成事件。

第一節 空椅法的定義

空椅法是指諮商員為了處理當事人個人內或個人間之衝突時，使用不同的椅子（或墊子）代表當事人個人內或個人間不同的衝突力量，並且使之對話。透過對話的過程，讓不同的力量由衝突達到協調，進而促使當事人人格統整，或與外在環境和平共處。

Greenberg（1979）曾對雙椅法下定義，他認為當事人在面對衝突情境時，諮商員協助當事人將衝突的兩股力量區別出來，並讓雙方接觸與互動，以促進雙方達成新的統整（new integration）之技術稱為雙椅法。空椅法的使用，並不一定只限於雙椅，有時候因為情境上的需要，可以使用多椅。相信人格是由不同次人格所組成之諮商員，在處理問題時，常需運用多椅法（Rowan, 1990）。空椅法的運用，舉例說明如下：

🍎 案例一

當事人：我覺得我媽媽比較偏愛我妹妹，說什麼女孩子需要打扮，所以每個月給她的零用錢是我的兩倍。我曾經強烈地抗議過，可是我的抗議似乎沒什麼用，她給妹妹的零用錢還是比我多。她從來都沒有想過，我交女朋友更需要錢。一個月約會所用的錢，可能比妹妹打扮花費的錢還多。

諮商員：你對媽媽的偏心，有強烈的不滿（情感反映技術）。我們來做個實驗，看看對你的問題會不會有所幫助。在這裏有一些墊子，請你從裏面挑選一張代表媽媽，然後再挑選一張代表你自己。我要你扮演媽媽跟你自己，並且讓兩人對話。每一次媽媽說話時，你就坐到代表媽媽的墊子上，並且向代表你的墊子說話，就好像你坐在墊子上。當媽媽說完後，你自己有話想回應時，你就坐到代表你的墊子，然後對著代表媽媽的墊子回應。好，現在請你挑選兩張墊子代表你自己跟你媽媽。（當事人挑選兩張墊子代表自己

跟媽媽）。把他們兩人的距離擺好。（當事人照著做）。在此時
此刻，你覺得那一邊想先說話，你就坐到那邊的墊子上……。
（空椅法）

以上案例是使用空椅法處理當事人個人間（當事人跟媽媽）的衝突。

🍎 案例二

當事人：當初她剛從鄉下來，還是隻醜小鴨，沒有任何經紀人願意理她。
我慧眼識美人，知道她是一塊寶，只要假以時日，必可以成為一
顆閃亮的巨星，所以我收容她，訓練她。果然不出我所料，她在
第一齣戲的表現，就讓所有的人刮目相看。由於朝夕相處，我們
很快就有感情，後來就租屋同居。不到兩年的時間，她的知名度
愈來愈大。當名與利跟著來時，她的生活就愈加忙碌。有時候，
忙到一個月無法打一通電話給我。其實我也知道，今日的她，已
不是昨日的醜小鴨，不是我可以掌控的。我希望我們好聚好散，
畢竟我們曾經相愛過。我曾經對她表示，應該好好處理我們兩人
的關係，要聚要散大家談清楚。她的態度曖昧，從不表示清楚。
有一天她竟然對媒體發佈她男朋友的事，說對方是某大企業家的
兒子，他們將要訂婚。媒體問到我們兩人的關係時，她說我們只
是合作關係，而且那是好早之前的事。我聽了很生氣，才知道她
一直在利用我。我們兩人同居了兩年，我有很多證據，我想要公
佈出來，報復她的無情。可是，我內在有個聲音告訴我要放過
她，因為我這樣做無異是玉石俱焚。就這樣，反反覆覆，不知道
該怎麼辦？

諮商員：你想報復她的無情，可是你也擔心你的報復會讓自己身敗名裂，
所以左右為難，內心好矛盾（初層次同理心技術）。我想用一種
方法來處理你內在的衝突，看看是否能夠幫助你。這邊有兩張椅
子，你選一張代表復仇的聲音，另一張代表放過她的聲音，然後
讓兩邊對話。（當事人選了兩張椅子代表內在兩種聲音）。首先

請你閉上眼睛，看看那一邊的力量比較強，然後坐到代表那個聲音的椅子上，把那個聲音想說的話，對著另一個聲音說出來，……。（空椅法）

以上案例是使用空椅法處理當事人個人內（內在兩個聲音）的衝突。

🍎 案例三

當事人：我對她說了那些話後，內心好後悔，回家的路上，一直在自責。我罵她自私自利，班上的事情她都不幫忙。當然我也知道，她需要花好多時間打工，不過，她不能只是顧著自己，至少也要花點時間服務別人。一路上，我想到她楚楚可憐的樣子，我就罵自己沒有同情心，自責不已。這幾天，為了這件事，我都睡不好。

諮商員：你後悔當初不該這樣責備她（情感反映技術）。似乎你內在有個強烈的自責聲音，讓你無法安心睡覺。我想讓你內在自責的聲音具體化，看看它如何責備你，如何讓你睡不好。這邊有一堆墊子，請你從裏面挑選一張，代表內在責備的聲音，然後再挑選一張代表你自己。我要你扮演內在聲音看看它是如何責備你。當責備的聲音說話時，你就坐到代表責備聲音的墊子上，扮演責備的聲音，然後對著代表你的墊子責備，好像你可以看到自己坐在那張墊子上。或許責備的聲音責備完後，你有話要回應。如果是這樣的話，你可以坐到代表你自己的墊子上，然後回應它。好，現在開始。（空椅法）

以上案例是使用空椅法處理當事人個人內的衝突，不過，有可能最後會帶到個人間的衝突。詳細的原因請看第二節說明。

第二節　空椅法內容說明

在不同的心理治療學派中，例如心理劇、完形治療、溝通分析法等，空椅法是一重要的治療技術。雖然不同治療學派對空椅法賦予不同的理論基礎，不過基本上都是使用空椅法處理個人內與個人間的衝突。

本文介紹兩種心理治療法使用的空椅法，一為完形治療法（gestalt therapy），另一為過程經驗性治療（process-experiential approach）。雖然完形治療法與過程經驗性治療法都重視情緒在治療上的重要性，但是由於完形治療法與經驗性治療法對於異常行為之產生與改變有不同的解釋，所以，兩種治療法使用空椅法的過程雖頗多類似，可是因為依據的理論不同，所要達成的目標也不同。過程經驗性治療以處理當事人的情緒為重點，而完形治療法強調處理當事人的接觸干擾（disturbance of contact），因兩種治療法依據的治療理論不同，使用空椅法時要達成的目標就不一定相同。以下介紹兩種治療法之理論與實例應用。

一、完形治療

㈠理論基礎

1.治療目標

⑴協助當事人由環境支持轉為自我支持。

⑵統整被否認的自我。

⑶提高覺察力。

⑷為自己的行為負責。

2.完形（gestalt）

完形是指一個整體或完整的模式。一個個體的完形，包括了他整個

人、他的背景和兩者之間的關係（張嘉莉譯，民 89）。人與環境是一體的，人的行為是個人與環境互動的成果。這互動中包括了人、環境與兩者之間的關係，並且形成一個整體，也就是完形。兩者的關係詮釋了兩者間的意義狀態，所以完形也代表「有意義的整體」。

有意義的整體是一種和諧的整體，也就是人與環境必須是和諧的關係。人與環境相互依賴，個人與環境必須藉助彼此的資源才能生存，因此個人不能脫離環境而有意義的存在。個人與環境雖然是相互依賴，可是卻必須相互獨立，過多的重疊，必然造成一方壓抑另一方的狀態，兩者的關係就無法和諧。僵化、緊張的關係，無法讓雙方成為有意義的整體，也就無法形成完形。而完形的未完成，是造成未完成事件的主因。所以，人與環境的和諧關係，與完形的達成息息相關。

單就個人內在的世界來說，個人的內在也是一個有意義整體，包括了生理、心理與靈性。這三部份與三部份之間的關係構成一個整體。任何一部份的觸動，另兩部份必然亦步亦趨，才能顯出和諧的關係。當這三部份的運作和諧一致，就是一種完形的境界。相反地，如果三部份各自孤立，任何一部份或兩部份的活動，因為缺乏另外部份的配合，就顯不出意義，也產生不了整體的感覺。例如，如果個人壓抑了生氣的感覺，就無法覺察心理的情緒脈動，個人雖然可以感受到心臟的快速跳動，四肢的緊繃，血液的快速流動，可是因為無法跟心理與靈性形成關係，於是顯不出生理活動的意義，完形就無法形成。所以，完形治療的目的就是要重建個人天生和諧的整體（張嘉莉譯，民 89）。

3.完形過程（完形經驗環）

完形治療認為，個人因為內在或外在刺激的影響而產生一些需求。從需求的產生到需求得到滿足而消褪的過程，稱為完形的過程。

Korb、Gorrell 與 DeRiet（1989）將完形過程分為八個階段：包括(1)休息狀態（rest）、(2)需求出現（need emergence）、(3)掃瞄環境（scan）、(4)選擇（choices）、(5)接觸（contact）、(6)同化或拒絕（assimilation or rejection）、(7)滿足（satisfaction）、(8)消褪（withdrawal）。圖示如下：

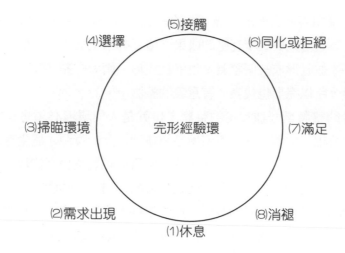

完形治療理論將完形的過程用圖像（figure）與背景（ground）的交替來描述。個人處於休息狀態時，代表此時此刻沒有任何需求成為個人關注的焦點，所有的需求都在背景中。當個人受到內在或外在刺激的衝擊，與之相關的最緊迫需求就從背景中凸顯出來，成為個人關注的中心，該需求就稱為圖像，而其他的需求就成為背景。當需求被滿足後，該需求對個人的重要性消失，就會消褪成為背景，接著，與此時此刻有關的新需求就會從背景中凸顯出來成為新的圖像，個人重新經驗以上的循環。對各階段之說明如下：

⑴休息狀況：是指經驗場未加以分化（field indifferentiated）的時候，也就是個人處於無需求狀態。這個時候，個人雖有一些未完成的事件（過去未被完成的需求），但都在背景中，未浮現出來。

⑵需求出現：指感覺或喚起（sensation or arousal）。從背景浮現圖像，亦即個人最緊迫的需求出現，個人處於喚起狀態（arousal）。

⑶掃瞄：指覺察或思考（awareness or thought）。個人尋找環境中可能滿足需求的資源。

⑷選擇：指策動能量（mobilization of energy）。可以滿足需求的資源可能不只一個，所以個人需作選擇。

⑸接觸：指行動（movement or action）。個人採取行動，以滿足需

求。

(6)同化或拒絕：指覺察或思考（awareness or thought）。採取行動所獲得的結果，如果為個人所預期的，個人就接受，並成為自我的一部份，稱為同化；若不為個人所想要的，就為個人所拒絕，稱為拒絕。

(7)滿足：指需求的完成（fulfillment）。個人因需求獲得滿足而使需求強度降低或消失。

(8)消退：指能量轉向內在（energy inward）。完形達成後，需求消褪，成為背景，另一個需求從背景中浮現，開始另一個完形經驗環。

以下舉例說明完形的過程：

(1)休息狀況：小明放學後跟同學一道回家。此時，小明覺得身心愉快，沒有任何的壓力。

(2)需求出現：回到家後小明覺得肚子餓極了，需要食物填飽肚子。（此時小明可能還有其他的需求待完成，例如準備明天的考試、告訴媽媽學校發生的事等。如果小明覺得此時此刻吃飯的需求最強，吃飯的需求就形成圖像，而其它的需求就退居背景。）

(3)掃瞄：小明看到媽媽正在打掃房間，並發現桌上有一盒餅乾。

(4)選擇：小明最不喜歡吃餅乾，因為吃餅乾容易發胖、所以他決定要求媽媽煮飯給他吃。

(5)接觸：小明告訴媽媽說他非常餓，想要吃飯。

(6)同化或拒絕：媽媽知道小明最喜歡吃炒麵，就炒了麵給小明吃。小明看到媽媽煮的竟是他最喜歡吃的炒麵，所以就吃了起來。

(7)滿足：小明吃飽後，飢餓的感覺就消失。

(8)消退：吃飯的需求因為被滿足，所以就消褪形成背景，而原先在背景中的需求（例如，告訴媽媽學校發生的事），就從背景中浮現，形成圖像。

4.接觸干擾（contact disturbance）

妨礙個人與環境接觸的干擾，稱為接觸干擾。在完形治療中，接觸干

擾可分為內射（introjection）、融合（confluence）、投射（projection）、回射（retroflection）、折射（deflection）與減敏感（desensitization）六種（Kiracofe, 1992）。這六種接觸干擾阻礙個人與環境的接觸，使個人跟環境沒有接觸或使個人無法充分地跟環境接觸，因此個人無法從環境中取得滿足他需求所需的資源，以至於完形的過程停頓在某個階段，造成所謂的未完成事件，也就是無法達成完形。以下分別說明各個干擾現象：

(1)內射

內射是指將別人的價值觀、信念、批評、建議等，沒有經過思索與過濾而全部接受。例如，「天下無不是的父母」、「女人是弱者、男人是強者」、「男主外，女主內」、「好心有好報」等，這些信念一般人耳熟能詳，有些人已內射這些信念使之成為自我的一部份，因此在行為上處處受這些內射信念的主宰。

被內射的信念，雖然已成為自我的一部份，可是因為未經過篩選，無法與原來的自我統整，而跟其他的自我對抗，造成所謂的兩極。

內射的信念或價值觀干擾個人的獨特性，使個人部份的獨特性喪失，因此無法與環境有完整的接觸，也就無法形成完形。例如，當小美無緣無故欺負小明時，小明有個衝動想要揍她。可是，在他舉手之前，突然有個內在的聲音告訴他「吃虧就是佔便宜，好人有好報」。這個聲音的出現，讓他裹足不前，因為他也覺得如此善待他人是對的。可是內在揍人的聲音並未因為小明理智上的寬容就消聲匿跡，相反地，反而會因為這個聲音的出現使力量加強。因此，讓小明掙扎在「揍小美」與「放過小美」的衝突中。

「吃虧就是佔便宜，好人有好報」，是小明內射的信念。這個信念阻礙小明達成他的需求（揍小美），讓他的需求一直停留在未完成的狀態下。即使最後小明真的揍了小美，看起來似乎需求獲得滿足，可是另一個聲音（放過小美）會不斷造成他的自責，讓他不斷在這件事上糾纏，造成所謂的未完成事件。換句話說，另一個完形未被達成。

(2)融合

模糊自己與環境（包括他人）的界線，將自己與環境融合為一體稱為融合。在融合的情況下，我就是他人，他人就是我，有「我們」的感覺。當個人看到某人受到不平待遇而憤怒時，因感同身受而有類似的情緒反應，就是將自己與他人融合在一起。在中國傳統的武俠世界中，有所謂的「劍在人在，劍亡人亡」的信念，這種信念就是將人與劍融合。政黨與政黨的支持者，兩者的關係也是一種融合的關係。有時候政黨支持者的激情瘋狂到失去理性，令人難以理解。其實，這是一種將融合發揮到極端的現象，是一種「你亡我死」的休戚與共。在家庭，父母通常要求家中的孩子具有共同的價值觀，也是一種融合的現象。

例如，媽媽從小要求遙遙不可自作主張，做任何事情之前，一定要先獲得父母的同意。因為受到媽媽不斷的叮嚀與要求，遙遙成為一個完全沒有主見的人，不管她做任何事、買任何東西，都會事先詢問媽媽的意見，否則她就會猶豫不決，不敢採取任何行動。就連每一餐該吃什麼東西，她都無法做決定。如果媽媽忘了告訴她，她該吃什麼東西，她就會因為不知道該吃什麼東西，而不敢吃任何東西，讓肚子餓著。所以人家都說，遙遙是媽媽的影子，她跟媽媽無法分開。

遙遙跟媽媽的關係是融合關係。在融合關係中，遙遙完全失去了她的獨特性，她只是媽媽的翻版。在這種關係中，她會將媽媽的需求當成自己的需求，並且用媽媽的方式來滿足。換句話說，她可能連自己有什麼樣的需求都不知道，更談不上需求的滿足與完形的達成。即使她可以覺察到自己的需求，她還是會採用媽媽的方式來滿足。在這種情形下，她的需求當然無法真正獲得滿足。

融合的前身是內射，個人先內射團體中的信念後，才能產生與團體一體的感覺。融合產生後，個人的獨特性消失，取代的是團體的特性，於是個人喪失「自我感」，甚至害怕覺察自我與他人的差異。

(3)投射

投射是指個人將自己不能接受的自我部份（例如，情緒、想法與行

為），轉移至別人身上，認為該部份特質為他人所有，非自己擁有。例如，在中國傳統的社會中，性慾一直是個禁忌的主題。對女人而言，承認自己有性需要，有如承認自己是個放浪形骸的女人一樣令人不恥。因此，保守端莊的女人將自己的性需求投射給別的女人，讓別的女人掛上放蕩的標誌，讓自己因為依然保有清純，而心安理得理直氣壯。

個人即使藉著投射的方式，將無法接受的自我部份投擲給別人，可是，這種移花接木的方式，只是一種自我欺騙的假象。被投射出去的自我，看起來似乎已消聲匿跡，不再令個人惴惴難安，可是投射的過程只是將這部份自我由個人的覺察範圍轉入個人無法覺察的範圍，使得這部份自我變成個人覺察中的盲點。個人對這部份自我的覺察力雖消失，可是這部份自我對個人的影響卻依舊存在。每當這部份自我的力量增強，個人就必須增強投射的力量，毫無理性地將莫須有的標誌加諸在別人身上。

投射雖然帶給個人暫時的喘息，可是付出的代價卻昂貴異常。因為投射，個人無法覺察自己的需求（例如不承認自己有性需要，認為別人才有性需要。或是將自己的能力投射給別人，認為別人有能力完成某事，自己卻沒有這種能力），該需求當然無法獲得滿足，完形當然無法達成。再者，在投射的過程中，個人一方面將自己的特質投擲給別人，一方面必須壓抑仍然存在自己身上的特質。這種壓抑的過程中，消耗了不少心理能量，無異形成潛能的浪費。

投射產生之前，必須先有內射。個人內射的信念或價值，告訴個人他的那一部份自我不被認同（例如，有性需要的女人是蕩婦），所以個人不得不藉助投射，將不被認同的部份加諸在別人身上。

(4)回射

回射是指個人將想要對別人表達的行為收回，轉而加諸在自己身上。例如，當小美無緣無故欺負小明時，小明有個衝動想要揍她。在他舉手之前，他想起「吃虧就是佔便宜，好人有好報」，於是他壓抑內在的衝動，罵自己修養不夠，並且覺得羞愧。小明本來要揍小美的衝動，被抑制下來，同行轉向攻擊自己，這個過程就是回射。

在回射的過程中，個人需以相反力量，緊壓自己欲向外表達的感覺動作，才能將對外的表達收回，所以回射的過程包括一般人所謂的壓抑與禁止（repression and inhibition）（Enrightm, 1975）。

在回射的過程中，個人為了阻止向外表達的行為，需藉著肌肉的緊張來產生抗拒的力量。所以，在回射的過程中，個人的人格分裂為二，一方面是行為者（doer），另一方面是接受者（done to）。個人的能量也在這個過程中分裂為二，一為對外發洩的衝動，另一為透過肌肉的緊繃將原來的衝動轉向自己（Perls, 1975）。

回射產生之前，必須先有內射或投射，才能讓原本想向外的衝動無法對外，因而不得不轉向自己。例如，冰冰被男朋友拋棄，她想報復他，可是冰冰曾內射爸爸的價值觀（被英俊男人所騙的女人，自己要檢討）。所以冰冰認為自己被拋棄罪有應得，於是壓抑報復對方的衝動，並且將這股衝動轉向自己，最後因為羞愧而結束自己的生命（回射）。在以上例子中，冰冰的回射行為，是因為先內射了重要他人的價值觀所造成的。

回射的產生有時候是因為受到投射與內射的同時作用。例如，豆豆想跟小明交朋友，可是豆豆覺得小明向來態度高傲，可能不願意跟自己交往，所以轉而罵自己異想天開（回射）。

豆豆覺得小明向來態度高傲，這種感覺可能是豆豆的投射。豆豆的投射可能是因為內射的影響。例如，豆豆之所以產生投射，是因為媽媽曾告訴豆豆，高傲的人是不會被喜歡的。因為豆豆的自我中，有高傲的特質，於是豆豆將自己高傲的特質投射到小明身上，認為小明是個高傲的人。

從以上的例子可以發現，冰冰無法報復男朋友的遺棄，豆豆無法跟小明交往都是因為受到回射的影響。換句話說，回射讓個人的需要無法達成，當然也就無法形成。

(5)折射

折射是指個人將覺察轉個方向，不是覺察該覺察的事物，而是覺察取代的事物。例如，太太覺得先生不關心她，因此向先生表達她的抱怨與生氣。先生不直接回應她的情緒，卻問起孩子的讀書問題。或是，考試快到

了，學生雖然告訴自己應該用功唸書，卻將大部份時間花在網咖上網聊天。

折射作用可以透過一些方式來達成：忽略對方的意圖，對其他訊息反應；限制他人所說的話；將注意力放在細節上；語言過度抽象化；以溫和的反應取代強烈的反應以軟化對方的影響力；使用幽默逃脫嚴肅的互動；談過去不談現在；逃避眼神的接觸；對重要的事情一笑置之（Kiracofe, 1992）。

折射的產生可能與內射或投射有關。折射協助個人逃避不想面對的內在需求或外在刺激，因此無法與環境有充分的互動，當然無法達成完形。

(6)減敏感

減敏感是指透過壓抑，使個人無法覺察對自己或對環境的感覺。減敏感作用可以透過選擇性注意、呼吸干擾與肌肉收縮來產生壓抑（Kiracofe, 1992）。例如在一個強大的創傷後（例如，九二一地震），受創者將創傷經驗的關鍵性訊息壓抑，以降低他的傷痛。

透過減敏感，創傷者雖然能夠降低傷痛，可是卻也阻礙了正常的哀傷過程，讓創傷者內在的情緒以及與此情緒有關的需要無法被覺察，當然也阻礙了完形的過程。

5.未完成事件（unfinished business）

在一個完形的過程，必須經歷(1)休息狀態、(2)需求出現、(3)掃瞄環境、(4)選擇、(5)接觸、(6)同化或拒絕、(7)滿足、(8)消褪等八個階段，不同的學者可能有不同的分法，不過內容大同小異，例如 Smith（1988）。在完形過程的任何一個階段，由於受到一個或一個以上接觸干擾（內射、融合、投射、回射、折射與減敏感）的影響，使得完形的過程停頓在某一階段無法繼續前進，這就造成所謂的未完成事件。

在未完成事件中，因為完形的過程沒有走完，所以需求（圖像）無法被滿足，其重要性與強度就無法減弱，也無法消褪，除了停留在未完成的狀態中外，也會干擾其他需求的達成，這就是未完成的事件干擾現在事件

的現象。

6. 接觸（contact）與覺察（awareness）

　　所謂接觸是指個人與環境各個機能間產生一體運作的感覺（your sense of the unitary interfunctioning of you and your environment is contact），透過接觸，才能使背景與圖像的對比分明（Perls, Hefferline & Goodman, 1962）。

　　所謂覺察是指個人與環境互動的過程中（接觸），個體對自己此時此刻所思、所感與所做的自發性體驗（spontaneous sensing）（Perls et al., 1962）。個人覺察時，是將注意力集中於個人與環境互動的接觸界限（contact boundary）上，因為此時此刻某一重要與複雜的互動正在發生（Enright, 1975）。所謂接觸界限是指人與環境所接觸的交叉點上，此點界分個人與環境（張嘉莉譯，民89）。

　　健康的人能夠與環境產生健康、和諧的接觸，讓接觸的過程呈現有意義的整體。因此個人在必要的情況下，能夠藉助環境的資源滿足自己的需求，達成完形的目的。

　　健康的接觸是達成完形的必要條件，而健康的接觸有賴於健全的覺察。完形過程中，八個階段的進行狀況，都與覺察息息相關。當覺察出現問題，接觸也就不良，完形的過程就會被中斷。與接觸干擾有關的一些心理現象，例如，內心出現的無聊、混淆、了無生趣或是漂浮不定的恐懼、焦慮及失落感，都是因為覺察力受到封閉的普遍徵候（李文英譯，民83），因此覺察成為完形治療的核心概念。

7. 兩極

　　在完形的過程中，由於接觸干擾的影響，讓完形的過程受到阻礙。接觸干擾所引起的阻礙，其中之一就是兩極現象。這是兩種力量的衝突狀態。在完形治療中，最有名的兩極稱為優勝者（topdog）與劣敗者（underdog）。

　　「優勝者」指是自我中的正義的、凌掠的、責罰的、權威的部份。

「優勝者」常用的語言是「你應該」、「為什麼不這樣做？」。

「劣敗者」指的是自我中未被覺察的部份，通常也是被否認的部份。「劣敗者」常使用一些技巧（如，逃避、拖延、破壞等）逃避「優勝者」的命令，常使用的語言是「是的，但是……」。在「優勝者」與「劣敗者」的衝突中，劣敗者總是獲勝（Perls, 1975）。

8.當事人問題的處理

因為當事人的問題來自接觸干擾，所以諮商員必須協助當事人處理接觸干擾，讓當事人未完形的需求得以完形。

在完形治療中，空椅法雖然不是必要的技術，可是卻常常被諮商員使用。透過空椅對話，當事人將過去經驗在現在演出，諮商員從此過程中，協助當事人覺察未覺察的需求，處理接觸干擾，讓未完成事件得以完形。

㈡示範案例

1.空椅法的使用步驟

雖然空椅法的使用有一些固定的步驟，可是因為在完形治療中，空椅法被使用在不同的情境中，所以諮商員使用空椅法時，會因為情境不同而有不同的調整。Polster 與 Polster（1973）將協助當事人覺察與處理接觸干擾的過程分為八個階段，分別為（p.17）：

⑴需求出現（the emergence of need）。

⑵扮演需求（the attempt to play out the need）。

⑶策動內在的掙扎（the mobilization of the internal struggle）。

⑷描述需求與抗拒的主題（statement of theme incorporating the need and the resistance）。

⑸僵局的境界（the arrival at the impasse）。

⑹高點經驗（the climactic experience）。

⑺曙光乍現（the illumination）。

⑻需求與抗拒相互包容（acknowledgment）。

　　如果諮商員使用空椅法處理當事人的兩極問題，就可能經驗以上各個階段。以上八個階段可以簡化為(1)找出兩極（由接觸干擾所造成），(2)讓兩極（優勝者與劣敗者）接觸（表達雙方的感覺與想法），(3)陷入僵局，(4)兩極協調（讓雙方知道彼此的需求、功能），(5)統整兩極於人格中。

　　處理兩極時，雖然依照上面的步驟來進行，不過有時候並不一定這樣。例如在諮商一開始，諮商員使用空椅法處理現在事件所出現的兩極時，進行一段時間後，當事人頓悟到造成接觸干擾的來源是過去未完成的事件，即使空椅法的進行尚未進入最後步驟，諮商員還是必須放下目前經驗的處理，而將處理的重點轉到當事人更早的經驗上。在以下的例子中，當事人因為不想讓目前婚姻破裂，因此一直忍受先生的冷落。諮商員處理當事人目前的內在衝突時，發現當事人目前的內在衝突，是因為內射了父親「不能犯錯，犯錯會很丟臉」的信念所造成。這時候，處理的重點必須跳到當事人內射父母信念的當時情境，而不是繼續處理目前當事人跟先生的問題。

　　空椅法也可以用來協助當事人尋找內在的需求（圖像），此時空椅法的步驟就不一定與以上例子的步驟類似。

2.案例

🦋 案例一 _____

　　當事人三十歲，雇員，女性。當事人覺得先生對她的關心不如婚前那樣。雖然她一再忍耐，可是最近先生的行為讓她忍無可忍。以下節錄使用空椅部份。

當事人₁：我們結婚六年，生了一個孩子，當初經過許多波折才能在一起，所以我特別珍惜這段感情，我期待他也這樣。可是沒想到結婚才三年，他就跟以前不一樣。

諮商員₁：妳先生不再像以前那樣關心妳，讓妳覺得好難過。（初層次同理心技術）

當事人₂：我的確很難過，我的婚姻可能保不住了（哭泣）。以前只要我有

需要，他一定陪在我身旁噓寒問暖，讓我好感動。可是不知道從什麼時候開始，我生病時沒有人陪我看醫生，孩子生病時，只有我一個人著急。下班後，只有我一個人照顧孩子，他卻常常逗留在外，非得等到十一點以後才願意回家。這個家好像只是我一個人的，跟他無關。

諮商員₂：結婚才三年，他對妳的態度就判若兩人，不再關心妳跟孩子，讓妳孤立無援，妳覺得好痛苦。（初層次同理心技術）

當事人₃：我是痛不欲生。最近他變本加厲，甚至徹夜不歸，總是告訴我公司忙需要加班。可是加班那有加到不回家的道理。我懷疑他外面有女人，可是我不想拆穿他的謊言，免得大家撕破臉。最近我真的無法再忍受，我覺得我快要發瘋了。

諮商員₃：為了孩子，妳容忍先生對妳的欺騙，可是最近他變本加厲，讓妳忍無可忍，逼得妳快要發瘋。（簡述語意技術）

當事人₄：（哭泣，點點頭）當初我是第三者，搶了別人的男朋友。我家人很不認同我的行為，可是我執意跟他在一起。後來，我千辛萬苦說服他們，他們才答應我嫁給他。如果我的婚姻毀了，豈不讓別人看笑話。

諮商員₄：為了保留妳的面子，妳只好委屈自己，忍受先生的欺騙，免得婚姻破裂，讓家人看笑話。（簡述語意技術）

當事人₅：（哭泣）所以，我一直告訴自己這是我的選擇，我不能後悔，不能讓別人看笑話。

找出兩極（由接觸干擾所造成）

諮商員₅：似乎妳內在有兩個聲音，一個聲音告訴妳，要妳忍耐，這是妳自己做的選擇，不能後悔，不能讓別人看笑話（優勝者）。另一個聲音告訴妳，妳已經忍受不了，妳快要瘋了（劣敗者）。這兩種聲音此起彼落，讓妳非常痛苦。我現在有個想法，就是讓兩個聲音對話，看看這樣做能不能幫妳。（空椅法）

當事人₆：那要怎麼做？

諮商員₆：在這裏有一些墊子，請妳從裏面挑選兩張，一張代表要忍耐的聲

音，另一代表受不了的聲音。每一次某個聲音說話時，妳就坐到代表的墊子上。現在請妳挑選兩張墊子代表妳內在兩個聲音（當事人挑選兩張墊子）。把它們兩人的距離擺好（當事人照著做）。在此時此刻，妳覺得那一邊想先說話，妳就坐到那邊的墊子上。（空椅法，處理個人內的衝突）（當事人坐到忍耐的墊子上。）

當事人（忍耐）7：我……我不知道怎麼做？

諮商員7：妳現在是忍耐的聲音，妳對面坐的是受不了的聲音。忍耐要想辦法說服受不了，告訴它忍耐是對的，不忍耐是錯的。（空椅法）

當事人8：我懂了。

諮商員8：妳覺得那邊的力量比較強，就先從那邊開始。

讓兩極（優勝者與劣敗者）接觸（表達雙方的感覺與想法）

當事人（忍耐）9：我告訴妳，妳必須要忍耐，因為婚姻是妳自己想要的。當初妳父母、妳哥哥與妹妹曾告訴妳，他既然會拋棄以前的女朋友，遲早也會拋棄妳。這種喜新厭舊的男人一點也不可靠，他們反對妳跟他來往，是為了保護妳。當時，妳氣憤妳的家人不幫妳，所以更加強了要跟他在一起的決心。當時妳曾狠狠地告訴他們，妳一定會證明給他們看，一定要讓他們後悔。如果妳現在不忍耐，後果一定不堪設想，到頭來還是落人口實。妳的家人一定會看妳的笑話。妳一定要忍耐，妳一定要忍耐。

諮商員9：交換，坐到另一邊，看看對方有什麼回應的話。（空椅法）

當事人（受不了）10：可是，我已經無法再忍耐了（右手緊抓左手手臂）。妳知道我每天多累、多難過、多無助嗎？前幾天兒子生病時我也生病，我已經精疲力竭還要照顧他。我當時真想兩個人一起死算了，因為我已經徹底的絕望。我真的沒有辦法再忍了（右手仍然緊握著左手）。

諮商員10：再多說一點，無法再忍耐的原因。（空椅法）

當事人（受不了）11：我……我想不出來。

諮商員11：我注意到妳的右手緊抓著妳的左手手臂，現在繼續做這個動作，

　　　　　如果妳願意的話，妳可以把右手的力量將強，看看會有什麼體
　　　　　驗。（約三十五秒後）如果妳的左手能夠說話，妳覺得它會說什
　　　　　麼？（覺察技術）

當事人（受不了）12：我覺得很生氣，很委屈，我不想再忍受下去。

諮商員 12：對它（忍耐的聲音）說。（空椅法）

當事人（受不了）13：我覺得很憤怒，我為什麼要委屈自己。沒錯，婚姻
　　　　　是我自己挑選的，所以我為自己負責。沒面子就沒面子，為什麼
　　　　　要為了面子委屈自己。我還年輕，我才二十六歲，我有自己的未
　　　　　來，為什麼要為了一次的錯誤而拿一生償還。我一定要說出來，
　　　　　我一定要讓我先生知道我已經受不了。我不想再忍耐了。離婚就
　　　　　離婚，我不能為了面子犧牲自己的一生。

諮商員 13：交換，坐到另一邊，看看對方有什麼回應的話。（空椅法）

當事人（忍耐）14：妳生氣，我也生氣。妳就是這樣，老是說不聽。告訴
　　　　　妳目前只有忍耐才能幫助妳度過難關。如果妳不忍耐，妳知道妳
　　　　　會惹出多少事嗎？妳的家人會蒙羞，妳的朋友會瞧不起妳，人家
　　　　　會說妳受到報應。妳的孩子要怎麼辦？沒錯，妳還年輕，可是妳
　　　　　敢告訴別人妳離過婚，妳搶人家的男朋友，後來受到報應讓別的
　　　　　女人搶了妳的丈夫，妳生過一個孩子？妳敢讓別人知道這一切
　　　　　嗎？只要忍耐，這一切糟糕的事都不會發生。妳不忍耐，就等於
　　　　　承認你犯錯，妳犯錯就會惹出很多的事來。

諮商員 14：交換。（空椅法）

當事人（受不了）15：（右手握緊拳頭，然後看著諮商員）我覺得它說的
　　　　　沒錯。如果我不忍耐，就等於讓別人知道我犯錯，那會引起很
　　　　　大的風波，我會覺得很丟臉，也讓家人蒙羞。

諮商員 15：似乎妳被說服了。換了方式，我要妳對自己說：「我一定不能
　　　　　讓別人知道我犯錯，我一定要忍耐，否則很丟臉」，重複幾
　　　　　次，看看會發生什麼事。（空椅法──覺察技術）

當事人（受不了）16：我一定不能讓別人知道我犯錯，否則很丟臉，所以
　　　　　我一定要忍耐。

諮商員 16：再說一次，大聲點。（空椅法——覺察技術）

當事人（受不了）17：（音量提高）我一定不能讓別人知道我犯錯，否則很丟臉，所以我一定要忍耐。

諮商員 17：再說一次，大聲點。（空椅法——覺察技術）

當事人（受不了）18：（音量提高）我一定不能讓別人知道我犯錯，否則很丟臉，所以我一定要忍耐。（大聲哭泣）為什麼我不能犯錯，為什麼我不能犯錯？

諮商員 18：告訴我，誰不准妳犯錯？（具體化技術）

當事人 19：（哭泣）是……是我爸爸。我爸爸不准我犯錯，如果我犯錯，就會被打的半死。

　　（當事人認為先生不珍惜感情，如果揭穿先生的欺騙，就會婚姻破裂（投射），所以不敢跟先生提（回射），這是投射與回射的接觸干擾。當事人之所以會產生投射與回射的接觸干擾，是因為內射了父親的信念。）

找出兩極

諮商員 19：那是妳幾歲的事？（具體化技術）

當事人 20：一直都是這樣。

諮商員 20：妳再選出兩張墊子，一張代表妳（劣敗者），一張代表妳爸爸（優勝者），我要妳跟爸爸對話，進行的方式就像剛剛一樣。（空椅法）

當事人 21：（選出兩張墊子，當事人坐在其中一張代表自己的墊子上面。）

諮商員 21：妳想將代表爸爸的墊子放在那裏？（空椅法）

當事人 22：遠一點。我不想讓他靠近。

諮商員 22：什麼原因不想讓爸爸靠近妳？（具體化）

當事人 23：我會有壓迫感。

諮商員 23：我要妳直接將這些話告訴他。

讓兩極接觸

當事人（自己）24：爸！你在那邊就好，我不想讓你靠近我。你帶給我好大的壓迫感。因為只要你靠近我，我就覺得不安，好像我又犯錯了，我又要遭殃了（哭泣）。你不知道，你讓我好害怕，你

讓我好害怕。

諮商員 24：交換。聽了你女兒說的話，你有什麼回應？（空椅法）

當事人（爸爸）25：妳的話讓我很不高興，我這樣做是為妳好。人往往會
因為一點小錯誤而帶來大災禍。妳這麼粗心，如果我不好好教
妳，妳將來會惹出大災禍的。我是妳父親，當然希望妳一生平安
無事，妳怎麼一點都不能體諒我的苦心。

諮商員 25：交換。（空椅法）

當事人（自己）26：從小到大，你不是罵我，就是打我。我到底犯了那些
大錯誤，你說看看，為什麼你這樣對待我，我真懷疑我到底是不
是你親生的孩子。父親怎麼可以這樣霸道、不講理，你讓我覺得
好害怕，你讓我覺得好害怕。（音量提高）。

諮商員 26：交換。（空椅法）

當事人（爸爸）27：妳說的是什麼話（憤怒）！。我生妳、養妳、教妳，
妳竟然還回頭教訓我。我罵妳、打妳都是為妳好，如果不是我，
妳早已惹出大禍了，妳知不知道！

諮商員 27：具體一點告訴她，如果不是你，她可能惹出那些大禍。（空椅
法）

當事人（爸爸）28：妳偷了媽媽的錢，還強詞奪理。如果我不打妳、罵妳，
恐怕會誤了妳一生。帶妳到阿姨家玩，妳卻將妳表弟的鉛筆盒踏
壞，害妳表弟大哭。我如果不打妳、罵妳，以後妳走路會小心
嗎？妳不寫作業，一天到晚看電視，如果我不打妳、罵妳，妳會
有好的成績嗎？妳跟那些不三不四的同學來往，如果我不打妳、
罵妳，妳知道會發生什麼事？……。

諮商員 28：交換。（空椅法）

陷入僵局

當事人（自己）29：你把這些小事當成大事，難道我就那麼不值得你疼嗎？
那家的孩子不都是這樣長大的，你卻大驚小怪，把我打得半死。
只要看到你我就顫抖不已。我不想看到你，我不想看到你。你才
是我的大災禍！你才是我的大災禍（憤怒，哭泣）。

諮商員 29：具體地告訴爸爸，他怎麼會是妳的大災禍。（空椅法）

當事人（自己）30：我討厭你，我恨不得你不要回家，最好死在外面不要回來。每次我從學校回來，發現你不在家，我就覺得好高興。如果你在家，我就覺得壓力好大，需要躲起來。我討厭假日，因為只要假日，你就會在家，我就想要離家。我寧願天天上學，也不要看到你。我最快樂的時候，就是暑假時住到爺爺奶奶家，在那裏，我可以不用天天見到你，我覺得好輕鬆。每次放完暑假回到家裏，我就覺得好痛苦，有時候痛苦到我很想自殺。不要以為我不會做這種事。其實我想過，我曾經這樣想過（哭泣）。你是我生命中的大災難，你知不知道？每次我看到同學跟他的爸爸那麼的親近，我就覺得好羨慕。我希望你會像同學的爸爸一樣疼愛我，可是一想到你常常打我的情景，我就開始發抖起來。這就是為什麼我長大後，一直往外跑的原因。只要你不在我的視線內，我就覺得安全。

諮商員 30：我們想暫時停在這裏。我想知道妳現在的感覺。（探問技術，開放式問題）

當事人 31：我從不知道我會這樣怕我爸爸。我以前也不知道為什麼在家待不住，一直想往外跑。其實，有時候我會用我爸爸的方式對待我兒子，我會罵他、打他。我先生一直看不慣我對待兒子的方式。有時候他說我幾句，我就無法控制自己的脾氣，不過，我會悶不吭聲，然後跑出去，曾經有幾次我故意讓他找不到。後來他不再說我，不過，他變得好冷漠。

諮商員 31：似乎妳已經看到，雖然妳痛恨妳父親，可是妳卻用他的方式對待妳的兒子。我想更清楚知道妳父親對待妳的方式，與妳跟妳先生相處的方式有何關聯。（探問技術，開放式問題）

當事人 32：我……我不是很清楚，我只知道我不喜歡我先生批評我，他批評我時，我就很憤怒。

諮商員 32：好，就讓這個問題停留在妳現在的狀況。我想繼續剛剛的對話，妳覺得妳的狀況可以嗎？（空椅法）

當事人 33：可以。

諮商員 33：妳想從那一方開始？（空椅法）

當事人 34：我爸爸。

諮商員 34：請妳坐到妳父親的墊子上，然後閉上眼睛（當事人閉上眼睛），
成為爸爸。剛剛你聽了女兒說了一些話，體驗你的感覺。當你
準備好，就可以開始。（空椅法）

當事人（爸爸）35：妳讓我很痛心，我沒想到妳竟然這麼恨我，我這麼壞
嗎？我一直以為妳會感激我，因為我給妳一個穩定的家，因為
我很努力陪妳成長。因為戰爭，我八歲開始就沒有父親，跟著
母親四處逃命。十二歲失去母親，十六歲成了軍人，然後莫名
其妙到了台灣。我一無所有，人地生疏。從無到有是多麼艱難
的歷程。我發誓要給自己的孩子最安穩的生活，不要像我一樣
顛沛流離，一生沒有父母的照顧。所以，我努力當個好父親。
我一下班，就馬上回家陪你們。妳有錯，我盡力糾正。可是，
沒想到，妳竟然將我的苦心當成對妳的虐待而恨我入骨，真讓
我傷心。

諮商員 35：交換。（空椅法）

當事人（自己）36：我知道你的苦心，可是我不要這樣的父親，我不要我
的父親只會罵我、只會打我。你知道我多害怕做錯事嗎？你知
道我每件事做得多膽顫心驚嗎？我擔心成績不好被打，我擔心
功課寫不完被打，我擔心家事做不好被打，我擔心說錯話被打、
我擔心太晚回家被打、我擔心交錯朋友被打。你知道你給我多
大的壓力嗎？這就是好父親，這就是你所謂的好父親？我寧願
沒有（叫囂），我恨死你了。我過得好苦啊！我覺得我好可
憐，我覺得我好可憐（大聲哭泣，約五分鐘）！所以，只要有
男人對我好，我就想跟他走。我違抗你的命令，嫁給我先生，
讓我得到從來沒有的快感。你看看，我必須用這種方式來報復
你，我……我……我覺得好可悲啊！我覺得好悲（哭泣）！

諮商員 36：剛剛妳提到覺得可悲時，似乎有些聲牙。我要妳對著妳爸爸，

重複「我覺得好可悲啊」這句話。重複幾次，看看有什麼感覺產生。（空椅法）

當事人（自己）37：（當事人重複幾次後）我……我……（頭垂下，眼睛往下看，音量變小）我費了那麼大的勁爭來的男人，只不過是為了報復你，讓你傷心，只是為了從他身上找到我渴望的關心。我想停在這裏，我已經沒有辦法繼續下去了。我覺得我混亂，我想休息。

諮商員37：告訴我發生什麼事？（具體化技術）

當事人38：剛剛一個念頭閃過，讓我感到害怕。

諮商員38：什麼樣的念頭？（具體化技術）

當事人39：我跟我先生結婚只是為了報復我爸爸，以及彌補我從我爸爸身上得不到的關心。我有一點混亂，我沒有勇氣碰觸這一點。

諮商員39：承認這一點對妳會有什麼影響？（探問技術，開放式問題）

當事人40：好像我又做錯事。

諮商員40：聽起來不只是你父親不准妳做錯事，妳也不准自己做錯事。（面質技術）

當事人41：的確這樣，我也不准我先生、我兒子做錯事。以前跟我在一起的同學、同事都覺得很累，因為我要求完美，不准他們犯錯誤。結果他們都不跟我在一起。

諮商員41：我想不只是妳活得很累，先生跟孩子可能也一樣。（面質技術）

當事人42：這一點我現在已經知道了（哈哈大笑），難怪我先生跟我孩子離我遠遠的，就像我離我爸爸遠遠的一樣（哭泣）。

諮商員42：我想知道妳現在的狀況，是不是可以再繼續？（探問技術，封閉式問題）

當事人43：你逼我逼得好緊。

諮商員43：我這樣逼妳，妳的感覺怎樣？（具體化技術）

當事人44：（嘆了一口氣）其實，我是想逃，我害怕看下去。

諮商員44：妳害怕看到什麼？（具體化技術）

當事人45：犯錯。

諮商員 45：我要妳將這些話告訴你爸爸。

（當事人扮演「自己」）

當事人（自己）46：爸！我沒有勇氣繼續看下去，我害怕我又犯錯了，我好害怕我犯錯，我不允許自己犯錯。即使你現在不再罵我、打我，可是，我會很嚴厲地責備我自己，就像你以前打我、罵我一樣。

諮商員 46：告訴妳父親，妳害怕知道自己的婚姻只不過想報復他，以及從對方身上獲得關心。（空椅法）

兩極協調

當事人（自己）47：爸！我感覺不到你的關心，我的婚姻只是為了彌補從你身上得不到的關心，只是為了報復你。我是不是好傻，告訴我，我是不是好傻，我是不是又做錯了（哭泣）。

諮商員 47：交換。（空椅法）

當事人（父親）48：（沉默，嘆了一口氣）或許錯的人是我。逃難中，我母親因為我的疏忽，來不及躲到防空洞而死亡。我的自責很深，我告訴自己終身不再犯錯。我擔心妳重複我的悲劇，終身痛苦，所以我對妳跟小弟特別嚴厲，希望你們不要像我一樣背負一輩子的愧疚。在工作上，我因為不小心讓一些把柄落在別人手上，因此一輩子擔心。內心所受的苦，不是可以說得明白。所以，我要你們小心，不要犯錯（哭泣）。每當你們犯錯，我心裏總是好著急，我擔心你們將來會不會像我一樣。妳知道我多擔心嗎（哭泣）？

諮商員 48：交換。（空椅法）

當事人（自己）49：爸爸！（抱著代表父親的墊子大聲哭泣，約十分鐘）

諮商員 49：說說看妳現在的感覺。（探問技術，開放式問題）

當事人 50：我覺得比較輕鬆。其實，有些事情我以前就知道，只是體會沒有這一次深刻。經過這個過程後，我比較能夠體會我爸爸的心境，也看到自己對待先生跟兒子一些不當的行為。我希望不要像以前一樣逼迫自己，但是我不知道能不能做到。

諮商員 50：或許……。

　　以上空椅法的過程是從當事人目前經驗所引起的內在衝突開始，再帶到與此經驗相關的過去經驗，也就是從個人內在的衝突轉向個人間的衝突。在處理個人間的衝突是經過(1)找出兩極、(2)兩極接觸、(3)陷入僵局、(4)兩極協調。至於協助當事人統整兩極於人格中的步驟，在以上的例子中雖然有涉及，可是尚未完全。

🍎案例二

　　當事人四十歲，諮商員，男性。因為對自己的當事人產生移情而求助。

諮商員 1：我知道你今天來是想談移情的問題，告訴我詳細的情形。（具體化技術）

當事人 1：我最近接了一個 case。不知道為什麼，我對這個當事人特別關心。整天都想著如何幫他，很想照顧他，對他有種捨不得的感覺。這種情形讓我無法專心做事。我知道我對他的感覺是移情，但是我不知道我的那些經驗被觸動。

諮商員 2：你的移情干擾了你的生活，讓你很苦惱。（初層次同理心技術）

當事人 2：嗯。

諮商員 3：說看看當事人的問題是如何干擾你？（具體化技術）

當事人 3：他的問題是因為他覺得家人不了解他，讓他覺得很孤單。更糟糕的是，他熱心幫助朋友，可是他的朋友似乎對他一點也不關心。當他需要幫忙時，沒有人主動幫他，所以他覺得好寂寞，有時候真不想活。不知怎麼搞地，我的整個心思都在他的問題上，很想去照顧他，而且每當我想去照顧他的時候，就有一種感覺湧上來。這種感覺壓在我的心上，讓我很不舒服。

諮商員 4：那是怎樣的感覺？（具體化技術）

當事人 4：悶悶地、重重地，就像石頭壓在我的心口。我現在還可以感受到那種感覺。

諮商員 5：把眼睛閉上，跟你的感覺在一起，如果可以的話，就成為那個感
　　　　　覺，看看可以體驗到什麼？（覺察技術）

當事人 5：（約三十秒後，當事人大聲喘氣）我想嘔吐。（當事人做幾個嘔
　　　　　吐的動作後，繼續大聲喘氣，然後又幾個強烈的嘔吐反應）。
　　　　　（當事人的反映是回射，請看完形治療法理論說明）

諮商員 6：現在我要你做個實驗，就是請你試著將這兩種反應誇大，看看會
　　　　　發生什麼事？（誇大技術）

當事人 6：（當事人大聲喘氣後，接著幾個強烈的嘔吐動作）我無法做下去
　　　　　（當事人又有幾個強烈的嘔吐動作，然後大聲喘氣）。

諮商員 7：你現在感覺怎樣？（具體化技術）

當事人 7：我覺得很難受。我的兩隻手在顫抖，我又想嘔吐了。（當事人有
　　　　　幾個強烈的嘔吐動作）我不知道發生什麼事情。（當事人大聲的
　　　　　喘氣）我不知道發生什麼事情（當事人大聲的喘氣）。我的眼淚
　　　　　都流下來了，但是我不知道發生什麼事情。（當事人繼續喘
　　　　　氣）。

諮商員 8：現在試試看另一方式，就是請你大聲地喘氣，用你的喘氣來壓制
　　　　　你的嘔吐，看看會發生什麼事？（抑制技術，當事人的反應可能
　　　　　是兩極的對抗）

當事人 8：（當事人用力的喘氣後）我覺得我想哭，我覺得我想哭。

諮商員 9：告訴我，發生什麼事？（具體化技術）

當事人 9：（當事人大聲的喘氣後，大聲的哭泣）我要大聲地哭，但是我不
　　　　　知道發生什麼事。（當事人大聲的哭泣）我覺得我好小好小。我
　　　　　覺得我好小。

諮商員 10：大概幾歲？（具體化技術）

當事人 10：我不知道，只知道我好小好小。我似乎看到有個小男孩蹲在牆
　　　　　角邊哭（當事人大聲的哭泣）。我看到他在哭泣，並且用雙手
　　　　　擦眼淚。他好小好小。（當事人繼續哭泣）

諮商員 11：我要你坐在這張墊子上，成為那個小男孩。（空椅法）

當事人 11：（當事人坐上墊子後，大聲哭起來）可是我還是不知道發生什

麼事。（當事人大聲哭泣）我現在似乎看到我那個當事人的臉。他沒有表情地看著我。

諮商員 12：我有另一個想法，請你坐在另一張墊子，我要你成為你的當事人，體驗他的感覺？（空椅法）

（當事人扮演他的「case」）

當事人 12：幫助我！幫助我！幫助我！（當事人大聲哭了起來）。

諮商員 13：告訴我，發生什麼事？（具體化技術）

當事人 13：我感覺好孤單、好無助、沒有依靠的感覺。我大聲地喊救我，可是沒有人注意我。我覺得好害怕。

諮商員 14：告訴我，你害怕什麼？（具體化）

當事人 14：我不知道（當事人喘著氣）。

諮商員 15：跟你的害怕在一起。（覺察技術）

當事人 15：我腦中突然出現一片空白。

諮商員 16：眼睛閉起來，集中你的注意力，讓你自己成為那個空白，你就是那個空白，體驗空白的感覺。（覺察技術）

當事人 16：（當事人閉起眼睛，約三十秒後，臉上出現一些表情）。

諮商員 17：告訴我你經驗到什麼？（具體化技術）

當事人 17：我需要依靠，我覺得好孤單，好空虛的，我無法再支持下去，我覺得好累，好孤單（落淚）。我的生命沒有一點顏色。

諮商員 18：這些感覺你熟悉嗎？

當事人 18：熟悉。其實，幾年前我已經有這種感覺。

諮商員 19：告訴我詳細的情形。（具體化技術）

當事人 19：幾年前我太太去世後我第一次有這種孤單、空虛、疲累的感覺，我的生命像是失去了色彩。那種感覺非常可怕，讓我無法專心工作。我曾想過再娶，畢竟我那兩個小孩需要媽媽照顧，可是我覺得那種孤單、空虛、疲累、空無的感覺，並沒有因為我想再娶的念頭而消失，因此，我認為那是因為我太愛我太太的關係。後來我參加進修，就一直沒有時間想到再娶的事。忙碌的生活雖然讓我不再胡思亂想，可是那種孤單、空虛、疲累的感

覺偶而還會出現。因為我把這些感覺當成對太太的思念，所以只是用壓抑的方式處理。

諮商員 20：我不知道你的感覺是不是跟你思念你太太有關，不過我們可以從這方面探討，看看情況是不是這樣。我打算用空椅法的方式進行，我想我不用再加以解釋如何進行。（空椅法）

當事人 20：我知道這個技術，但是我不知道你要我怎麼做？

諮商員 21：選兩張墊子，一張代表你自己，一張代表你太太，我要你將你太太去世後，你所經驗到的感覺告訴她，然後看看她會有什麼回應。就是讓你們兩人對話。請你坐在代表你的墊子上，閉上眼睛，體驗你的感覺，當你準備好之後，就可以開始。（空椅法）

當事人（自己）21：小媛，我好想、好想妳。自從妳走了之後，我才發覺妳對我是多麼的重要。失去了妳，我感覺生命失去了色彩，我感到非常的孤單、空虛。即使媽媽幫我照顧孩子，讓我沒有後顧之憂，可是我仍舊覺得好無助。沒有妳的陪伴，我不知道我該怎樣走下去。我……（哭泣）。我多麼希望妳還活著，可是那是不可能的。

諮商員 22：交換。（空椅法）

當事人（太太）22：老公，我是不得已的。我也不想這樣，我也捨不得你跟孩子，我也放不下你們。可是，我沒有辦法，我也不甘心。

諮商員 23：交換。（空椅法）

當事人（自己）23：我知道妳是不得已的，可是，我一直忘不了妳。每次三更半夜，我秉燭夜讀時，總會不其然地想起妳。我好感慨，即使能夠功成名就又有何用，沒有妳來分享，再大的成就對我都沒有意義。每次孩子哭著要找媽媽時，我的心就像刀在割一樣地疼痛，孩子需要媽媽，我需要妳。每夜的孤枕獨眠更是對我的一大考驗，我不知道有多少夜晚輾轉難眠，一整夜無法闔眼。即使妳已經走了兩年，我還是常常被想念你的情緒，弄到心神不寧。我的孤單、寂寞、無助，不是三兩言語可以說得明

白的，妳知道嗎？我好害怕，我害怕自己是否有勇氣繼續走下去。

諮商員 24：交換。（空椅法）

當事人（太太）24：聽你這麼說，我覺得好難過，我覺得慚愧。如果我能多注意自己的健康，我可能不會這麼快就離開你們。我覺得我沒有盡到當妻子、當母親的責任，是我對不起你們，我忘了愛護自己的健康也是一種對你們的負責，一切都是我不對（哭泣）。你要學會照顧自己，這樣我才能安心離去。

諮商員 25：交換。（空椅法）

當事人（自己）25：我不想聽妳這樣說，我不要妳離開我，我不要妳離開我。我真的離不開妳，不要丟下我一個人，我好害怕，沒有妳的陪伴我好害怕，我……（沈默下來）。

諮商員 26：似乎發生了一些事，告訴我，發生什麼事？（具體化）

當事人 26：我覺得我好像是在跟我媽媽說話。

諮商員 27：告訴我是怎麼一回事。（具體化技術）

當事人 27：我對小時候沒有什麼記憶。我能記得的事大概都是在入學之後的經驗。我對入學以前似乎沒有任何記憶。剛剛閃過一個念頭，我好像是那個躲在角落哭泣的小男孩。然後，慢慢有一點記憶出現。我小的時候，媽媽爸爸忙著賺錢養家。他們通常一大早就出去工作，我常常在醒過來後，發現媽媽不見了，覺得好害怕，然後哭著找媽媽。我忘了我的祖母是如何照顧我的，可是似乎我是被丟棄在一個角落自生自滅，沒有人關心。我曾經有過一個影像出現，就是我蹲在一個小角落，看著大人來來往往，他們只顧互相說話，可是就是沒有人來關心我。我不記得小時候我媽媽是否曾經跟我說過什麼話，不過，我大一點時常常聽到她說：「家裏太窮，沒工作怎麼行，要養這麼多的孩子，我也覺得對不起他們，我也想整天在家陪他們，可是我不工作，全家就會餓死。」或許我影像中小男孩的感覺，就是我小時候的感覺。只是我全然不記得了。

諮商員₂₈：從剛剛你跟你太太的對話中，你發現你太太去世對你的影響，
　　　　　似乎跟你小時候的某段經驗有關。（簡述語意技術）

當事人₂₈：我想有關，或許我應該探索的是我小時候的那段經驗。

諮商員₂₉：你小時候的經驗，跟你對當事人的移情有何關聯？（探問技術，
　　　　　開放式問題）

當事人₂₉：當時我不清楚，我現在才知道。（鬆了一口氣）或許當事人的
　　　　　問題觸動了我小時候的感覺。

諮商員₃₀：我想做個實驗試試看，看看能不能幫助你⋯⋯。

以上空椅法是用來協助當事人尋找內在的需求（圖像，亦即未完成事件）。

二、過程經驗性治療

過程經驗性治療強調，當事人的問題是因為情緒訊息的運作過程不正常所致。在情緒訊息的處理過程中，情緒基模會統整輸入的訊息，使之產生意義，以便產生適應環境的行為。在某些情況下，由於情緒訊息的運作過程出了問題，使個人無法覺察到情緒，因而無法表現適應的行為。心理治療的目的即在協助個人修正情緒訊息的運作過程，讓個人覺察未覺察到的情緒。以下介紹 Greenberg、Rice 與 Elliott（1993）的過程經驗性治療的模式：

㈠情緒異常

1.異常的情緒訊息處理過程

情緒處理過程產生異常，至少是因為兩個重要的過程發生問題：

⑴符號化過程的失敗

情緒的符號化過程，使情緒經驗產生意義，讓個人依據其情緒意義表

現適當的行為。但是，當情緒訊息被個人扭曲或無法被充分覺察到，符號化的過程就出現錯誤，個人的行為也受到影響。

Greenberg 與 Safran（1990）認為，個人對情緒的覺察可分為以下幾個層次：

①情緒經驗出現，但是沒有被覺察到。

②情緒經驗出現，但是只有部份被覺察到。

③情緒被經驗到，但是沒有進行語言上的符號化。

④情緒被經驗到，而且有清楚的符號化。

⑤情緒被經驗到，也有符號化，知道引發情緒者是誰，也知道處理情緒的有關行動、需求與期望。

在以上各層次中，符號化過程的失敗包括有從①至③的狀況。

(2)基模本身的異常

情緒基模是一組預期與反應的組織，基模內包含有與情緒有關的情境、對情境的評量、由情境引發的信念或歸因、對評量結果的情緒反應（包括的成份有認知、情緒、動機，及有關的行動）（Greenberg et al., 1993）。

情緒基模的發展始於個人出生後，類似的情緒經驗一再重複發生而被表徵出來，作為預測、解釋、反應、與控制類似經驗的規則，此即情緒基模。在情緒基模中，類似情緒的經驗會被串連在聯結網絡中（associative network），引發情緒的事件與情境也被編碼在基模裏（Greenberg et al., 1993）。

當個人面對類似經驗時，情緒基模便被觸動，用來組織輸入的刺激，產生被個人覺察到的情緒與行動傾向（Greenberg et al., 1993）。如果基模異常，個人所覺察到的情緒不是適應性的原始情緒，而是次級情緒。

Greenberg 等人（1993）以及 Greenberg 與 Safran（1990）將情緒分為四種：原始情緒（primary emotions）、次級情緒（secondary emotions）、工具式情緒（instrumental emotions），與習得之不適應情緒。這四種與個人的情緒適應有關。

　　原始情緒是個人對情境此時此刻立即性的直接反應。次級情緒是對原始情緒與思考的次級反應，它們常常模糊原始情緒產生的過程，當原始情緒是害怕或悲傷時，次級情緒的反應可能為生氣。工具性情緒的表達是為了要達成某種目的。習得之不適應情緒一開始是一種因環境需要而產生的適應情緒，但是，當環境改變，原來的情緒反應已不適用，可是個人卻持續運用而成為不適應的情緒反應。將以上各種情緒說明如下：

①具有生理適應功能的原始情緒：這是真實（authentic or real） 的情緒，例如，老師因為學生違規而生氣，個人因為喪失親人而悲傷。原始情緒有助於個人適應環境。當事人接受治療之初，原始情緒通常在當事人的覺察之外。這些情緒通常被稱為深層情緒（underlying feelings），被當事人否認或隔離，在當事人的覺察之外（Greenberg et al., 1993）。心理治療的目的，即在協助當事人覺察這些情緒。

②次級情緒反應：次級情緒不是針對情境而產生的情緒，次級情緒是因為原始情緒不能被個人接受，而衍生出來的情緒反應。例如，有些家庭不允許孩子出現憤怒的情緒，於是孩子只好以悲傷的情緒來取代，悲傷即為次級情緒。有些家庭嘲笑男孩子的害怕反應為懦弱，於是家中男孩有害怕感覺出現時，便不敢直接表達，而且以家中可以接納的憤怒情緒來取代。原始情緒因為不被允許，個人不敢覺察，久而久之便在個人的覺察之外，而個人所能覺察到的情緒只有次級情緒。次級情緒對適應沒有幫助，甚至造成當事人的適應問題。

③工具式的情緒反應：工具式情緒是指個人用來影響他人達到目的的情緒。這是一種操控環境的方式。例如，利用哭泣來博得同情；利用生氣來逃避責任或獲得權力。

　　處理這些情緒時，諮商員需了解這些情緒的起源、功能及互動模式，對當事人面質或解釋這些情緒，鼓勵當事人探討滿足需要的其他方法（Greenberg et al., 1993; Greenberg & Safran, 1990）。

④學得之不適應的原始情緒：這是一種固著性的情緒反應。這類情緒一開始是一種對環境的適當反應，但是事過境遷，個人卻仍舊沿用

過去的情緒來適應現在的情境。處理這類情緒的方法是幫助當事人學習適當的反應情緒（Greenberg et al., 1993; Greenberg & Safran, 1990）。

在處理第二種過程時，情緒基模須被重組及重建。

㈡空椅法在改變情緒上之運用

過程經驗性治療將完形治療所謂的空椅法分為雙椅法與空椅法。雙椅法適用於處理當事人極化與自我干擾的極化，這是處理個人內的問題。空椅法適用於處理未完成事件，這是處理個人間的問題（Greenberg et al., 1993）。以下介紹 Greenberg 等人（1993）模式中雙椅與空椅之運用：

1. 雙椅法

⑴優勝者與劣敗者的極化（split）

這種極化的產生是因為個人內在相關的兩組基模在運作上出現不協調的狀況，使個人產生衝突的感覺。兩組基模的其中之一，是由個人適應性的原始情緒與需求所形成的情緒基模，另一基模是個人內射的道德標準與規範所形成的自我評價基模。過程經驗性治療將這兩組基模分別稱為優勝者與劣敗者。過程經驗性治療對兩極概念的看法與完形治療類似。

優勝者為個人內射的道德標準與規範，通常出現在口語中的「應該」，例如，「我應該努力唸書」、「我應該出人頭地」、「我應該孝順父母」。

劣敗者為代表個人適應性的原始情緒與需求，也是對自己的批評，例如，「我很糟糕」、「我沒有什麼價值」、「不會有人喜歡我」、「我覺得愧疚」等。

Greenberg 等人（1993）將使用雙椅法處理極化的過程分為五個階段（p.197）：

階段一：對話之前的階段

①建立合作關係。

②架構空椅實驗。

階段二：對立階段

③找出極化的雙方：聆聽當事人的敘述，從當事人的敘述中找出兩極。

④讓雙方接觸：交換雙椅，讓雙方對話表達各自的感覺與想法。

⑤讓雙方負起責任：雙方以「我」來陳述。

階段三：接觸階段

⑥促進當事人對自我批評與命令的覺察：說出對對方的期待，或對方「應該」做的事。

⑦讓自我批評與命令部份更加具體化：例如，不但協助雙方表達感覺與想法，而且注意表達時的態度。

⑧找出自我批評與命令的核心：例如，讓當事人重複、誇大某些負面的話或動作。

⑨提取與表達深層的情緒：針對優勝者的批評，劣敗者內在的原始情緒開始表現。

⑩鼓勵肯定需求：劣敗者的需求出現，並且被表達出來。

⑪增加對價值與標準的覺察：協助當事人表達他的理想與價值。

階段四：統整階段

⑫軟化現象出現、內在經驗的表達：優勝者軟化，真誠地接受劣敗者的情緒與需求，並且對劣敗者表示關愛與尊重。

⑬促進統整：當事人了解如何融合自己的情緒、需求、與期望，並且知道如何運用優勝者的力量來幫助自己。

階段五：對話後的階段

⑭創造有意義的觀點：協助當事人了解以上經驗對自己的意義。

(2)案例

當事人三十歲，國小教師，男性。當事人連續兩年沒考上研究所，非常自責，抱怨自己用功不夠。

階段一：對話之前的階段

當事人1：都怪我不夠用功，如果我夠用功的話，就不會那麼丟臉。

諮商員1：你有好多的自責，也覺得很羞愧（情感反映技術）。告訴我，你如何地不用功（具體化技術）。

當事人2：我應該提前準備、多蒐集一些資料，我不應該睡太多，我不應該太愛看電視。

諮商員2：似乎你可以找到一些理由責備自己。（簡述語意技術）

當事人3：不過，有時候我會安慰自己，我工作很忙，又有家庭，當然沒有多少時間唸書，考不上是理所當然的事，而且這次沒考上，下次可以再來。

諮商員3：內在另一個聲音的反駁，讓你安心多了。（初層次同理心技術）

當事人4：可是自責的聲音又來，這個聲音罵我說，不要找藉口了，你的同事跟你一樣，人家有家庭，也有工作，還兼行政，不也考上了。

階段二：對立階段

諮商員4：內在兩個聲音此起彼落，讓你覺得好衝突（情感反映技術）。我想做個實驗，或許這個方法對你的衝突會有一些幫助。我要你從這裏挑出兩張墊子，一張代表內在責備的聲音（優勝者），一張代表保護的聲音（劣敗者）。我要將你內在的衝突具體呈現出來，讓雙方對話，就像那兩個聲音的互相指責一樣。現在請你挑選兩張墊子，分別代表不同的聲音。

當事人5：（一張黑的墊子代表優勝者，另一張黃色的墊子代表劣敗者。）

諮商員5：現在請你閉上眼睛，體驗自己的感覺，看看此時此刻那個聲音比較強，你就先成為那個聲音。

當事人（優勝者）6：（音量提高）你不覺得丟臉嗎？看看你的同事，人家比你更忙，竟然可以考上，而你卻沒考上。你們都在同一所學校教書，你知道所有的同事會怎樣看你嗎？你抬得起頭嗎？沒有用的東西，只怪你不用功，不要再找理由了。

諮商員6：告訴他你對他的期待。（空椅法）

當事人（優勝者）7：我期待你不要看電視，連新聞報導也不要看，我期待你減少跟同事閒聊的時間，我期待你提早準備考試的事、我期待

你睡眠時間減少，這樣才能多唸點書，我期待你早一點起床唸點
書，我期待你減少應酬，我期待你不要逞能，應該讓太太幫助
你。

諮商員7：更具體地讓對方知道你的期待。（空椅法）

當事人（優勝者）8：我期待你不要接觸電視，連新聞報導都不可以看。我
期待你只要有空閒的時間，不管是五分鐘或十分鐘，也不可以浪
費，你的書須隨時隨地放在你的身旁，有時間就看，不要浪費時
間跟同事閒聊。我期待你在早上五點起床唸書，晚上十二點以後
才可以上床睡覺。我期待你下班回到家後就進你的書房看書，不
要浪費時間跟太太與小孩閒聊。如果你能這樣做，你就會有很多
時間看書。不要再替自己找藉口。

諮商員8：再告訴他，他如何違反你的期待。（空椅法）

當事人（優勝者）9：你每天花兩個小時看新聞，有必要花那麼多時間嗎？
如果你每天能不看新聞，那你每天就多了兩個小時唸書。晚上你
七早八早就上床睡覺，早上不超過七點絕對沒辦法起床。每天一
定要睡足八個小時或甚至更多。這那裏像是要參加考試的人。跟
同事打個招呼就可以，為什麼還要說上兩句，甚至連沒課的時間
也用來聊天。這樣怎麼考得上呢？不要再找藉口了。

諮商員9：交換。他（優勝者）認為你（劣敗者）說的沒有時間準備考試只
是個藉口。如果你能夠符合他的期待（優勝者），你就可以找到
很多的時間唸書。你有什麼回應，告訴他。（空椅法）

當事人（劣敗者）10：你的期待我真的無法辦到。我是老師，我當然須要
看新聞，須要知道社會上發生的事，否則我怎能隨機教學。我跟
同事天天須見面，當然需要建立良好關係，閒聊是理所當然的。
至於應酬，如果沒有必要，我是不會去應酬。我是男人，我不能
將所有的家事丟給我太太。我也非常希望能有更多的時間唸書，
可是我真的沒有辦法。

諮商員10：更具體表達你的意見，還有你的感覺呢？你對他的期待的感覺
如何呢？（空椅法）

當事人（劣敗者）₁₁：很無奈。

諮商員₁₁：直接對他說。（空椅法）

當事人（劣敗者）₁₂：我對你的期待很無奈。我每天才看兩小時的新聞，我需要知道社會上發生的事，這是很好的教學材料。我跟同事的閒聊，都是談學生的問題。有些經驗淺的同事請教我問題，我當然不能拒絕，也不能草草了事，有些老師甚至是我的學弟妹。至於我的家人，我在家幫忙太太是理所當然的事。我家兩個小孩都小，我太太也在工作，她每天也很累，我不能那麼自私將所有的家事都推給她，至少，我也須盡父親的責任，跟我的小孩有些互動。你的要求，是要我當個自私的父親、自私的先生、沒有知識的老師。我覺得我辦不到。

諮商員₁₂：交換。他（劣敗者）認為你（優勝者）的期待是個自私的想法。他感到很無奈。你有什麼回應？（空椅法）

當事人（優勝者）₁₃：無奈？也不想想這是個競爭的社會，不是你死就是我活，你沒有好的成就，怎麼給你太太、孩子好的生活？不要再替自己找藉口了。如果你沒有前途，就會耽誤你太太、孩子的將來。如果你沒有好的成就，我就不相信你的太太、孩子，甚至你的學生、你的同事會瞧得起你。你不聽我的話，根本沒辦法成功，我催促你是為了你好，否則你會渾渾噩噩地過一生。

諮商員₁₃：交換。他（優勝者）認為如果你（劣敗者）沒有成就，如何給自己的太太跟孩子好的生活。他要你聽他的話。你對他的想法有何回應？

當事人（劣敗者）₁₄：我覺得很訝異，你的想法竟然那麼自私。沒錯，現在的社會競爭激烈，可是我有義務當個盡責的老師。我不能沒有好的工作環境，我需要跟同事建立良好的關係。我想當個盡職的先生、父親。更重要的，我需要有好的健康。你的想法太自私了，好像我的存在只為了成就。只要有成就，所有的事情都可以解決，這種想法太可怕了。我無法接受你的想法。

諮商員₁₄：交換。

當事人（優勝者）15：這種想法怎麼會自私，你怎麼一點都想不通，如果你沒有成就，怎麼照顧你的太太、你的小孩，怎麼在別人的面前抬起頭來。（諮商員：說得更清楚些。）就像你，都已經三十歲了，還只是個小學老師，難道不覺得羞愧。想看看你已經工作幾年了，這幾年來你有沒有往上一層？難道你一點都不覺得羞愧？看看你的同事，想想你自己。你連考兩年研究還是無法考上，難道你還要堅持你的想法？要考上，就要按照我的方法做。要做個有成就的男人，就要接受我的期望，就要全力去拼。

諮商員 15：交換。（空椅法）

階段三：接觸階段

當事人（劣敗者）16：我厭惡你的想法，我厭惡你的自私，我⋯⋯我討厭你，我真的好討厭你（生氣）。我不想聽你囉唆，我快受不了，我快受不了。我討厭聽到你的聲音，我討厭你滿嘴的道理，我討厭你的教訓（音量提高）。你知不知道，我已經很努力了。不要一天到晚告訴我要把握時間，要努力用功，不要看太多電視，不要浪費時間談無聊的事，生命要有意義，男人沒有成就就一輩子抬不起頭來。我是人，我不是機器，我真的不是機器。是你！是你！把我逼得這麼痛苦。你讓我恨我自己，你讓我討厭自己，你讓我常常覺得羞愧，是你⋯⋯是你。

諮商員 16：誰曾經這樣逼你，讓你覺得討厭自己？（具體化技術）

當事人 17：是我爸爸。

諮商員 17：似乎你爸爸對你有一些高的期待與要求，讓你覺得好痛苦。（初層次同理心技術）

當事人 18：他就是那麼自私的人，只想到自己，從沒考慮過別人。他還想把我塑造成他的樣子。平常他都忙自己的事，很少跟我講話。每次見到我，都說一些所謂鼓勵的話，例如男人要有成就，才不會被人瞧不起，不要浪費人生，生命雖短暫，可是，只要好好把握時間，仍舊會有一番事業，就像爸爸這樣，你要多跟爸爸學習。這些話讓我覺得很討厭，因為我不希望每次見面都說這些話，好

像他能對我說的就只有這些。我希望他是我生活各方面的指導
者，多告訴我其他的事。不過，我覺得好失望，他每次對我說的
就只有這些事。奇怪的是，一方面我討厭成為他的影子，所以我
會將時間給同事、太太跟孩子，可是另一方面似乎我也有一點像
他，就是在乎自己的成就。這就是我這幾年來過得很苦的原因。
結婚不久，兩個孩子跟著出生，我不想當個自私的父親，就像我
爸爸一樣。所以我分擔家務，陪孩子玩樂。可是另一方面，我內
在好焦慮，我罵自己都已經三十歲了，怎麼可以一事無成。所
以，這兩年來，我才去考研究所。雖然想要有所成就的聲音很
大，可是我也不想愧對太太跟小孩，所以仍舊盡量抽時間陪他
們。至於我的同事，我覺得跟他們建立良好關係可以讓我在工作
上快樂一些，所以花時間跟他們聊天是很重要的。不過，我過得
好衝突。

諮商員 18：一方面你學到父親的想法，就是對成就的重視，可是，另一方
　　　　　面你卻想要陪孩子成長、要體貼太太，以及跟同事建立良好的關
　　　　　係。偏偏這兩面無法兼得，所以讓你這幾年來過得好痛苦。（簡
　　　　　述語意技術）

當事人 19：沒錯。或許我需要的是如何擺平內在的衝突。

諮商員 19：你決定從那一邊開始，也可以接著剛剛所談的。（空椅法）

階段四：統整階段

當事人（劣敗者）20：我不想像我父親一樣自私、冷酷。我不要我的孩子
　　　　　　　　　像我一樣沒有父親的指導與陪伴，有問題時沒有人可以請教。我
　　　　　　　　　不想我太太像我媽媽一樣，是個有丈夫的寡婦，常常流淚、常常
　　　　　　　　　嘆氣。我不要像我父親一樣，一生沒有好朋友，永遠孤獨。我不
　　　　　　　　　要像我父親一樣，為了成就，而犧牲所有的人生樂趣。

諮商員 20：交換。（空椅法）

當事人（優勝者）21：沒有成就，你就永遠抬不起頭來。我這樣逼你，也
　　　　　　　　　是為了讓你可以在別人的面前抬頭挺胸。

諮商員 21：對他（劣敗者）說，為了你的成就、面子，你必須犧牲自己的

太太、孩子，即使沒有好朋友，一輩子孤獨也是值得的。（空椅法──面質技術）

當事人（優勝者）22：不是，不是這樣的。當然也必須照顧太太、孩子，只是……只是……為了成就，請他們暫時委屈一下。等到以後有成就之後，當然會……補償他們，會一輩子陪伴他們。

諮商員22：具體地告訴他（劣敗者），什麼時候你會功成名就，或是你要到什麼階級後才算功成名就。

當事人（優勝者）23：我……這很難說，我也不知道。

諮商員23：交換。（空椅法）

當事人（劣敗者）24：放屁！我父親一輩子都是那個樣子，我媽媽到現在還在流淚。我一輩都記得父親對我的冷落。我父親口中還念念不忘，沒有達到最高成就。有你的存在，我、太太、孩子一輩子都不快樂。

諮商員24：交換。他（劣敗者）說，有你（優勝者）的存在，他、他太太跟孩子一輩子都不快樂。你聽了有什麼感覺？（空椅法）

當事人（優勝者）25：我聽了很難過。好像我只能帶給你不快樂。

諮商員25：告訴他，你有什麼價值，你對他有何幫助。

當事人（優勝者）26：你在學校的成績一直不錯，如果不是我催促你，依照你愛玩的個性，怎麼可能表現不錯。高三時，你被女朋友拋棄，自暴自棄，如果不是我催促你，男人要有成就別人才瞧得起，你怎麼可能考上大學。這幾年如果不是我催促你，你怎可能想要考研究所。雖然你連續兩年沒可上，可是由於有我的催促，你才有可能繼續考。你的一生若沒有我的催促，可能只會安於現狀。

諮商員26：交換。他（優勝者）說，你（劣敗者）在校成績好、考上好大學、考研究所都是他的催促。因為他的催促，你才不會安於現狀，想繼續前進。你聽了有何回應？（空椅法）

當事人（劣敗者）27：（嘆了一口氣）其實，他說的沒錯。如果不是他時時盯我著，我可能連當小學老師的機會都沒有，當然也不可能

考研究所。我的個性的確有些懶散，做事不積極，又容易放棄。不過，我希望他不要逼我逼得太緊。我希望當我懶散時，他能提醒我。當我連續兩次研究所沒有考上時，我要的是鼓勵，而不是羞愧。也不能要求我為了成就放棄一切。我要重複一次，我要的是鼓勵。這是我父親一直無法給我的。（眼眶紅）

諮商員 27：交換。他（劣敗者）要的是提醒跟鼓勵，不是逼迫，或為了成就，必須放棄一切。你（優勝者）聽了之後，有什麼回應？（空椅法）

當事人（優勝者）28：我不知道是不是可以做到，因為我從來就不知道如何鼓勵人（嘆了一口氣）。

諮商員 28：你嘆氣的意思是？（空椅法──具體化技術）

階段五：對話後的階段

當事人 29：我父親只會要求我，從來就沒有鼓勵過我，我竟然也用這種方式對待自己，或許我對待學生的方式也是這樣。我也要求我的學生，一定要有成就。

諮商員 29：你驚訝地發現，你竟然用父親的方式對待自己跟學生。（初層次同理心技術）

當事人 30：如果沒有這種發現，或許我也會用這種方式對待我的孩子。

諮商員 30：你覺得好感慨。（情感反映技術）

當事人 31：（點點頭）。

諮商員 31：告訴我，你現在的感覺。（探問技術，開放式問題）

當事人 32：我覺得整個人輕鬆了很多。我想以後我會記得先學會使用鼓勵的方式對待自己。我會繼續求進步，而不是求成就。或許，我現在真正要做的，是學會如何鼓勵自己，……。

(3)自我干擾的極化（self-interruptive split）

　　這是處理過度自我控制的方法。個人表達適應性情緒與行動時，另一部份自我透過肌肉的緊繃、壓抑等方法阻礙表達的衝動。因為表達的需求無法獲得滿足，個人因而感到無助與無望、空虛、困惑、疏離。

處理自我干擾極化的雙椅法過程如下（Greenberg et al., 1993, p.228）：

階段一：對話之前的階段

①建立合作關係。

②架構雙椅實驗。

階段二：扮演的階段

③讓當事人內在對立的雙方區分出來，並且開始接觸。

④協助當事人使用「我」的陳述句，並且了解如何阻礙自己的表達。

⑤協助當事人覺察身體緊張、緊繃、疼痛、焦慮的位置。

⑥使用實地操作的方法，協助當事人了解自我干擾發生的過程及使干擾產生的方法。

階段三：對干擾者的確認階段

⑦利用誇大、重複等方法加強當事人的自我干擾行為，協助當事人覺察自己是始作俑者。

⑧協助當事人注意及詮釋自我干擾發生的過程。

⑨用實驗的方式，讓當事人故意進行自我干擾活動，直到當事人經驗與了解自己該為自我干擾行為負責。

⑩引導當事人經驗自我干擾行為與被動行為的關聯。

⑪引導當事人表達被抑制的情感與行動。

⑫協助當事人覺察自己的需求。

階段四：接觸階段

⑬協助當事人具體化自己的需求，並且肯定需求。

⑭協助當事人在模擬的人際情境中表達需求。

⑮協助當事人擬定滿足需求的計畫。

階段五：對話後的階段

⑯協助當事人從表達需求與採取行動滿足需求的經驗中尋求該經驗對自己的意義。

空椅法的過程主要是讓當事人了解自己是自我干擾者、了解用那些方法干擾自我。方法是引導當事人注意非語言行為，找到有關之行為後，再

將注意力放在這方面，並且加以誇大。

有關的實例請參考 Greenberg 等人（1993）的專書。

2.空椅法

未完成事件是個人與環境互動時，某種以情緒為基礎的需求無法被成功地達成，只是被編碼在記憶中。被引發的情緒若未被表達出來，仍會被保留在情緒基模中，隨時等候被促發。造成未完成事件的原因有四：第一，與重要他人之關係上的未完成，例如，信任、自主、自信、認定、親密、生育。第二，創傷性經驗。第三，個人目前無法抒解的情緒。第四，執著（longings）、悲傷（sadness）、放棄（resignation）、無望（hopelessness）的現象也是未完成事件的象徵（Greenberg et al., 1993）。

處理未完成事件的空椅法過程如下（Greenberg et al., 1993, p.255）：

階段一：對話前之階段

(1)建立合作關係。

(2)架構空椅實驗。

階段二：喚起階段

(3)利用當事人喜歡的感官方式，讓重要他人出現在空椅上。

(4)協助當事人與空椅上的重要他人接觸。

(5)協助當事人負起責任（使用「我」的陳述句）。

(6)協助當事人覺察他對重要他人的內在反應（例如，使用重複技術，來強化當事人非語言行為的表達）。

(7)透過誇大、重複等技術來強化重要他人的表達，以提高當事人的喚起狀態。

(8)協助當事人記起未完成的事件。

階段三：表達階段

(9)協助當事人對重要他人表達不同的情感。

(10)為了協助當事人充分表達情感，可以讓當事人一步步地透過身體動作表達未表達的情感，

(11)協助當事人在表達（與重要他人接觸）與內在體驗（與內在經驗接

觸）中轉換。

⑿協助當事人向重要他人表達他的需求。

階段四：完成階段

⒀引導當事人讓重要他人的正面特質出現（例如，承認自己的錯誤、請求當事人的原諒）。

⒁協助當事人對重要他人有新的了解，以及對重要他人的欣賞。

⒂協助當事人了解滿足需求的方法。

⒃協助當事人向重要他人道別。

階段五：對話後的階段

⒄協助當事人統整對自己與對他人的新看法。有關的實例請參考前面所提的完形治療實例或 Greenberg 等人（1993）的專書。

第三節　空椅法的適用時機與注意事項

一、空椅法的適用時機

　　從完形治療的觀點來說，當事人出現接觸干擾時，就可以使用空椅法。從過程經驗性的觀點來說，當當事人出現極化與未完成事件時，就可以使用空椅法。

二、注意事項

　　使用空椅法時，不管是使用完形治療或是過程經驗性治療，重點都是在協助當事人滿足需求。

第四節　空椅法的功能

空椅法的功能有：

一、協助當事人抒解情緒

使用空椅法時，當衝突的兩方接觸時，各方即有機會表達自己的想法與感覺，這些受壓抑的情緒就可以一洩而出，所以空椅法可以協助當事人抒解情緒。

二、協助當事人處理未完成事件

在完形治療中，由接觸干擾所造成的問題，不管是個人內或個人間衝突，都是因為完形經驗環的過程未完成。空椅法可以協助當事人處理接觸干擾的問題，讓當事人完成未完成的事件。在過程經驗性治療中，空椅法為處理未完成事件必要的技術。換言之，在不同的理論中，空椅法雖然有不同的理論背景，不過都具有以上的功能。

第五節　實務練習

1. 兩人一組，一人扮演諮商員，另一人扮演當事人。諮商員對當事人諮商時，請使用空椅法及前幾章所學的技術，並且全程錄音。四十分鐘後，討論諮商員使用空椅法的效果。
2. 角色互換，重複以上步驟。

第六章

結束技術

本章摘要

第一節　結束技術（termination）的定義

　　結束技術是指在每一次諮商結束，或當事人的問題已獲得解決，或諮商員無法協助當事人，而決定將當事人轉介給其他諮商員或其他諮商機構時，諮商員必須使用結束技術，以結束該次的諮商，或結束諮商員與當事人的諮商關係。

第二節　結束技術內容說明

　　結束技術並不是單一的技術，更明確的說，應該是指結束的過程，因為不管是每次諮商的結束或是諮商關係的結束，都不是單一技術可以處理的，所以更正確的說法應該是指結束的過程。

　　在結束諮商或關係的過程中，使用的技術可能包括了前幾章所提的各項技術。

第三節　結束技術的適用時機與注意事項

　　結束技術可以使用於每次諮商的結束、當事人問題解決後諮商關係的結束、轉介時諮商關係的結束。

　　每次諮商的結束：當諮商進行到結束前的十分鐘，諮商員必須開始回顧這次諮商的過程，然後決定如何在最後的十分鐘滿意地結束此次的諮商。

　　當事人問題解決後諮商關係的結束：當事人的問題解決後，諮商員需要終結兩人的諮商關係。

　　轉介時結束諮商關係：由於諮商員無法解決當事人的問題，在徵求當事人同意後，將當事人轉介給另一位諮商員或另外的諮商機構，因此，諮商員必須結束兩人的諮商關係。

　　在每次諮商結束前，諮商員須留有足夠的時間結束諮商。同時，必

須定期評量諮商目標的達成，在諮商目標即將達成時，就要做好關係結束的規畫。最後，諮商員必須隨時覺察自己的狀態，免得因為自己未完成的事件干擾了諮商的結束。

第四節　結束技術的功能

一、每次諮商結束時，摘要諮商所談的內容，可以統整當事人的學習。

二、觸動當事人未解決的問題。

三、增強當事人獨自面對問題的信心。

四、處理當事人轉介前的不安與疑惑。

第一節　結束技術的定義

　　結束技術是指在每一次諮商結束，或當事人的問題已獲得解決，或諮商員無法協助當事人，而決定將當事人轉介給其他諮商員或其他諮商機構時，諮商員必須使用結束技術，以結束該次的諮商，或結束諮商員與當事人的諮商關係。

第二節　結束技術內容說明

　　結束技術其實並不是單一的技術，更明確的說，應該是指結束的過程，因為不管是每次諮商的結束或是諮商關係的結束，都不是單一技術可以處理的，所以更正確的說法應該是指結束的過程。

　　在結束諮商或結束諮商關係的過程中，使用的技術可能包括了前幾章所提的各項技術。

第三節　結束技術的適用時機與注意事項

一、結束技術的適用時機

　　結束技術用於以下各情況：

㈠每次諮商的結束

　　在一般的情況下，一次的諮商大概五十分鐘。當諮商進行到四十分鐘時，諮商員必須開始回顧這次諮商的過程，然後決定如何在最後的十分鐘

滿意地結束此次的諮商。諮商結束時,諮商員可以摘要此次諮商的內容,並且說明未來的諮商目標與諮商可能的次數(Geldard, 1989)。

有些當事人在諮商結束的前幾分鐘,才肯提到最重要的主題,希望諮商員能夠延長諮商時間。當事人不肯將重要主題在諮商一開始時提出,可能的原因之一是當事人對諮商員的信任度不夠,所以在諮商中只談一些無關緊要的問題,而把主要問題拖延到最後。或是,當事人拖延行為的背後有特殊的目的;例如,藉著拖延考驗諮商員是否關心他或是想獲得諮商員的額外關心。

就前者而言,如果諮商員答應當事人的請求而延長諮商時間,這種作法不但無法增進彼此的信任,反而讓當事人學會要求延長諮商時間的習慣。

就後者而言,當事人想考驗諮商員是否關心他,或是想獲得諮商員的特別照顧,這些行為是當事人人際互動型態的反映,可能與當事人求助的問題有關。如果諮商員答應當事人的請求而延長諮商時間,就會加強當事人的問題行為,讓當事人的問題更加嚴重。

在以上的情況下,諮商員可以這樣回應:「我知道你認為這個問題可能比我們之前談到的問題重要,你心裏很著急,很想趕快解決。不過,由於時間上的限制,我們無法在現在處理。下次會談時,我希望你先提出最重要的問題,這樣就不會錯失良機。」

㈡當事人問題解決後,諮商關係的結束

當事人求助的問題解決後,諮商員需要終結兩人的諮商關係。有時候因為某些因素,諮商關係的結束反而讓當事人對諮商員產生依賴,或讓諮商員對當事人產生依賴。

1.當事人對諮商員的依賴

當事人對諮商員的依賴,可能是因為諮商關係結束後,當事人需要單打獨鬥,因此感覺信心不足;或是,諮商結束的分離情境,觸動了當事人

未完成的事件,使得當事人不願意離開諮商員。

　　為了避免當事人的依賴,諮商員須在諮商正式結束之前的前幾次諮商,採用漸進方式,陸續與當事人談到未來結束諮商的可能性,並且處理當事人當時出現的反應,讓當事人有充分的時間面對結束諮商的分離。或是在最後幾次的諮商中,將兩次諮商的間隔時間慢慢拉長,例如原本一週一次,改為兩週一次或一個月一次。這種方式可以幫助當事人慢慢習慣諮商關係的結束。

2.諮商員對當事人的依賴

　　諮商員對當事人的依賴可能來自兩方面:第一,諮商員未能隨時隨地評量當事人的進步,而不知諮商的目標達成與否。第二,諮商關係的結束觸動了諮商員未完成的事件,而讓諮商員停留在過去某些感覺上。

　　為了避免第一問題的發生,諮商員需要定期評量當事人的進步狀況,並且與當初定下的諮商目標作比對,確定那些目標已達成,以及那些目標未達成。這種方式除了協助諮商員覺察當事人的進步情形外(Geldard, 1989),也協助諮商員慢慢適應分離的情境。

　　如果諮商員覺察當事人的改變已符合諮商目標,而自己卻不願意結束諮商,諮商員就必須探討這個問題的原因,以避免因自己的問題影響了諮商關係的結束。

(三)轉介時結束諮商關係

　　由於諮商員無法解決當事人的問題,在徵求當事人同意後,將當事人轉介給另一位諮商員或另外的諮商機構,因此,諮商員必須結束兩人的諮商關係。

　　因轉介而結束諮商關係時,當事人可能會詢問同時與兩位諮商員進行諮商的可能性,或是在必要時回來找原來的諮商員。這時諮商員須先探討當事人這種想法的原因,並且讓當事人明白諮商倫理上的規定。

　　因轉介而結束諮商的分離情境,容易觸動當事人的投射與移情,讓當

事人產生新的問題。在此一情況下，諮商員只能以聆聽、同理的姿態，亦步亦趨地陪伴當事人，並在順利結束兩人諮商關係後，建議當事人讓新的諮商員了解他的狀態。

　　另一方面，當事人即將投入一個陌生的環境，必然因為面臨新環境新壓力而焦慮不已。在關係結束前，諮商員必須處理當事人當下的情緒，讓當事人順利地適應新諮商員的幫助。

二、注意事項

1.在每次諮商結束前，諮商員須留有足夠的時間結束諮商。
2.諮商員必須定期評量諮商目標的達成與否，並在諮商目標即將達成時，就要做好關係結束的規畫。
3.諮商員必須隨時覺察自己的狀態，免得因為自己未完成的事件干擾諮商的結束。

第四節　結束技術的功能

結束技術有下列的功能：
1.每次諮商結束時，摘要諮商所談的內容，可以統整當事人的學習。
2.觸動當事人未解決的問題。
3.增強當事人獨自面對問題的信心。
4.處理當事人轉介前的不安與疑惑。

各項功能詳述如下：

一、每次諮商結束時，摘要諮商所談的內容，可以統整當事人的學習

　　每一次諮商結束時，諮商員會摘要該次諮商過程所談的重點。諮商員的摘要，有助於當事人回顧諮商過程觸及的問題、統整諮商過程中的學習、預備下一次的諮商。諮商結束的摘要，也可以由當事人作整理，同樣具有以上的效果。詳細的案例請看「第十一章摘要技術」。

二、觸動當事人未解決的問題

　　當事人面對諮商關係終止時，有如置身在分離的情境中，哀傷的情緒會一湧而出。分離的哀傷是一種正常的反應，但是如果分離的哀傷影響了諮商關係的結束，表示諮商結束的分離，觸動了當事人另一問題，讓當事人在毫無知覺下，陷入過去未處理的情緒中。

🍎 案例

　　當事人三十歲，建築師，女性。當事人因為無法跟上司、同事相處而求助。經過六次諮商後，當事人的情況有了明顯的改善，諮商員與當事人認為可以結束諮商關係。

諮商員1：上一次諮商時，我們同意所定的諮商目標已經達成，也同意在這一次會談結束諮商關係，所以今天一開始我們就來討論這個問題。（結束技術——摘要技術）

當事人1：我也覺得我的問題已經解決了，目前工作愉快，跟上司、同事的關係有了很大的改善。最近接了一個大案子，我的表現讓我很滿意。我覺得沒有必要再繼續談下去。一開始我是這樣想，不過當我們兩人提到結束諮商時，我覺得有萬般的不捨。其實，上一次回去後，我一直難過到現在。我不斷藉著告訴自己「天下無不散的宴席」來讓自己舒服點，不過依然揮不掉這些難過的情緒。我

想我是個過度重感情的人，才會害怕分離。一碰到這種事，總是需要一段好長的時間才能習慣。

諮商員2：雖然妳求助的問題已經解決，可是分離的情境，卻讓妳陷入過去分離的情緒中。（結束技術——簡述語意技術）

當事人2：我跟第一任男朋友分手時悲痛萬分。我曾求過對方，不要拋棄我，我願意改變自己成為他想要的人，可是他不願意。那時我好痛苦，真想讓自己死掉。這種情緒一直持續了好久、好久，害我無法專心唸書，功課當了一大半，不得不休學。因為我父母不知道如何處理，所以就讓我到加拿大的姑姑家住。我在那裏待了將近一年，情況有了改善後才回來。從此我沒有勇氣交男朋友。我也是害怕孤獨的人，可是想起那次生不如死的經驗，就讓我戰慄不已。我寧願選擇孤獨，也不願意再次讓自己陷入那種痛苦中。不過，人生的分離似乎避不掉。有好幾次，因為畢業，因為好朋友離開，都讓我再次掉入那種感覺中，雖然沒有像跟男朋友分手那樣刻骨銘心，但是，那種感覺也很不好受。後來我乾脆盡量不跟別人深交，免得到時候又難分難捨。

諮商員3：妳選擇孤獨，不想跟別人深交，來避免分離的痛苦。（結束技術——簡述語意技術）

當事人3：其實，我已經厭倦這種沒有生氣的生活，可是我擔心我的改變會帶給自己痛苦。雖然目前跟同事的問題已改善不少，不過跟他們仍舊只是泛泛之交。

諮商員4：妳不願再過沒有生氣的生活，可是也不願意承受分離的痛苦，妳不知道該如何抉擇，感到好苦惱（結束技術——初層次同理心技術）。這讓我想到，妳是如何看待我們的關係（結束技術——立即性技術）？

當事人4：說到跟你的關係，這是讓我頭痛的地方。我覺得跟你相處愉快，雖然有時候你會給我一點壓力，不過，我知道這是為我好，我願意接受。我能夠對你如此坦白讓你知道我的事，是因為你願意幫助我，而且我的問題解決後，我們就要說 bye-bye！但是，這種

　　　放心讓我沒有防備，不知不覺中將自己的情感投入，而使我在分
　　　離時感到難過。

諮商員₅：我們的關係，似乎觸動了妳過去的感覺，讓妳掉入以前的分離情
　　　緒中，因而無法面對我們即將分離的事實。（結束技術——簡述
　　　語意技術）

當事人₅：就是這樣。自從上次諮商回去後，我就一直覺得很難過。本來今
　　　天我不想來，免得控制不了自己的情緒。不過後來想想，或許跟
　　　你談談對我的問題會有幫助。

諮商員₆：妳期望我今天處理妳的分離問題。（結束技術——立即性技術）

當事人₆：沒錯。我不想再逃了。這個問題已經影響到我的生活，讓我覺得
　　　生命好孤單、好無聊。

諮商員₇：妳已經無法忍受沒有朋友的孤伶伶生活，所以決定勇敢地面對問
　　　題（結束技術——簡述語意技術）。我為妳的勇氣感到高興。我
　　　不知道妳是想繼續諮商處理妳的分離問題，還是只想在這一次處
　　　理，並且結束我們的諮商關係？（結束技術——立即性技術）

當事人₇：我⋯⋯。

　　以上案例的當事人，因為諮商的結束，觸動了未完成的事件。

三、增強當事人獨自面對問題的信心

　　在諮商關係結束前，有些當事人已經習慣諮商員的陪伴，在諮商結束
後，當事人因為少了陪伴的對象，因此沒有信心獨自面對問題。諮商員處
理這類問題時，可以協助當事人回顧自己的進步狀況，以提高當事人獨自
面對問題的信心。

🍎案例一 _____

　　當事人二十七歲，女性，國中教師。當事人因為無法跟婆婆相處，導
致婚姻失調而求助。幾次諮商後，當事人頓悟到自己跟婆婆、先生的問

題，是自己跟母親、父親問題的反映。目前當事人跟婆婆的關係改善，夫妻的衝突已經降低。

諮商員 1：在前幾次諮商中，我們同意今天是最後一次的諮商，並且在今天結束諮商關係。進入主題之前，我想了解，妳對最一次諮商的感覺與想法。（結束技術──探問技術，開放式問題）

當事人 1：我覺得有些難過。以前每當我有了問題，透過我們的談話，我可以很快地得到一些了解，讓我看清問題的根源。現在我不能每個禮拜來找你，有了問題可能需要靠自己解決，我擔心自己的能力是否足夠。

諮商員 2：諮商結束後，妳必須獨自面對問題，妳擔心自己的能力不夠。（結束技術──簡述語意技術）

當事人 2：雖然我現在跟婆婆的關係比以前好，不會像以前動不動就惡臉相向。因為跟婆婆的衝突少了，跟先生的關係就改善很多。可是，這些是因為有你在幫忙，讓我能看清自己的缺點。我不相信，我跟婆婆、先生的問題以後不會再發生，到時候真不知道要如何是好。雖然我比以前有信心，但是，要獨自面對這些問題，實在很難想像我可以處理得像現在這麼好。

諮商員 3：妳擔心能力不夠，感到有些著急。（結束技術──情感反映技術）

當事人 3：沒錯！沒錯！我就是這個意思。

諮商員 4：我想從頭回顧整個諮商過程，看看妳跟婆婆、先生發生了那些衝突，而妳從這些衝突中又對自己產生什麼樣的頓悟，這些頓悟又讓妳產生什麼樣的改變，以至於妳跟婆婆、先生的關係有了改善。這種方式可以幫助妳看清楚事情的來龍去脈與處理方法。妳覺得這樣做，對妳是不是有幫助？（結束技術）

當事人 4：我想應該會有幫助的，我可以把我們今天討論的內容記錄下來，這樣就可以隨時提醒自己。

諮商員 5：說說看，當初你是為了什麼原因來找我？（結束技術──探問技術，開放式問題）

當事人 5：因為我跟婆婆常常起衝突，每次跟婆婆吵完後我就向我先生抱怨，我婆婆也向我先生抱怨。我先生因為從小喪父，婆婆為了他，沒有再婚，所以我先生不敢說我婆婆的不是，反而責罵我的不對。我先生對我的不諒解，比我婆婆對我的態度更傷我的心，我覺得這個家沒有什麼可以留戀的，因此想放棄這段婚姻。可是另一方面，我覺得不甘心，因為離婚後，我先生一定會再婚，我不想將自己辛苦建立的家，拱手讓給別的女人。就在這種矛盾的情緒下，我跟我婆婆、我先生的關係愈來愈惡劣。當初我來找你幫忙，是想知道我是不是應該離婚，如果不離婚的話，有沒有法子可以幫助我挽回這段婚姻，如果選擇離婚的話，是否可以讓我毫無怨言地離開？

諮商員 6：回顧自己曾走過的辛苦，心中真有無限的感慨。跟婆婆的衝突，帶給妳種種的委屈與不甘，可是更讓妳難過的是妳先生的誤解。在心灰意冷下，妳不得不考慮離婚。（結束技術──初層次同理心技術）

當事人 6：（哽咽）沒錯！當時因為不知道婆婆的嘮叨為什麼會讓我如此心煩意亂，怒火攻身，才會惡言相向，讓整個家庭一團糟。

諮商員 7：妳覺得自責，因為當時如果能知道自己無法忍受婆婆嘮叨的原因，就不會讓自己跟家人痛苦。（結束技術──初層次同理心技術）

當事人 7：想起來也真像是一場惡夢。我沒想到自己對媽媽的憤怒竟然會轉移到婆婆身上，對爸爸的不滿轉移到自己的先生上。

諮商員 8：妳覺得有些自責，因為妳竟然將婆婆跟先生當成妳發洩過去情緒的替代對象。（結束技術──初層次同理心技術）

當事人 8：事情就是這麼好笑，所以我說自己好像做了一場夢。我媽媽的嘮叨與挑剔，逼得我快要瘋掉，小時候我只能接受與忍受。到我高中時，我再也忍不住，就直接跟媽媽槓上。這種直接的衝突，帶給自己更多的委屈。我每一次向爸爸訴苦，他不但沒有安慰我，反而責怪我不孝。這些話讓我更加難過。到後來，我覺得自己有

一股衝動，就是希望爸爸了解我，看到我的委屈，所以，即使每
次的訴苦總帶來更深的傷害，我還是不斷地想說服爸爸相信我。
沒想到，自己結婚後，這種原生家庭的愛恨情仇也被帶到現在的
家庭來，讓自己再度生活在水深火熱中。

諮商員9：妳把自己跟爸爸、媽媽的互動狀況，複製到婆婆跟先生的身上，
讓自己再度經驗類似的痛苦。（結束技術——簡述語意技術）

當事人9：要不是你處理我跟媽媽、爸爸的關係，讓我有機會對我父母表達
我的憤怒，讓我看到自己的委屈，發現自己對他們的期待，我就
無法心平氣和地對待我婆婆跟先生，也沒有機會對我先生表達我
的想法。現在我對婆婆的嘮叨，已經能夠處之泰然，一方面因為
我對媽媽的情緒不再干擾我跟她的相處，另一方面從諮商中我體
驗到一個寡婦為了全心照顧孩子而犧牲自己幸福的辛酸，因此讓
我對她有更多的體諒與包容。不過，我想，我的溝通技巧或許需
要加強，或許這是我覺得對自己沒有信心的原因。我在原生家庭
沒有學到適當的溝通技巧，我婆婆、先生也沒有。我們只會互相
埋怨，這也是造成問題的原因之一。其實當初你教我如何使用溝
通技巧時，我覺得有點尷尬，覺得好陌生。當我用在我婆婆、先
生身上時，我的確發現了它的價值。不過，我還不是很習慣使用
這種技巧，我擔心會不會有一天自己不想用，又讓自己掉回到以
前的方式去。我想這一點才是讓我覺得諮商結束後，對自己不放
心的重點。

諮商員10：聽起來，妳知道跟婆婆的相處，會因為妳的體諒與包容，使彼
此的衝突降低。不過，因為妳對自己的溝通技巧沒有信心，所以
擔心諮商結束後，妳會再落入以前的衝突中，使得妳跟婆婆、先
生的關係再度惡化。（結束技術——簡述語意技術）

當事人10：我跟我婆婆、先生的關係好不容易才有進步，我珍惜目前的幸
福。可是，我對自己仍然沒有把握，不知道自己會不會持續下
去。

諮商員11：妳擔心自己沒有恆心，而失去目前擁有的幸福，因此焦慮不已。

（結束技術——初層次同理心技術）

當事人 11：沒錯就是這樣。我的幸福婚姻得來不易，我害怕回到以前水火
　　　　　不容的狀況，我愈是害怕，對自己就愈沒有信心。

諮商員 12：妳覺得如何才能協助妳產生信心？（結束技術——探問技術，
　　　　　開放式問題）

當事人 12：或許可以加強我的溝通技巧，讓我能夠應對以前的衝突情境。
　　　　　我知道這些情境我們以前練習過，而我也應對得不錯，可是我
　　　　　還是希望再練習幾次，這樣做，讓我比較放心。

諮商員 13：妳希望多加強應對過去衝突情境的溝通技巧，來加強自己的自
　　　　　信。（結束技術——簡述語意技術）

當事人 13：我想多幾次的練習對我會有幫助的。

諮商員 14：好，告訴我妳想到的衝突情境，我們就用角色扮演的方式來複
　　　　　習。（結束技術——角色扮演技術）

當事人 14：這些情境是這樣的……。

　　在結束諮商關係的過程中，諮商員協助當事人回顧諮商的進步情形，
練習應對問題的情境，加強當事人獨自面對問題的信心。

🍎案例二

　　當事人三十五歲，作業員，男性。當事人因為對自己的信心不夠，能
力無法發揮，以至於在工作上的表現令自己不滿意。經過幾次諮商，當事
人頓悟讓自己失去信心的原因，並且透過練習而漸漸拾回信心。

諮商員 1：在前幾次的諮商中，我提到因為你已經有了不錯的進步，我們當
　　　　　初所定的諮商目標已經達成，這一次會談是我們最後一次的諮
　　　　　商，你也同意我的想法。（結束技術）

當事人 1：我現在在工作上的表現比以前好很多。以前因為自信心不足，老
　　　　　闆交代的事，都因為我過度小心而拖拖拉拉，做出的成績也不合
　　　　　老闆期待。若不是我是公司的元老，我可能早就被解雇。最近的
　　　　　情況改善很多，也讓我增加了不少自信心。老闆對我的表現有些

驚訝，說我已經開竅了。我的同事也因為我能夠在時間內趕上他
們要求的進度而不再對我生氣。看著自己的進步，我很高興。

諮商員 2：聽到老闆的稱讚，看到同事態度的改變，真有說不出的興奮。
（結束技術──初層次同理心技術）

當事人 2：是啊！我想以後會有機會升遷，我的老婆也不會再嘮叨，到現在
我才感覺到自己是個真正的男人。

諮商員 3：目前的進步，改善了你的前途與家庭生活，讓你覺得驕傲。（結
束技術──初層次同理心技術）

當事人 3：說實在的，當初若不是你的幫忙，我可能還蹲在黑暗的角落，無
法揚眉吐氣。今天結束後，我需要靠自己單打獨鬥，還真覺得有
點孤單。

諮商員 4：今後你須一個人面對問題，你覺得有點擔心。（結束技術──初
層次同理心技術）

當事人 4：沒錯，要承認自己的擔心還真有些困難。我生平第一次對自己有
信心，那種喜悅是無法形容的。雖然我非常努力改變自己，但是
若沒有你的幫助，我還是無法了解自己的問題，就算我有再多的
努力，我的改變仍然有限。結束後，再也沒有人能夠像你這樣幫
助我，所以我有些擔心。

諮商員 5：我的幫助似乎讓你產生依賴，結束後，你失去了依賴的對象，所
以對自己的信心不足。（結束技術──立即性技術）

當事人 5：依賴是有一點，不過還不至於因為沒有依賴而失去信心。或許可
以這麼說，在我改變的過程中，有你在旁協助，現在要我單獨面
對情境，我有點不習慣。當然，我早想過當我能夠自己獨立面對
問題時，我的改變才算成功。不過，現在要踏出這一步，卻有點
不放心。

諮商員 6：雖然你知道終究需要自己承擔問題，但是，你已經習慣有我在旁
陪伴，所以當這一天來臨，你就有些膽怯。（結束技術──初層
次同理心技術）

當事人 6：沒錯，是這樣。

諮商員 7：你覺得要如何做才能減少你的膽怯，讓你有信心獨自面對問題？（結束技術——探問技術，開放式問題）

當事人 7：我也不知道。

諮商員 8：我有個想法，讓我們用另一方式看看能不能幫助你解決這個問題。我要你扮演諮商員，看看你內在的諮商員會如何幫你。（結束技術——空椅法技術）

當事人 8：我不懂你的話。

諮商員 9：似乎你內在有兩個聲音，一個說你要獨自面對問題才算成功，另一個聲音說獨自面對問題是可怕的。如果把這兩種聲音當成我跟你，前面一個聲音是諮商員，後面一個是當事人，不過，這一次你要同時扮演兩個聲音，也就是同時扮演我跟你。（結束技術——空椅法）

當事人 9：你這樣說我就懂。

（當事人扮演「當事人（自己）」）

當事人（當事人）10：今天結束諮商後，我必須獨自面對問題，雖然我早知道最後一定得靠自己，可是當我要踏出第一步時，卻覺得有些膽怯。我不知道該怎麼辦？

當事人（諮商員）11：膽怯是正常的反應，第一次總是會有那種感覺。

諮商員 10：諮商員，你的回答須要再明確點。你的工作不是安慰他，而是幫助他解決問題（結束技術——空椅法）

當事人（諮商員）12：或許……或許重新回顧諮商的整個過程，檢討改變的狀況，從中找出自己有信心與沒有信心的地方，再練習沒有信心的地方。你覺得這樣做，對你的問題有沒有幫助？

當事人（自己）13：我想會有幫助。

諮商員 11：好！我們就依照這個方式來進行，……。（諮商員協助當事人回顧諮商過程，檢討與加強當事人不足的地方，以加強當事人獨自面對問題的信心。）

諮商員 12：說說看經過這樣的檢討與練習後，對你有那些幫助？（結束技術——探問技術，開放式問題）

當事人 14：剛剛那種膽怯的感覺沒有了，因為我已經知道自己比較弱的地方，也知道如何補足這些弱點，現在感覺比較踏實，比較有信心。

諮商員 13：看起來你已經有勇氣面對未來的挑戰（簡述語意技術）。在三個月後，我們須見一次面，評量你在這三個月內的表現，看看你是否能夠有良好的適應。（結束技術）

當事人 15：好……。

在結束諮商關係的過程中，諮商員協助當事人回顧諮商的進步情形，練習比較弱的地方，加強當事人的獨自面對問題的信心。

四、處理當事人轉介前的不安與疑惑

當諮商員無法幫助當事人時，在徵求當事人同意後，將他轉介給別的諮商員或別的諮商機構，在轉介之前，諮商員必須終止兩人的諮商關係。當事人在轉介之前，因為不了解新環境的狀況，因此會有疑惑與不安。諮商員必須處理當事人當下的情緒，讓當事人能順利轉介。

❤案例

當事人四十歲，家庭主婦，女性，因為長期被先生暴力虐待尋求協助。經過幾次諮商後，當事人覺察到現在的婚姻狀況與小時候父親對她的虐待有關。在諮商員處理當事人跟父母親、先生之關係後，當事人決定訴請保護與離婚，並且由政府機構接手處理當事人的問題。諮商員對當事人說明轉介的過程、訴請保護與離婚過程中可能經歷的問題後，準備終止兩人的諮商關係。

諮商員 1：這是我們最後一次的面談，對於我們上一次談到的主題，妳有什麼不清楚的問題？（結束技術──探問技術，開放式問題）

當事人 1：多謝你的幫忙，離開這裏我有點捨不得。我知道今後將有一場大戰，這幾天一想到這裏我就有點膽怯與害怕。我一生從未面對如

此大的挑戰，雖然你曾告訴我在這個過程中，我將面對的重重關卡，也讓我做了一些準備，可是一想到要到法庭跟我先生對簿公堂，還得經過一關一關的偵訊，我就有點害怕。跟我先生離婚後，我必須找工作、租房子、養活自己等。這一切的一切，都讓我有點膽顫心驚。當然比起每天被打得鼻青眼腫提心弔膽，還是離婚好。尤其是想起過去，若不是我的懦弱，就不會讓我先生十幾年來不斷殘害我的身心，說起來也真怨自己。

諮商員 2：離婚的過程與獨自生活的挑戰，雖然讓妳有些害怕，不過，因為從此可以脫離先生的魔掌，妳覺得還是值得。妳怨自己過去太懦弱，才讓自己白白受了十幾年的苦。（結束技術──簡述語意技術）

當事人 2：（哽咽，點點頭）。不知道以後我的諮商員不能幫助我時，我可不可以回來找你？我擔心未來的諮商員不能像你一樣那麼了解我，而未來的路又是那麼艱辛。想起來就讓我覺得害怕。

諮商員 3：妳擔心未來的諮商員無法幫助妳，所以希望在那時我能夠伸出援手。（結束技術──立即性技術）

當事人 3：如果我能夠隨時回來找你幫忙，我會比較放心。

諮商員 4：聽起來似乎妳對未來的諮商員沒有信心，所以焦慮不安。（結束技術──初層次同理心技術）

當事人 4：點點頭。

諮商員 5：因為妳只能由一位諮商員幫忙，不能同時跟兩位諮商員會談，所以在我們結束諮商後，我不能再介入。即使妳、我不再諮商，我仍然關心妳。我會從未來諮商員那裏了解妳目前的狀況（結束技術──立即性技術）。我想知道，是什麼原因讓妳對未來的諮商員沒有信心（結束技術──探問技術，開放式問題）？

當事人 5：我沒有見過他，不知道他是不是能夠像你一樣那麼了解我，那麼知道我的需要。

諮商員 6：妳希望他能像我一樣了解你。（結束技術──簡述語意技術）

當事人 6：聽起來好像是這樣。

諮商員 7：再多告訴我一點。（結束技術——具體化技術）

當事人 7：其實我也不是很清楚。或許是因為今後碰到的事會很艱辛，我希
望對方像你一樣，讓我很信任，否則我會很害怕。

諮商員 8：如果新的諮商員不像我一樣了解妳，就會讓妳失去信心。（結束
技術——簡述語意技術）

當事人 8：就是這樣。

諮商員 9：以前我有一些當事人，他們的問題未必跟妳一樣，不過心情卻跟
妳很像。當他們要走出舊的生活，重新開創新的生活時，也會
被這些無法預知的未來所驚嚇而徬徨無助。後來他們學會將感
受到的疑惑與害怕告訴新的諮商員，跟新的諮商員共同處理這
些問題。同時，他們也學會尋求外在的一些資源，協助他們走
過這段孤獨、恐懼的路程，創造真正屬於自己的生活。（結束
技術——自我開放技術）

當事人 9：你這樣說我就放心多了，或許我也可以把我的擔心讓新的諮商員
知道。還有，我想知道有那些外在資源可以幫助我。

諮商員 10：妳覺得在這段時間，妳需要什麼樣的幫助才能降低妳的不安與
害怕？（結束技術——探問技術，開放式問題）

當事人 10：我覺得離婚的問題有法律專家幫助我，這方面我不擔心。不過
一個人獨自面對這個過程的確讓我害怕。

諮商員 11：妳想要有人陪妳，給妳力量、支持妳，協助妳度過難關。（結
束技術——簡述語意技術）

當事人 11：沒錯。這樣讓我比較不害怕。

諮商員 12：在妳的生活中，有誰可以擔任這個工作？（結束技術——探問
技術，封閉式問題）

當事人 12：結婚後因為我先生的關係，讓一些好朋友不敢再接近我，現在
跟我關係比較近的是我對面鄰居的一位太太。她很同情我，常
常鼓勵我爭取自己的自由。我想在這個過程中，或許她可以陪
陪我，只要我想說話的時候，有個人願意聽就可以了。

諮商員 13：除了她之外，妳能想到誰？愈多的外在資源，對妳可能愈有利。

（結束技術——探問技術，封閉式問題）

當事人 13：或許……我媽媽。她很保守，一直希望我從一而終。過去因為
　　　　　害怕她擔心，所以我一直沒告訴她我先生虐待我的事。如果她
　　　　　知道的話，應該會支持我。有自己媽媽的陪伴，我會更放心。

諮商員 14：聽起來有了這些資源，讓妳放心不少。（結束技術——初層次
　　　　　同理心技術）

當事人 14：沒錯。我想離婚後，我還可以暫時跟媽媽住一起。媽媽不喜歡
　　　　　跟媳婦、兒子一起住。我離婚後，可以接我媽媽出來，我媽媽
　　　　　一定會很高興，我也有人陪伴。這樣一來，我的一些問題就可
　　　　　以解決。以前我的家人都不看好我的婚姻，即使我在夫家受了
　　　　　許多委屈，我也不敢讓他們知道，怕他們取笑，所以只能一個
　　　　　人默默承擔，我覺得好辛苦。現在，我已經不在乎了，以前就
　　　　　是太在乎，才會受了這麼多苦。

諮商員 15：妳已經走出過去的陰影，有了勇氣面對問題，並且將過去的阻
　　　　　礙化為有用的資源，心裏感覺輕鬆了許多。（結束技術——初
　　　　　層次同理心技術）

當事人 15：真是謝謝妳的幫忙。

諮商員 16：聽到妳對自己有了信心，我也放心多了（結束技術——立即性
　　　　　技術），……。

透過結束的過程，消除了當事人轉介前的疑惑與不安。

第五節　實務練習

1. 兩人一組，準備一台錄音機，一人扮演諮商員，另一人扮演當事
　人，諮商員對當事人進行四十分鐘的諮商，並且全程錄音。諮商
　時，諮商員須使用前幾章所學的技術，並在諮商結束的前十分鐘進
　行諮商的結束工作。四十分鐘的諮商結束後，兩人聽諮商錄音過

　程，討論諮商員的結束過程是否恰當。

2.角色互換，重複以上步驟。

諮商過程範例

諮商過程範例

當事人簡介

　　當事人三十二歲，男性，公司職員，因為學業問題求助。（本次諮商為該主題的第一次諮商，在這之前，當事人與諮商員已有良好的關係）

諮商過程

諮商員₁：你今天想談什麼問題？（探問技術，開放式問題）

當事人₁：最近覺得很累，很不想動。

諮商員₂：再多說一點，讓我更清楚你的問題。（具體化技術）

當事人₂：最近因為功課壓力大，工作壓力也大，不知道該怎麼辦？。

諮商員₃：你剛剛提到你有功課壓力的問題，也有工作壓力的問題，不知道你想先談功課壓力，還是先談工作壓力？（探問技術，封閉式問題）

當事人₃：我想先談功課壓力，因為考試快到了，我唸書時卻依然不專心。

諮商員₄：多說說唸書不專心的事。（具體化技術）

當事人₄：上課時我是很專心，不過好像我的理解能力……就是能力沒辦法發揮出來，然後記性又很差，所以回到家後就忘光光。

諮商員₅：雖然你上課專心，可是因為理解能力與記憶力差，無法記得上課的內容，所以覺得很懊惱。（初層次同理心技術）

當事人₅：對。

諮商員₆：聽起來你的問題似乎跟不專心無關，而是跟理解力、記憶力有關，是不是這樣？（探問技術，封閉式問題）

當事人₆：應該是跟記性差有關。其實我是滿喜歡上課的，只是我不喜歡考

試的壓力。

諮商員7：我還是不清楚你的問題，你的記性差跟考試壓力有什麼關係？（具體化技術）

當事人7：當然有關係，我很喜歡上課，可是我不喜歡記東西（哈哈大笑）。

諮商員8：什麼原因讓你不想記東西？（具體化技術）

當事人8：不曉得。

諮商員9：我這樣說你看對不對。你的問題是因為你記憶力差，偏偏考試時須要記東西，所以就造成考試壓力。你想知道什麼原因讓你不想記東西，我這樣說對不對？（探問技術，封閉式問題）

當事人9：對！對！譬如說，雖然我很喜歡上國文課，可是我不懂為什麼老是要記那些很死的東西，而考試也是考這些死東西。尤其是考問答題時，那些東西都需要死背，這種考試方式讓我很不喜歡。又譬如上微積分的時候，老師講的東西我都不懂，這樣子上起課來我就覺得很煩。

諮商員10：碰到需要死背，或是需要理解的科目，就讓你很頭痛。（初層次同理心技術）

當事人10：對！就是這樣。還有，考試時，我需要強迫自己去唸、去記，可是考完試後，就全部忘記。說實在的，唸了一年也沒有學到什麼。

諮商員11：我把我們剛剛談的內容，做個整理，看看我對你的了解是否正確。你的問題似乎跟考試壓力有關，而考試壓力似乎跟你的記憶力差、理解力差有關，例如要考試時，要你死背教材、要你使用理解力、都會造成你的壓力。（摘要技術）

當事人11：說真的，我花了一年的時間上課、唸書，卻沒學到什麼，也沒有吸收到什麼。就這樣，上完課，然後考試，考完試後就忘光光。即使平常沒有考試的時候，我還是會看完後就忘了。所以我常常在想，為什麼我要唸書，答案就是為了那張文憑。

諮商員12：為了文憑，讓你唸得好辛苦。（情感反映技術）

當事人 12：對。那要怎麼辦？

諮商員 13：這個問題似乎讓你好苦惱。（情感反映技術）

當事人 13：是。我不知道該怎麼辦。

諮商員 14：你是說，如何提高你的記憶力與理解力？（探問技術，封閉式問題）

當事人 14：對！如果沒有考試的話，我會上課上得很快樂，不過忘得也很快，因為我根本不喜歡用腦。

諮商員 15：你根本不喜歡用腦。（覆述技術）

當事人 15：對啊！要我記東西或記事情，都會讓我覺得好累。

諮商員 16：要你記東西或事情，會讓你覺得好辛苦（簡述語意技術）。這樣聽起來，你的問題似乎跟你不想用腦的心態比較有關（面質技術）。

當事人 16：我不知道，我真的不知道。

諮商員 17：我們從另一個角度來探討，看看能不能對你的問題有幫助。告訴我，你上課的情形？（探問技術，開放式問題）

當事人 17：上課狀況都很好啊！

諮商員 18：或許可以這樣說，談談你上課不想用腦的經驗。（探問技術，開放式問題）

當事人 18：我也不清楚。或許不想用腦跟我的年紀大有關，因為上課時，我無法將一些概念連貫起來。就像上中級會計的時候，因為我以前都沒有學過，老師上課講解時，我的確懂，可是每次下了課之後，我就都忘記了。再加上自己本身的基礎不好，又不想……譬如說，老師要我們找一些很重要的資料，可是我都不想去找。這要怎麼說，我不知道該如何說，就譬如，上微積分時，老師要我們套用以前學過的公式試試看時，那些公式我都忘了，連最基礎的公式我都忘了，不過，因為我不想再去翻書，當然就算不出來。所以說，上課是很有趣，可是算不出來時，就會覺得很煩，也忘得很快。

諮商員 19：你除了上課不想用腦外，似乎在學習上也滿被動的，例如要你

去找重要的資料，或是翻書去找公式，你都不想動手去做。
（簡述語意技術）

當事人 19：對！就是不想去翻以前的資料，就像你說的我很被動。即使上課時，我有問題，我也不想去問，因為我也不知道怎麼去問，可能是我的表達能力比較不好吧。

諮商員 20：這樣說來，你的問題除了不用腦外，似乎跟被動也有關。（簡述語意技術）

當事人 20：應該是吧！其實，我也不專心。

諮商員 21：我還是不清楚，不用腦跟不專心又有什麼關聯？（具體化技術）

當事人 21：譬如說，每一次考試時，我拿書起來看，我沒有辦法說⋯⋯很專心去看。我想專心去唸，可是我就是沒有辦法專心去唸。譬如，唸國文時，我沒有辦法很專心唸國文，我會一下子翻微積分，一下子翻中會（中級會計），就是沒辦法很專心把今天要考的科目唸完後，再去翻別的科目。

諮商員 22：聽起來你所謂的不專心是指沒辦法專心把一科唸完後再念一科。（簡述語意技術）

當事人 22：對就是這樣。

諮商員 23：這跟不用腦、被動又有何關聯？給我一個你印象最深刻的經驗。（探問技術，開放式問題）

當事人 23：每一科都有這種情形，都有這種情形。

諮商員 24：告訴我你印象最深刻的經驗。（具體化技術）

當事人 24：我唸每一科時都這樣，都有這種現象。

諮商員 25：似乎很難想到比較特殊的經驗（情感反映技術）。不過，我還是希望你能告訴我你印象最深刻的經驗（具體化技術）。

當事人 25：譬如我在算微積分的時候，我算一算，算到一半，我的腦中就會想到國文的什麼東西，中會的什麼東西，反正就會有很多東西在我的腦中塞。就是沒有辦法很專心一直算微積分。

諮商員 26：就是唸這科，想那科。（簡述語意技術）

當事人 26：對。而且我每次花最多時間唸的科目，就會考得最差。

諮商員 27：你花最多時間唸的科目竟然考最差，所以你對自己有一點失望。
　　　　　（初層次同理心技術）

當事人 27：不是有一點，是很大點（哈哈大笑），所以這樣讓我更不想花
　　　　　長的時間去唸。可是，每次考完後，我都會很後悔。我罵自己，
　　　　　其實我有很多時間可以唸，可是我卻不想花多一些時間唸，而
　　　　　且考試卷的題目不會很難，我卻都沒有讀到。

諮商員 28：我不太理解你剛剛說的話。你說你花最多時間唸的科目，卻考
　　　　　得最差。可是你又提到，考完後你都會後悔沒有花更多的時間
　　　　　去唸。這似乎有些矛盾。（面質技術）

當事人 28：就像我花很多時間唸中會，可是題目一發下來，卻發現我都不
　　　　　會寫。然後，所有科目考完後，我就後悔自己考不好是因為沒
　　　　　有花很多時間準備考試的關係。我把它歸因為我的理解能力差，
　　　　　也就是說，如果考試題目是照課本抄的話，或許我還會寫。可
　　　　　是題目稍微改一下，我就不會。我想可能是我唸書時，不想去
　　　　　理解的關係。

諮商員 29：因為你沒有花多一點理解課本內容，所以只要題目變化一下，
　　　　　你就不會寫，所以你後悔沒有花腦筋去理解。（簡述語意技術）

當事人 29：的確沒有花腦筋去理解，只是想說用背的、用背的就可以了。

諮商員 30：用背的就可以了。（覆述技術）

當事人 30：對。從以前唸書時就這樣。尤其是看到一本很厚的書，裏面又
　　　　　有密密麻麻的字時，我就很不想去看。

諮商員 31：如果你看到該唸的書很厚或是書裏的字很多時，就會讓你覺得
　　　　　很煩（初層次同理心技術）。聽起來你的問題不是記憶力差或
　　　　　是理解力差，而是你不想去花腦筋去想、去唸。（面質技術）

當事人 31：應該記憶力也差，說實在的。因為每次老師講解的時候我都聽
　　　　　得懂，可是隔了一天後我再去讀的時候，就完全不懂了！

諮商員 32：聽起來你的記憶力讓你很失望。（情感反映技術）

當事人 32：對！我也不知道為什麼會這樣。其實我一直在考慮，如果我不
　　　　　上班的話，我的狀況會不會比較好。我上班上得不是很舒服，

而且滿有壓力的。

諮商員 33：上班的壓力似乎讓你的學習問題更嚴重。（簡述語意技術）

當事人 33：沒錯，所以我一直在考慮，沒有上班的話，我的問題或許不會這樣嚴重。

諮商員 34：如果你沒有上班的話，就可以在上完課後馬上複習，你的學習壓力就可以減輕。（簡述語意技術）

當事人 34：（微笑）其實，沒上班的話，我也不會那麼認真隔天就複習。就是說，我上完課一個禮拜後，才會想說把書拿出來看，看看自己記不記得。

諮商員 35：你剛剛說的我不是很清楚。我想弄清楚的是，通常你在上完課後，隔多久時間之後，會重新複習？（探問技術，開放式問題）

當事人 35：通常在一、二個禮拜之後，我會把書拿出來看一下，不過那時候已經忘記老師上課所講解的內容，所以就看不懂。當我看不懂時，我就想算了，然後就不再看。

諮商員 36：當你複習時，通常是在上完課之後一個星期，而且當你看不懂時，你會很快就放棄。（簡述語意技術）

當事人 36：對！不過，我會試著回憶老師上課的情形，但是，不管我怎麼想，就是想不起來。我白天上班，晚上上課，老師又講得很快，有時候作業又很多。有時候禮拜天寫作業也都是要用趕的才寫得完。說實在的，每天上班回來已經很累了，就只有禮拜六、禮拜天的時候休息，但是那時候就須要趕作業。我們幾乎每個禮拜都要考試，雖然每個老師都對我很好，有時候考試還不算分，看起似乎沒有壓力，不過每次考試時，他都站在我的旁邊，讓我壓力好大。

諮商員 37：當你看不懂時，你會放棄，這是因為你白天工作、晚上上課，假日須寫作業，所以你幾乎沒有時間弄懂。因為你沒有時間弄懂，考試當然就不會寫。雖然老師對你很好，考試的成績有時候不算，可是考試時，老師喜歡站在你的旁邊，看你的作答情

形，所以讓你覺得壓力好大。（簡述語意技術）

當事人37：對！我就是這個意思。

諮商員38：我把我們剛剛所談的作整理，看看我對你的理解是否正確。上
課時，老師講的內容你都懂，可是你在上完課一、兩個禮拜後
才會拿書出來複習，這時候你發現老師講的你都忘記了，所以
就看不懂。當你看不懂時，你就放棄。你放棄的原因是因為沒
有足夠的時間（摘要技術）。從以上我們所談的內容，我有個
疑問產生，就是你一開始一直認為你的問題跟記憶力不好、理
解力不好、不想用腦有關，最後又認為跟時間不足也有關。可
是，你又提到，即使你不上班的話，你也不會在上完課後立刻
複習，你還是會在一星期後才複習。所以時間不足似乎是個比
較不重要的原因，而記憶力不好、理解力不好、不想用腦，似
乎跟你的被動有關。你的被動讓你在學習上，採用所謂的「蜻
蜓點水」的方式來學習。就是說雖然你會主動拿書出來複習，
不過那是等到你對上課內容快要忘記時才會這樣做。當你複習
時，雖然你會「看一下」，不過上課的內容你已經忘記了，當
然會看不懂，然後你就放棄，也不想用腦去思考、去理解。所
以，你的問題似乎是跟你的被動有關，而記憶力差、理解力差、
不用腦都是被動的結果。不知道我這樣說，你的感覺如何（面
質技術）？

當事人38：（哈哈大笑）對，「蜻蜓點水」的方式，對。不過，說實在
的，我很喜歡上課，如果可以不用寫作業，我會過得很快樂。

諮商員39：如果你只坐在教室聽老師講，不用花腦筋去想、去寫作業，你
就會很快樂。（簡述語意技術）

當事人39：對！對！我很喜歡聽人家講，這樣我會很快樂。

諮商員40：你只喜歡聽老師講課，不喜歡花腦筋思考、理解、寫作業、看
書或考試。（簡述語意技術）

當事人40：對！不過，我也不是不去思考，只是想不出來。譬如，在工作
上，我會想把某些事情做好，所以我會去想應該怎麼做。可是，

每次我覺得這樣做得不錯時，到了老闆那裏，老闆就會覺得我
的想法不對，幾次之後，我就不會去想該怎麼做。反正我花很
多時間動腦筋做出來的事，他都不滿意，那我就乾脆不想，由
他來告訴我怎麼做，甚至很多事情我都不想去做。

諮商員 41：你花時間、花腦筋的努力，常常被老闆否決掉，你覺得很委屈。
（初層次同理心技術）

當事人 41：對。

諮商員 42：因為老闆不欣賞你努力，於是，你就讓自己成為被動的人。（簡
述語意技術）

當事人 42：對！就是這樣。

諮商員 43：除了老闆否決你的看法，還沒有其他人也這樣對待你？（探問
技術，開放式問題）

當事人 43：好像沒有，我朋友不會這樣，我的家人也不會。

諮商員 44：聽起來這種情況最常發生在你的工作上，來談談老闆如何否決
你的想法。（探問技術，開放式問題）

當事人 44：怎麼談，我不知道，要怎麼談？

諮商員 45：告訴我你印象最深刻的經驗，就是你花了很多時間動腦筋，很
辛苦思考做出的工作成果，結果被他否決掉。（具體化技術）

當事人 45：譬如他今天要我做一個表格，我花了很時間把表格做好，然後
拿給他看。沒想到他馬上就說，這裏要改、那裏要改。我依照
他的意思改完後，他滿意了，然後就正式使用這個表格。可是
用了一段時間後，他又開始挑剔我，說我設計的表格不對，說
這裏不對，那裏不對。我不能說這是當初你叫我做的，如果我
這樣告訴他，他就會否認，然後說，我當初怎麼可能要你這樣
做。所以，我都不想說什麼。

諮商員 46：老闆這樣誣賴你，讓你覺得很委屈。（情感反映技術）

當事人 46：對！我覺得很委屈。因為我覺得當初是你不對，可是現在不肯
承認又說是我錯。有時候，老闆跟老闆娘的意見不一樣，老闆
要我這樣做，老闆娘說不能這樣做必須那樣做，這個時候我就

不知道該怎麼做，我很為難，我不知道應該聽那一方的話。所以我乾脆全聽老闆娘說的話，如果老闆批評我的時候，我就告訴他，是老闆娘要我這樣做的，這時候他就不會說什麼話。

諮商員 47：聽起來在工作上，你常常碰到左右為難的事情，讓你不得不放棄自己的想法與意見，完全聽從老闆與老闆娘的指示。（簡述語意技術）

當事人 47：對！反正他們要我做什麼，我就做什麼。還有我也常常被冤枉。

諮商員 48：告訴我，你被冤枉的事。（具體化技術）

當事人 48：譬如，某些事情老闆要我去跟大家提某個意見，後來在開會時，就變成是我的意思，不是他的意思。其實，我的同事都知道這不是我的意見，是老闆的意見。譬如，他要我在開會時提出該怎麼處置開會遲到的人，開會時，我就把問題提出來，結果他就當好人，就說這個問題不重要，不必討論。

諮商員 49：老闆這樣利用你、冤枉你，讓你覺得很委屈，也很生氣。（情感反映技術）

當事人 49：對！我覺得我在公司也不被重視。說實在的，以前我在公司說話還有一點份量，現在我幾乎被當成隱形人。

諮商員 50：公司不重視你，讓你覺得好難過。（初層次同理心技術）

當事人 50：就像現在的現實社會一樣，拍馬屁的人，會很紅，不會拍馬屁的，就像我，就只能做得要死要活，還要被人家嫌，被當成出氣筒。

諮商員 51：你踏實做事，反而得不到公平的待遇，覺得好氣憤。（初層次同理心技術）

當事人 51：對！

諮商員 52：我不知道你在公司的經驗是不是跟你的被動行為有關，不過我想換個方式來幫助你，看看這樣做會不會對你更有幫助。我要你扮演老闆或老闆娘，也扮演自己，就是你一個人扮演兩個角色。然後讓老闆或老闆娘跟你進行對話。老闆或老闆娘的角色就是不斷否認你的想法，或不重視你，就像你在公司的情形那

樣。首先你先要決定的是這個角色應該是老闆或老闆娘,我再繼續說明其他的步驟。(空椅法)

當事人 52:老闆娘好了。

諮商員 53:你從這裏選兩張墊子,一張代表你自己,一張代表老闆娘。(當事人選了兩張墊子後),首先請你將你們的位置擺出來。

當事人 53:(當事人讓兩張墊子的位置間隔約半公尺)。

諮商員 54:我要你同時扮演你跟老闆娘。當你覺得那一方想說話時,你就坐到那一張墊子上面,代表那個人,然後向對方說話。如果對方有話要回應,你就坐到對方的墊子上,代表對方,然後將想回應的話說出來,就好像兩個人在對話那樣。我這樣說你懂不懂。(空椅法)

當事人 54:我懂。

諮商員 55:現在請你閉上眼睛,看看那一方的聲音較強,就坐到那一張墊子上,然後將你想說的話說出來。(當事人扮演「老闆娘」)

當事人(老闆娘)55:(兇巴巴地),我不是告訴過你,我要你這樣做,為什麼你不按照我的意思,你自己去想想。(哭泣)

諮商員 56:告訴我,發生什麼事?(具體化技術)

當事人 56:我想到以前的事。

諮商員 57:告訴我以前發生什麼事?(具體化)

當事人 57:(哭泣)我小學剛畢業就到一家成衣加工廠工作,那是我第一次出來做事,當時我姊姊也在那邊當女工。我上班沒有幾天,有一位女工做錯一件事,卻把責任推給我。因為老闆疼愛那位女工,他明知道不是我做的,還是把我辭退。

諮商員 58:你覺得好委屈。(情感反映技術)

當事人 58:(點點頭,哭泣)回家後,我告訴媽媽不是我的錯,可是我媽媽一口咬定是我的錯,然後要我晚上睡覺時,將枕頭疊高,自己反省,去想想看。

諮商員 59:媽媽的誤解讓你更傷心。(情感反映技術)

當事人 59:(點頭,哭泣)當天晚上,我真的在床上疊了三個枕頭,然後

　　　　　　　將頭靠在三個枕頭上，開始想自己錯在那裏，可是我真的想不
　　　　　　　出來，我真的想不出來（哭泣）。

諮商員 60：你覺得好迷惑。（情感反映技術）

當事人 60：說實在的，反正從小到大，不管我跟別人發生什麼事，我媽媽
　　　　　　　都會說是我不對。我在學校、在公司受了委屈，回到家裏告訴
　　　　　　　我媽媽，我媽媽一定說是我不對，要我好好想想。

諮商員 61：媽媽對你的指責，讓你搞不清是誰的錯，覺得好痛苦。（初層
　　　　　　　次同理心技術）

當事人 61：對！後來我乾脆都不想，反正我也想不出來。

諮商員 62：聽起來當時媽媽的處理方法，讓你選擇放棄了自己的思考，當
　　　　　　　個被動的人，免得讓自己感到迷惑、感到痛苦。（高層次同理
　　　　　　　心技術）

當事人 62：或許是吧，好像是這樣。

諮商員 63：或許這個問題跟你現在的問題有關聯，不過，因為我們今天談
　　　　　　　話的時間已經快到了，我們可以把這個問題放到下次來談。最
　　　　　　　後，我想回顧我們今天談了那些東西。

當事人 63：好。

諮商員 64：可不可以告訴我，我們今天談那些重點？（探問技術）

當事人 64：我說不出來，覺得很亂，好像忘記了。

諮商員 65：我們換個方式。告訴我，你今天來找我的主要問題是什麼？（探
　　　　　　　問技術，封閉式問題）

當事人 65：學業壓力。

諮商員 66：一開始你認為你的學業壓力是什麼原因造成的？（探問技術，
　　　　　　　封閉式問題）

當事人 66：不專心、記憶力差、理解力差。

諮商員 67：你的問題跟不專心、記憶力差與理解力差之間有什麼關係？（具
　　　　　　　體化技術）

當事人 67：「不專心」是因為我唸書時，無法唸完一科後再唸第二科，而
　　　　　　　是……噢對了，你說的「唸這科，想那科」。記憶力差是因為

我上完課一、二個星期之後才想複習，所以就忘記老師講的內容，當然也就看不懂。看不懂後，我就放棄，也不想用腦筋想。

諮商員 68：你還提到，你最喜歡的上課方式是什麼？（探問技術，封閉式問題）

當事人 68：就是只聽老師講，不用花腦筋寫作業與考試。你還說，這是因為我被動，我的學習方式是蜻蜓點水式。

諮商員 69：聽起來，你的記憶力不錯。（當事人哈哈大笑！）。再告訴我，我們談到那些經驗，跟你的被動行為有關？（探問技術，封閉式問題）

當事人 69：有啊！因為我不想用腦筋想。

諮商員 70：受到那些經驗的影響，讓你不想用腦筋想，也就是讓你被動？（探問技術，封閉式問題）

當事人 70：老闆、老闆娘的指責，還有……我媽媽說什麼事情都是我不對（眼眶紅了起來）。

諮商員 71：一提到這些經驗，似乎又讓你難過起來。（情感反映技術）

當事人 71：（點點頭）

諮商員 72：看起來我們下一次談話的主題，應該在這方面，……。

參考書目

一、中文部份

李選（民77）：心理諮商與心理治療。南山堂：台北。

李文英譯（民83）：真心實意過人生。台北：生命潛能。

陳仲庚、張雨新（民78）：人格心理學。台北：五南。

張嘉莉譯（民89）：完形治療之父：波爾斯。台北：生命潛能。

游恆山譯（民82）：情緒心理學。台北：五南。

黃堅厚（民88）：人格心理學。台北：心理。

謝佩玲、楊大和譯（民87）：客體關係理論與心理劇。台北：張老師。

二、英文部份

Brown, D., & Srebalus, D. J.(1998). *An introduction to the counseling profession.* Needham Heights, Massachusetts: Allyn & Bacon.

Carkhuff, R. R., & Berenson, B. G. (1967). *Beyond counseling and therapy.* N. Y.: Holt, Rinehart & Winston.

Conway, M. A. (1996). Autobiographical knowledge and autobiographical memories. In D. C. Rubin (Ed.), *Remembering our past: Studies in autobiographical memory*, pp. 67-93. New York, NY: Cambridge University Press.

Conway, M. A., & Rubin, D. C. (1993). The structure of autobiographical memory. In A. F. Collins, S. E. Gathercole, & P. E. Morris (Eds.), *Theories of memory*, pp.103-137. East Sussex, UK: Lawrence Erlbaum Associate.

Doye, R. E. (1998). *Essential skill & strategies in the helping process*. Pacific Grove, CA: Brooks/Cole.

Enright, J. B. (1975). An introduction to Gestalt therapy. In F. D. Stephenson (Ed.), *Gestalt therapy primer: Introduction readings in gestalt therapy*, pp. 13-33. Illinois, Springfield: Charles C Thomas.

Evans, D. R., Hearn, M. T., Uhlemann, M.R., & Ivey, A. E. (1989). *Essential interviewing: A programmed approach to effective communication*. 3rd, Belmont, California: Brooks/Cole.

Frank, J. D. (1981). Therapeutic components shared by all psychotherapies. In J. H. Harvey & M. M. Parls (Eds.), *Psychotherapy research and behavior change*. Washington, DC: American Psychological Association.

Gazda, G. M., Asbury, F. R., Balzer, F. J., Childers, W. C., & Walters, R. P. (1984). *Human relations development: A manual for educators*. Boston: Allyn and Bacon.

Geldard, D. (1989). *A training manual for counselors: Basic personal counseling*. Springfield. Illinois: Charles C Thomas.

Gladding, S. T.(2000). *Counseling: A comprehensive profession* (4th). New Jersey: Prentice-Hall.

Greenberg, L. S.(1979). Resolving splits: The two-chair technique. *Psychotherapy: Theory, Research, and Practice, 16*, 310-318.

Greenberg, L. S., Rice, L.N., & Elliott, R. (1993). *Facilitating emotional change: The moment-by-moment process*. New York, NY: The Guilford Press.

Greenberg, L. S., & Safran, J. D. (1990). Emotional change processes in psychotherapy. In R. Plutchik & H. Kellerman (Eds.), Emotion: Theory, research, and experience, Vol. 5. *Emotion, psychopathology and psychotherapy*, pp. 59-85. San Diego, CF: Academic Press, Inc.

Hutchins, D. E., & Vaught, C. C. (1997). *Helping relationships and strategies* (3rd). *Pacific Grove, CA: Brooks/Cole*.

Kipper, D. A. (1986). *Psychotherapy through clinical role playing*. New York, New York: Brunner/Mazel.

Kiracofe, N. L. (1992). *A process analysis of gestalt resistances in individual psychotherapy*. Ann Arbor, MI: University Microfilm International A Bell & Howell Information Company.

Korb, M, P., Gorrell, J., & Van De Riet, V. (1989). *Gestalt therapy practice and theory*. New York: Pergamon.

Perls, F. (1975). Gestalt therapy and human potentialities. In F. D Stephenson (Ed.), Gestalt therapy primer: *Introduction readings in gestalt therapy*, pp. 73-79. Illinois, Springfield: Charles C Thomas.

Perls. F. S., Hefferline, R. F., & Goodman, P. (1962). *Gestalt therapy: Excitement and growth in the human personality*. New York: The Julian.

Polster, E. P., & Polster, M. (1973). *Gestalt therapy integrated: Contours of theory and practice*. New York: Random House.

Rowan, J. (1990). *Subpersonalities: The people insides us*. New York: Routledge.

Smith, E. W. L. (1988). *Self-interruptions in the rhythm of contact and withdrawal*. The Gestalt Journal, XI(2), 37-57.

Terry, A., Burden, C. A., & Pedersen, M. M. (1991). In D. Capuzzi & D. R. Gross (Eds.), *Introduction to counseling: Perspectives for the 1990s*，pp. 44-68. Needham Heights, Massachusett: Allyn & Bacon.

Weinrach, S. G. (1989). Guideline for clients of private practitioners: Committing the structure to print. *Journal of Counseling and Development, 67,* 299-300.

國家圖書館出版品預行編目資料

諮商技術／陳金定著. – 初版.-- 臺北市：心理, 2001(民 90)
　　面；　　公分.--（輔導諮商系列；21039）
　　參考書目：面
　　ISBN 978-957-702-469-5（平裝）

　　1. 諮商

178.4　　　　　　　　　　　　　　　　90016914

輔導諮商系列 21039

諮商技術

作　　者：陳金定

總 編 輯：林敬堯

發 行 人：洪有義

出 版 者：心理出版社股份有限公司

地　　址：231026 新北市新店區光明街 288 號 7 樓

電　　話：(02) 29150566

傳　　真：(02) 29152928

郵撥帳號：19293172　心理出版社股份有限公司

網　　址：https://www.psy.com.tw

電子信箱：psychoco@ms15.hinet.net

排 版 者：辰皓國際出版製作有限公司

印 刷 者：辰皓國際出版製作有限公司

初版一刷：2001 年 10 月

初版十五刷：2024 年 1 月

I S B N：978-957-702-469-5

定　　價：新台幣 600 元